le domaine du Haras du [illegible]

photographies : David Commenchal et Christophe Aubert

la Mésange Bleue
EDITIONS

N° éditeur 978-2-9553471
Dépôt légal : avril 2018
Imprimé en France sur les presses de l'imprimerie Société Nouvelle FOI à Livarot (14140)

Sources : documentations de Tanneguy de Sainte Marie
Traduction français/anglais : Alison Robertson

Introduction

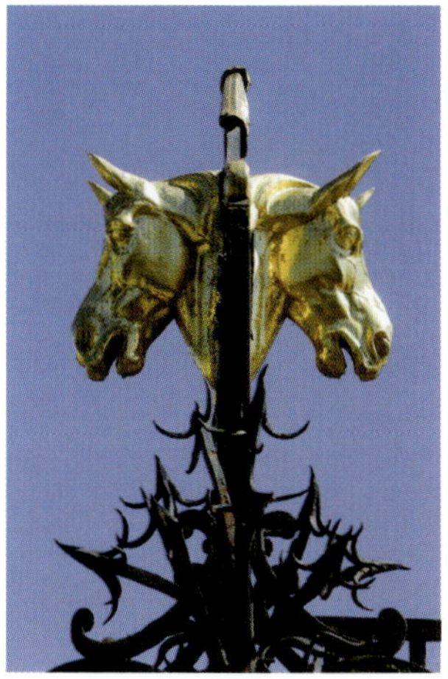

Si la Normandie est, sans conteste, le territoire mondial du cheval, le Haras du Pin en est le fer de lance. Surnommé « Le Versailles du Cheval », cet ensemble architectural du XVIIIe siècle bâti au cœur d'un paysage préservé, est un témoignage patrimonial fort sur notre territoire ornais. Royal, puis impérial, le haras a traversé 300 ans d'histoire, pour devenir, de nos jours, le site le plus visité du département. Le vaste domaine du Haras du Pin est géré conjointement par l'EPA (Etablissement Public Administratif Haras national du Pin), l'IFCE (Institut Français du Cheval et de l'Equitation), l'ONF (Office National des Forêts) et l'INRA (Institut National de Recherche Agronomique). L'EPA Haras national du Pin, créé en 2015, est administré par le département de l'Orne, la région Normandie et l'Etat. C'est un nouveau départ afin de pérenniser solidement cet héritage de l'élevage équin national, qui est dans la mémoire collective normande, et c'est un legs qu'il faut faire vivre au présent pour assurer son avenir.

Etant photographes ornais et connaissant parfaitement le territoire, il était inéluctable que nous nous intéressions à cet établissement prestigieux. Ce livre n'a pas vocation à être un guide touristique ou une documentation exhaustive sur les formations dispensées au Haras du Pin, notre volonté première étant avant tout d'offrir une vision esthétique et personnelle de ces lieux, en incitant les lecteurs à vouloir en découvrir plus sur ce site majestueux chargé d'histoires. Nous avons donc suivi, pendant quelques années, au fil des saisons, les manifestations présentées sur le domaine et avons sélectionné, non sans mal, les photos les plus représentatives de ces lieux magiques. Nous pourrions y retourner sans cesse, car ce site, en constante évolution, nous offre chaque jour de nouveaux sujets à photographier.

If Normandy is the indisputable equestrian centre of the world, then the Haras du Pin is its finest jewel. This estate, which dates from the 18th Century and is nicknamed "the equestrian Versailles", is situated at the heart of beautifully preserved countryside and is an exceptional heritage site in the Orne region. Initially a royal and then an imperial stud, it has lived through 300 years of history to become the most visited site in the department. The vast estate is jointly managed by the EPA (a public administrative establishment), the IFCE (the French Equitation and Horse Institute), the ONF (National Forestry Office) and the INRA (National Institute for Agricultural Research). The "EPA Haras national du Pin" was created in 2015 and is jointly managed by the Orne department, the Normandy region and the State. This is a new start which will secure the continuation of its breeding activities, a heritage that is anchored deeply in the region's collective memory, a legacy that needs to be kept alive to ensure its future.

As photographers from the Orne, with our profound knowledge of the area, it was inevitable that we should be interested in this prestigious estate. Our aim in creating this book was not to produce a tourist guide, nor exhaustive documentation of the training offered by the Haras du Pin, but rather to invite the reader on an aesthetic and personal journey through the pages, and to encourage them on a deeper discovery of this majestic and historic place. With this aim in mind, over a number of years and covering every season, we have followed the activities offered at the stud and have selected – not without difficulty – the photos that we feel best represent this magical place. We could return again and again as the estate is constantly evolving, each new day offering fresh photographic opportunities.

Préface

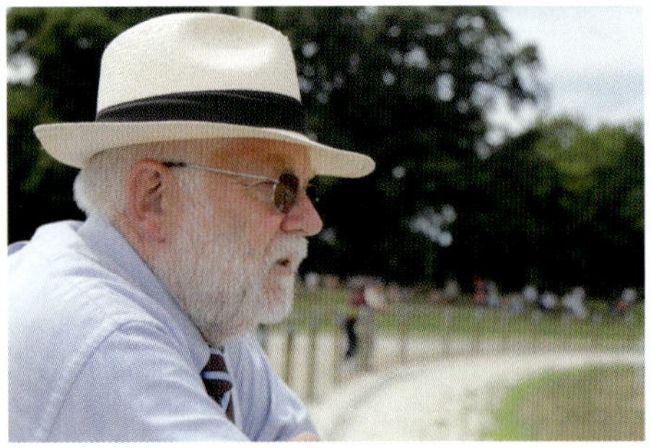

Louis XIV en rêvait, la régence de Louis XV l'a réalisé.

Acheté à l'inventeur de la sauce Béchamel, ce domaine s'étend sur quelques 1100 hectares et cinq communes. Il a traversé trois siècles de fortunes diverses, sans cesse ouvert aux découvertes, aux événements et aux inventions les plus improbables. A partir de 1715 s'érige un établissement à la pointe de la modernité avec ses propres briqueterie, tuilerie, verrerie, fronts de carrières, fosses pour fournir l'argile, lavoirs, mares et étangs. La forêt produit les poutres, les charpentes, les porches, les portes et les fenêtres. De nouvelles techniques simplifient les charrois et les fabrications liés à la construction de ce palais voué au cheval et à son élevage. Le forage de très nombreux puits complète le confort des ouvriers.

Cependant, les bouleversements de la Révolution vont régler définitivement la mise en vente et la disparition du Haras du Roy. C'est sans compter avec le premier Empire qui décrète le renouveau, la réorganisation et la modernisation de l'étalonnage public, remis sur un bon pied dès 1815. En 1915, en pleine première guerre mondiale, Le Pin héberge son maximum d'étalons en activité. En effet, la loi organique de 1874 a réaffirmé la nécessité d'un étalonnage public de qualité, au lendemain de la défaite de 1870. Dorénavant, il faut produire des chevaux d'un nouveau type pour satisfaire la demande des stratèges militaires avides des meilleures techniques de défenses et de mouvements.

Le début du XXe siècle marque la modernisation fulgurante du Haras du Pin avec l'arrivée de l'électricité produite localement en remplacement de la poussive installation d'éclairage au gaz de fumier. Le directeur, Monsieur du Pontavice, fait aménager un réseau d'eau courante en captant une quinzaine de sources et décide de la construction d'une cité pour loger les palefreniers et les gagistes. Quelques décennies plus tard, l'Ecole des Haras se dote d'un nouveau centre de formations aux métiers du cheval. Elle se dote également d'une jumenterie expérimentale d'où sortent les nouvelles techniques de reproduction équine. Ingénieurs, techniciens, chercheurs et formateurs codifient et vulgarisent leurs mises en œuvre sur l'ensemble du territoire métropolitain et en outre-mer. C'est une nouvelle ère pour les éleveurs et les étalonniers avec l'échographie d'ultra-sons destinée au suivi gynécologique et au diagnostic précoce de la gestation ; l'insémination artificielle de semence fraîche, transportée et congelée ; la récolte, le transfert et la congélation des embryons ; le photopériodisme, la synchronisation des cycles, l'identification électronique, le suivi de la gestation et de la parturition.

Simultanément, le domaine du Pin accueille de multiples évènements sportifs d'équitation, régionaux, nationaux et internationaux, de somptueux spectacles et de très nombreuses visites de délégations étrangères. Mais, en 2010, la disparition des Haras Nationaux en tant qu'étalonniers publics est confirmée.

Depuis juillet 2015, à l'issue des Jeux Equestres Mondiaux de l'été 2014, la conception et la mise en œuvre d'une nouvelle ambition pour le Domaine National du Haras du Pin sont confiées au Conseil Régional de Normandie, au Conseil Départemental de l'Orne et à l'État.

Que ce superbe ouvrage, tourné vers l'avenir autour du cheval, du patrimoine et de la nature, fertilise une ambition renouvelée pour ce féerique domaine qui s'ouvre sur son quatrième siècle d'existence.

Tanneguy de SAINTE MARIE

régisseur émérite du domaine du Pin

Preface

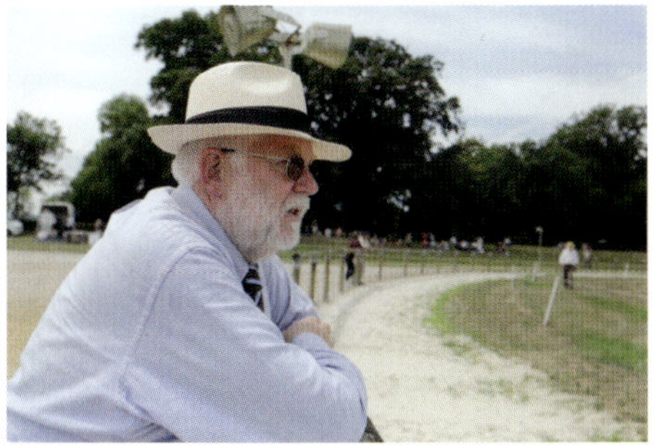

Louis XVI dreamt of it, but it was finally constructed under the reign of Louis XV. The estate, which covers some 1100 hectares (more than 2471 acres) and five communes, was purchased from the inventor of Bechamel sauce. It has survived through 3 centuries of varying fortunes and has constantly been home to the most improbable discoveries, events and inventions. Construction started in 1715 to create an estate at the cutting edge of modernity, with its own brickyard, tile maker, glassworks, quarries, clay pits, wash houses, ponds and lakes. The forest was the source of wood for the beams, roof structures, entrances, doors and windows. New techniques simplified cartage and manufacturing processes needed for the construction of this palace devoted to all things equestrian. In addition numerous wells were sunk to improve the level of comfort for the workers.

The upheaval of the Revolution was to see the sale and disbanding of the royal studs. The First French Empire, however, decreed a revival, reorganization and modernization of national stud farms, which assured the Haras' future from 1815. In 1915, in the midst of WWI, the Haras was at its full capacity of active stallions. This was thanks to the Bocher Law of 1874 which reaffirmed the need for high quality national studs, in the light of the 1870 French defeat to the Prussians. From then on it was necessary to produce a new type of horse to satisfy the demands of the military strategists, eager for the best defense and movement techniques.

The start of the 20th Century saw a radical modernization of the Haras du Pin with the arrival of locally produced electricity. This replaced the wheezy old lighting system which ran on gas produced from horse manure. The director, Mr du Pontavice, had a water network created, by harnessing fifteen or so springs, and decided to construct housing for the grooms and stable hands. A few decades later, l'Ecole des Haras (the National School of Equitation) was equipped with a new training centre for equestrian professionals. Today the site is also equipped with an experimental breeding centre which has been instrumental in the creation of new techniques in equine reproduction. Engineers, technicians, researchers and trainers codify and reveal their methods throughout France and her overseas territories. It is a whole new era for breeders with the use of ultrasound scans for gynecological monitoring and early gestational diagnosis; artificial insemination with fresh semen, which has been transported and frozen; the collection, transfer and freezing of embryos; photoperiodism, synchronization of cycles, electronic identification, monitoring of pregnancy and birth.

As well as this, the Pin estate welcomes numerous regional, national and international equine sporting events, beautiful shows, and is host to a large number of visits from foreign organizations. A government decree in 2010 saw the end of national stud farms. From July 2015, at the end of the 2014 World Equestrian Games, the reins for the design and implementation of a new era for the Haras du Pin have been in the hands of the Normandy Regional Council, the Orne Departmental Council and the State.

May this wonderful project dedicated to the future of the horse, heritage and nature, give birth to renewed ambition for this magical estate as it embarks on its fourth century of existence.

Tanneguy de SAINTE MARIE

stage manager emeritus of domaine du Pin

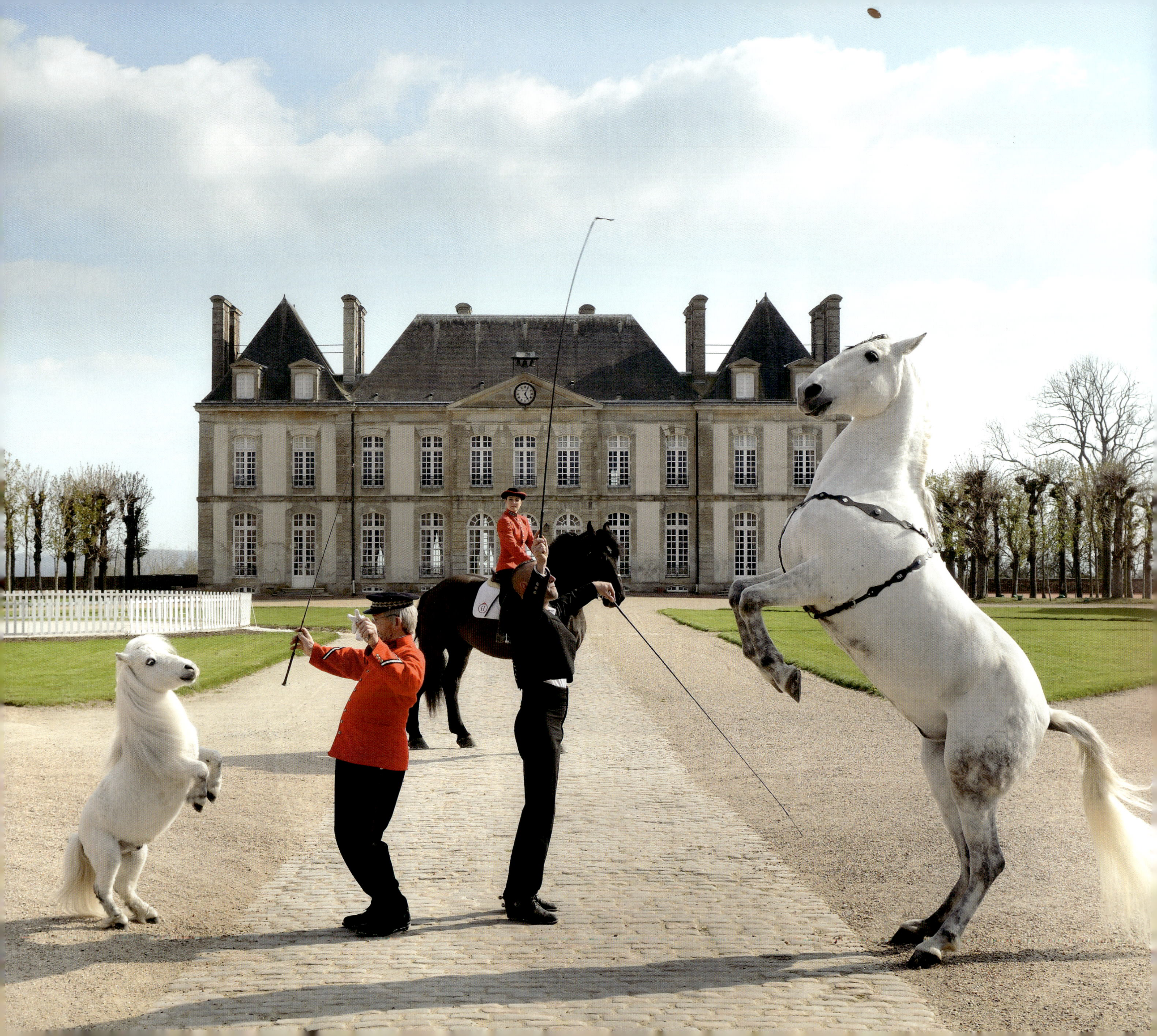

Sommaire

Summary

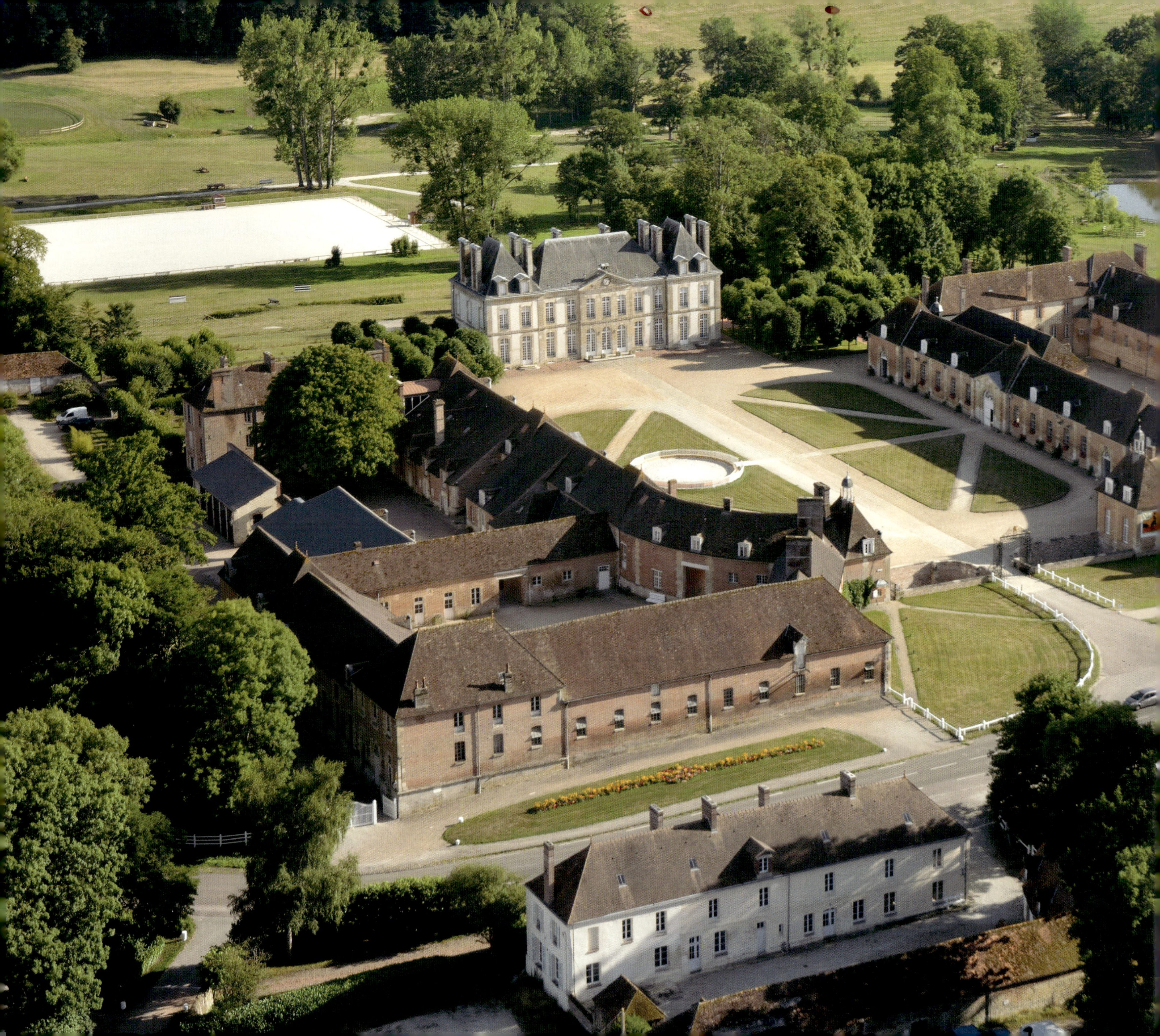

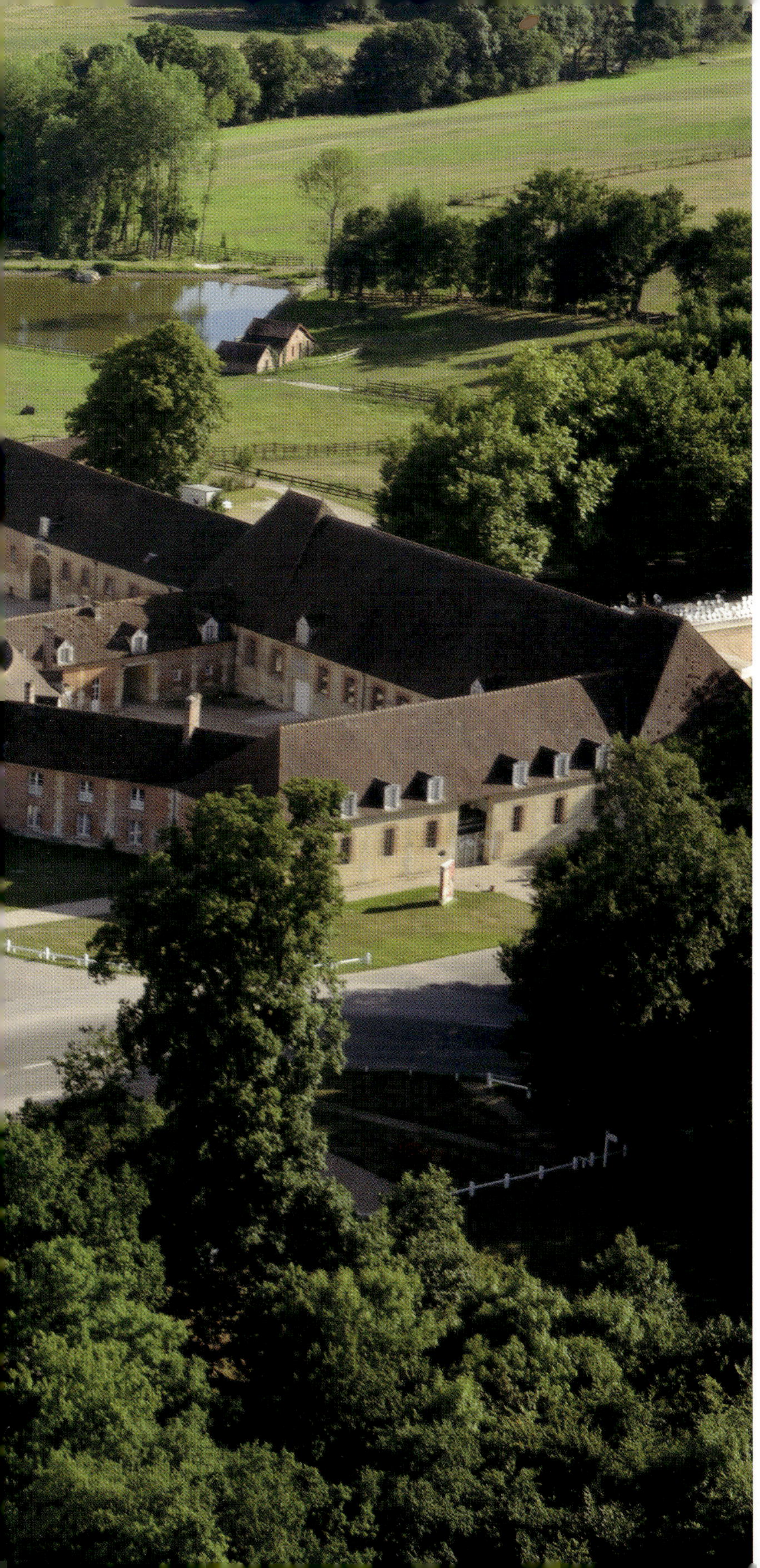

Le Haras

Née de la volonté du roi Louis XIV, la création de Haras Royaux, mis en place en 1665 par Jean-Baptiste Colbert, avait pour objectif d'améliorer la qualité de l'élevage afin de produire des chevaux plus performants pour les besoins de l'armée. Le premier haras du roi, à proximité de St Germain en Laye, est transféré en 1715 vers les pâturages normands plus propices à l'élevage. Le Haras d'Exmes fut édifié, après la mort de Louis XIV, par l'architecte Pierre Le Mousseux sur les plans de Robert de Cotte, premier architecte du roi. En 1730, les premiers étalons arrivent. Ce n'est qu'au début du XIXe siècle qu'apparait l'ensemble des bâtiments nécessaires au parfait fonctionnement du Haras. En 1806, sous Napoléon Ier, le Haras d'Exmes devient alors le Haras du Pin. Par décret, il devient impérial et, le 9 août 1863, il est consacré par la visite officielle de Napoléon III. C'est en 1915 que le haras atteint son maximum d'effectifs avec 530 étalons reproducteurs en activité sur lesquels veillent une centaine de palefreniers.

In 1665 Jean-Baptiste Colbert created the royal studs. They were born from Louis XIV's desire to improve the quality of equine breeding in order to produce better quality horses to fulfill the army's needs. The first royal stud was founded near St Germain en Laye before being transferred to pastures more suited to horse breeding in Normandy in 1715. The Haras d'Exmes was built after the death of Louis XIV, by the architect Pierre Le Mousseux, following plans which had been drawn up by Robert de Cotte, first architect to the Crown. The first stallions arrived in 1730. It wasn't until the beginning of the 19th Century that the body of buildings necessary for the smooth functioning of the Haras were constructed. In 1806, under Napoleon I, the Haras d'Exmes became the Haras du Pin. It became an imperial site by decree and, on the 9th August 1863, it was honoured by the official visit of Napoleon III. In 1915 the Haras reached its full compliment with 530 active breeding stallions under the watchful eye of a hundred or so grooms.

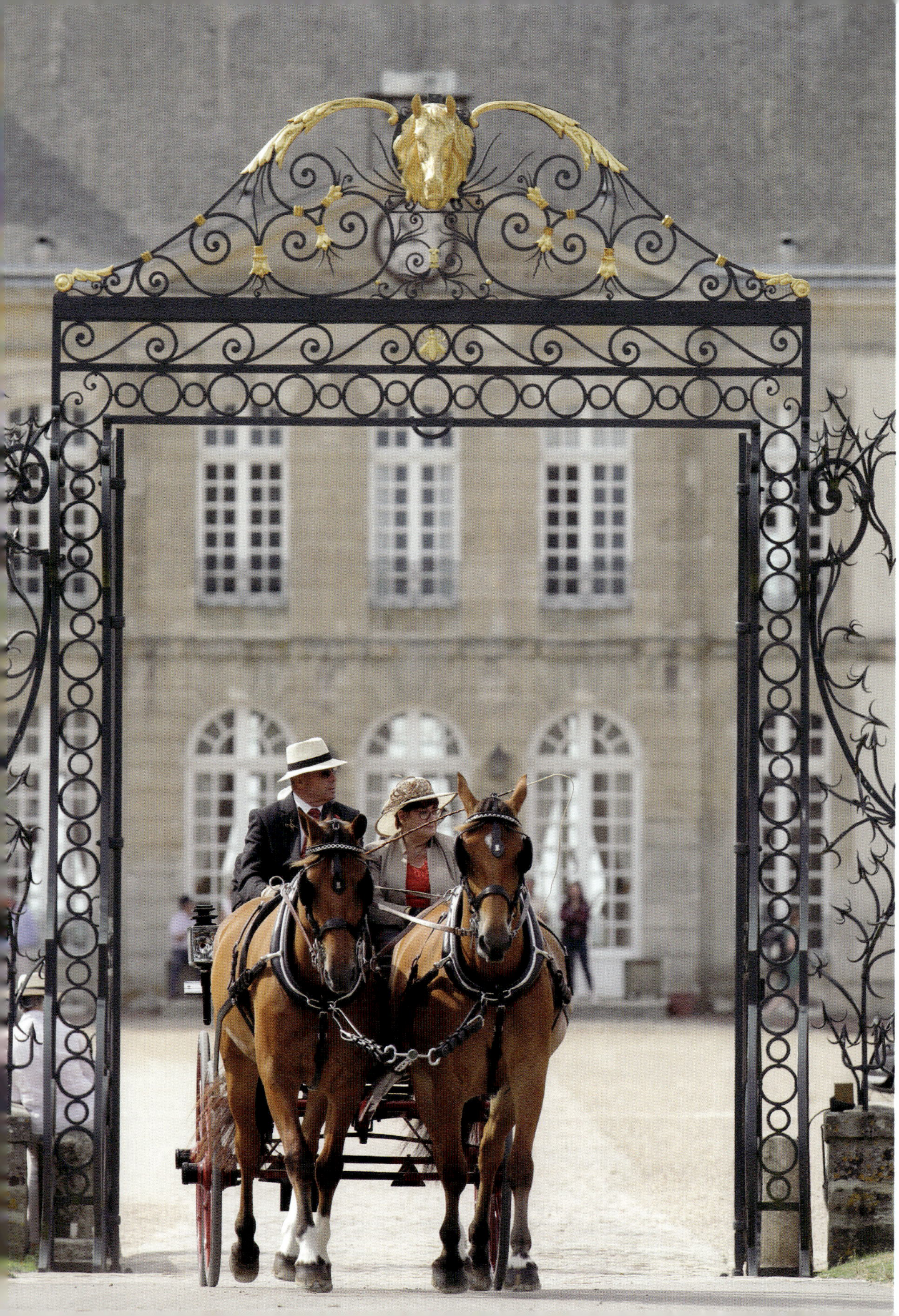

Après la Première Guerre Mondiale, avec l'émergence des véhicules et machines agricoles motorisés, l'élevage disparait peu à peu. Le haras se tourne alors, à partir des années soixante, vers le loisir (équitation, courses, saut d'obstacles...). De nos jours, ce fleuron des anciens haras nationaux s'ouvre au public, et c'est par cette emblématique et majestueuse grille en fer forgé, ornée de deux têtes de cheval dorées, l'une faisant face au château et l'autre à la grande avenue Louis XIV, que le haras vous invite à entrer au cœur de ce site dédié au cheval.

After WWI, with the rise in motorized vehicles and agricultural machinery, breeding dropped away little by little. From the 1960s the stud turned to leisure activities (riding, races, show-jumping etc). Nowadays this jewel of a former national stud is open to the public and it is through this emblematic and majestic wrought iron gateway, embellished with golden horse heads, one facing the chateau and the other the long Louis XIV avenue, that you are invited to enter into the heart of this estate dedicated to all things equestrian.

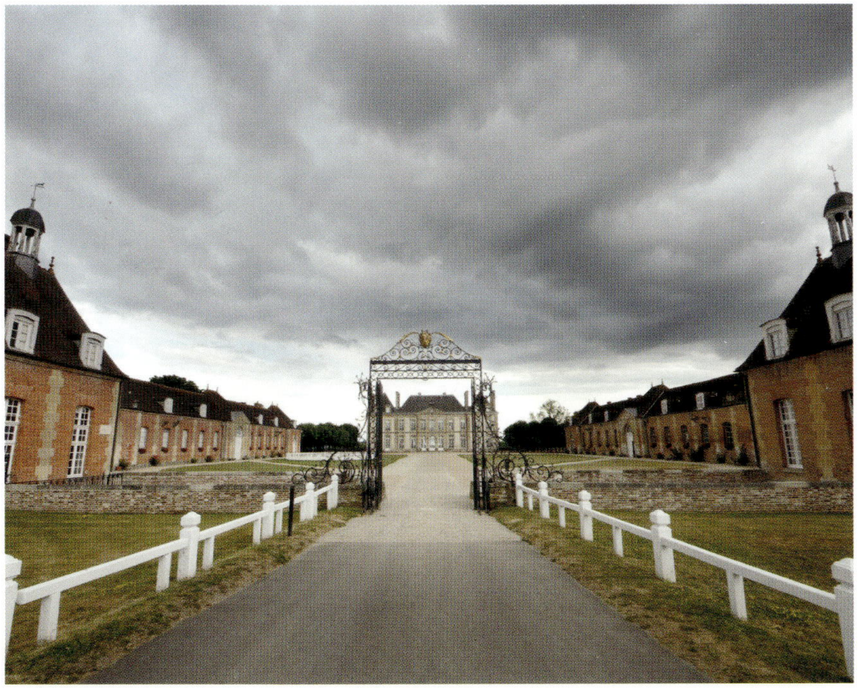

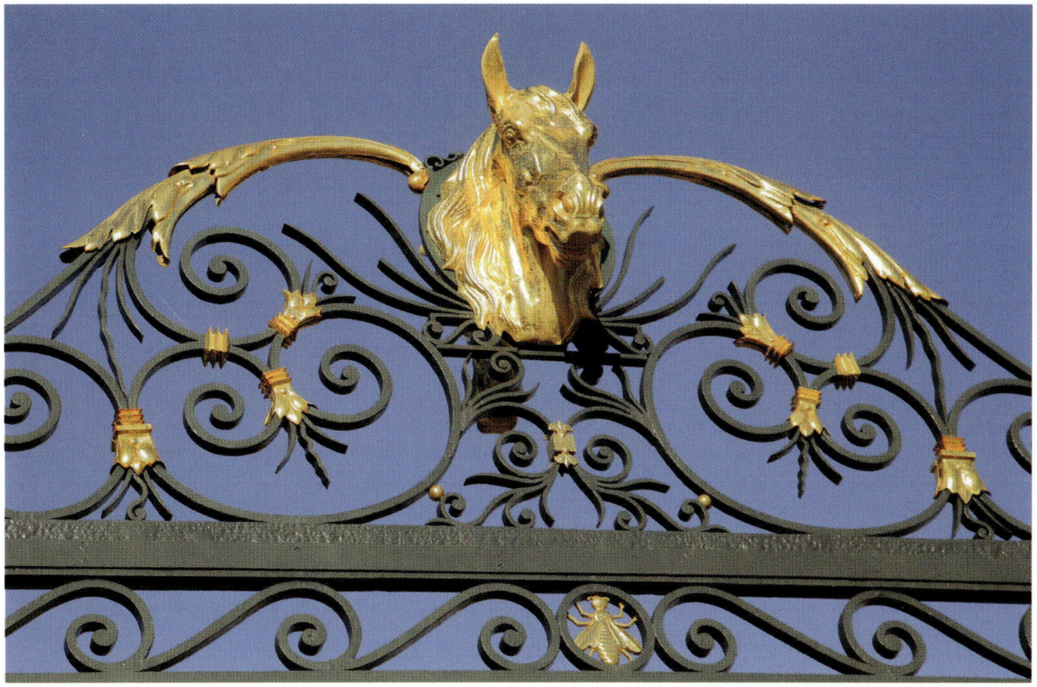

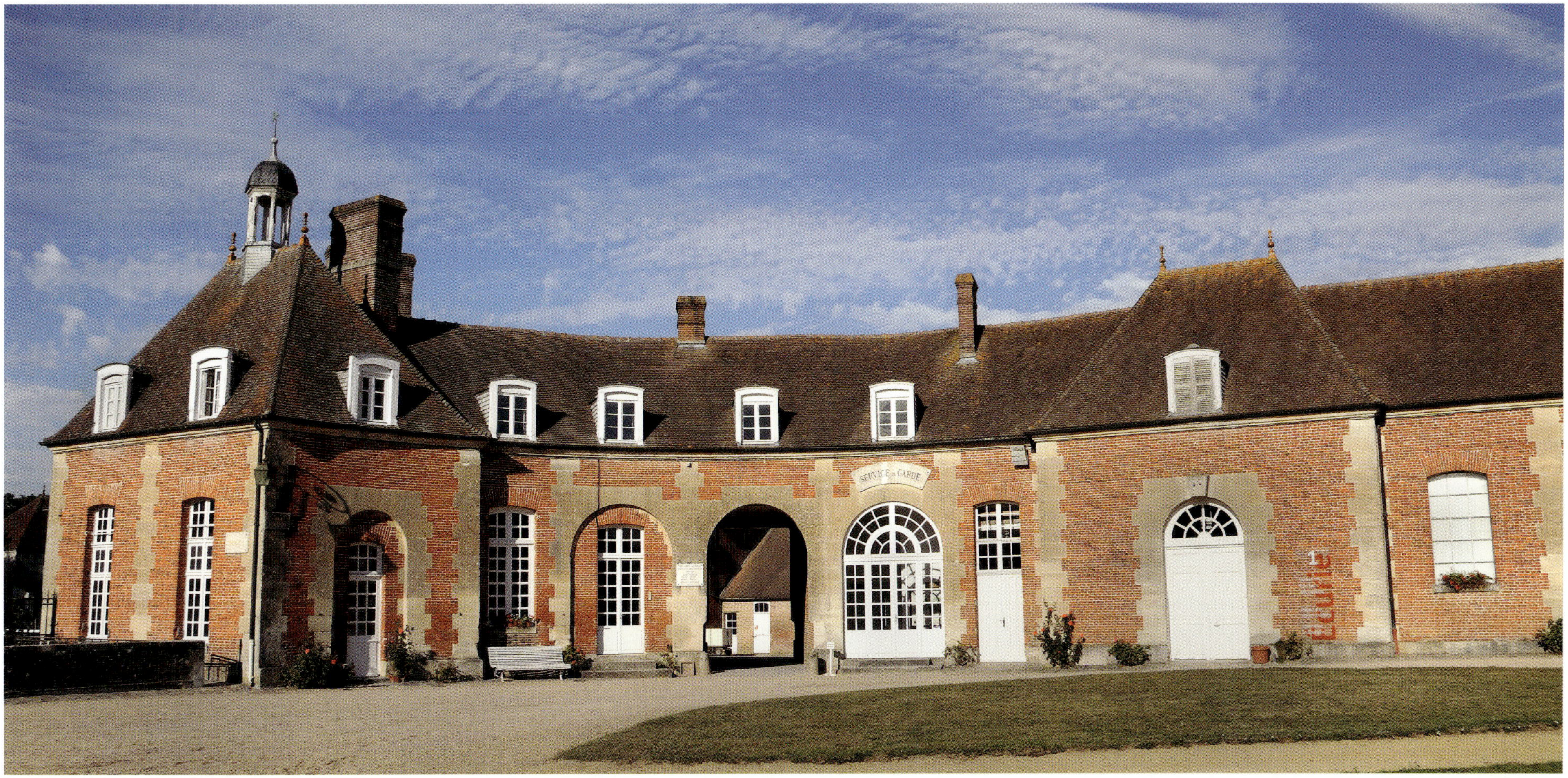
SERVICE GARDE
1
Ecurie

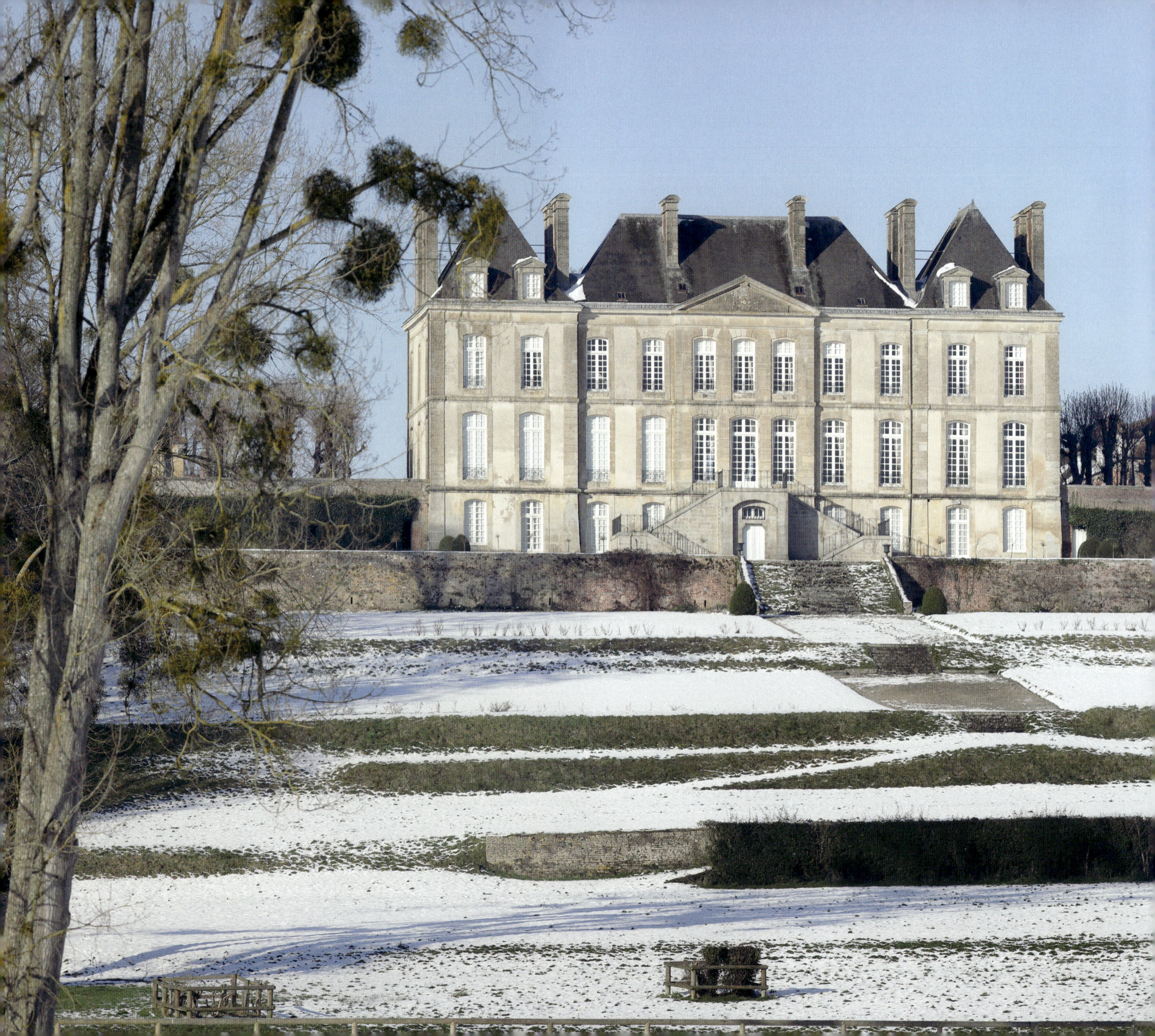

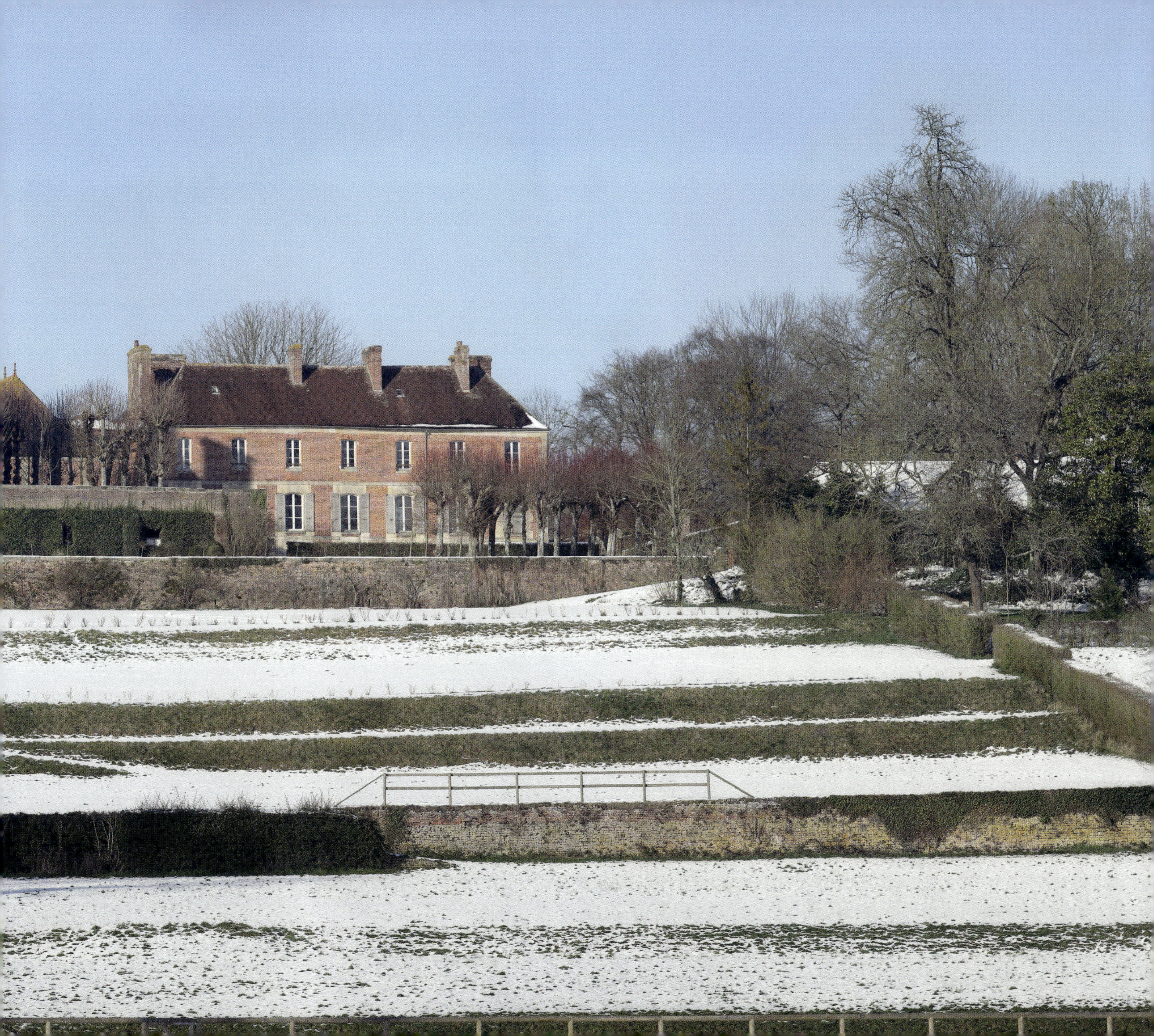

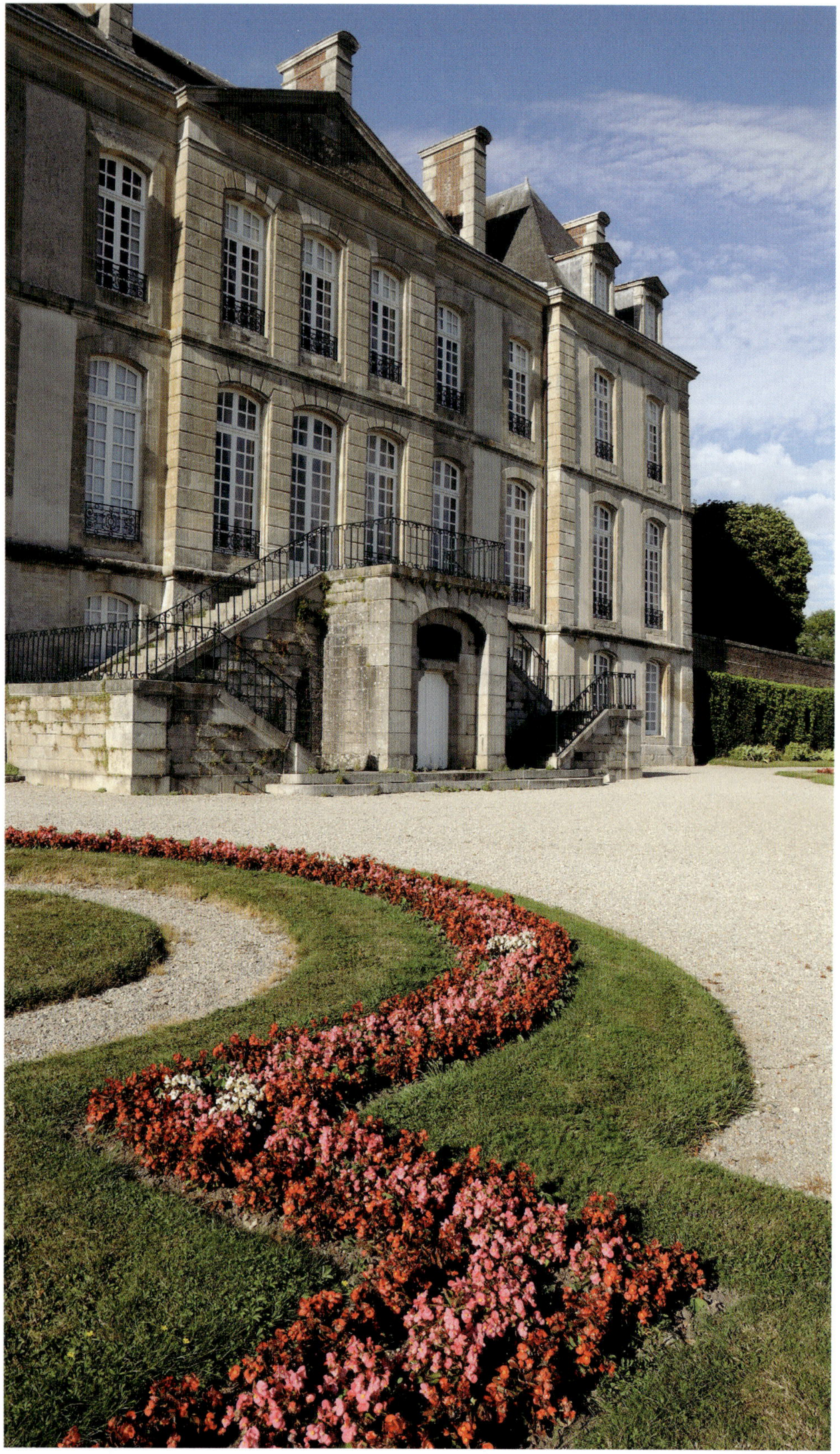
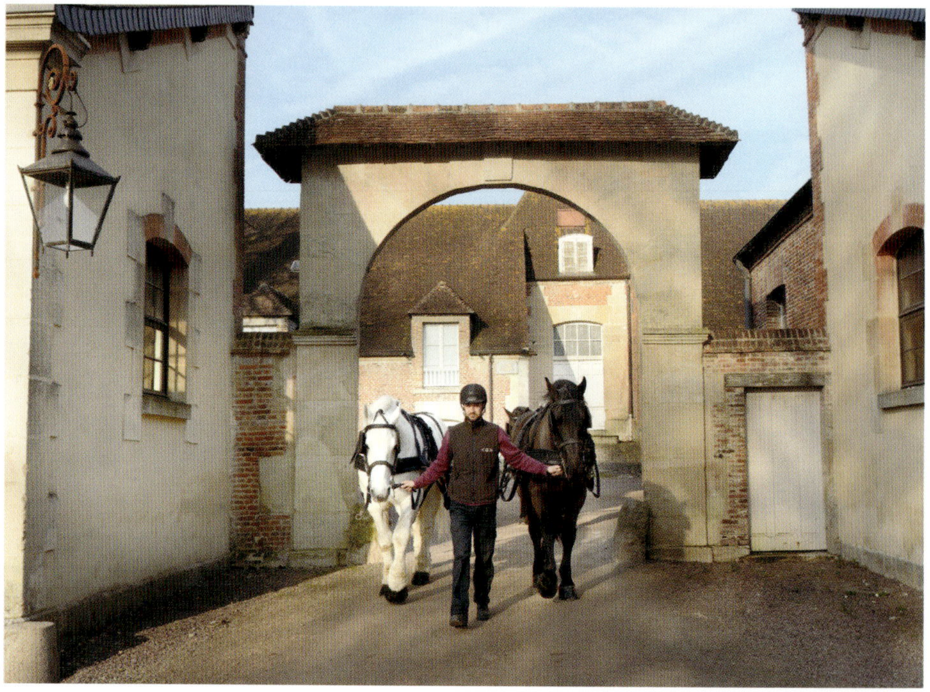
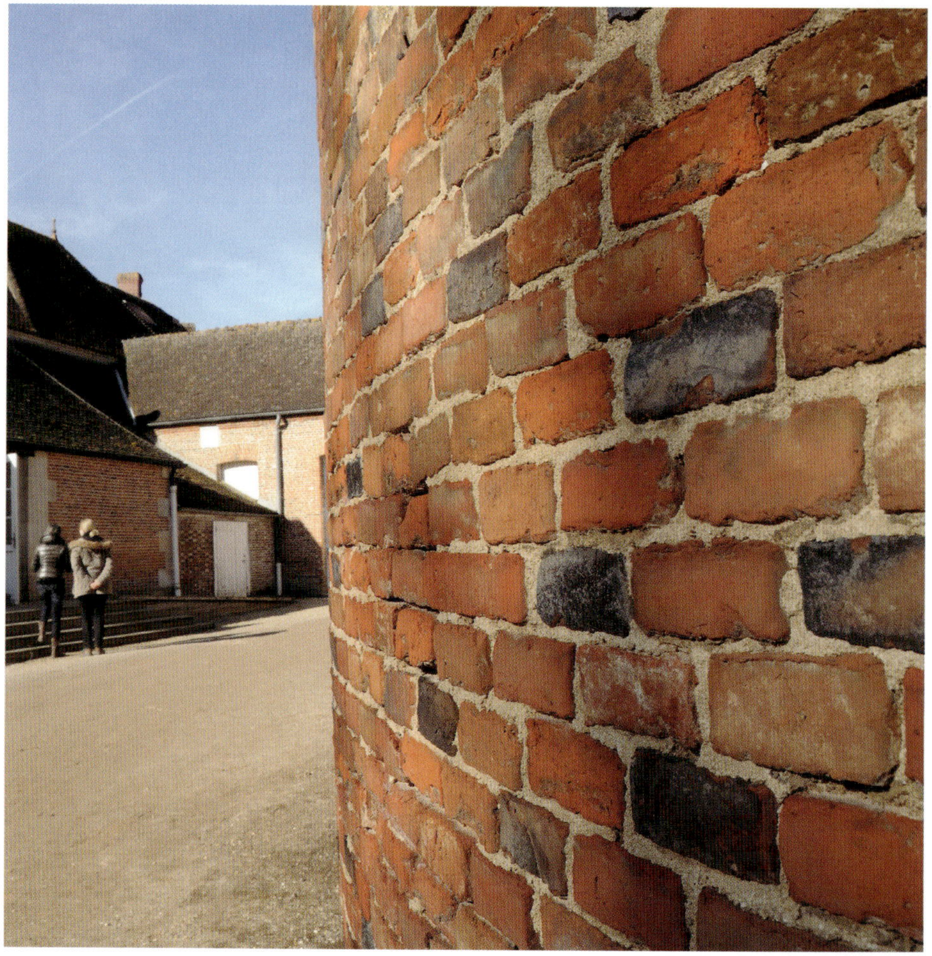

Edifié entre 1717 et 1728, le haras fut construit avec des matériaux fabriqués sur place. Ainsi, des millions de briques et de tuiles ont été façonnées avec la terre argileuse de la région, pétrie, moulée, séchée, et cuite dans une briqueterie située non loin du château. Les parements en pierre blanche sont aussi tous issus des carrières proches du domaine. Lors de votre visite vous pourrez admirer, dans un coin au sud de la cour Colbert, l'ancienne chapelle domestique dédiée à l'invocation de Saint Louis et desservie par un chapelain qui était logé sur place, puis, en continuité, l'écurie N°2 réservée aux artistes en résidence, et la prestigieuse sellerie d'honneur où les harnais sont décorés aux armes des Haras nationaux.

Built between 1717 and 1728, the stud was constructed using materials made on site. Thousands of bricks and tiles were made from local clay, kneaded, moulded, dried and baked in a brickyard situated near the chateau. The white stones used for the façade all come from quarries near the estate. During your visit, take time to admire the former domestic chapel, which can be found in the south corner of the Colbert courtyard. It is dedicated to Saint Louis and served by a resident chaplain. Following on from this, the second stable, reserved for "artists in residence" and the prestigious tack room of honour, with its fine collection of harnesses decorated with the Haras nationaux arms.

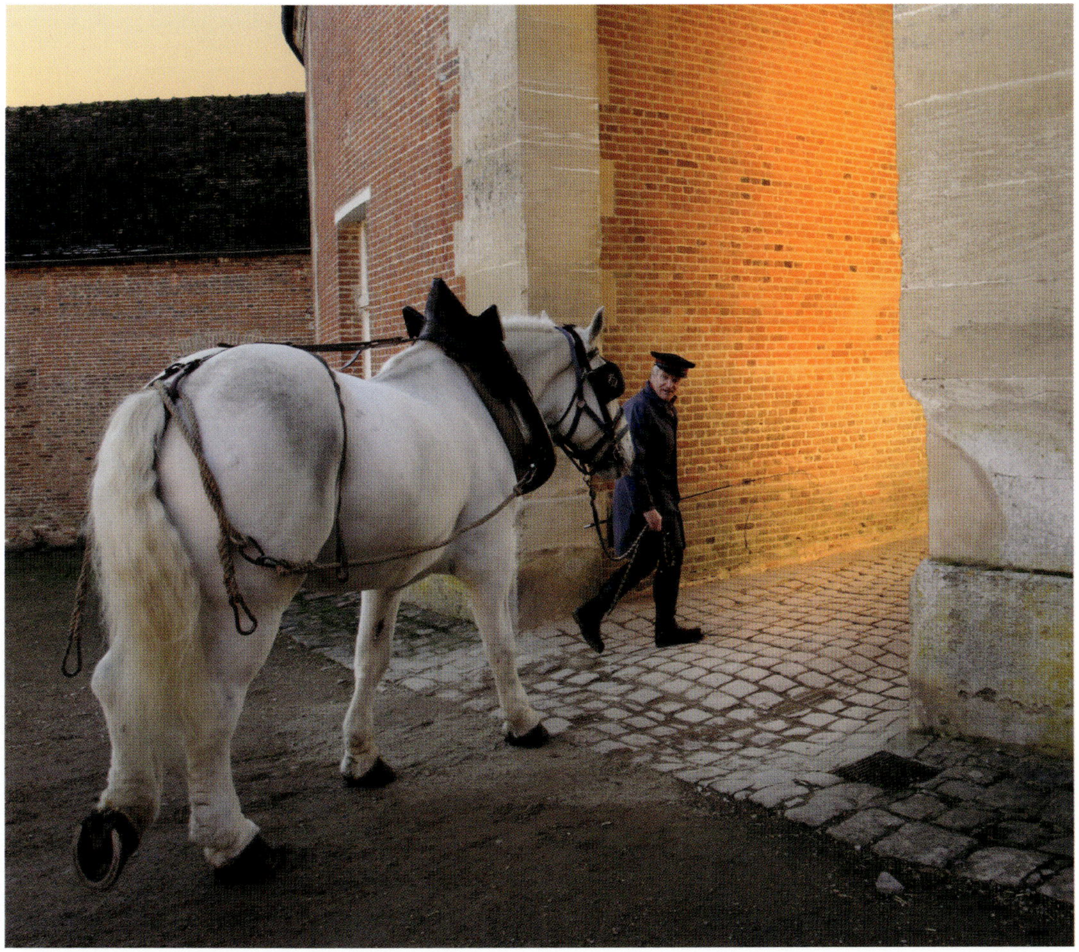

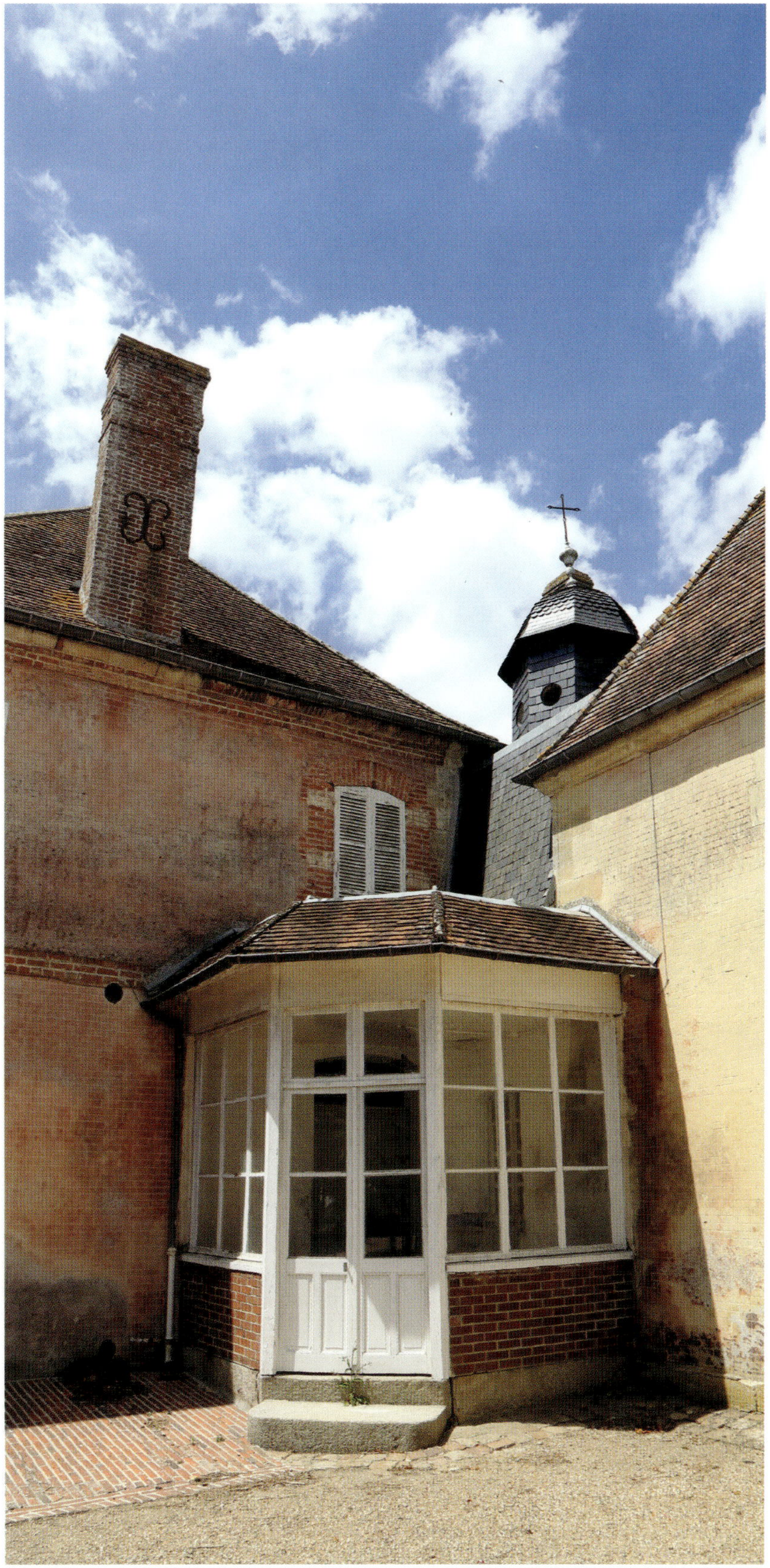

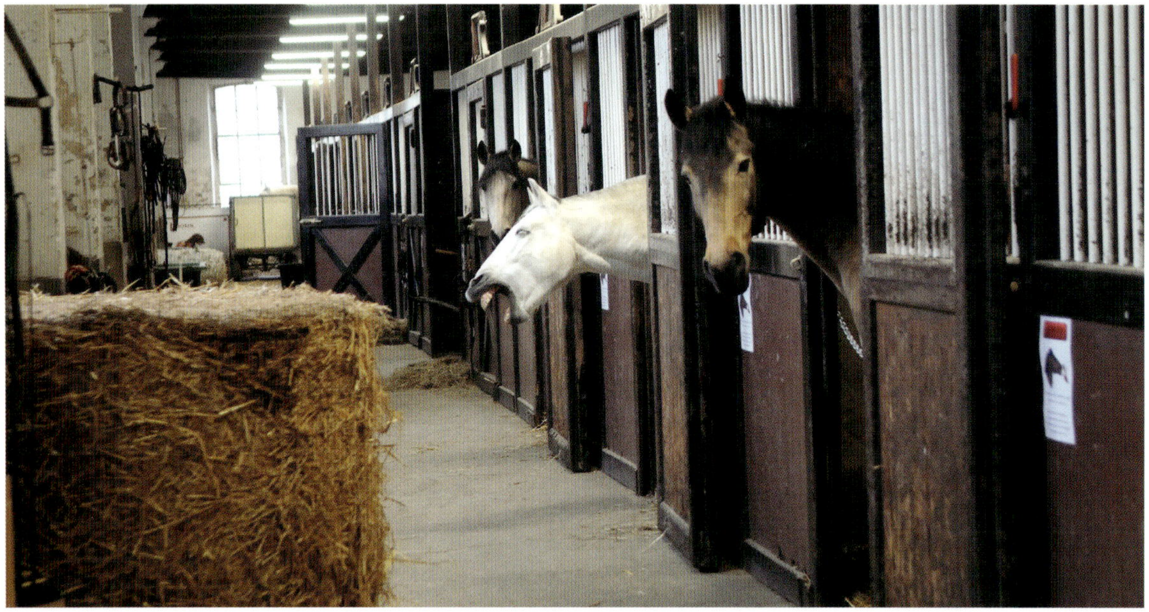

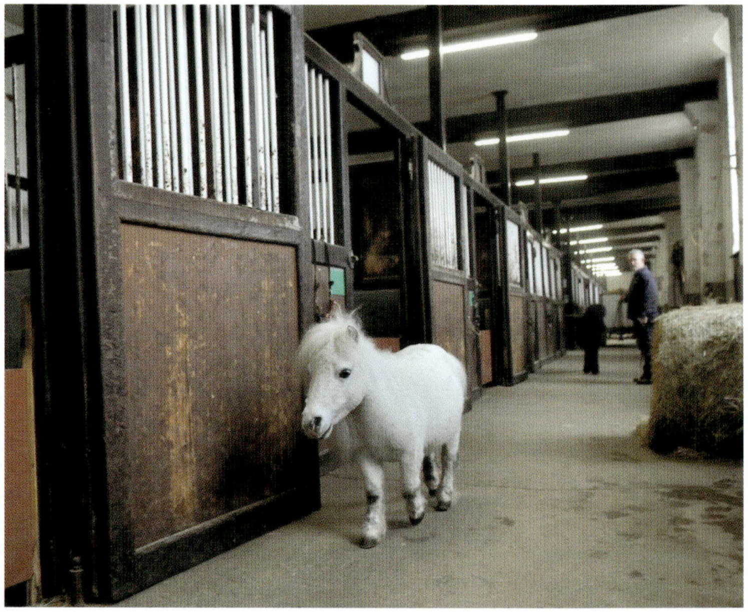

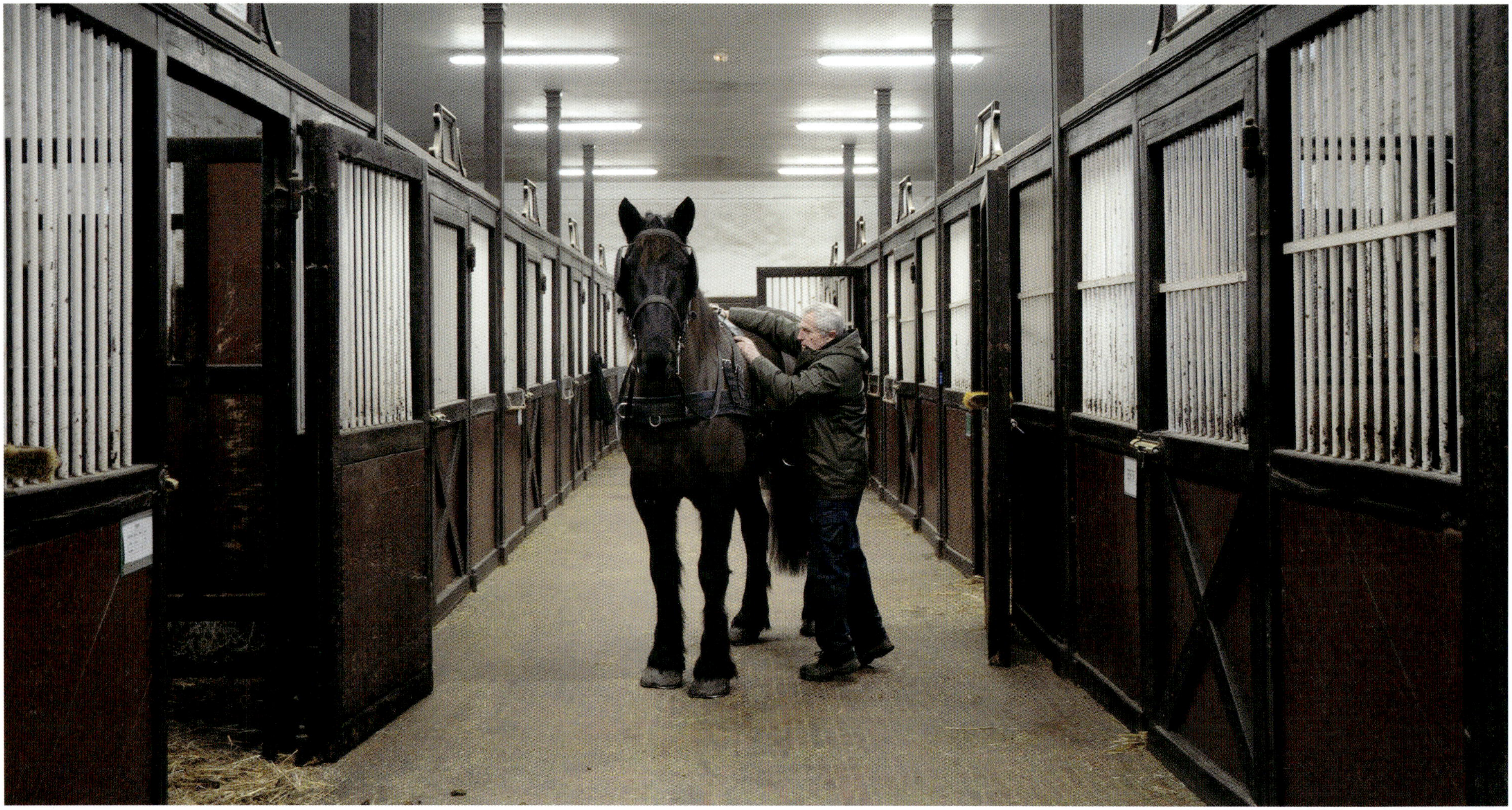

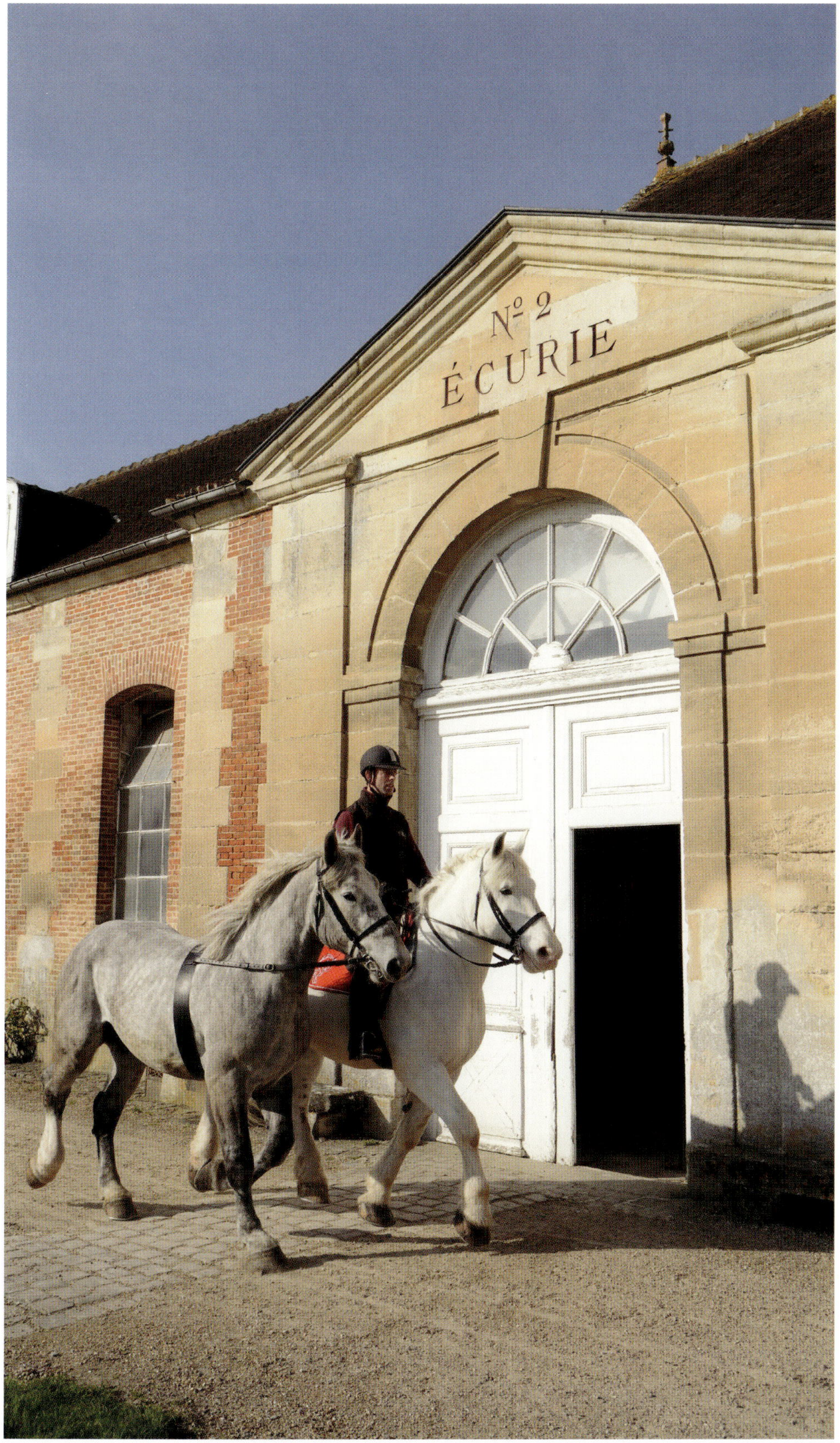
N° 2
ÉCURIE

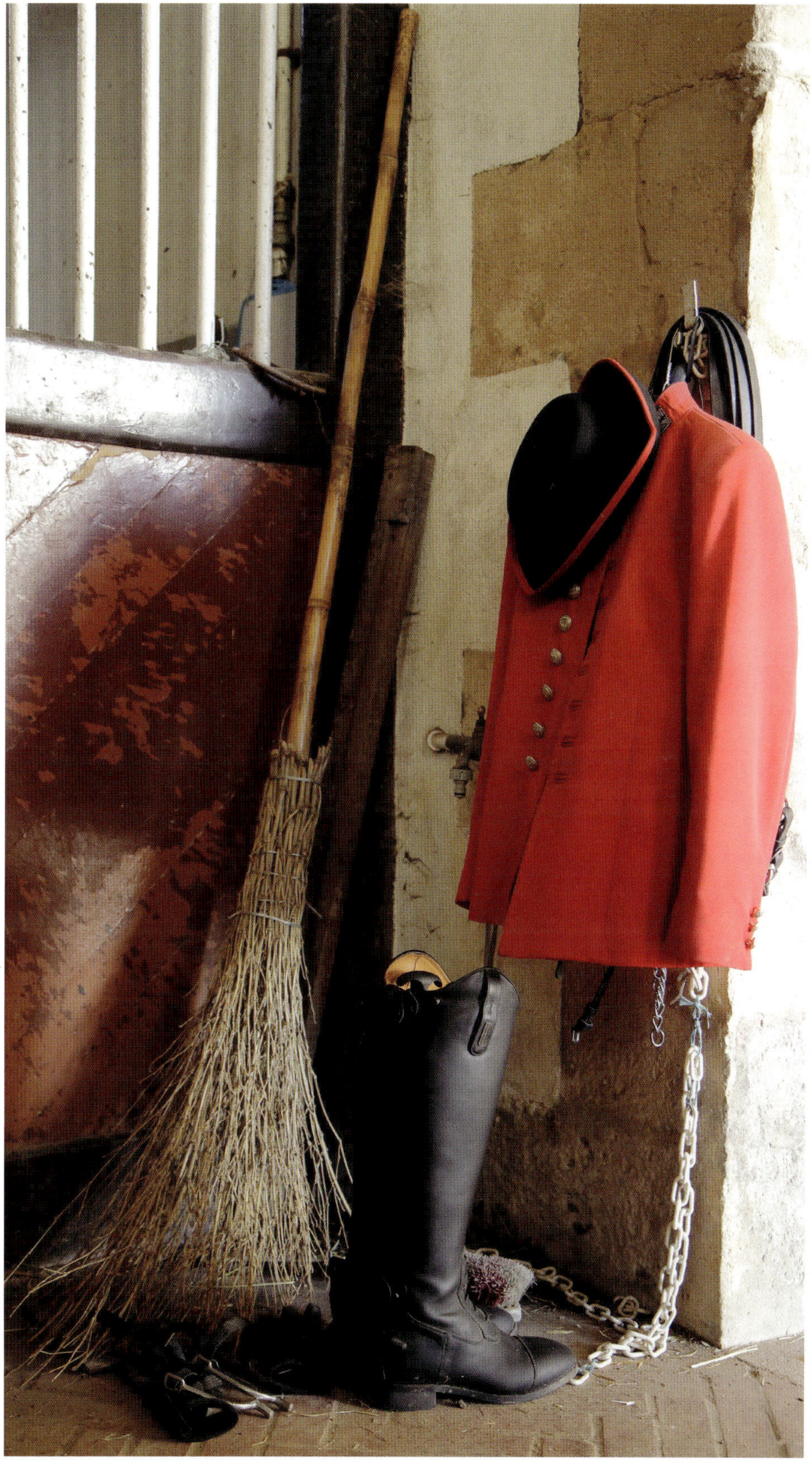

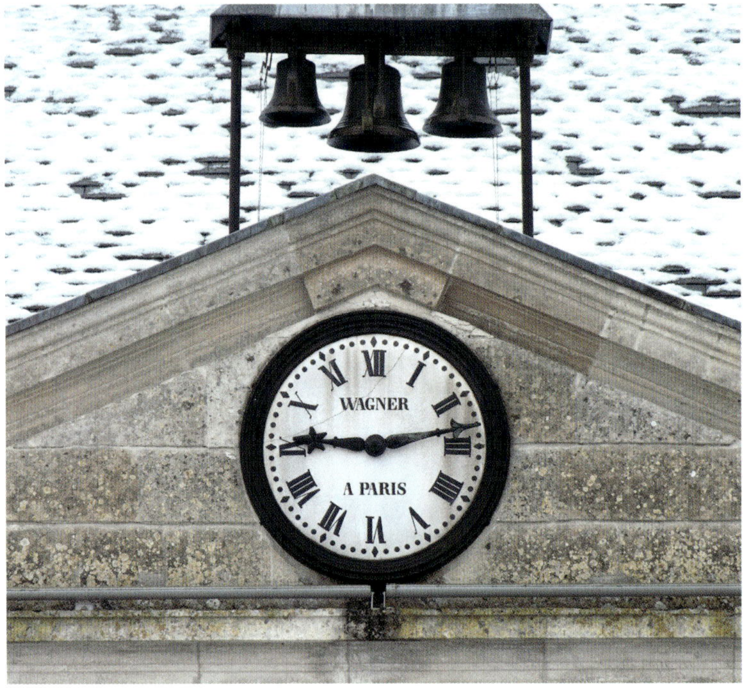

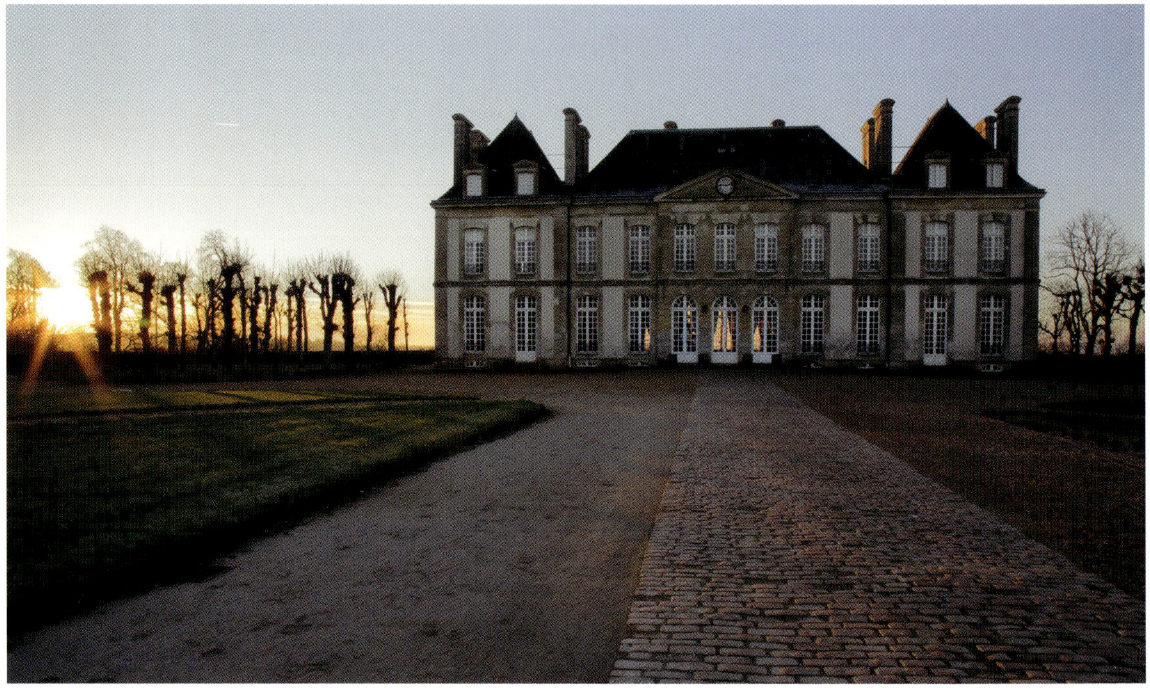

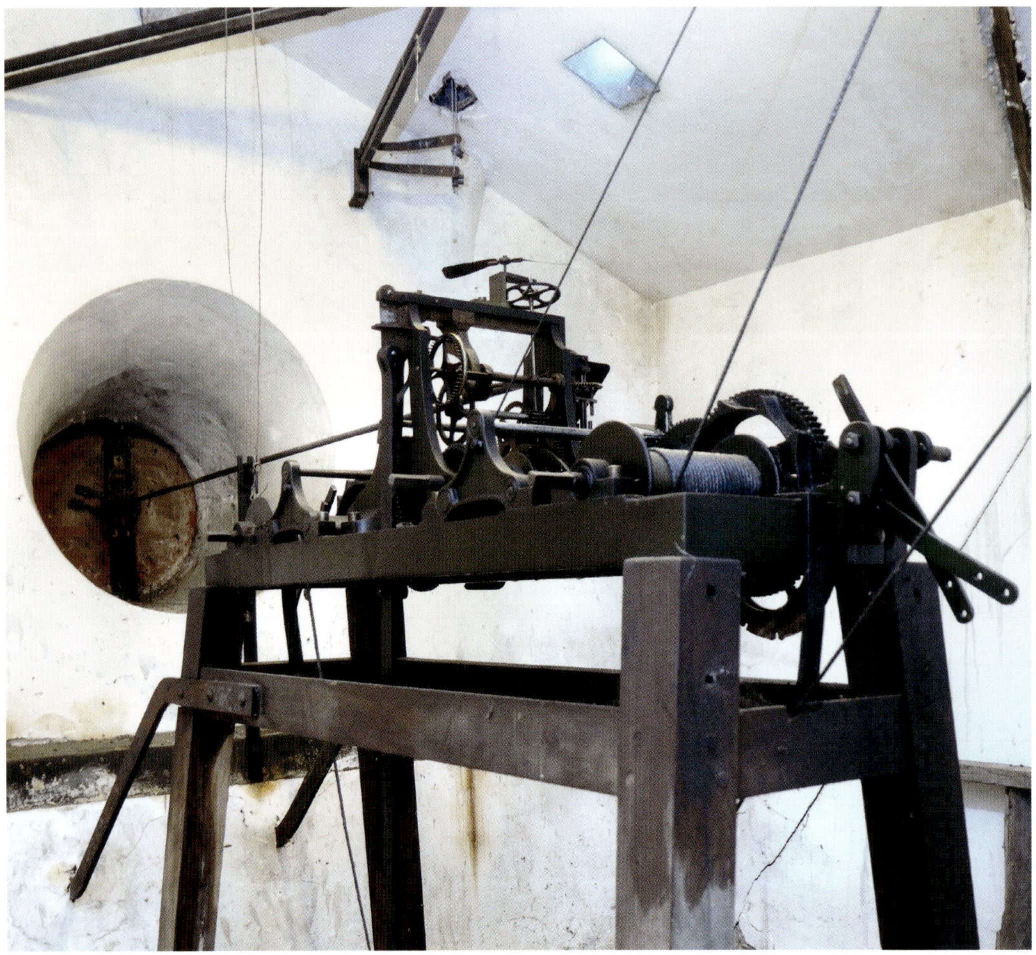

La mélodie des trois cloches du carillon de la dernière horloge mécanique encore en service sur le domaine est presque bicentenaire. Cette horloge de la Maison Wagner, installée au milieu du fronton du Château, affichait l'heure officielle du haras et réglait donc toutes les présentations d'étalons et d'attelages. Trois importants rouages, remontés toutes les semaines à l'aide de deux manivelles, entraînent des bobines sur lesquelles s'enroulent les câbles qui, tirés par des poids, actionnent l'un les aiguilles, l'autre le carillon des quarts d'heure et le troisième le carillon des heures.

The sound of the three bells chiming in the last mechanical clock still in service on the estate is almost two hundred years old. This clock was made by Maison Wagner and can be found in the middle of the front wall of the chateau. It gives the official stud time and is used to regulate the timing of all the horse and horse drawn vehicle presentations. Three large parts which are wound back up every week with the help of two crank handles, carry the cogs around which the cables are wound. These three cables, which are pulled by weights, move the hands, the quarterly chime and the hourly chime.

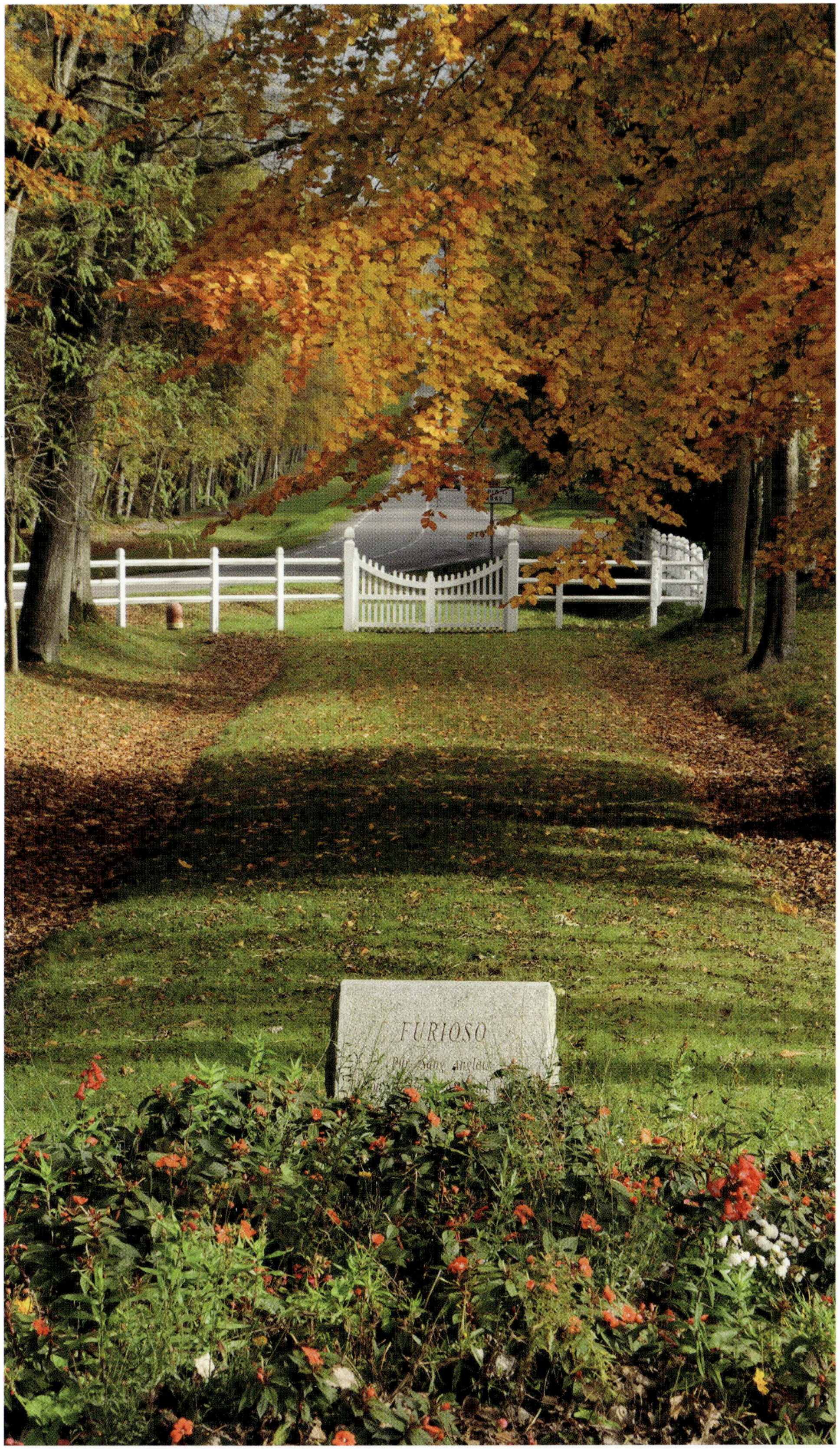

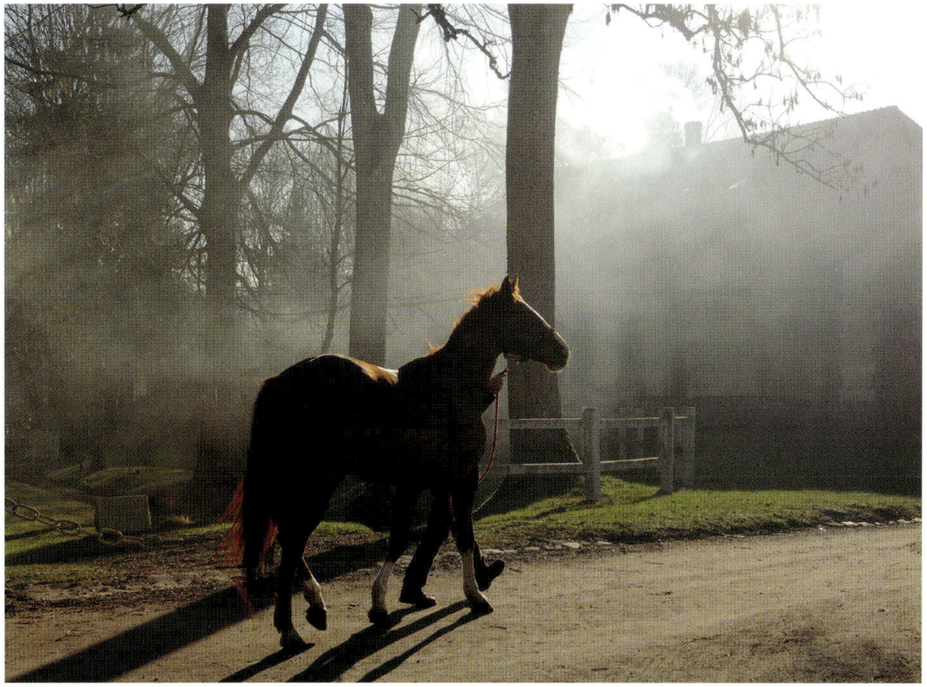

Furioso, pur-sang anglais né en 1939, fut étalon au Haras national du Pin depuis son importation d'Angleterre, en 1946, jusqu'à sa mort d'une crise cardiaque, en 1967. Mondialement connu pour être parmi les plus importants fondateurs de la race des chevaux de selle français, il est le géniteur de plus de 300 chevaux, dont de nombreux sont devenus de véritables champions en saut d'obstacles. En guise d'honneur, ce cheval d'exception fut enterré près du château, debout, comme le veut la tradition pour les grands mammifères.

Furioso, an English pure blood born in 1939, was used as a breeding stallion at the national stud from 1946, the year he was imported from England, up until his death from cardiac arrest in 1967. He is world renowned as being amongst the most important founders of the French show jumping lineage. He is the sire of more than 300 horses, many of which have been true showjumping champions. As a mark of honour, this exceptional horse was buried near the chateau in an upright position, as is tradition for large mammals.

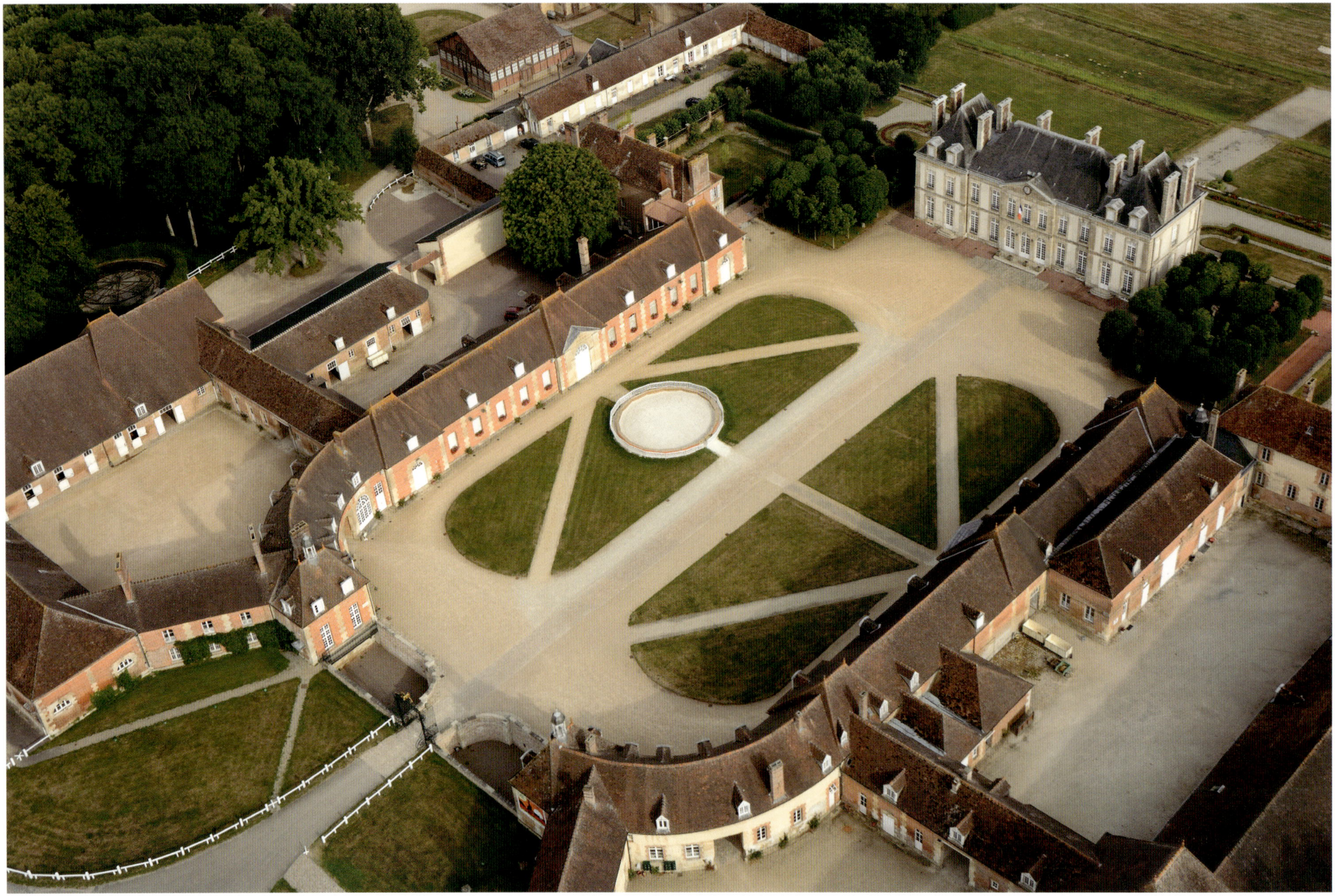

Les teintes froides de la toiture en ardoise et des façades en pierre blanche du château contrastent avec la chaleur des briques rouges et des tuiles plates des écuries. Construit sur un coteau qui domine de riches vallées à 232,43 m d'altitude exactement, comme le prouve ce repère de nivellement fixé au pied d'un mur de l'édifice, le château est bâti sur un terre-plein supportant les écuries, en alignements symétriques et parallèles, encadrant une cour d'honneur gazonnée en forme d'étrier, et non de fer à cheval. L'ensemble bénéficie de la protection au titre des monuments historiques.

The cold tones of the chateau's slate roof and façade of white stones contrast with the warmth of the stables' red bricks and flat clay roof tiles. Built on a hillside looking out over rich valleys, at an altitude of 232.43m to be exact (as attested by a benchmark fixed to the foot of one of the walls), the chateau sits on an area of flat ground along with the stables, aligned symmetrically and in parallel and forming a grassy courtyard in the shape of a stirrup. The entire group of buildings is protected by a historic monument listing.

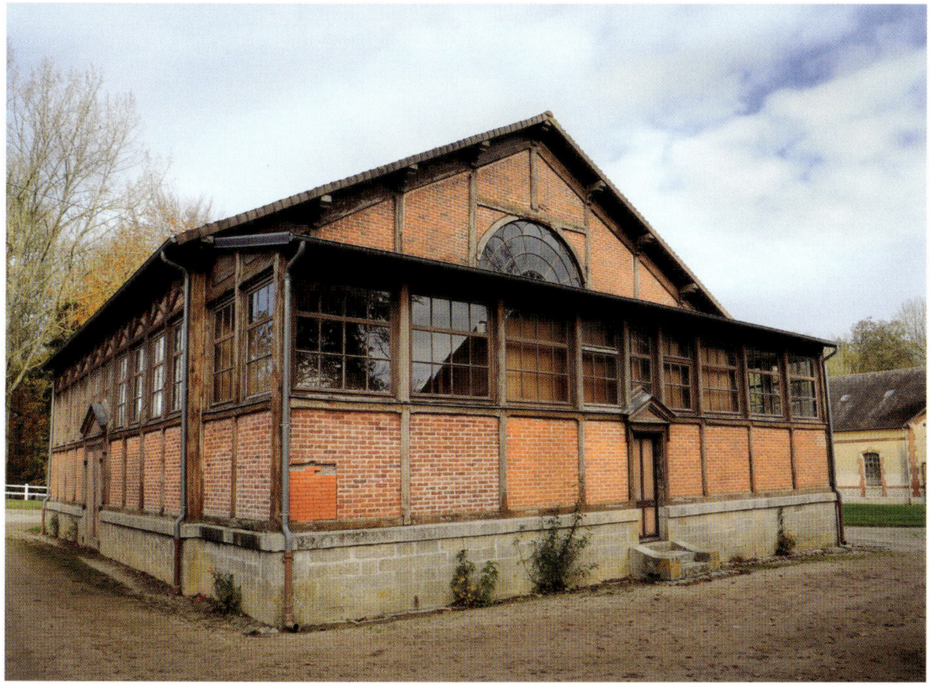

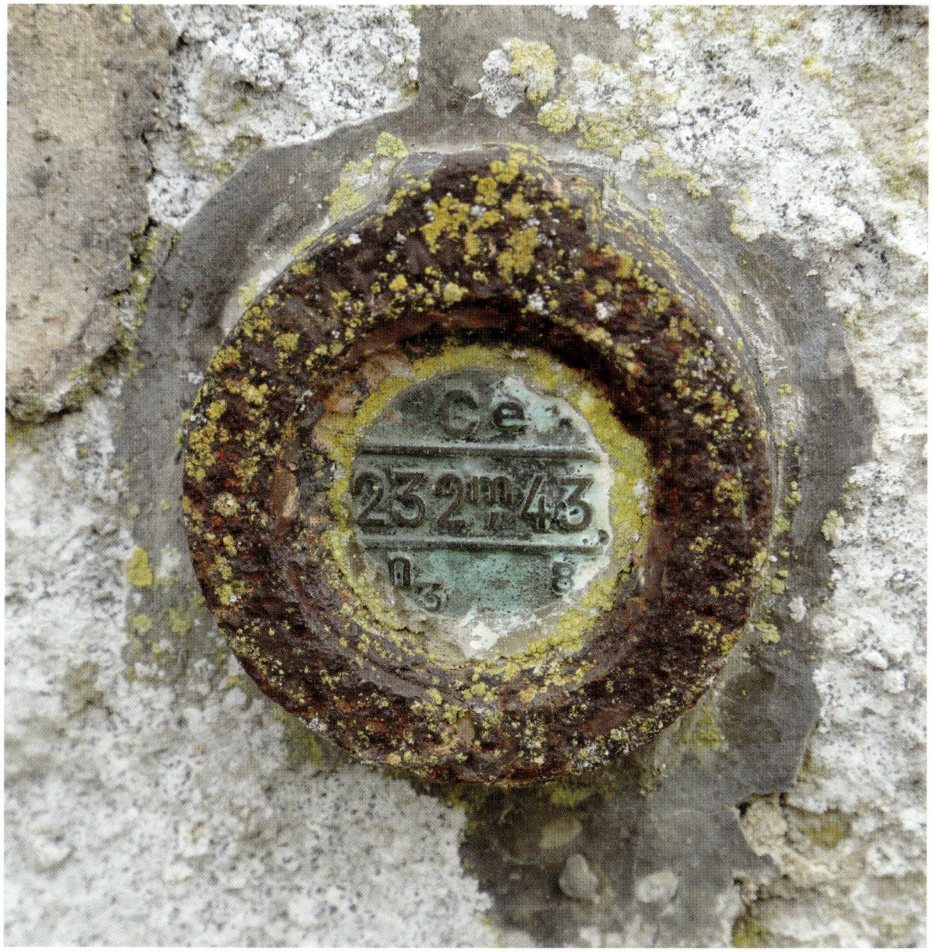
Ce
232m43
n3
8

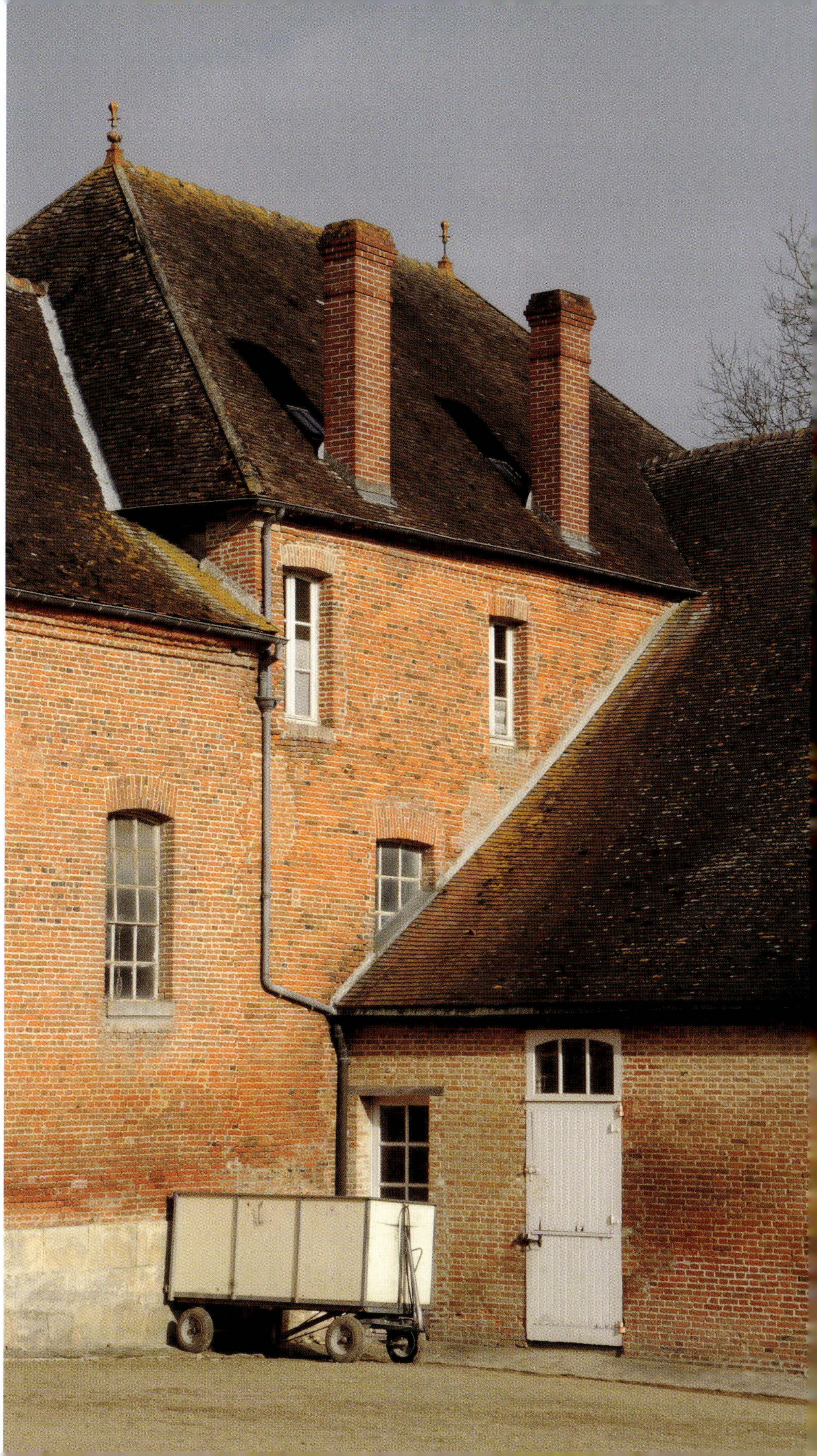

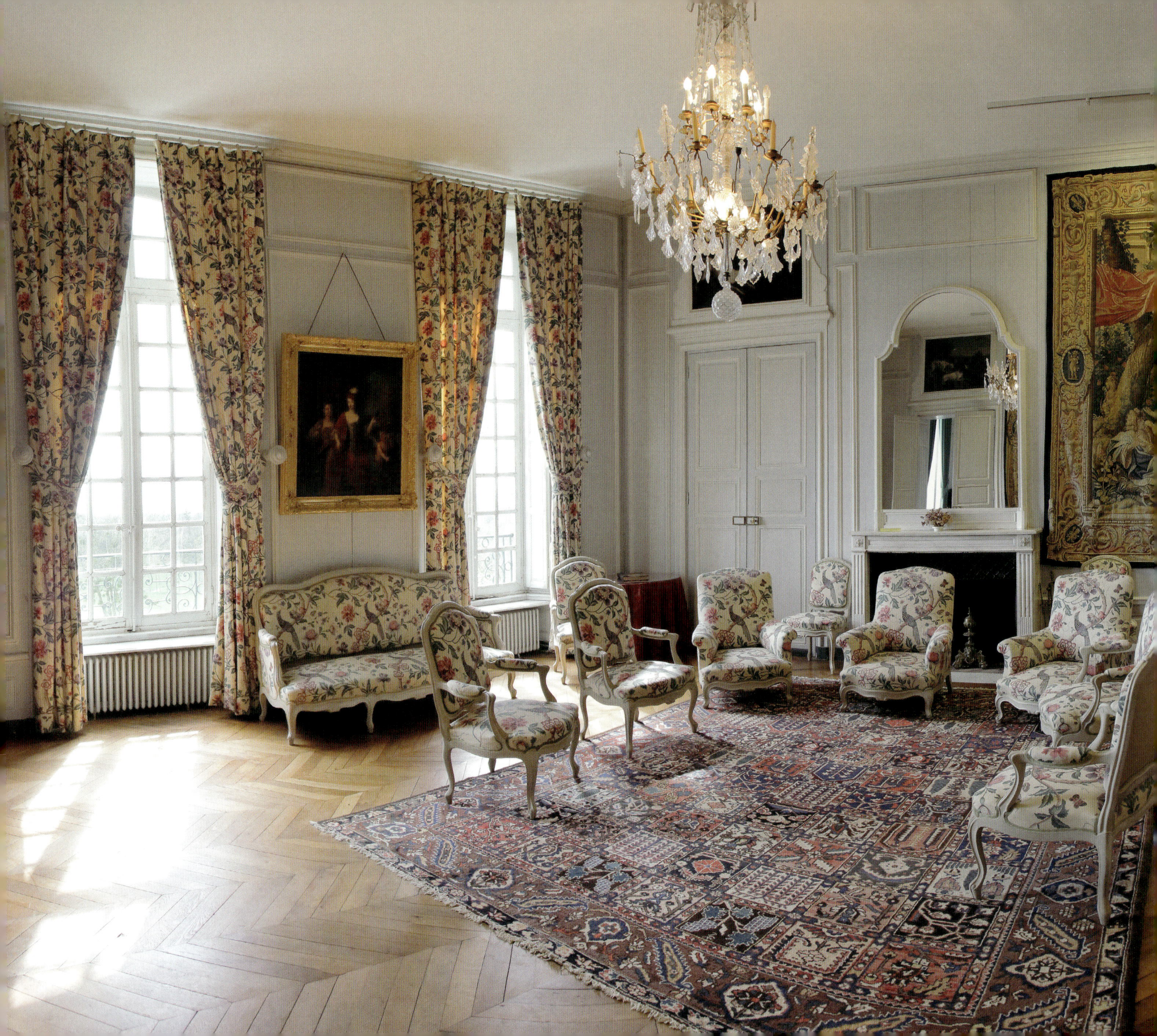

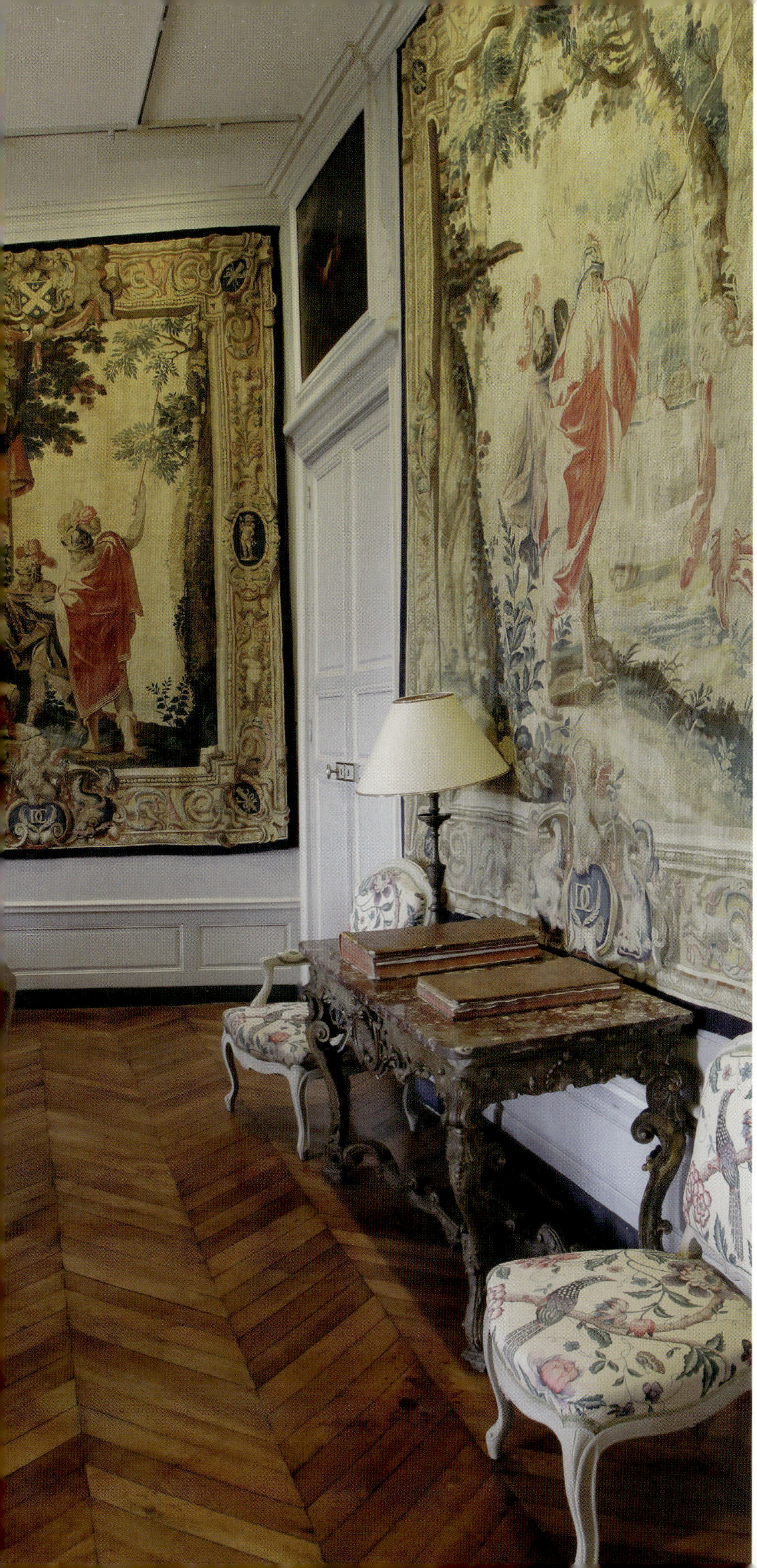

Le Château

Il fut longtemps la résidence des directeurs du Haras du Pin, avec, au rez-de-chaussée, des salons et une salle de réception, à l'étage, l'appartement de fonction privatif des anciens directeurs, sous les combles, une enfilade de chambres affectées au personnel et officiers subalternes, et dans un demi sous-sol, les anciennes cuisines avec cave et garde-manger. Seule la partie du rez-de-chaussée est ouverte à la visite, et particulièrement un très beau salon orné de majestueuses tapisseries. Baigné de lumière par de grandes ouvertures la demeure est solaire, avec une vue imprenable sur le parc du Hautbois. Au premier étage, on peut admirer l'escalier monumental, et l'appartement de l'empereur, en souvenir de Napoléon III qui y séjourna lors de sa visite en 1863. Les appartements de fonction des directeurs ont été délaissés pour des raisons de confort et de commodité évidentes, malgré cette lumière et ce panorama souverain.

For a long time the chateau was home to the directors of the Haras du Pin : on the ground floor, the function and reception rooms, upstairs the directors' private on-site apartments, in the attic, a series of bedrooms for the staff and subalterns and in the semi-basement, the former kitchens along with the cellar and pantry. Only a part of the ground floor is open to visitors, including a very beautiful function room hung with impressive tapestries. The building is bright and sunny, bathed in light by its large windows, which offer an unrestricted view of the Hautbois park. On the first floor, one can admire the monumental staircase and the Emperor's apartment, in memory of Napoleon III who stayed there during his visit in 1863. The directors' private on-site apartments have been abandoned for obvious reasons of comfort and convenience, despite their luminosity and unbeatable views.

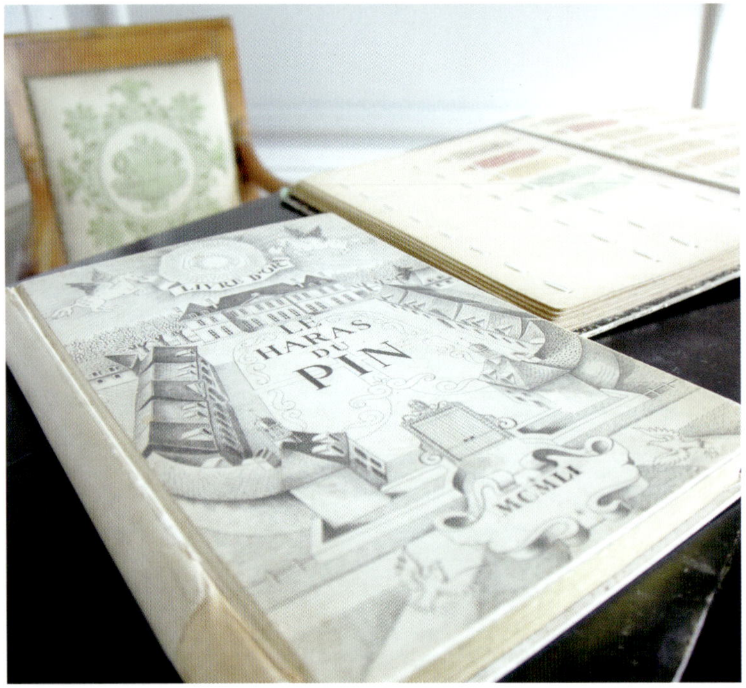
LIVRE D'OR
LE HARAS DU PIN
MCMLI
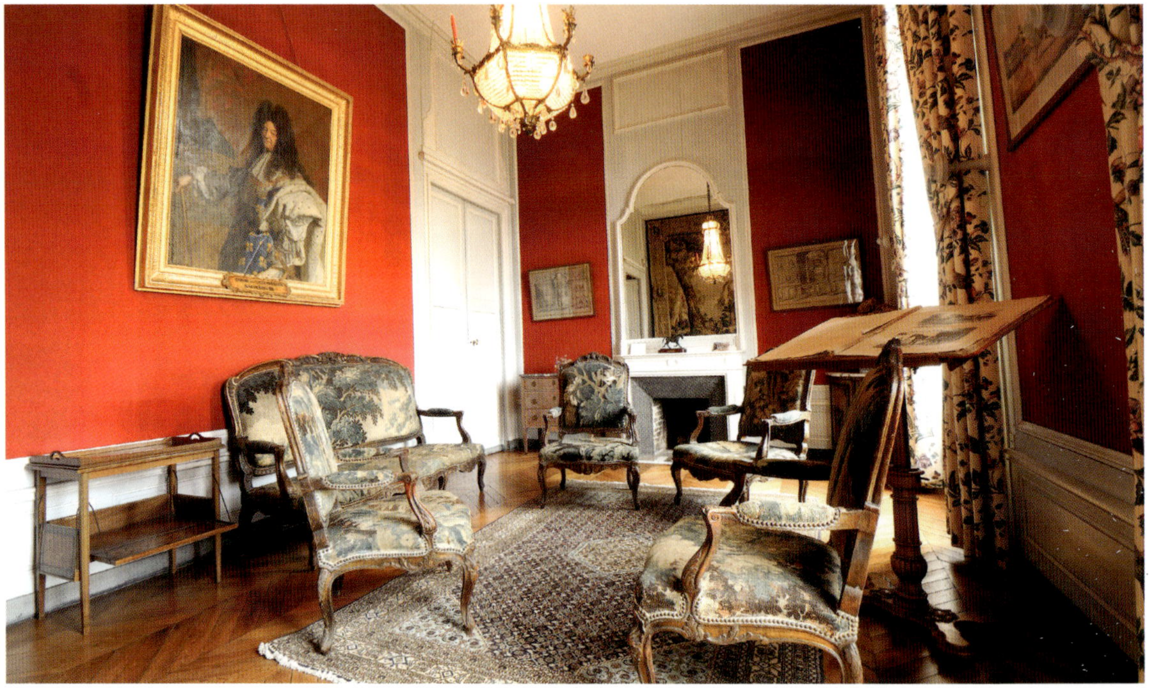
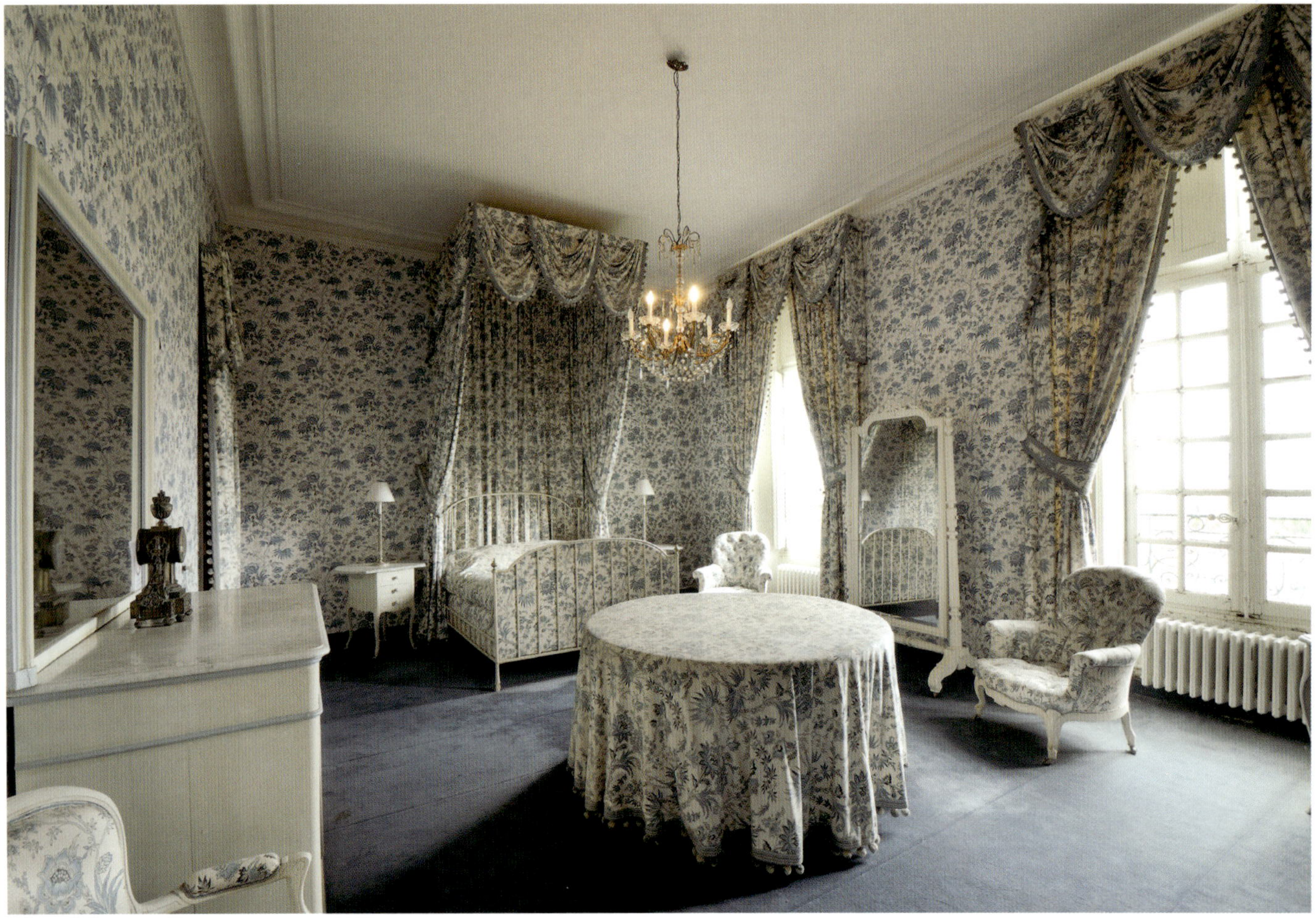
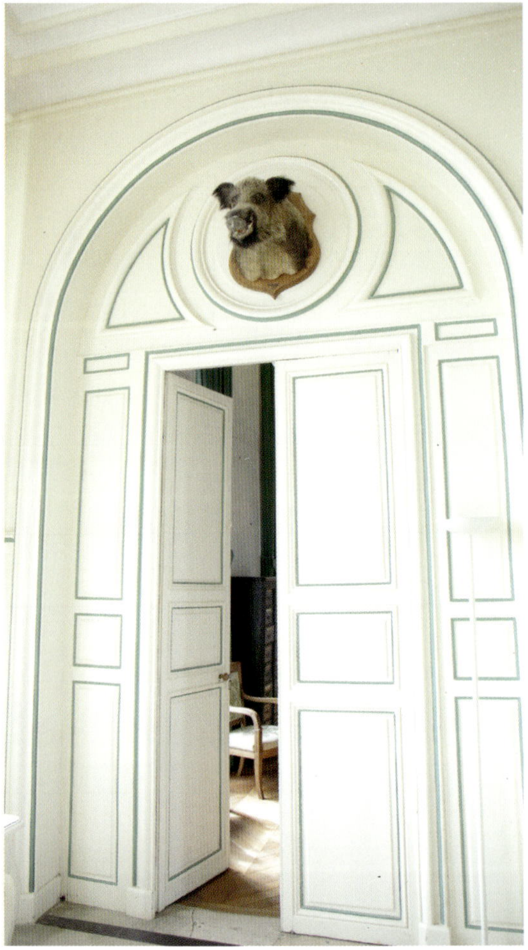

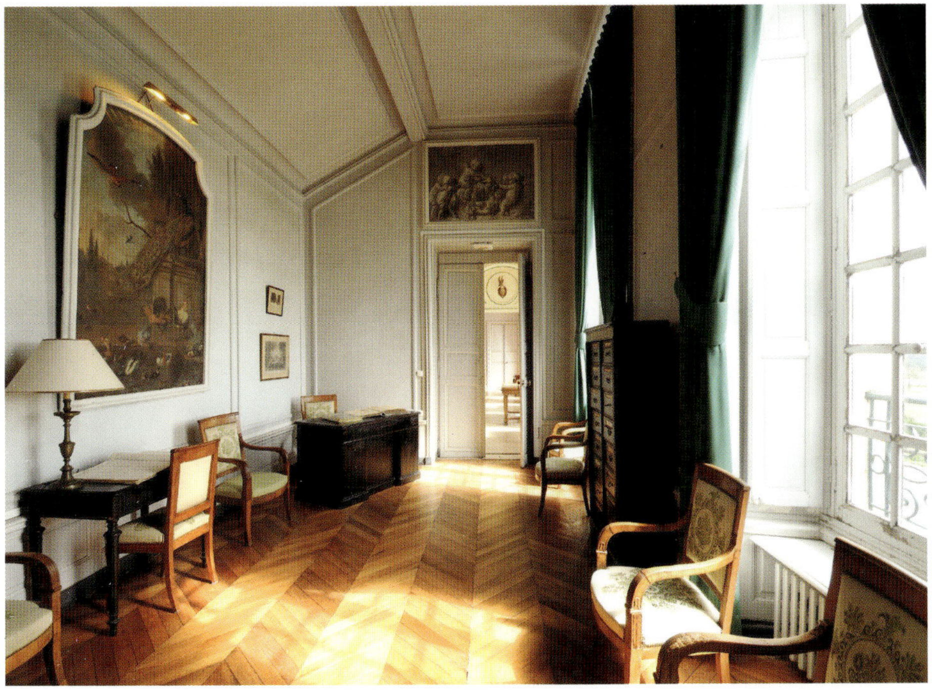

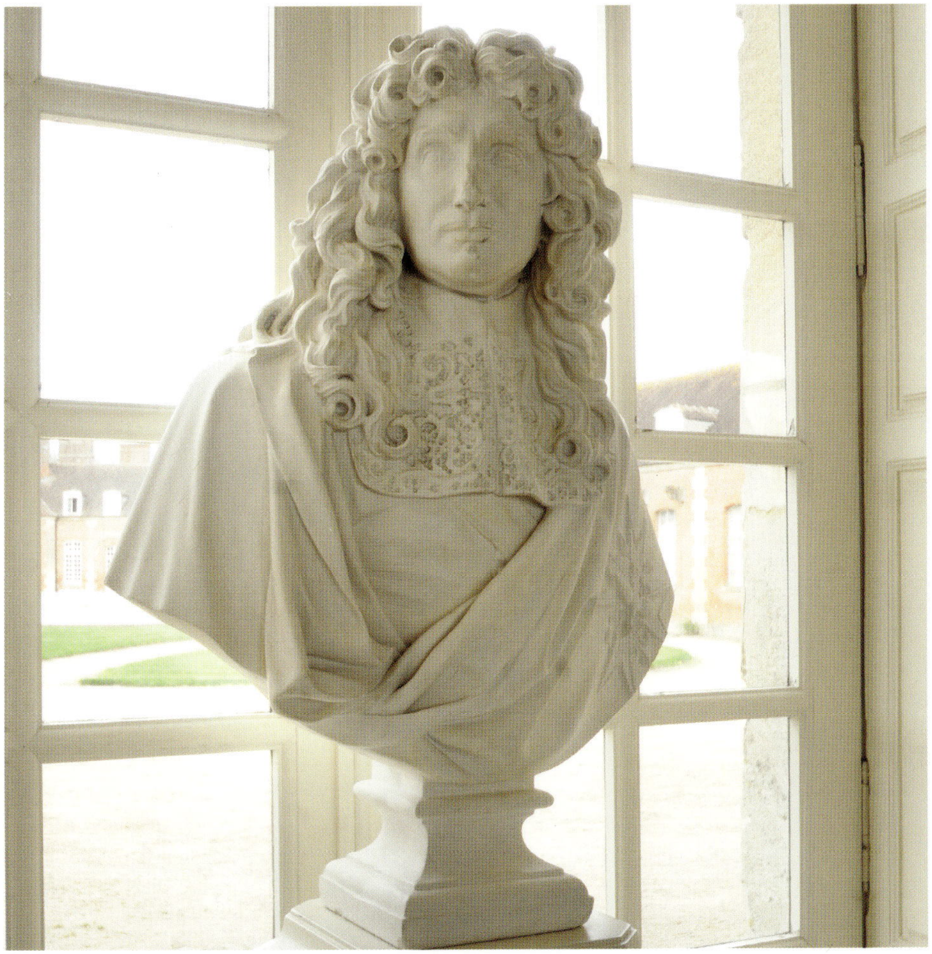

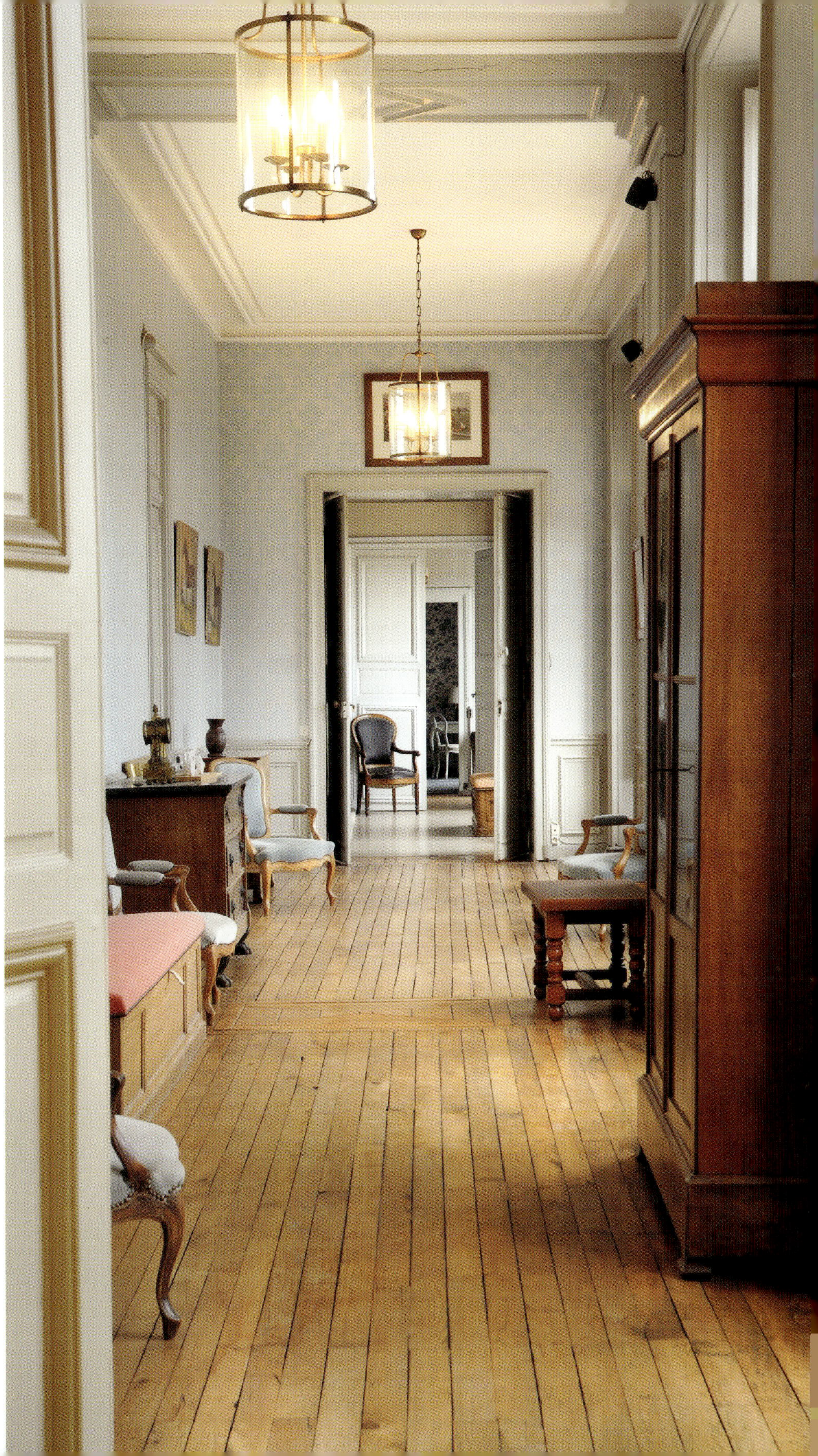

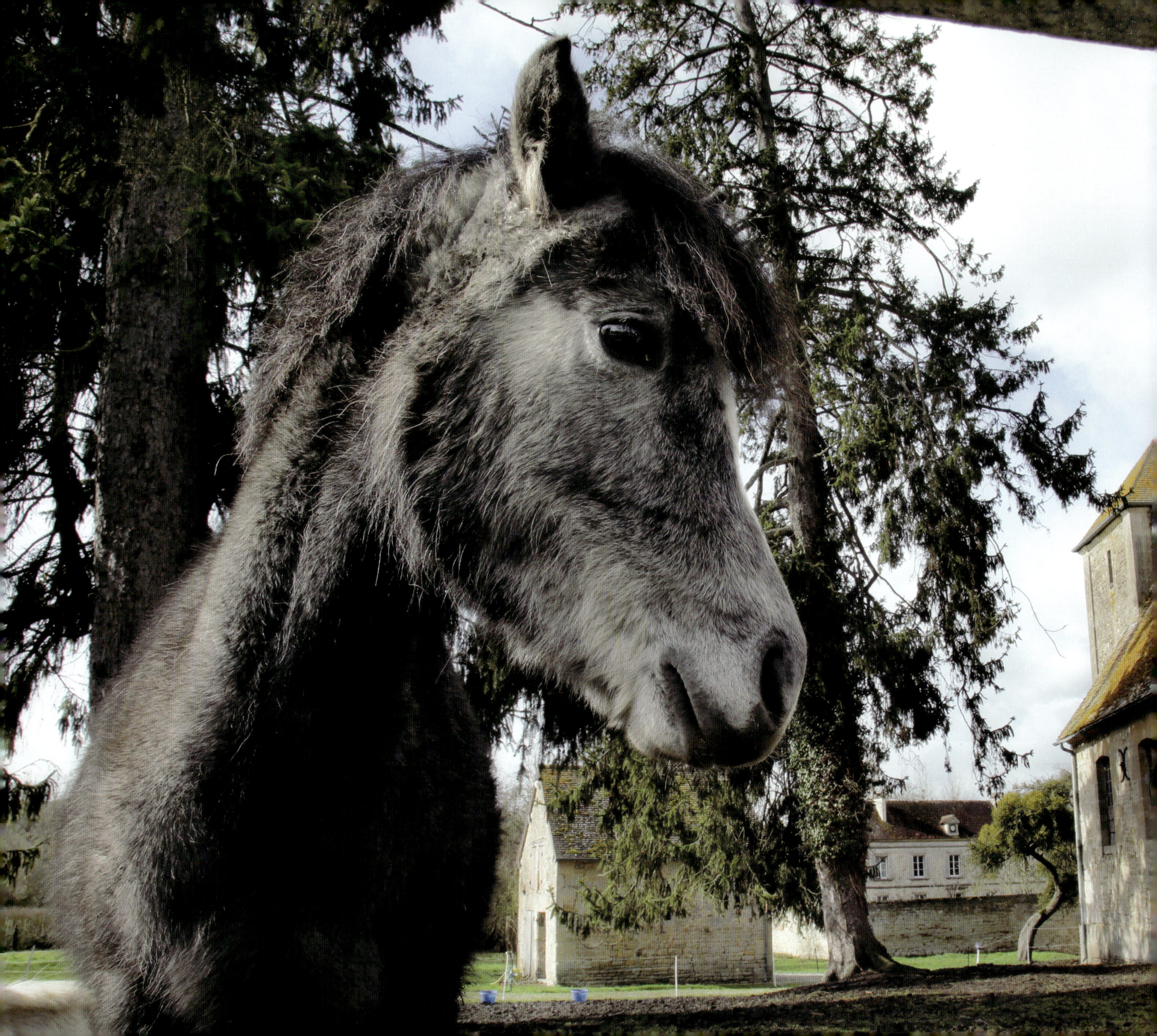

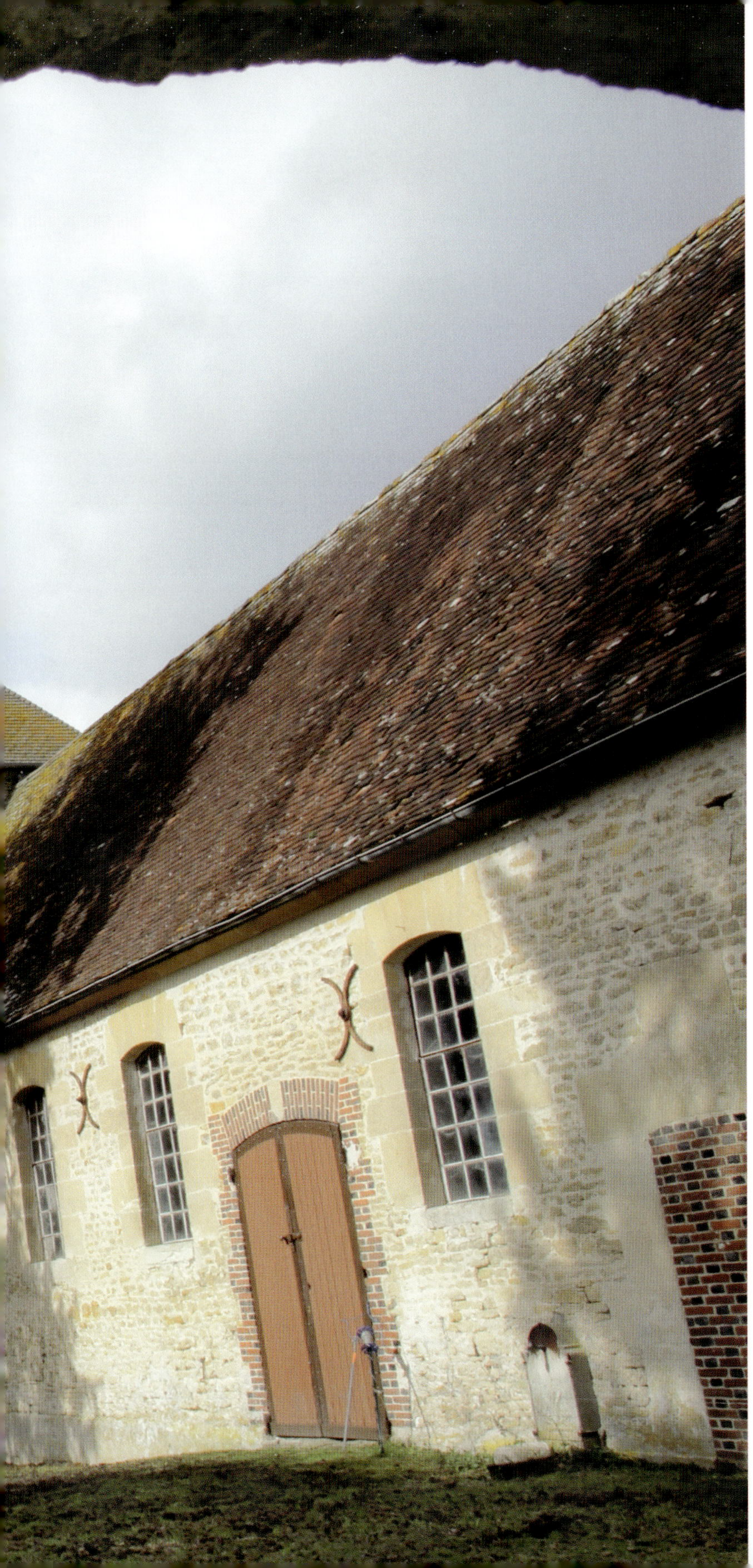

Le Vieux Pin

A l'ouest du haras, profitez d'une courte balade à pieds en descendant la petite route bordée de haies basses taillées, jusqu'au village du Vieux Pin. De cette première implantation du village du Pin-au-Haras, ne subsistent que l'église, le presbytère, la ferme et sa maison de maitre, l'ancienne «mairie-école» et l'ancien «bistrot-épicerie», aujourd'hui maisons d'habitation. L'église Saint-Ouen, avec son clocher en charpente au milieu de la nef, désaffectée depuis 1870, fut transformée en une écurie de onze stalles pavées, équipée d'un point d'eau potable, de râteliers et de mangeoires en pierre, encore visibles de nos jours. La sacristie fut aménagée en réserve, sellerie, graineterie et aire de ferrage des étalons. Quant au presbytère du Vieux-Pin, du XVIIe siècle, devenu logement pour les agents du haras, il est inscrit aux monuments historiques.

To the west of the stud you can enjoy a short walk down through a little lane lined with low cut hedges to the village of Le Vieux Pin. Not much remains of the first village of Pin-au-Haras apart from the church, the presbytery, the farm and its mansion, the former mayor's office/school and the former bar/grocery store, now private homes. The church of St Ouen, with its wooden bell tower above the centre of the nave, was deconsecrated in 1870 and transformed into a stable with eleven paved stalls, equipped with a drinking water supply, racks and stone mangers all of which can still be seen today. The sacristy was turned into a store room, tack room, grain store and shoeing space for the stallions. As for the presbytery at Le Vieux Pin, it became accommodation for the stud officials from the 17th century and is a listed historic monument.

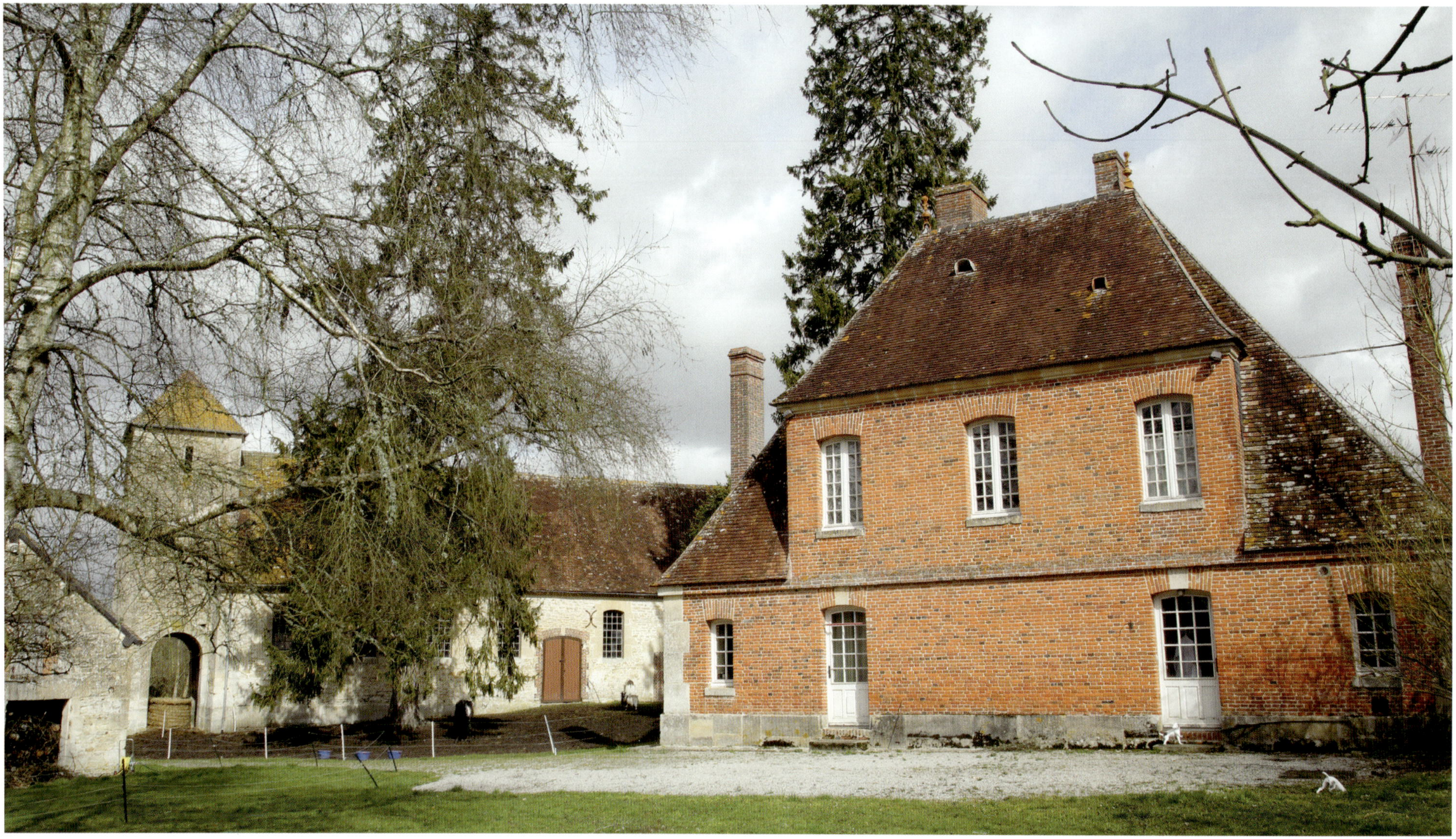

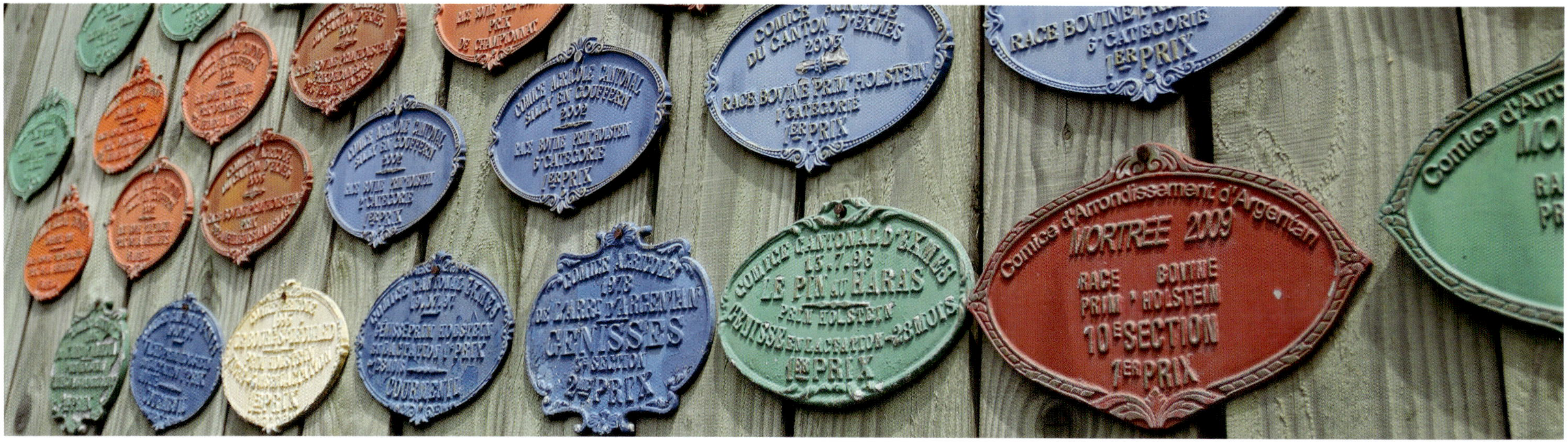
DU CANTON D'EXMES
RACE BOVINE PRIM'HOLSTEIN
1ER PRIX
RACE BOVINE
6e CATEGORIE
1ER PRIX
COMICE CANTONAL D'EXMES
LE PIN AU HARAS
PRIM HOLSTEIN
1ER PRIX
Comice d'Arrondissement d'Argentan
MORTREE 2009
RACE BOVINE
PRIM HOLSTEIN
10E SECTION
1ER PRIX

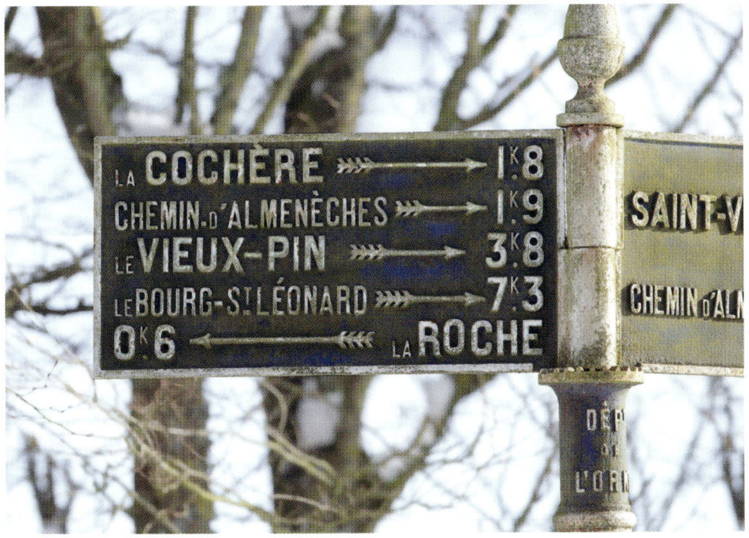
LA COCHÈRE 1K8
CHEMIN-D'ALMENÈCHES 1K9
LE VIEUX-PIN 3K8
LE BOURG-St LÉONARD 7K3
0K6 LA ROCHE

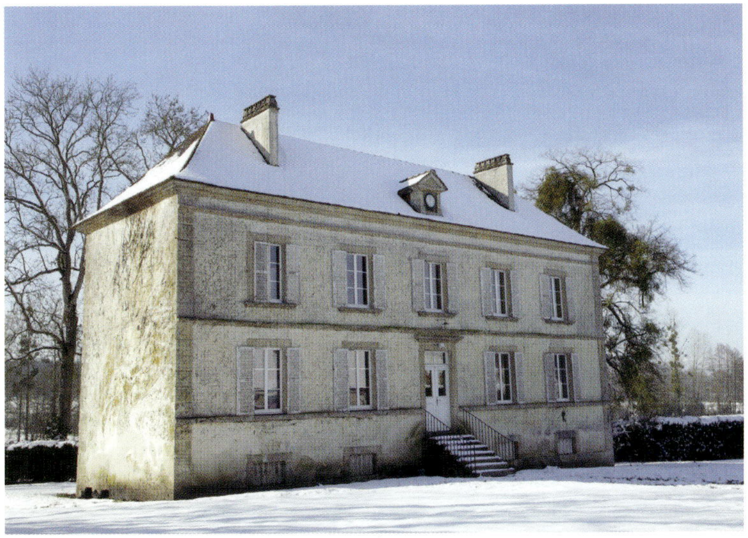

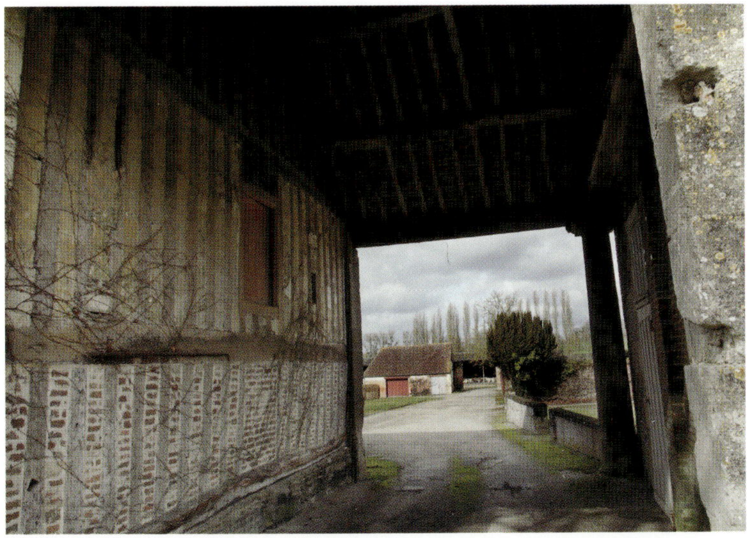

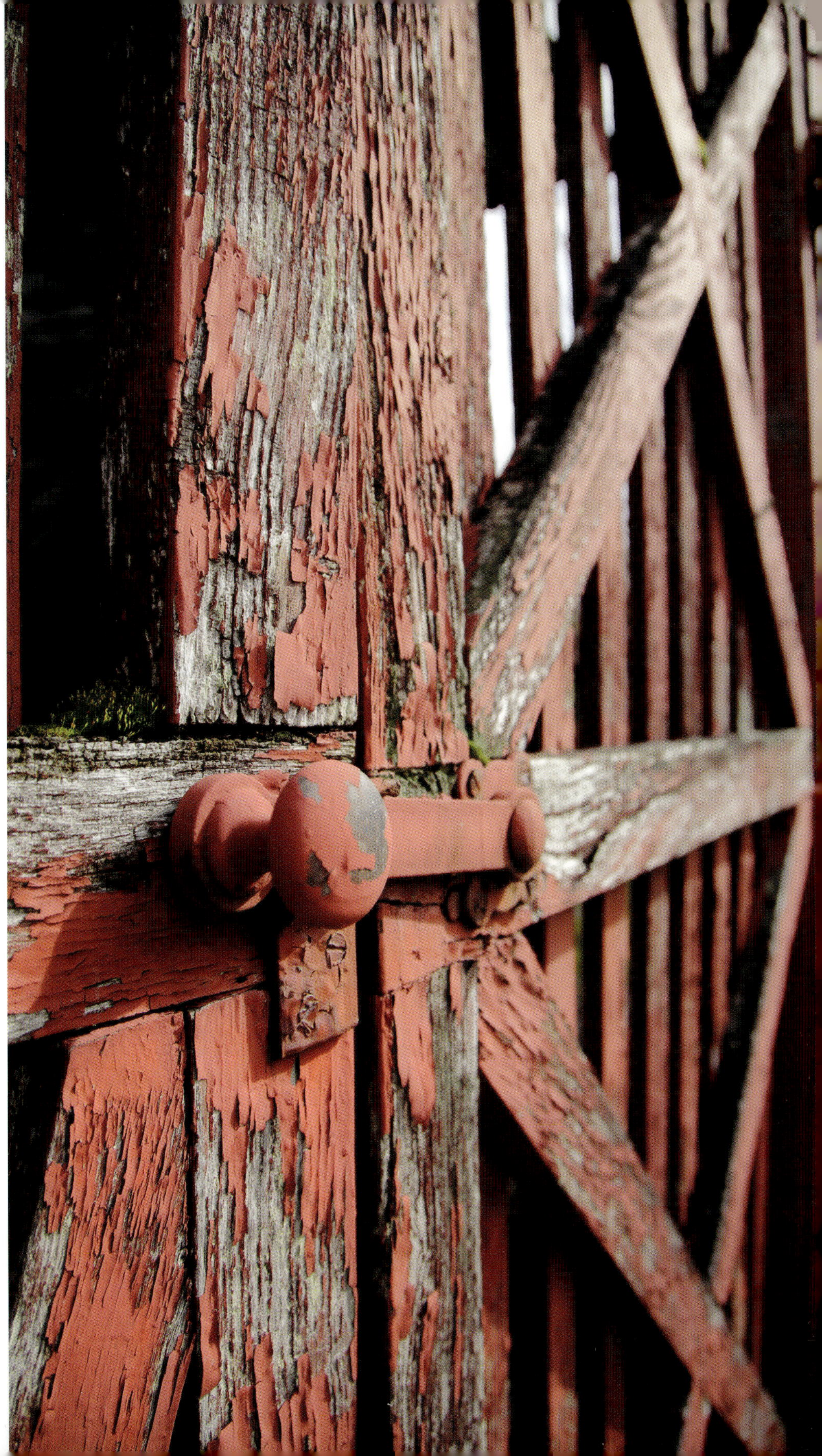

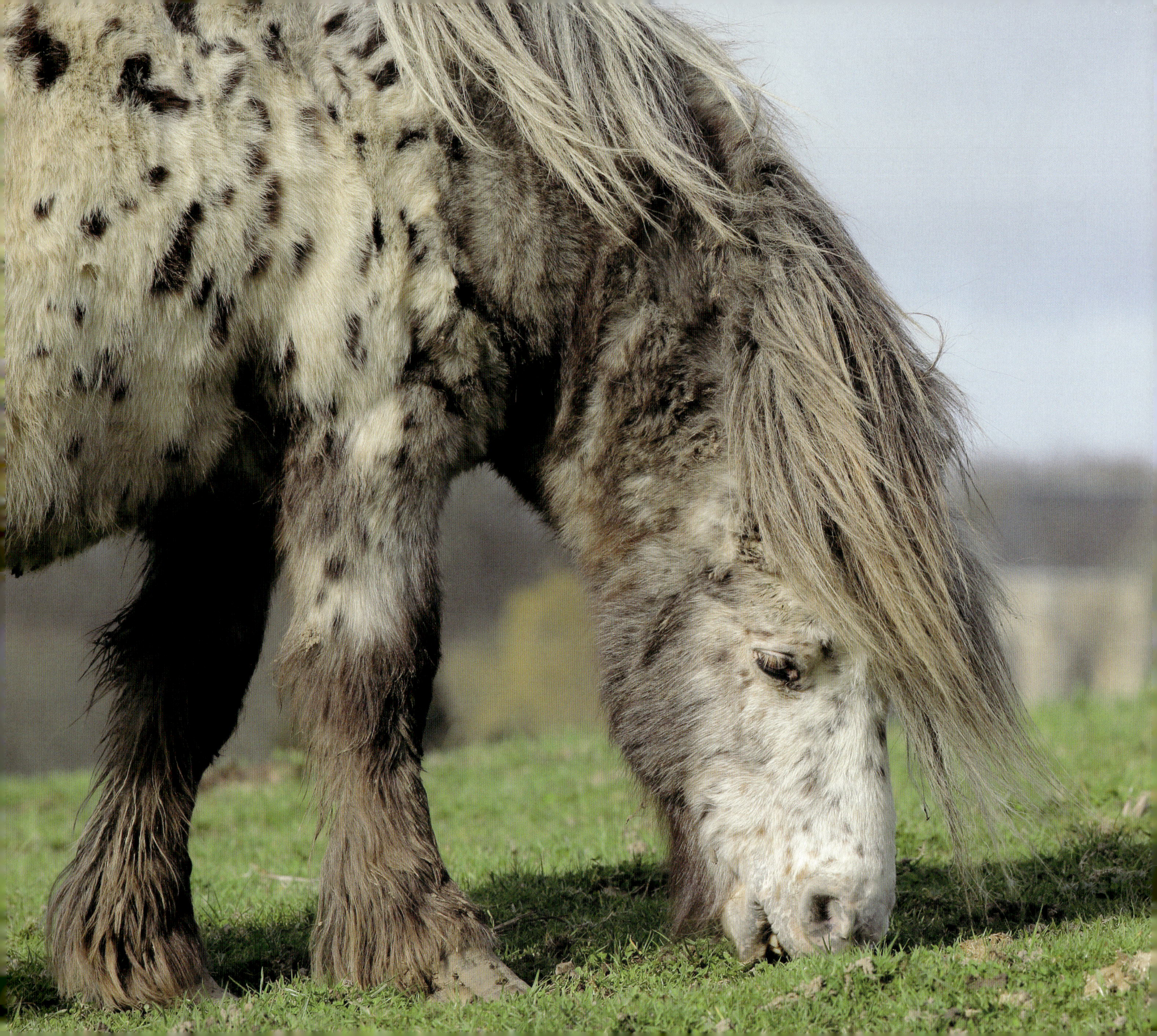

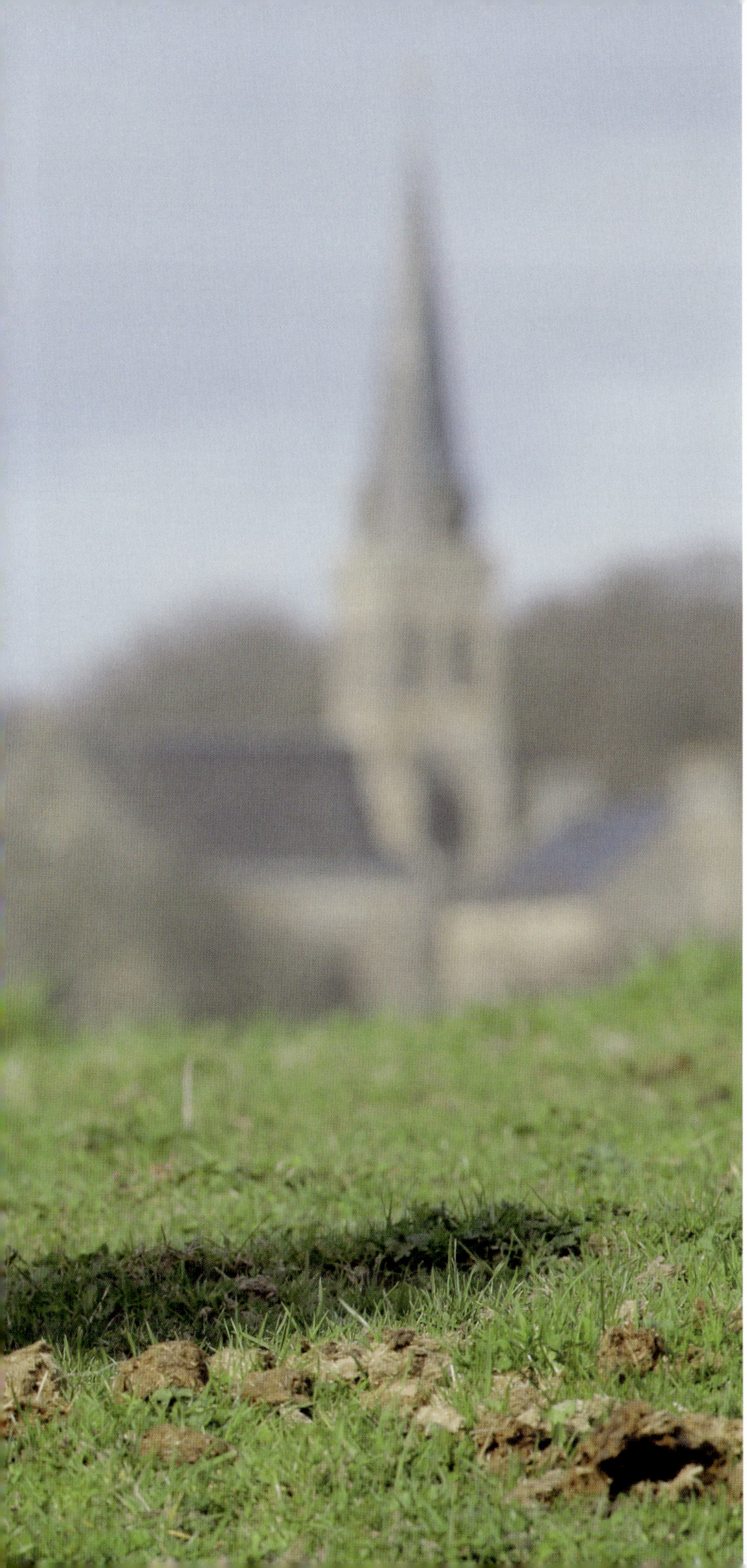

Le Pin-au-Haras

Sous l'influence des 130 palefreniers qui demandent à se loger plus près du haras pour bénéficier d'une vie sociale plus adaptée, l'Empire finance, entre 1860 et 1867, la construction d'un nouveau village, sur un terrain de 4 hectares, au lieu-dit «les Fanfares». Commence alors, sous les ordres de l'architecte Amiard, de Flers, l'édification d'une église (Notre-Dame de l'Assomption), d'un cimetière, d'un presbytère, d'une mairie-école et de quelques maisons d'habitation. Le village prend alors le nom de «Pin Fleury» en souvenir de l'aide apportée par le Général Fleury, directeur général des Haras Impériaux. Et c'est en 1870 qu'il prendra définitivement le nom de «Pin-au-Haras». L'ensemble des maisons des gardes du haras, dites maisons Pontavice, sont construites sous Pontavice du Heuzey, directeur du haras du Pin de 1893 à 1911.

As a result of the demands of 130 grooms who wanted to be housed nearer to the stud, so as to enjoy a better social life, the Empire financed the construction of a new village, between 1860 and 1867, which covered a site of 4 hectares at the place known as "les fanfares". The works, overseen by the architect Amiard from Flers, included the construction of a church (Notre Dame de l'Assomption), a cemetery, a presbytery, a mayor's office/school and a number of houses. The village was given the name "Pin Fleury" in memory of the support given by General Fleury, director general of the Imperial Stud. It was not until 1870 that the village took on the name "Pin-au-Haras" for good. The group of houses belonging to the stud guards and known as "Pontavice houses" were built under the direction of Pontavice du Heuzey, director of the stud from 1893 to 1911.

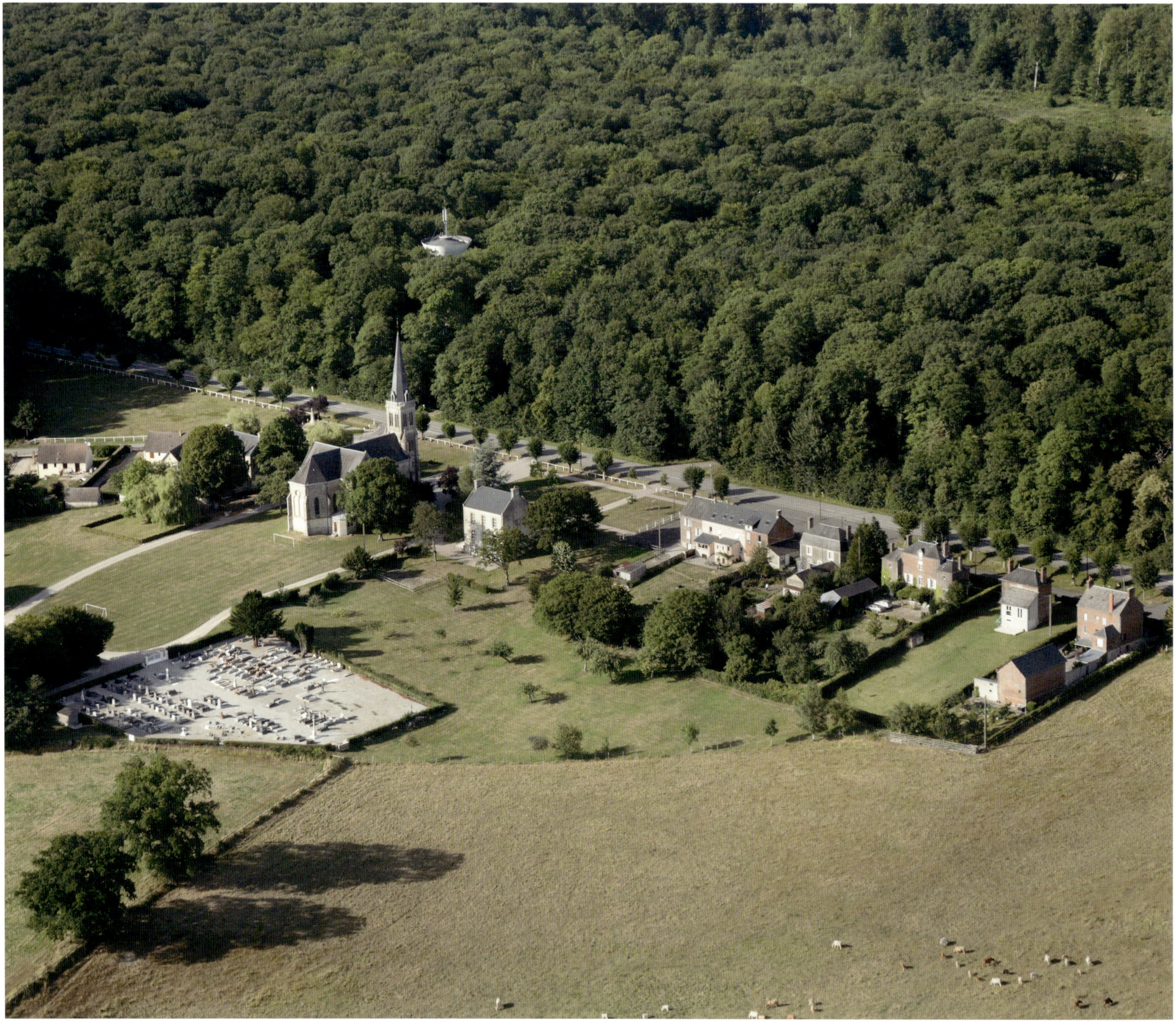

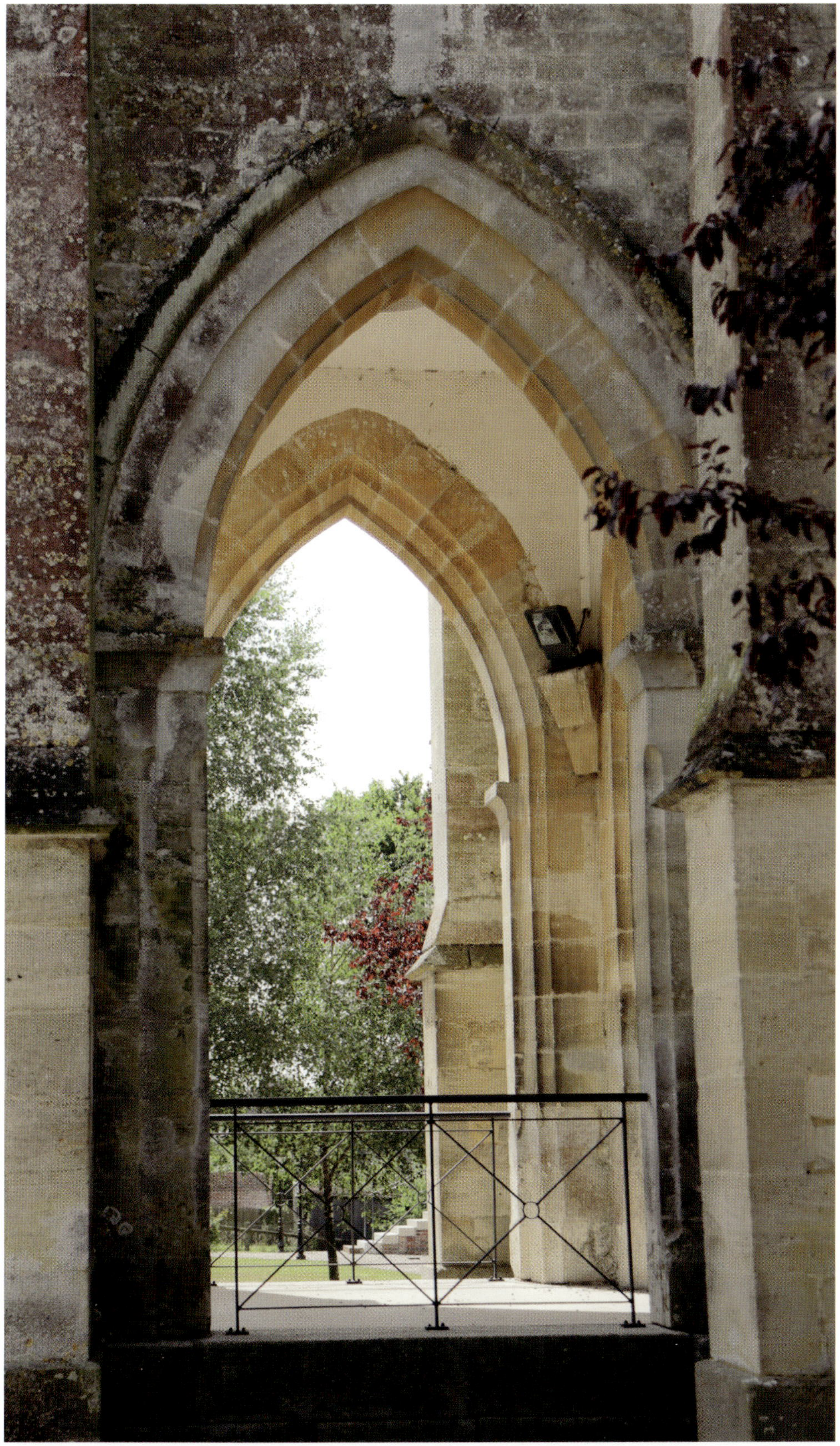

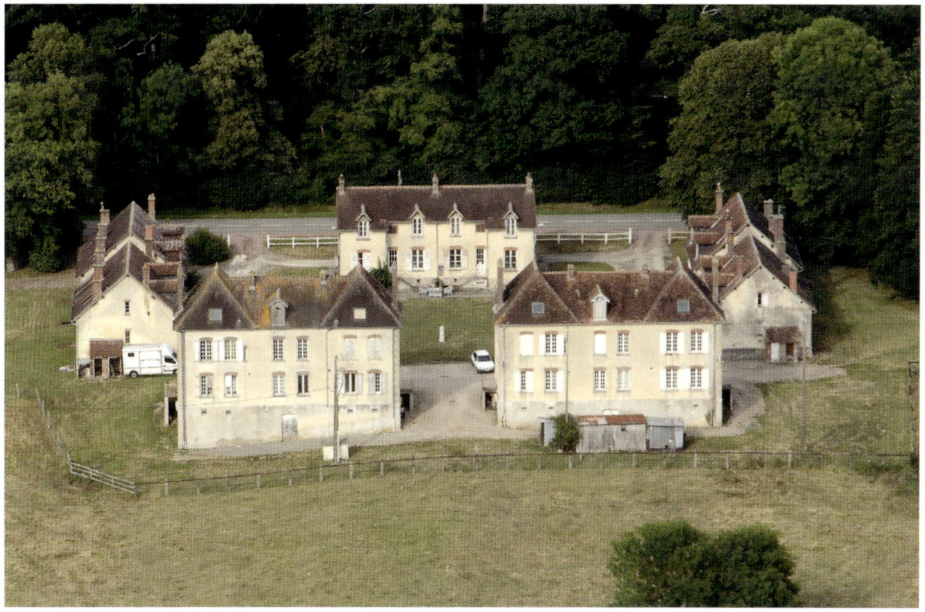

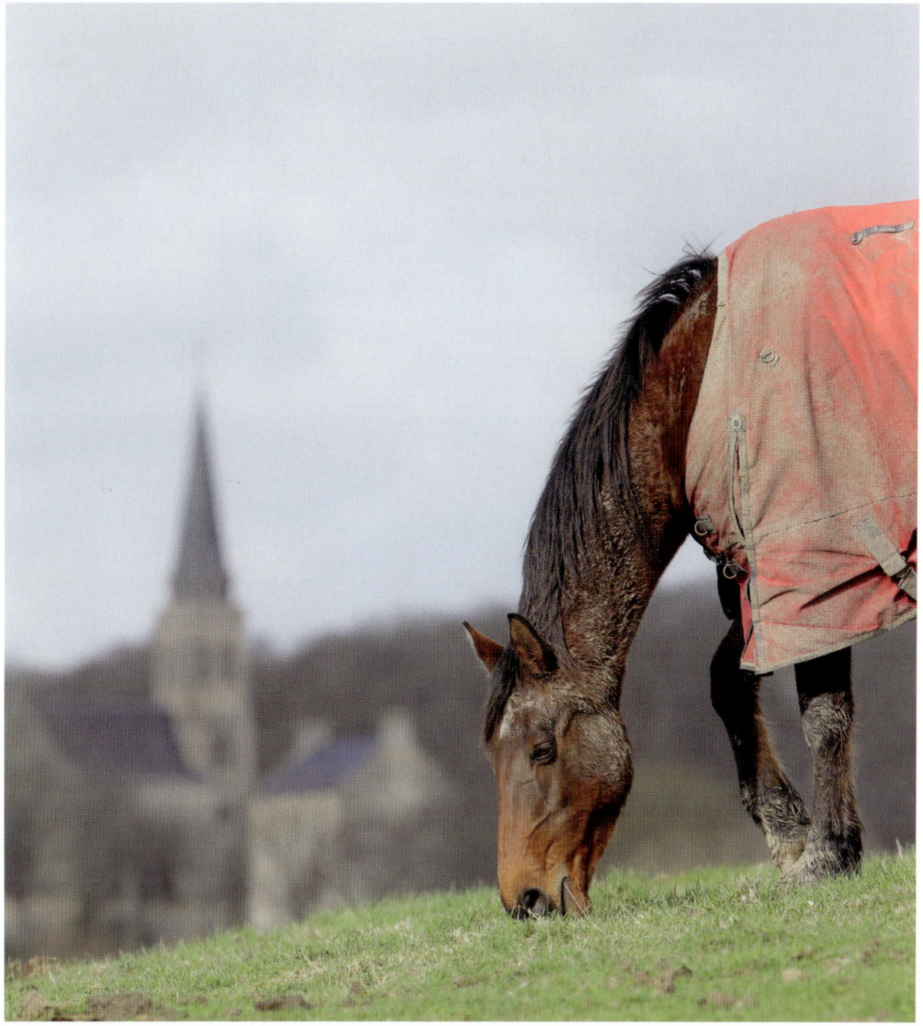

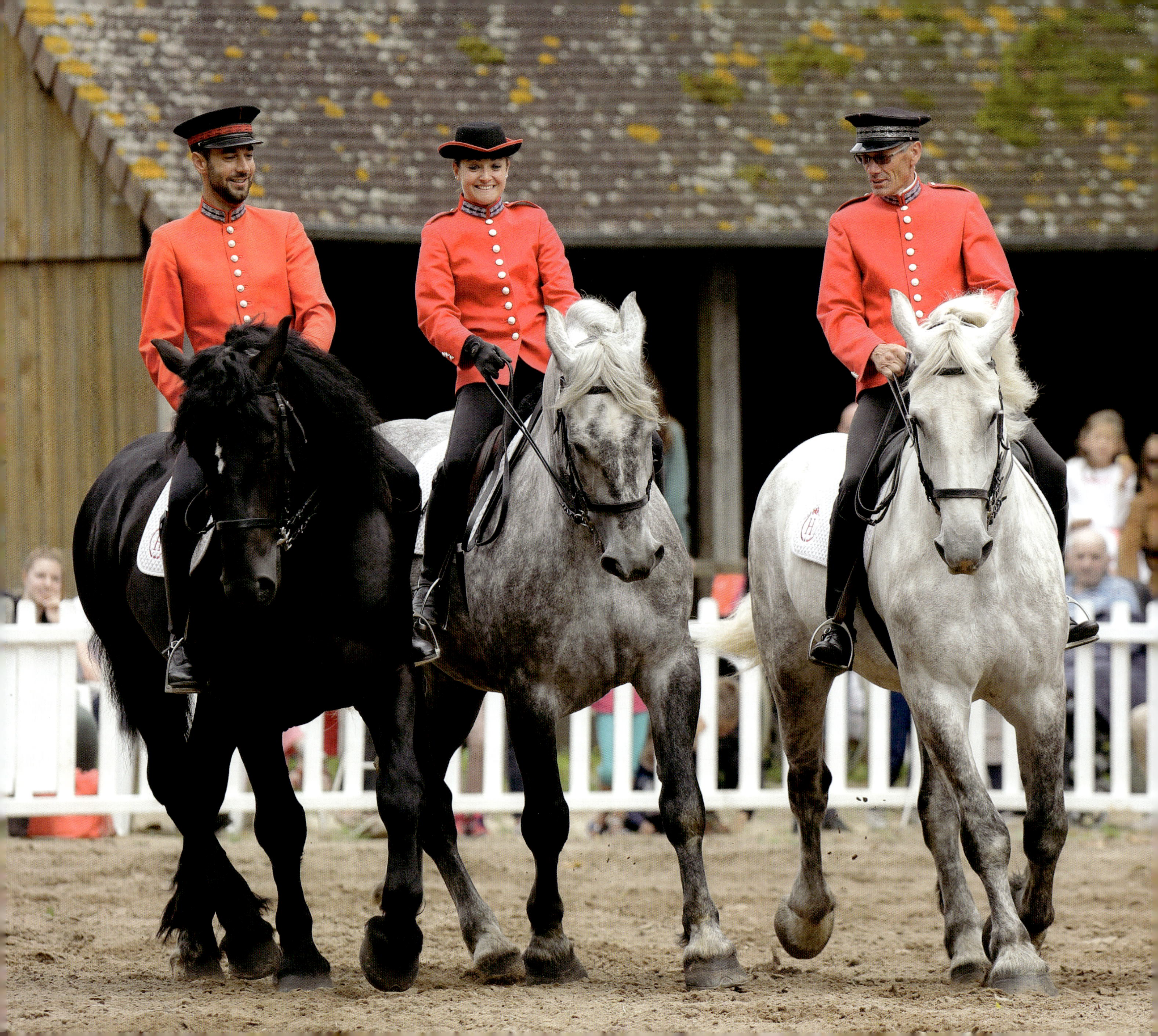

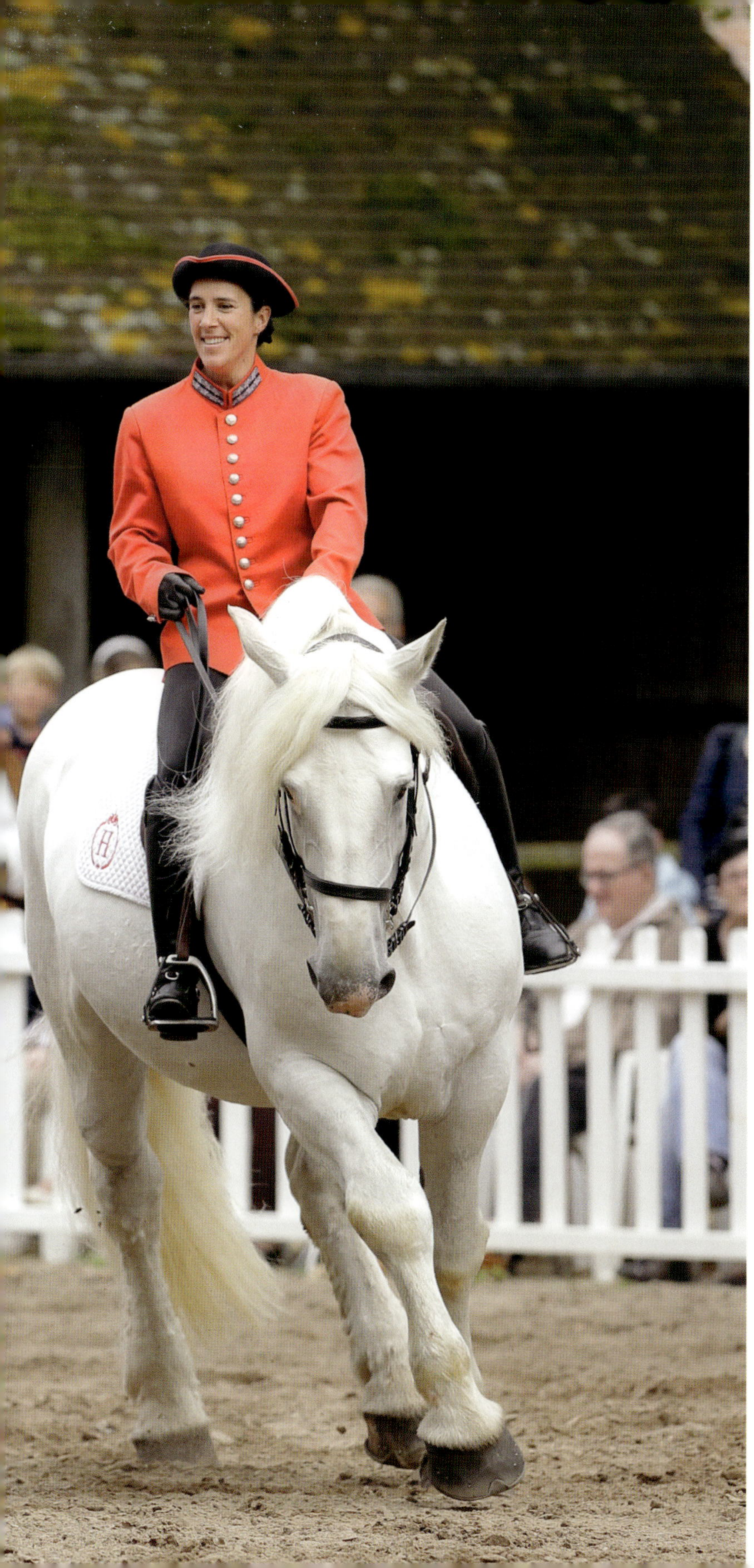

Le Percheron, un hôte de marque

Les origines du cheval percheron sont teintées de légendes, car il a peut-être des gènes orientaux de pur-sang arabe croisés avec ceux de chevaux français à la Renaissance. Une certitude, le berceau du Percheron est le Perche, une ancienne province royale à « cheval » entre l'Orne, l'Eure-et-Loir et la Sarthe. Robuste, endurant, courageux à l'effort, ce cheval a été principalement élevé au XIXe siècle pour la traction, sur routes ou dans les champs. Sa réputation fit le tour du monde car il participa même à la conquête de l'Ouest aux USA en tractant les diligences. Deux robes sont admises, le noir et le gris, la couleur grise devenant blanche avec le temps. Avec un poids moyen de 800 kg, deux morphotypes sont actuellement convenus, le type *diligencier*, plus fin, plus grand, plus rapide, mais toujours très endurant, et le type *trait*, plus lourd, plus trapu. Le haras du Pin fut pendant des dizaines d'années un des « gardiens du temple » de la race percheronne.

The exact origins of the Percheron breed are surrounded by myth. Perhaps they originated from the oriental genes of pure blood Arabian stallions that were then crossed with "French" native mares during the Renaissance ? One thing is certain : the breed was born in the Perche, a former royal province at the limits of the Orne, Eure-et-Loir and Sarthe departments. Percherons are well muscled, tough, with a willingness to work and were mainly bred in the 19th century for pulling stagecoaches and hauling heavy goods on the roads and in the fields. Their reputation travelled the world as they were even used as diligence horses in the conquest of the Far West of the US. Only two colours may be registered in France: black or grey, with the grey colourings turning white over time. With an average weight of 800kg, two body types are currently accepted: the "Diligencier Coach Horse", a finer, taller and more agile horse, but nevertheless still as tough, and the heavy draft horse, which was heavier and stockier. For many decades, the Haras du Pin was the "guardian of the temple" of the Percheron breed.

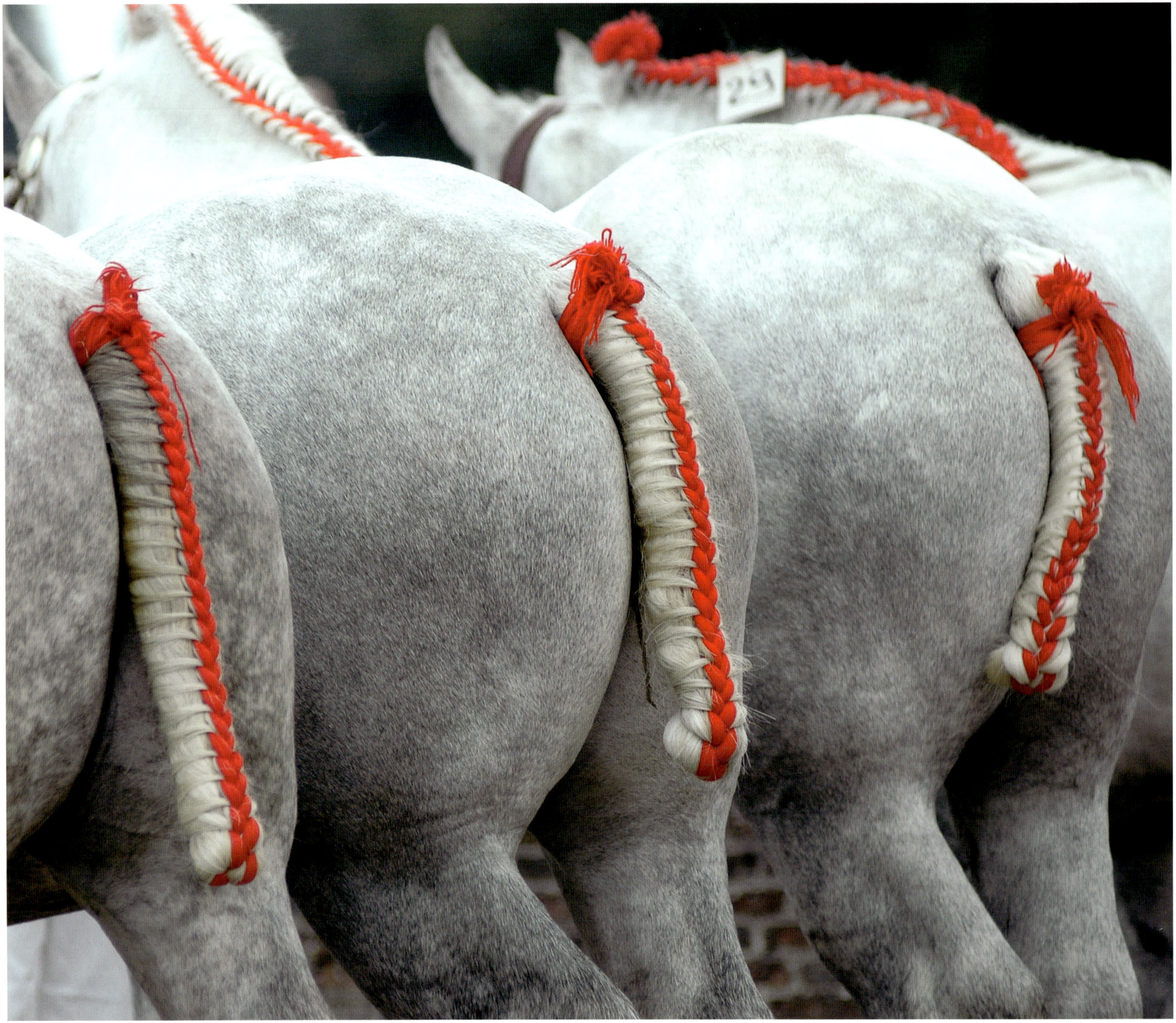

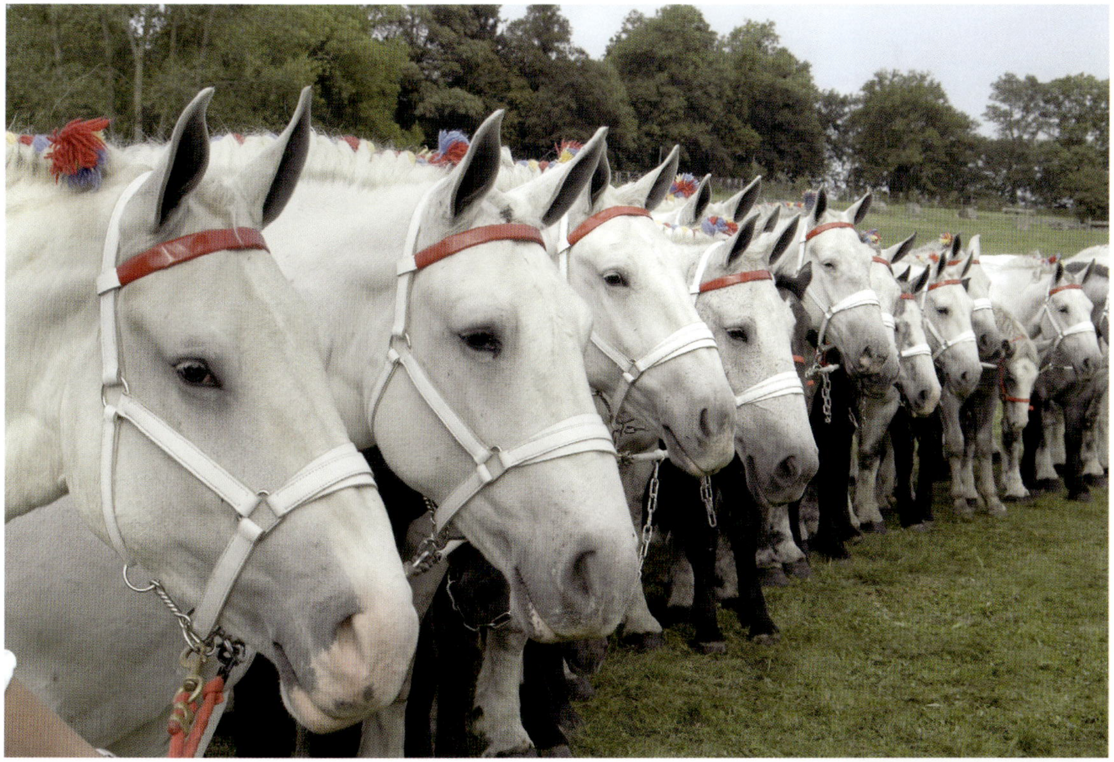

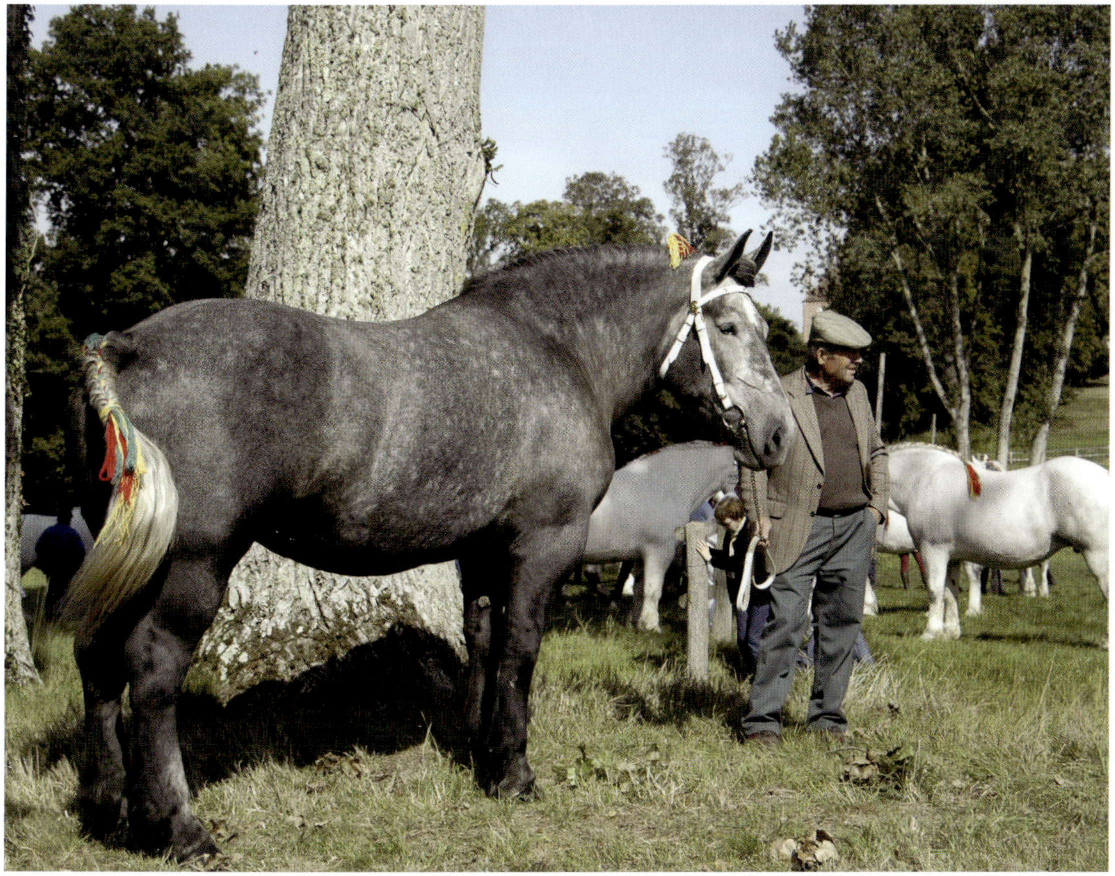

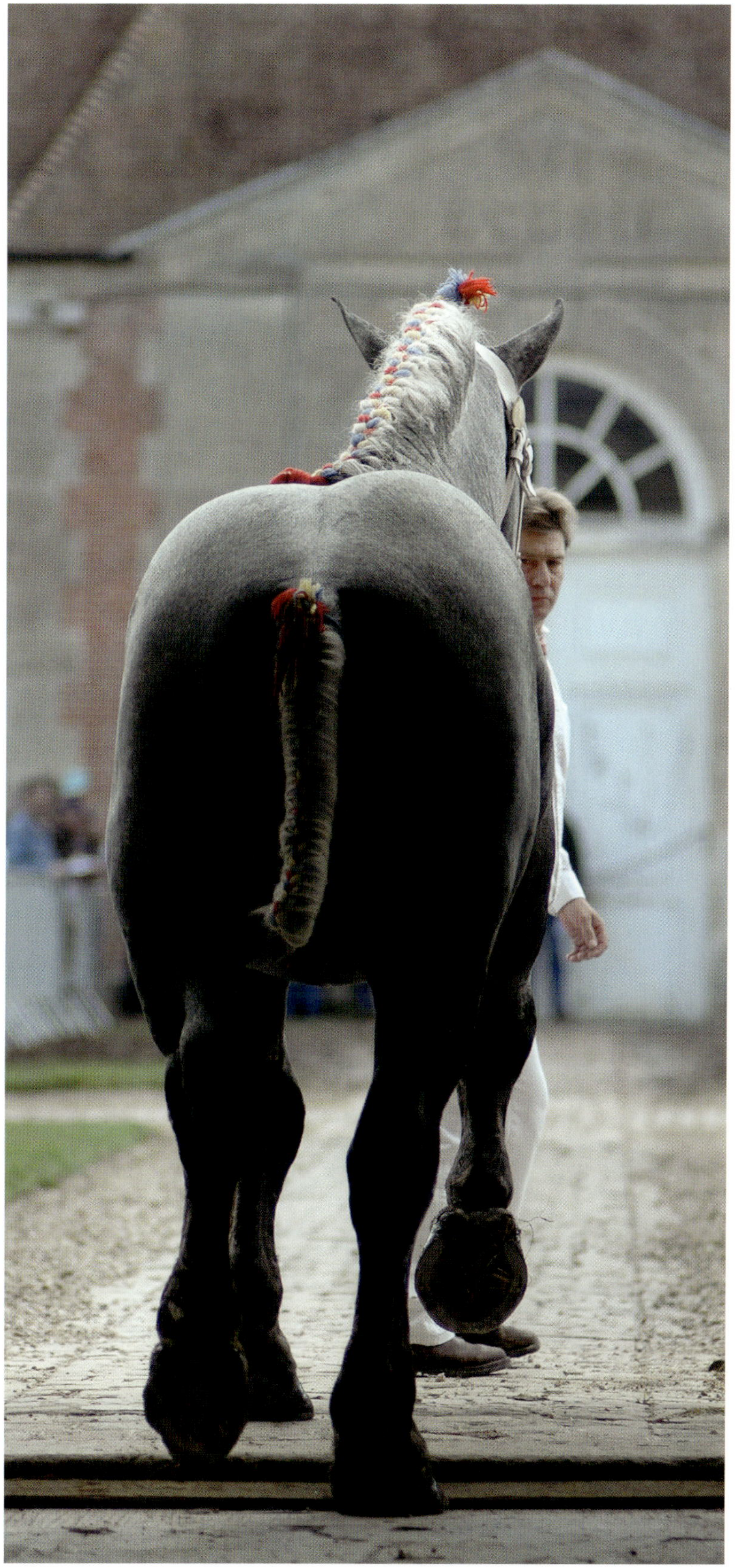

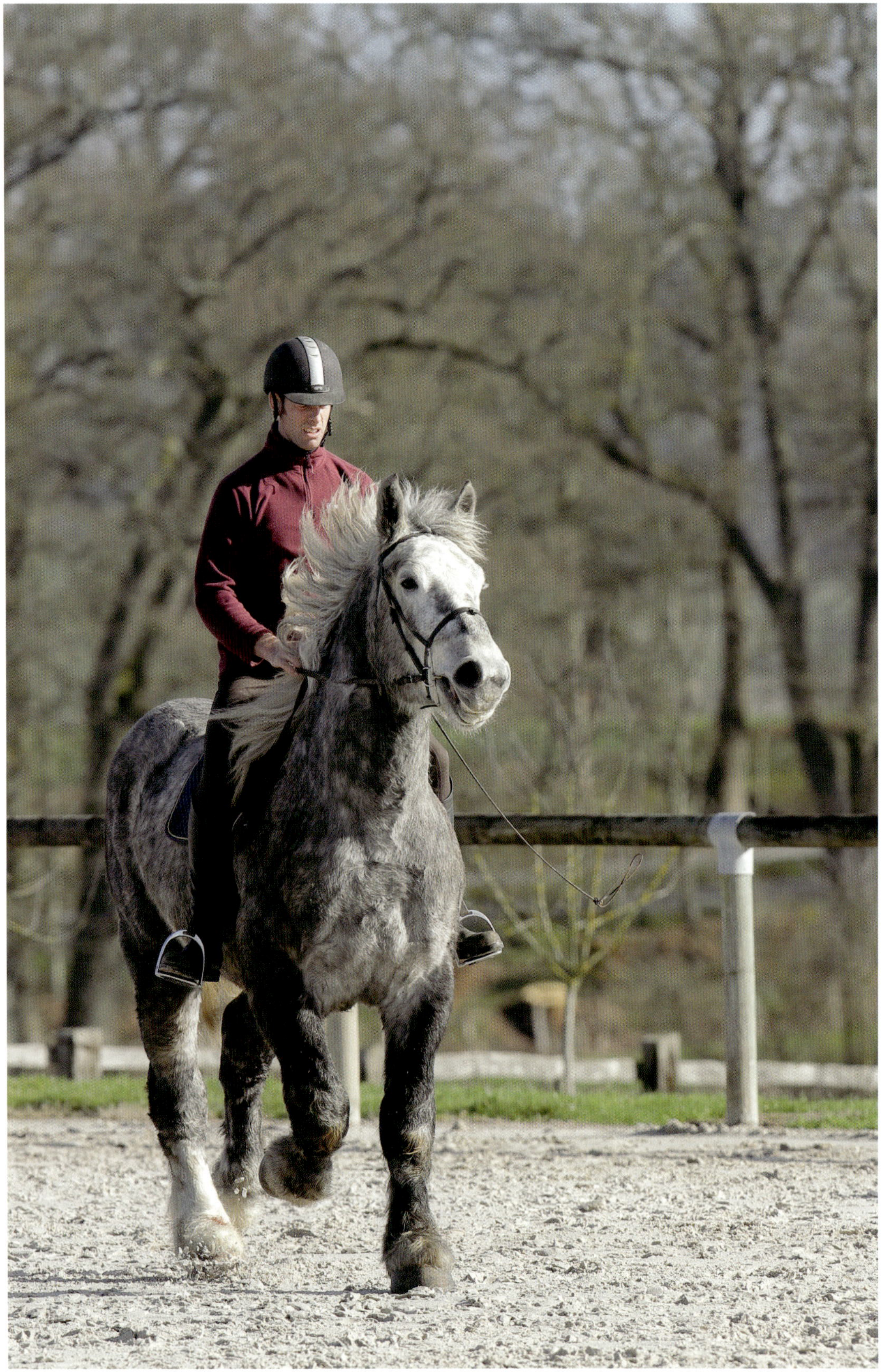

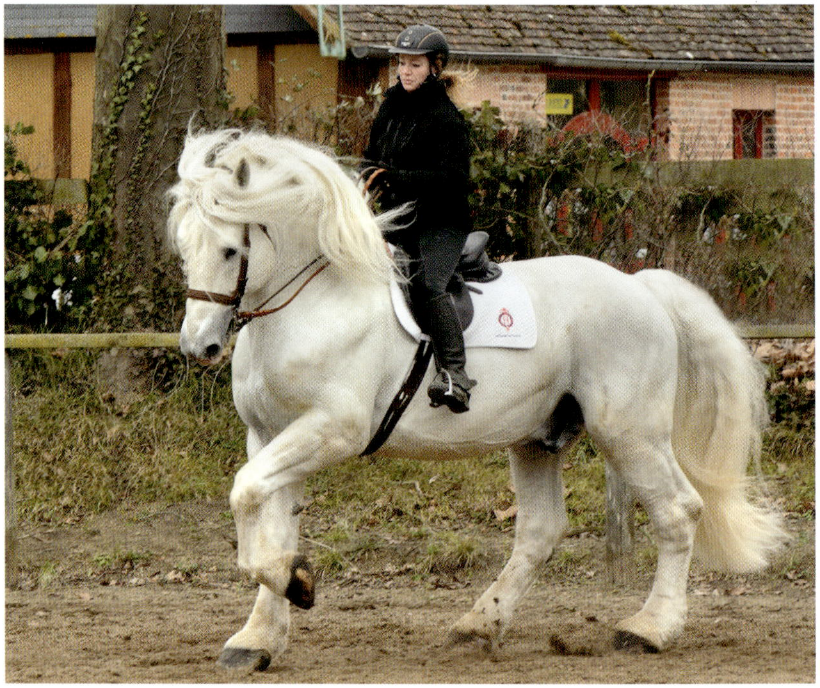

Après quelques années « de vaches maigres » le regain d'intérêt pour le percheron semble assuré, comme cheval de loisirs pour la monte, pour l'attelage, mais également pour une utilisation agricole avec du débardage ou du travail dans les vignes. Transport de personnes, collecte de déchets, le percheron n'a pas dit son dernier mot. Cette renaissance est pilotée par le Centre de Valorisation du Cheval Percheron dont le Haras du Pin, partenaire, est un centre d'apprentissage, avec ci-contre un entrainement de hersage dans un environnement viticole recréé.

After a number of years of declining interest in the breed, a resurgence in interest for the Percheron seems to be growing due to its popularity as a leisure horse; for riding, in harness carriage-driving and also for agricultural work - in particular logging or for work in vineyards. Added to this, passenger transport and rubbish collection – the Percheron has not yet had its final word. This reawakening of interest has been led by the Centre de Valorisation du Cheval Percheron (a partnership of societies whose aim is to keep the Percheron breed alive), of which the Haras du Pin is not only a partner but also a centre of learning. See opposite : horse training in harrowing in a mock vineyard environment.

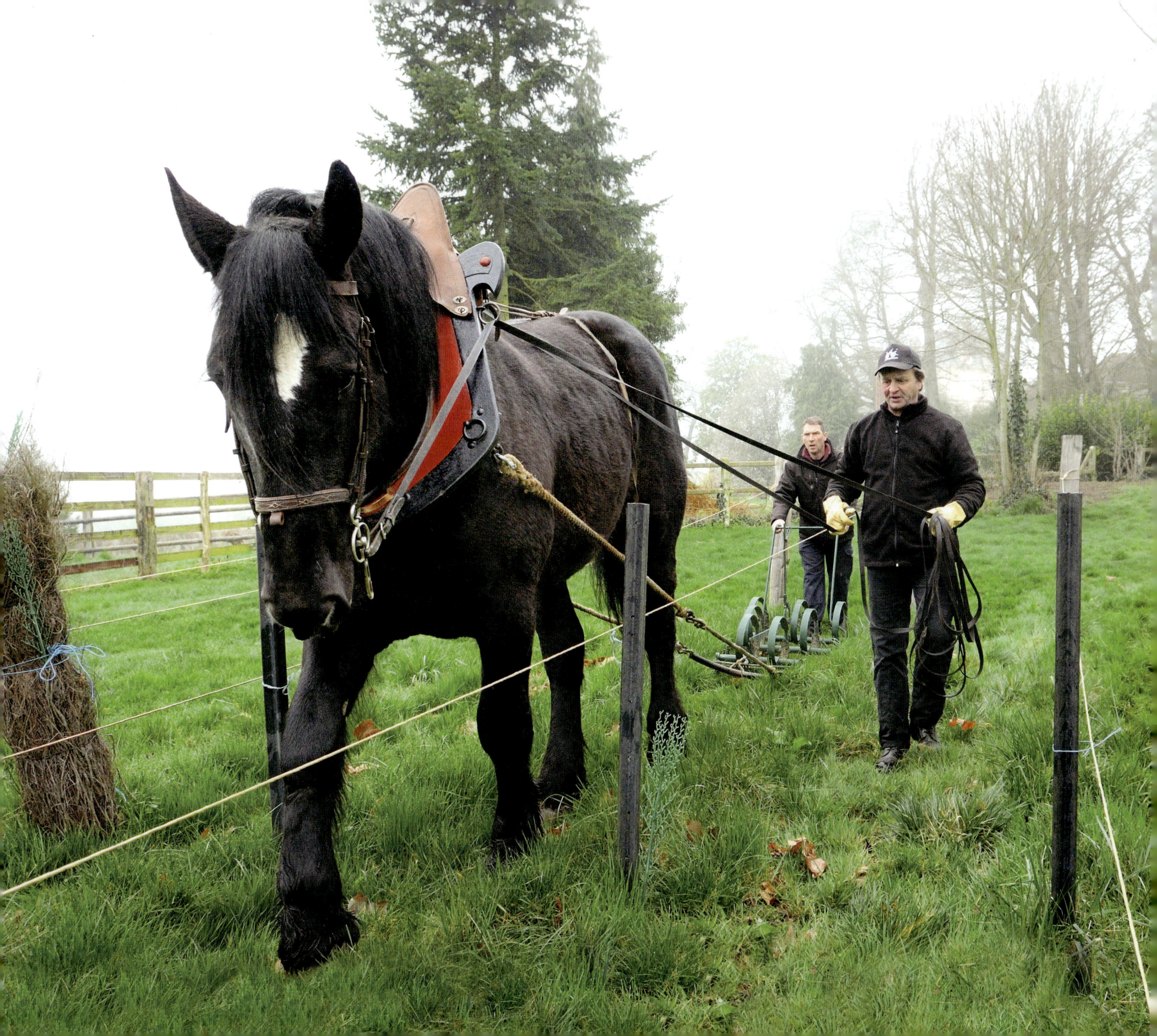

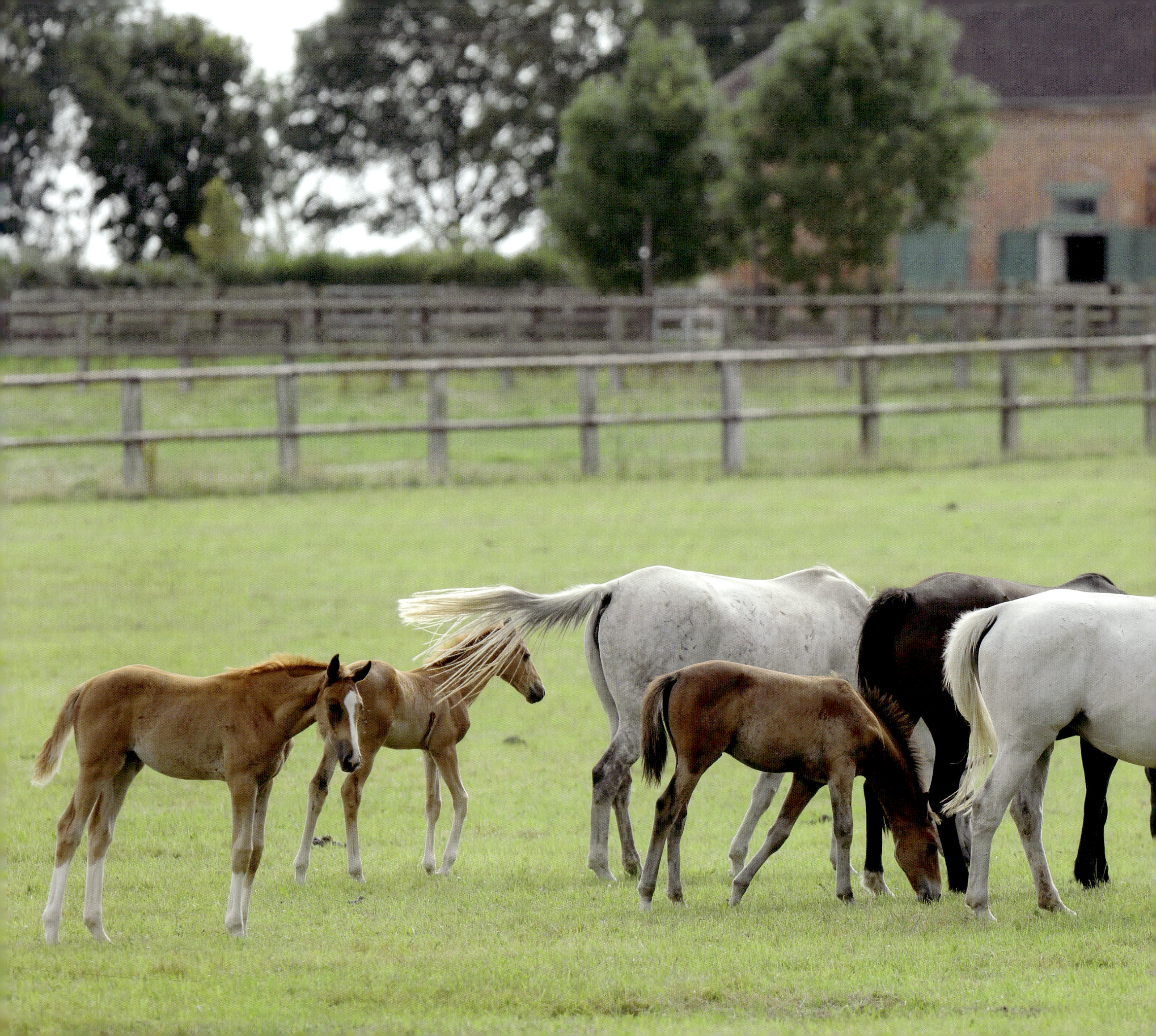

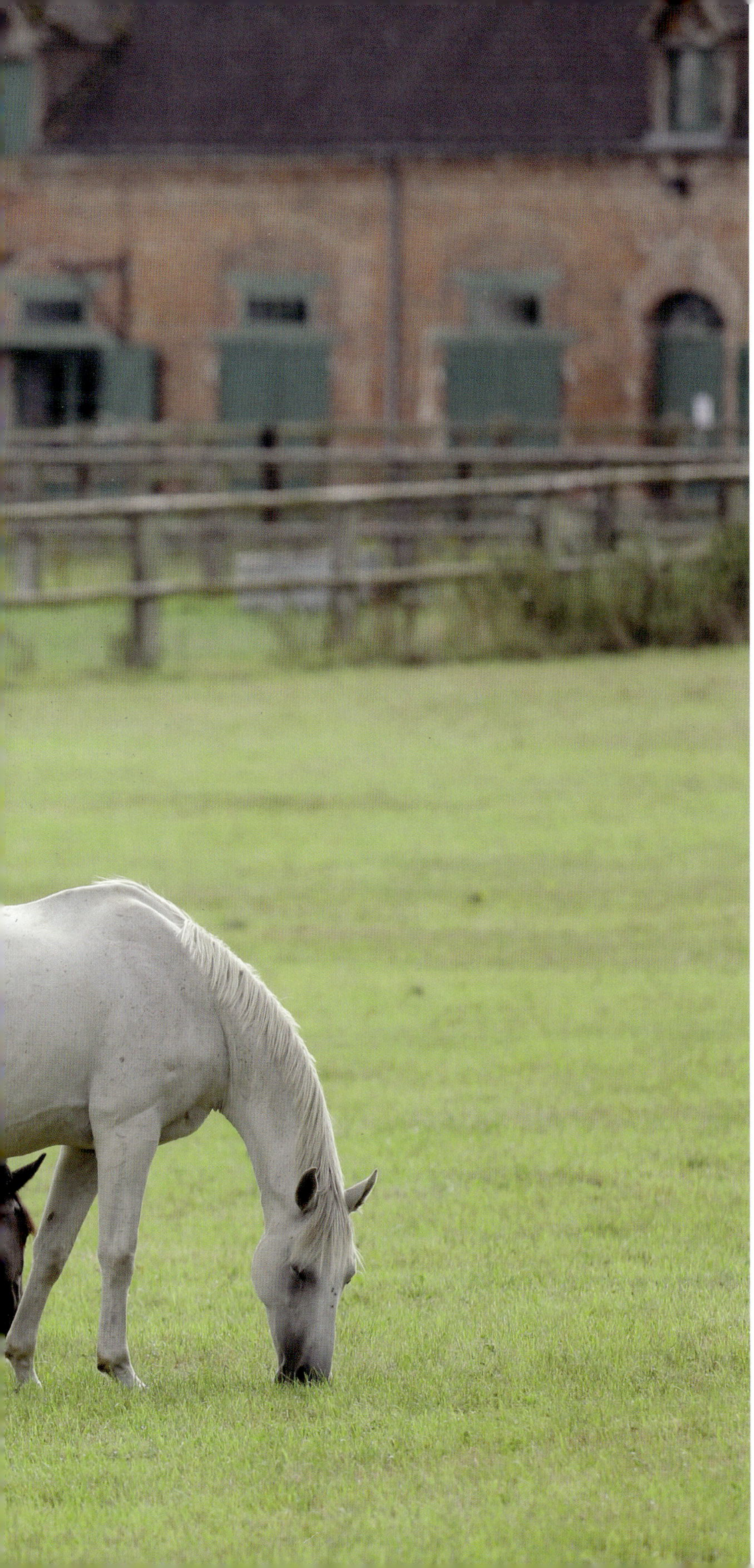

La jumenterie

Quand la haute technologie rencontre le terroir, la jumenterie en est le vaisseau amiral. Située à 2 km du château, entre les infrastructures de l'INRA et l'hippodrome de la Bergerie, la jumenterie est un centre de recherche, d'innovation, d'expertise et de formation, axé sur les problématiques de reproduction et fertilité équines. C'est « le nec plus ultra » de la recherche équine, et, en partenariat avec l'INRA, plusieurs poulains sont déjà nés de mère porteuse avec des embryons cryoconservés dans de l'azote liquide à -196°C. Une cryobanque conservant des paillettes de semence est également opérationnelle afin de préserver le patrimoine génétique équin. Vers l'avenir et au-delà... Pour l'expertise et l'expérimentation, l'équipe de la jumenterie peut réaliser un test de fertilité sur la qualité du sperme d'un étalon ou éprouver un produit avant sa mise sur le marché français. Des infrastructures adaptées, un environnement verdoyant, le bonheur est dans le pré et le futur à la jumenterie.

When cutting edge technology meets with rural agricultural life, the Broodmare Band is the flagship. Situated 2km from the chateau, between the INRA site (National Institute for Agricultural Research) and the Bergerie racecourse, the Broodmare Band is a centre for research, innovation, expertise and training, all for which are centered around issues of equine reproduction and fertility. It is the state-of-the-art in equine research and, in partnership with the INRA, a number of foals have been born to "surrogate mothers" from embryos cryogenically stored in liquid nitrogen at -196°C. An equine cryobank for sperm straws is also in operation to enable preservation of rare and endangered horse breeds. To infinity and beyond... Through assessment and experiments the Broodmare Band team can carry out fertility tests on a stallion's sperm quality or test a product before it is released on to the French market. With the appropriate structures and a green and pleasant environment, happiness is certainly to be found in these meadows and equine future is in the hands of the Broodmare Band.

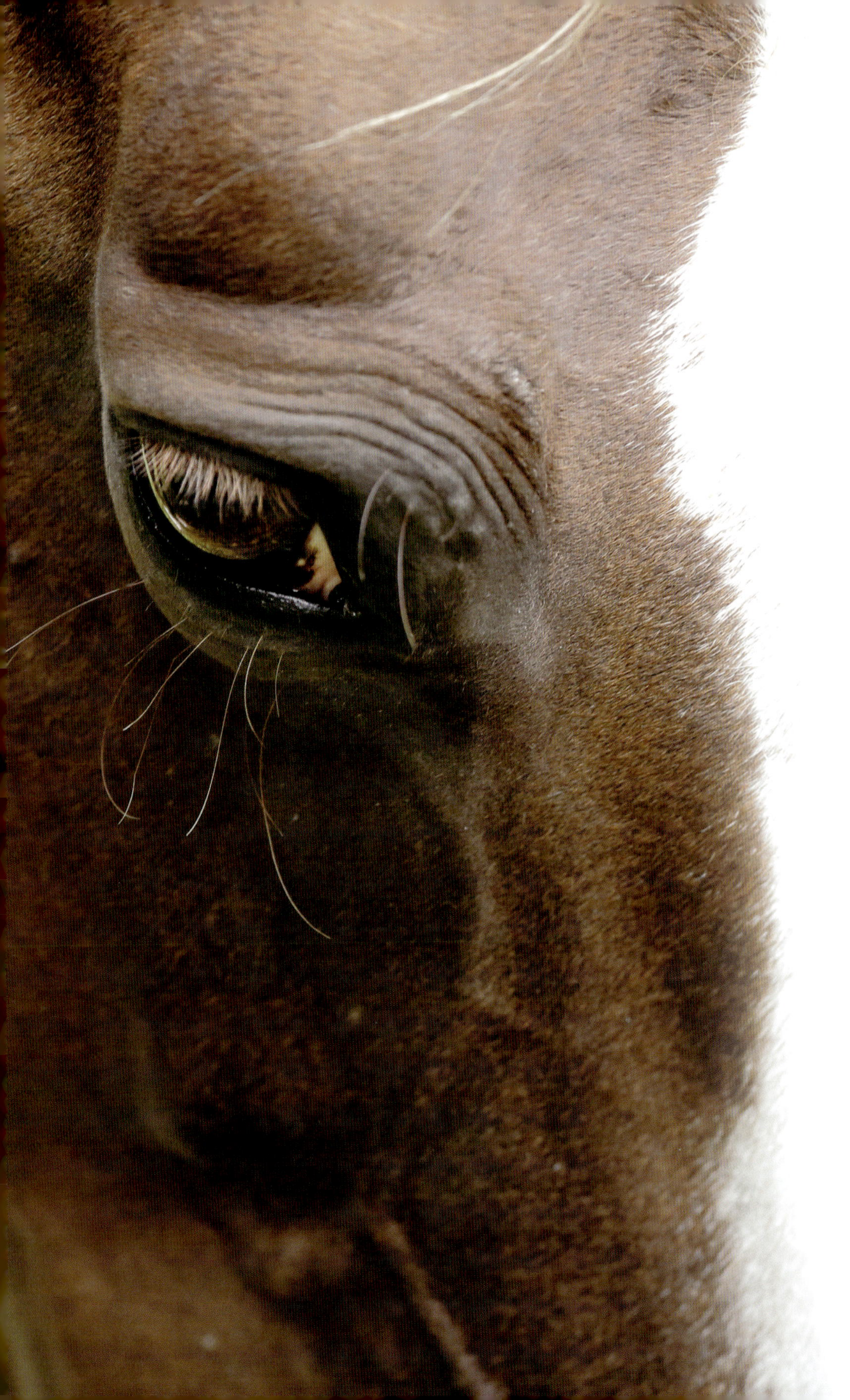

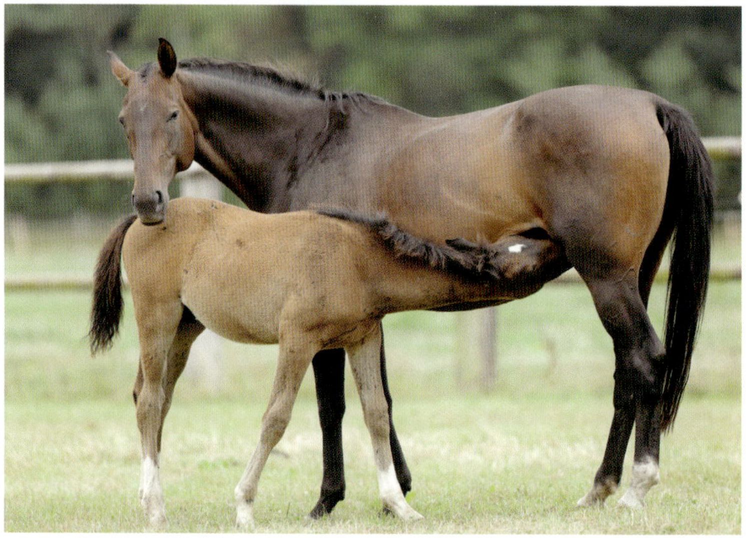

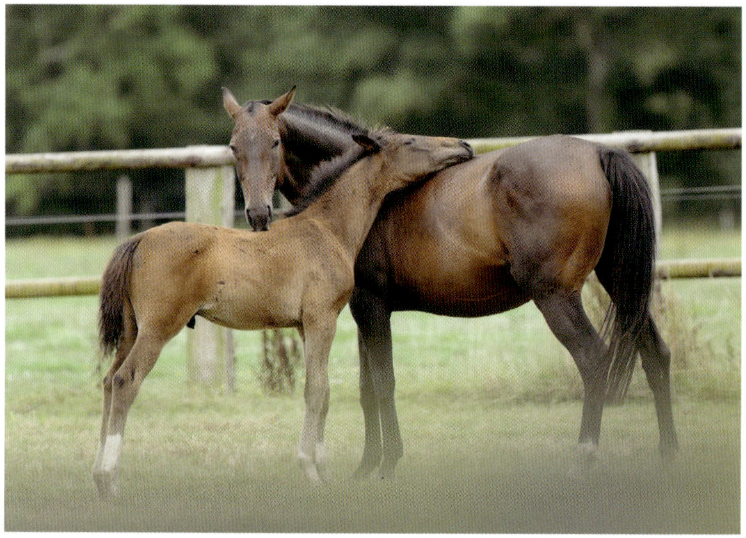

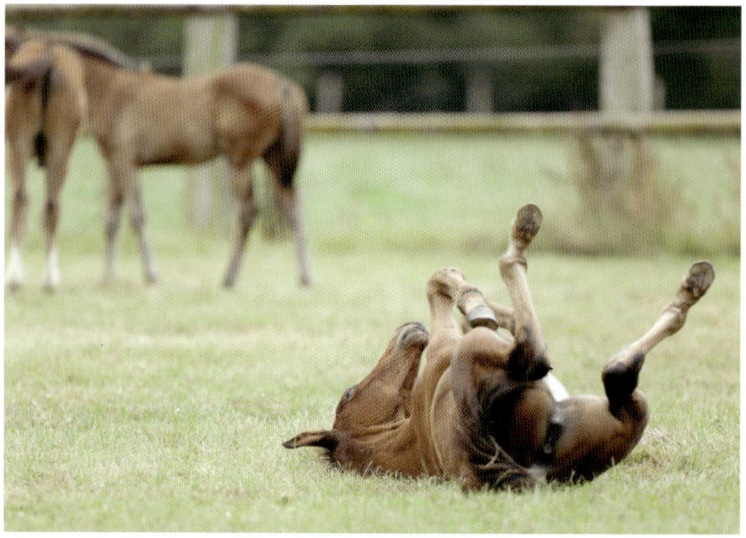

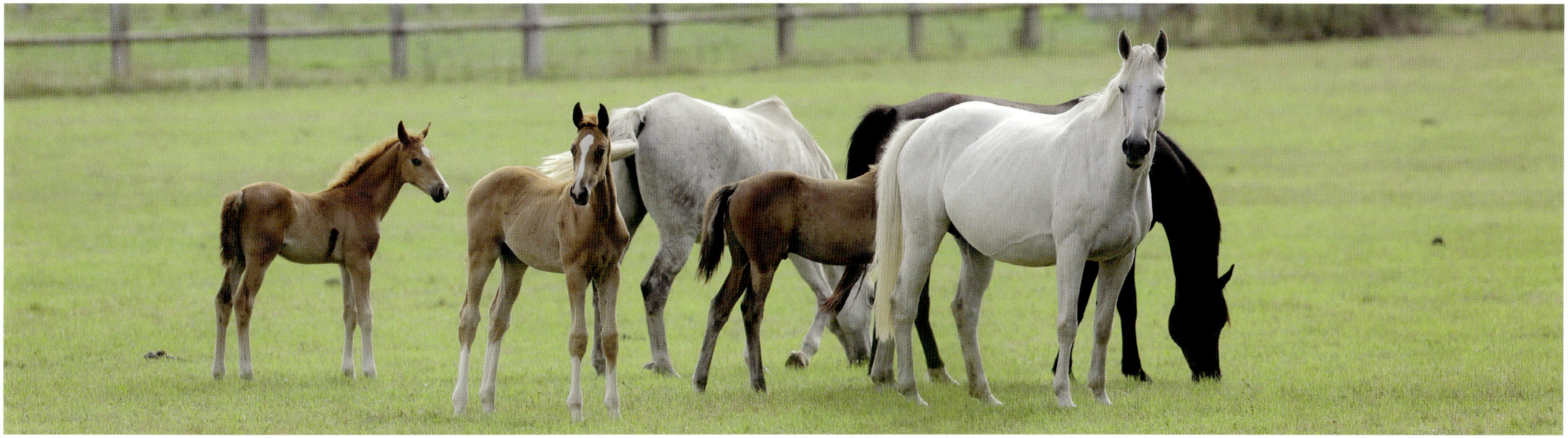

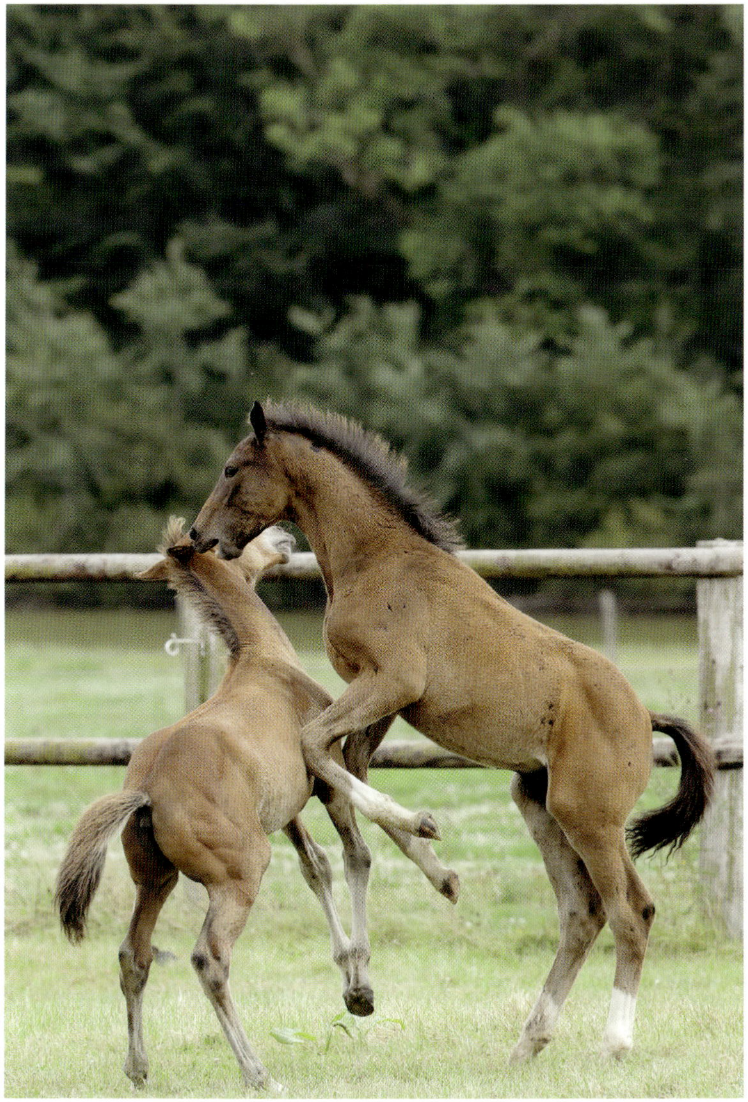

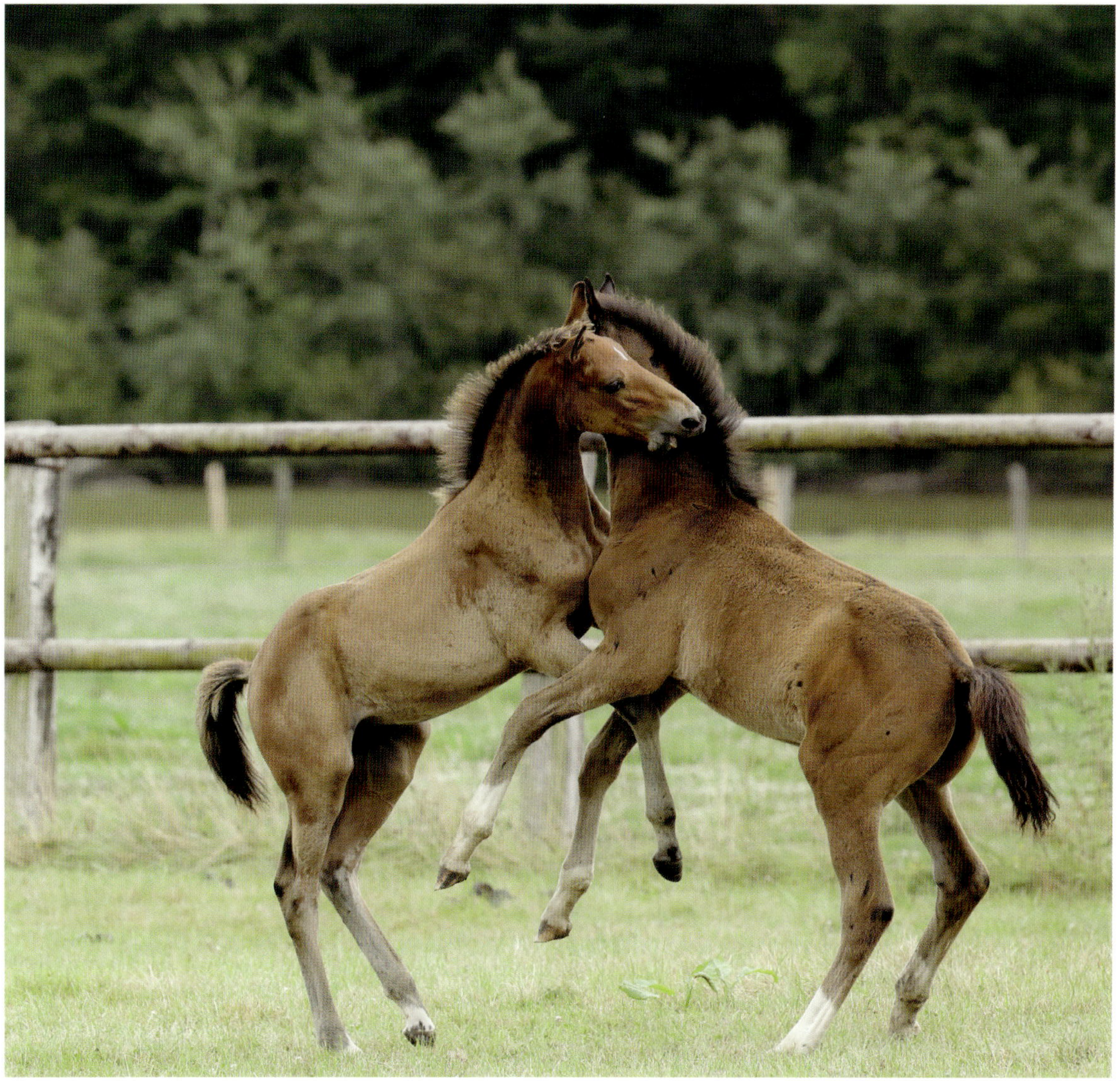

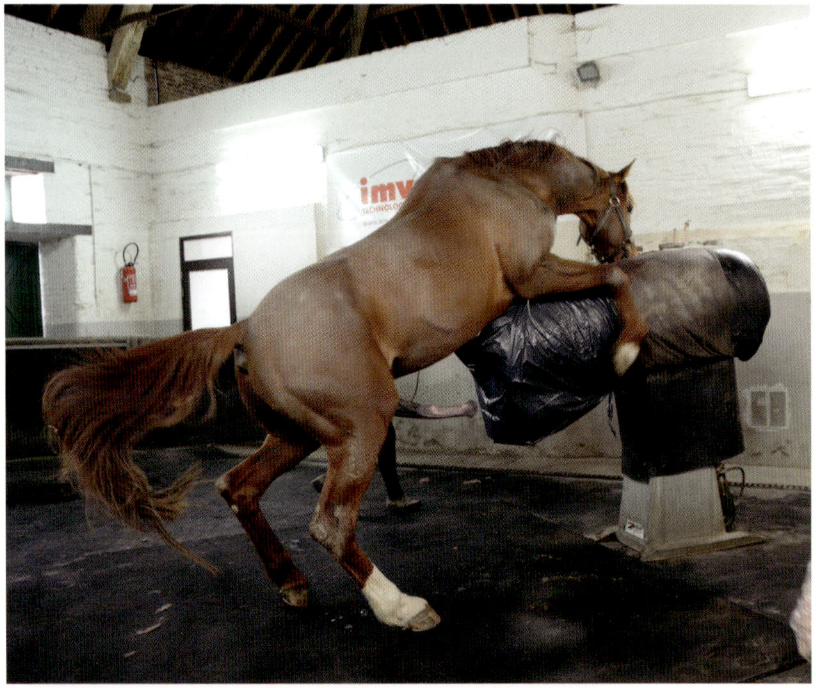

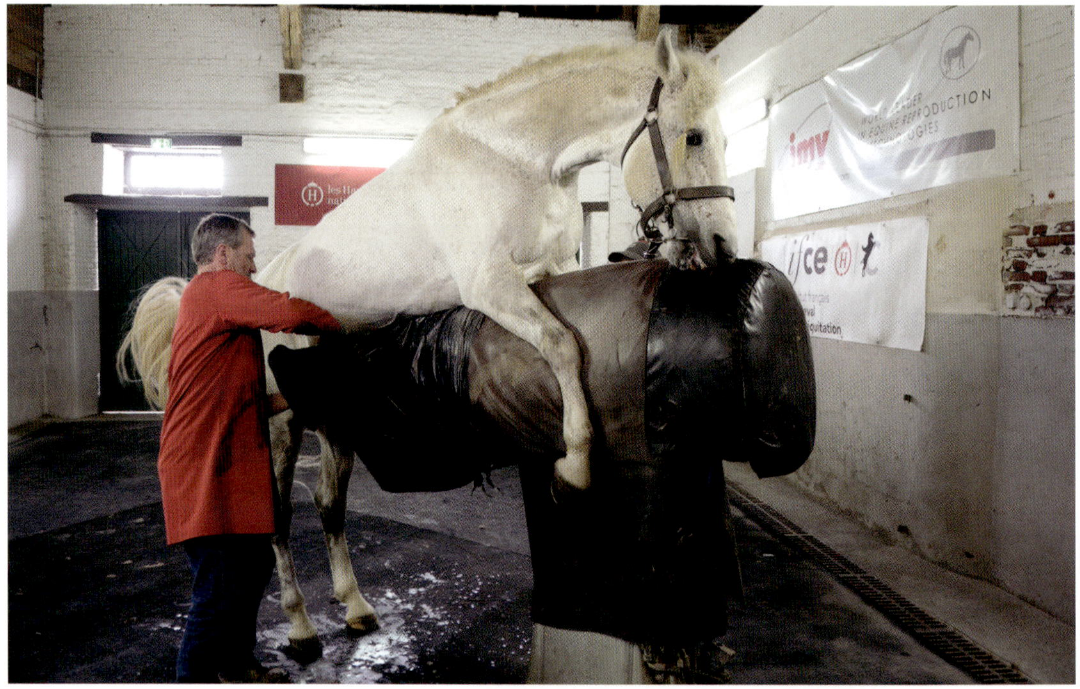

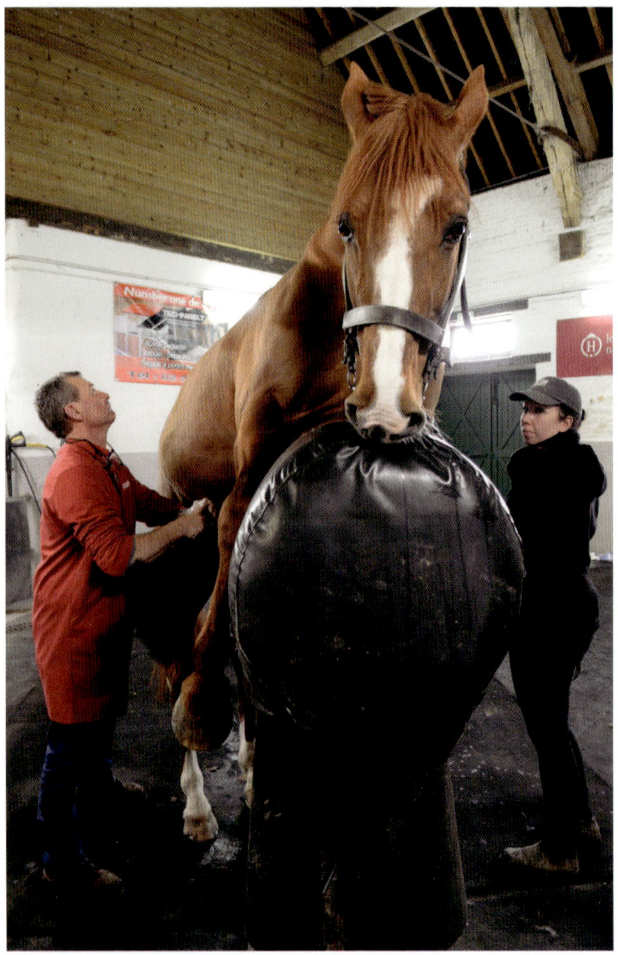

Au chapitre des formations, l'équipe de la jumenterie propose notamment le Certificat d'Aptitude aux Fonctions d'Inséminateur Equin, avec récolte de sperme sur mannequin et insémination, mais également des formations à la carte sur le débourrage, la gestion des prairies, ou la prévention des maladies. Des formations plus spécifiques en direction des vétérinaires sont aussi au programme. « Tout ce que vous avez toujours voulu savoir sur la reproduction du cheval sans jamais avoir osé le demander ». Osez la jumenterie !

As for training, the Broodmare Band offers a certificate course in equine insemination, including practice collecting sperm and insemination using a dummy horse, as well as tailor made training programmes for horse training, grassland management or illness prevention. More specific courses are also offered for veterinary students. "All you ever wanted to know about equine reproduction, but never had the courage to ask". The Broodmare Band has the answers !

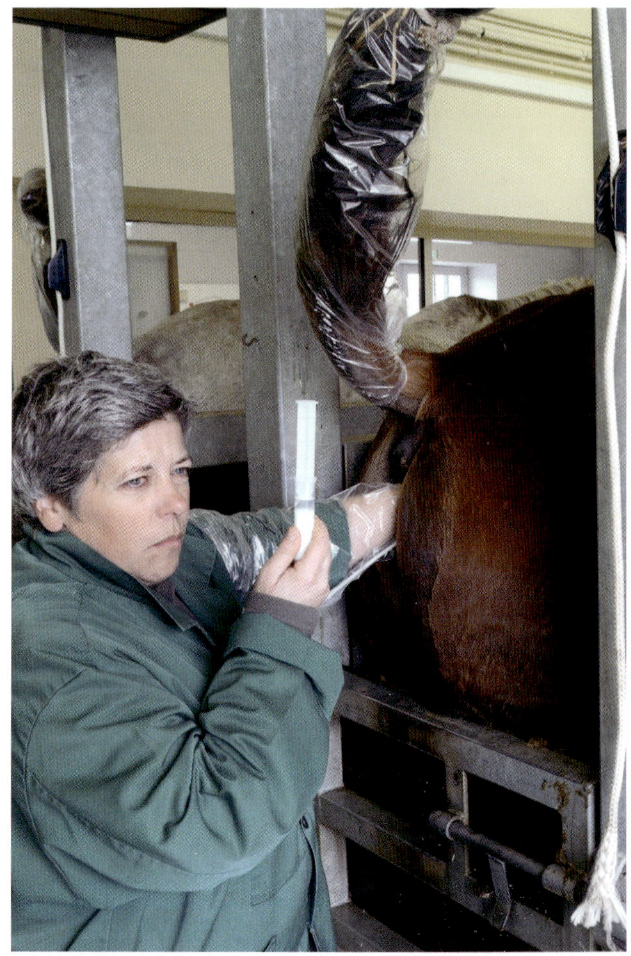

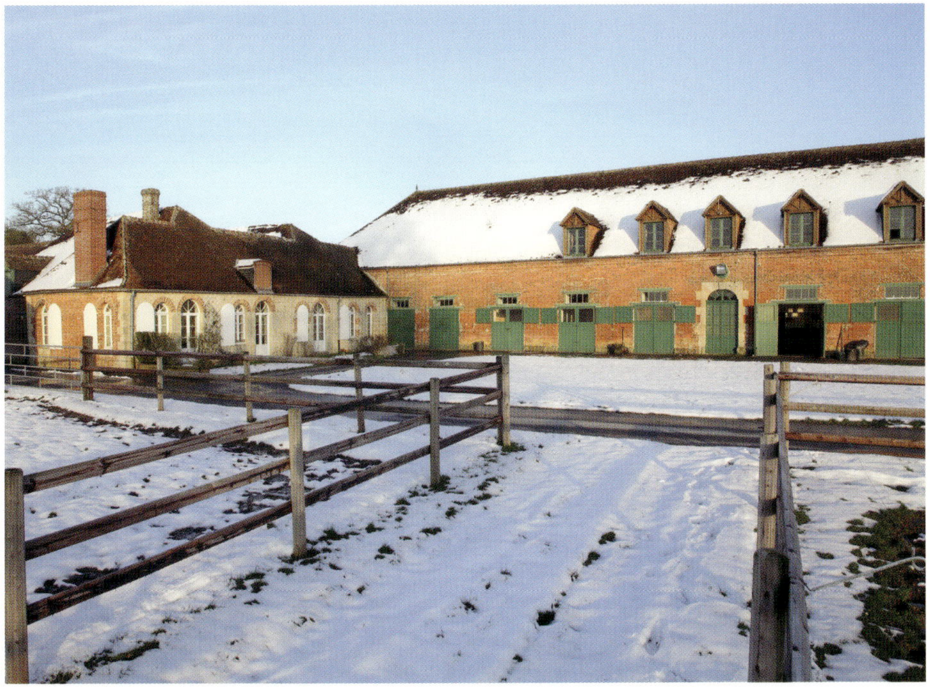

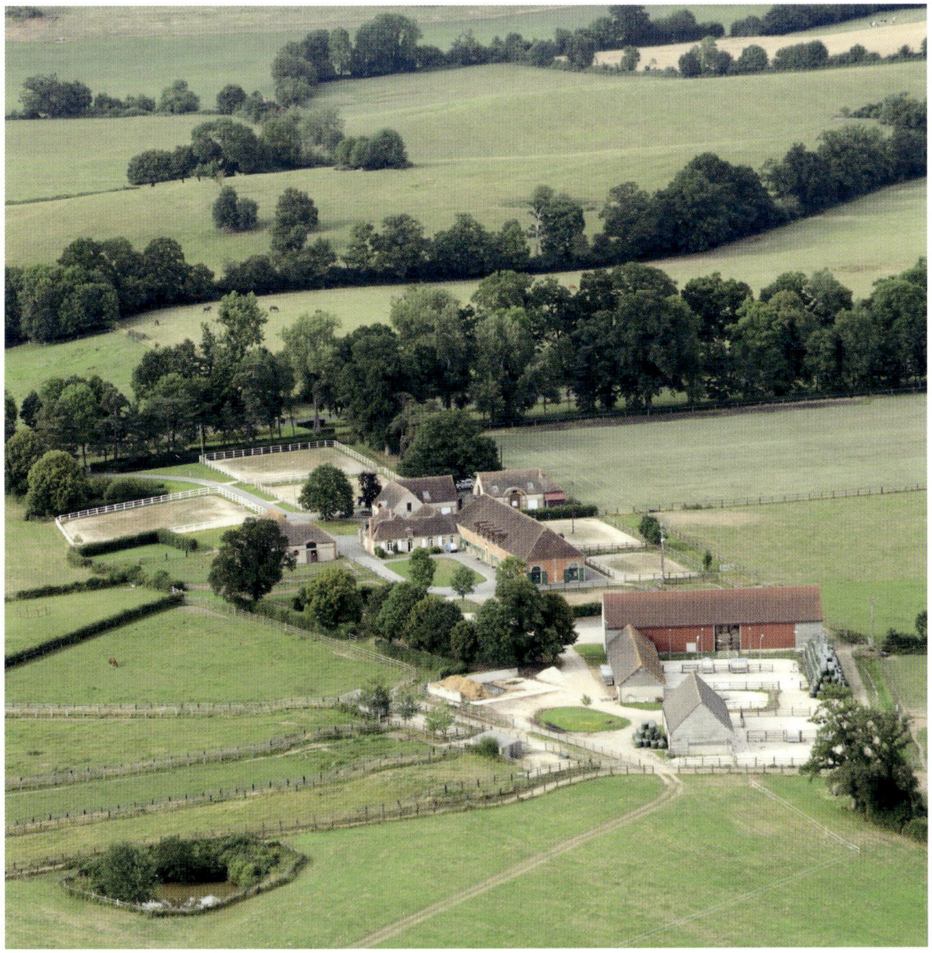

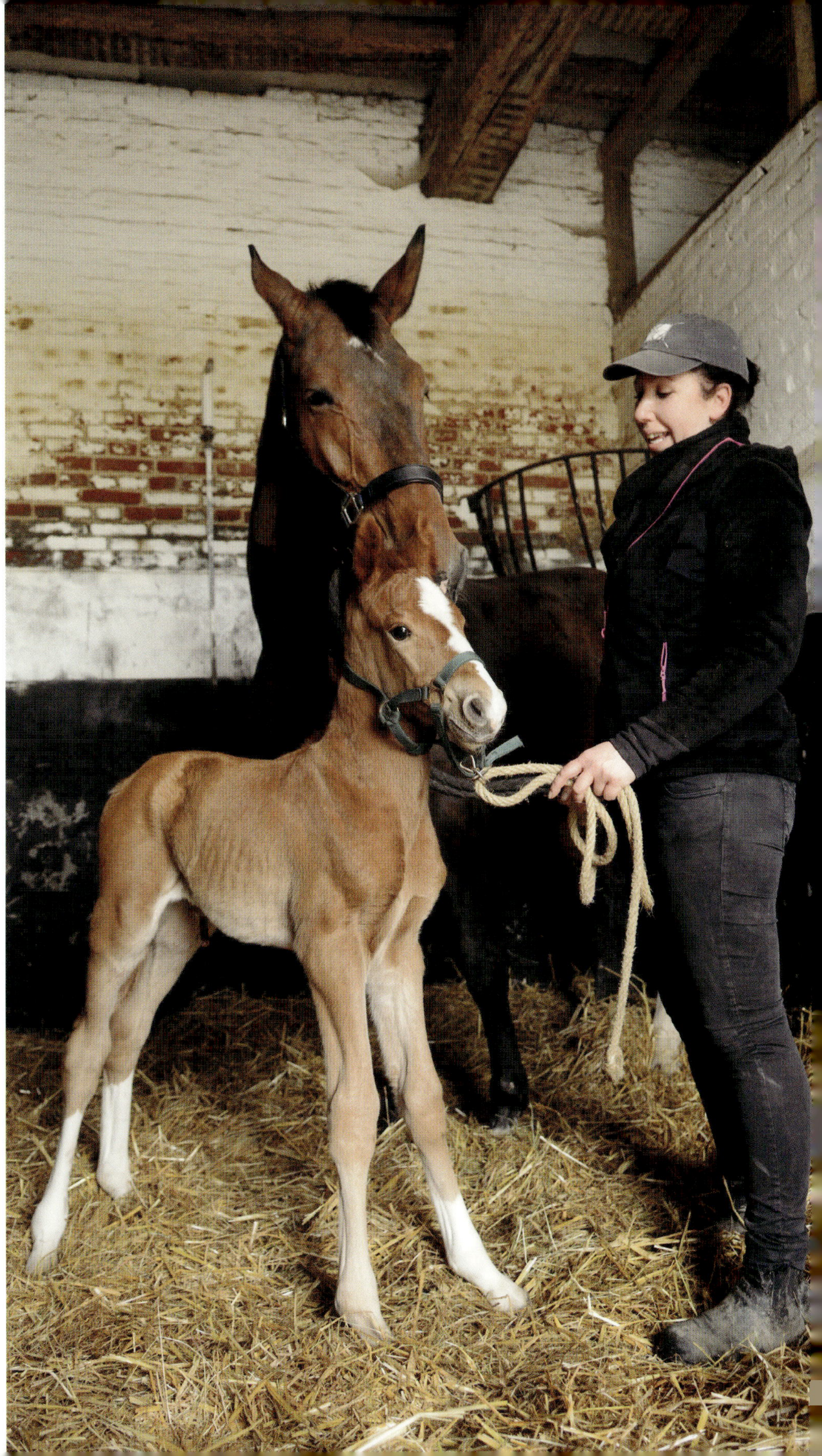

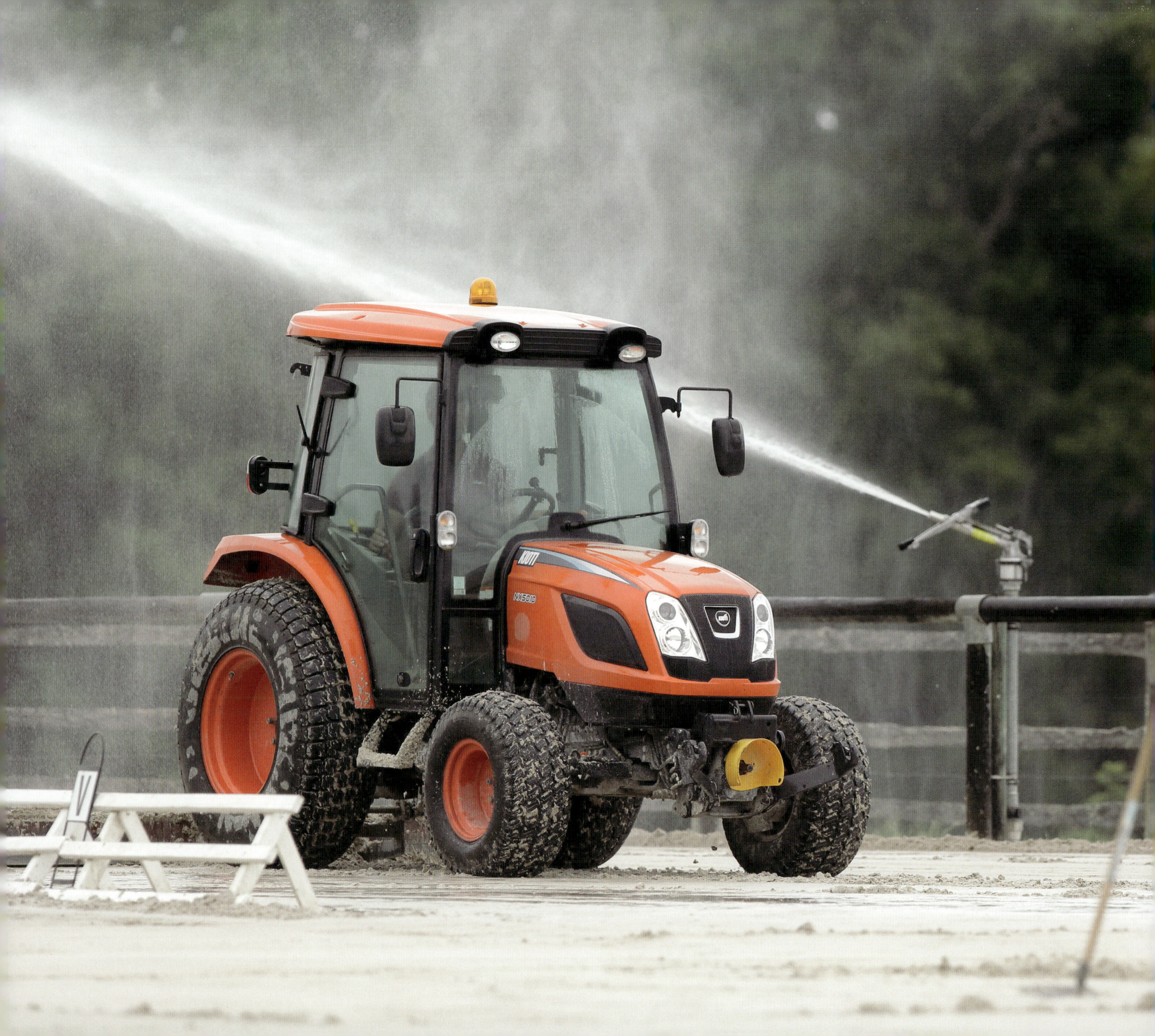
KIOTI
V

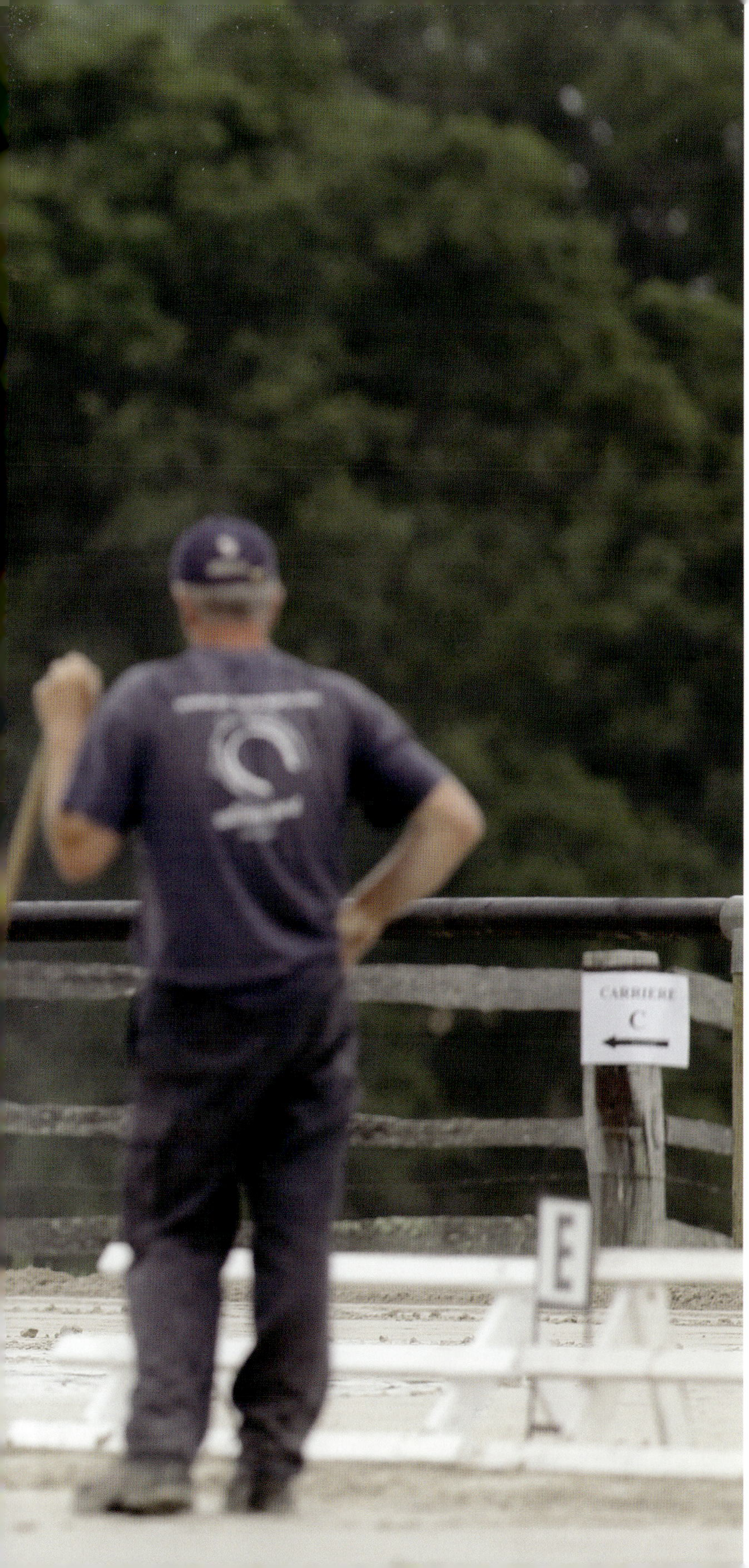

Une équipe aux petits soins

Les chevaux sont bichonnés, choyés, et les agents du haras mettent les petits plats dans les grands pour leurs pensionnaires, mais pas que. Car la vie du haras, c'est aussi d'organiser la logistique pour les nombreuses manifestations annuelles, avec les carrières à préparer pour les concours, les espaces verts dédiés au public à entretenir, l'accueil des compétiteurs, des bénévoles et des visiteurs à coordonner. Restent bien évidement toutes les tâches quotidiennes telles que les boxes à récurer, les soins aux chevaux, le bâtiment à entretenir, et une multitude de préoccupations inhérentes à la gestion d'un tel établissement. La tâche est immense et le flux d'activités continuel, car même le dimanche les chevaux ont faim. Le Haras du Pin c'est aussi une équipe qui met des gants blancs au service des chevaux et des visiteurs « pour faire tourner la baraque ».

The horses are well groomed and thoroughly pampered. The stud team cares for their residents with great ceremony and much more than that, as life at the stud also involves sorting out the logistics for the numerous annual events, preparing the horse riding arenas for competitions, maintaining the green public spaces and welcoming competitors, volunteers and visitors. As well as all this, there are also the daily tasks that need to be carried out, such as cleaning out the stables, grooming the horses, building maintenance and a multitude of other jobs that go hand in hand with running such an institution. The task is immense and the work flow is constant, as horses need feeding even if it is Sunday. The Haras du Pin is a team that takes great care, not only of its horses, but also its visitors in order to keep the whole place up and running.

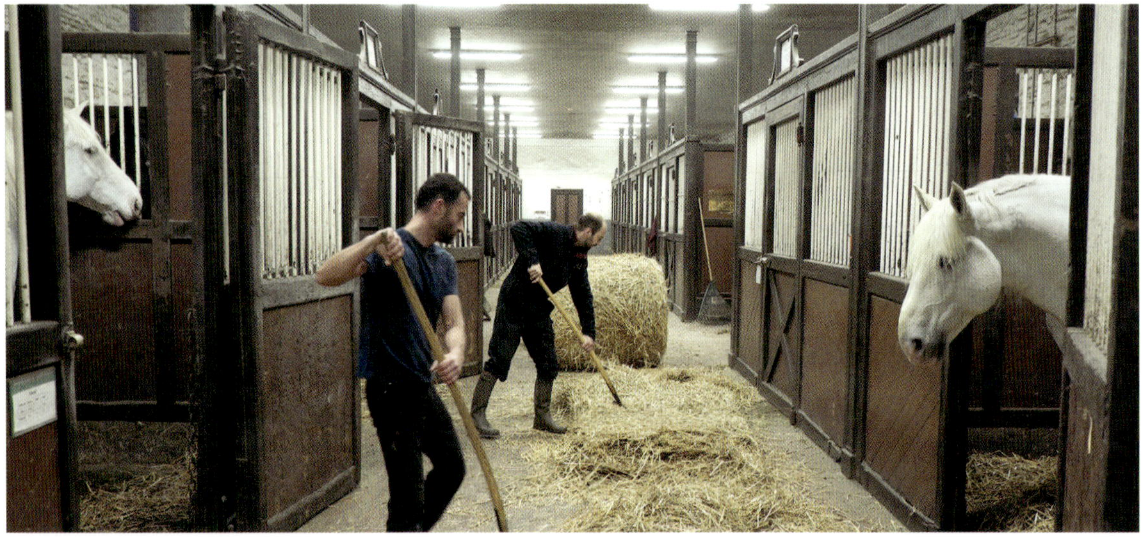

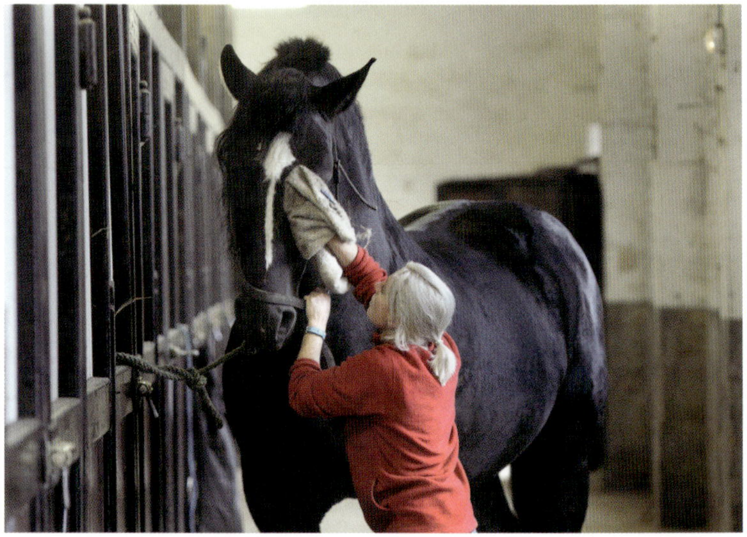

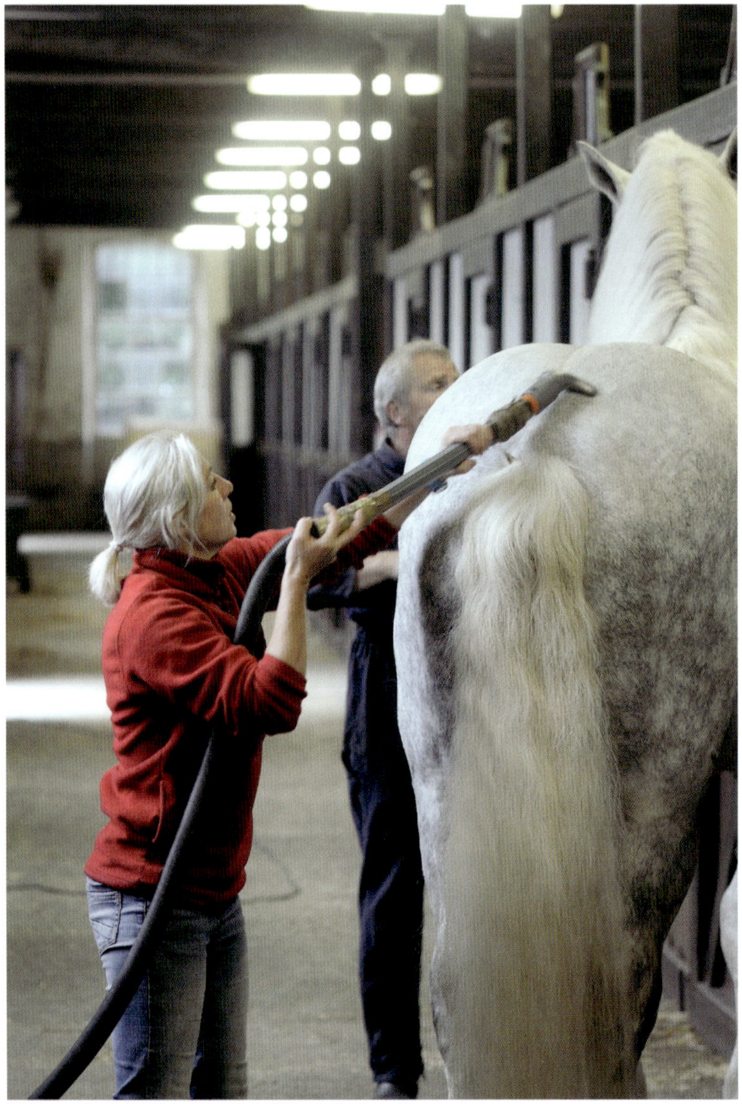

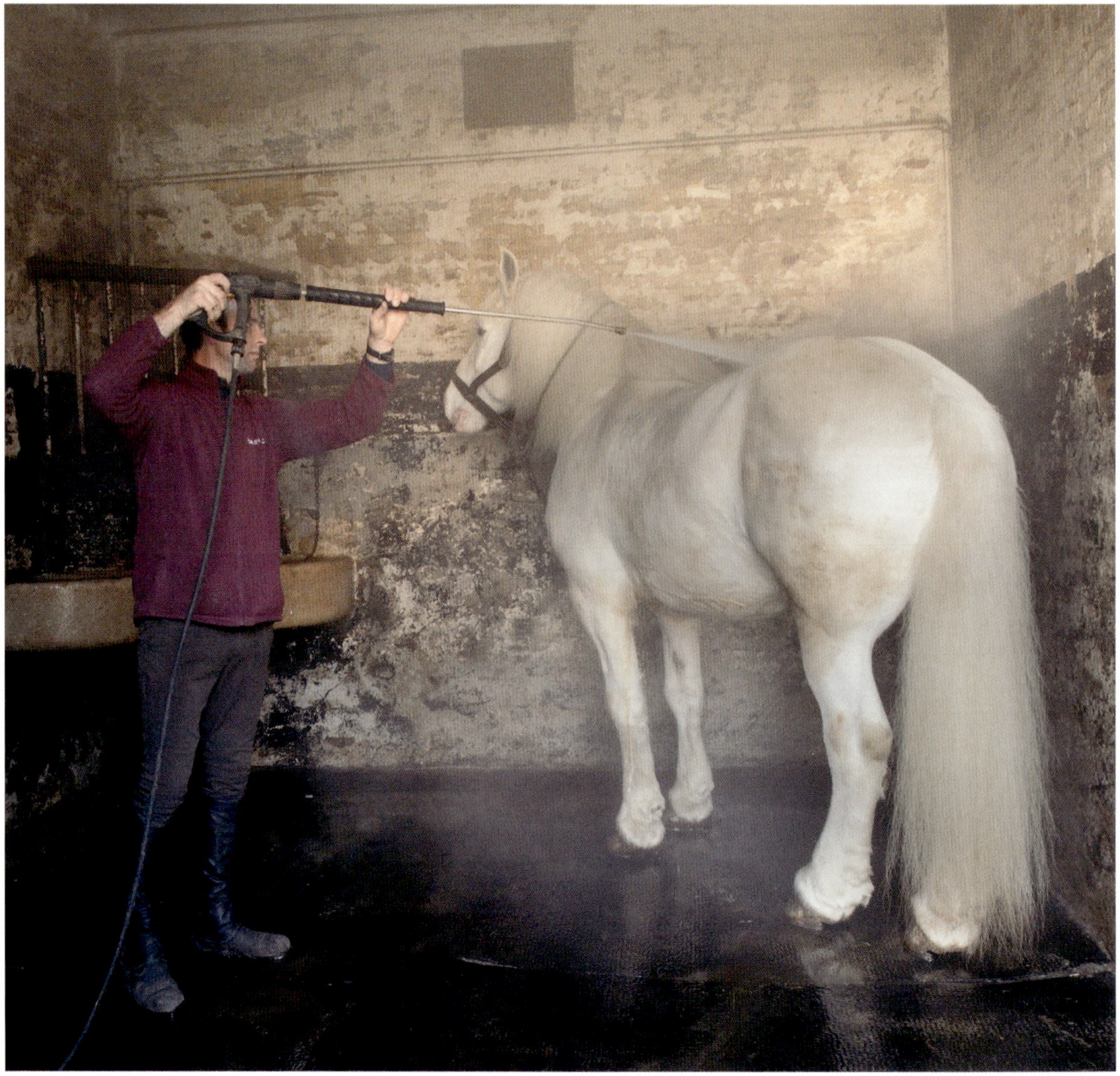

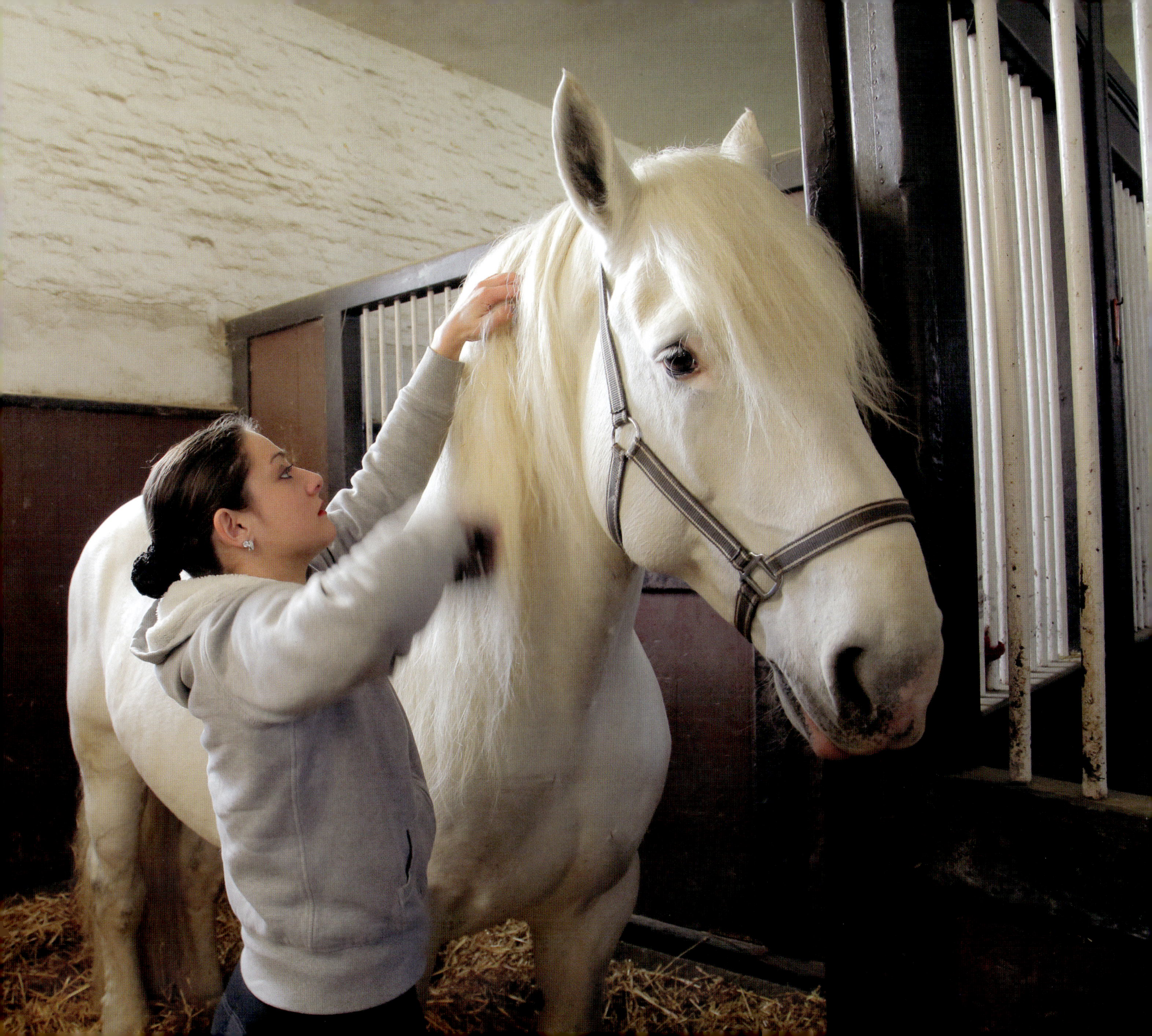

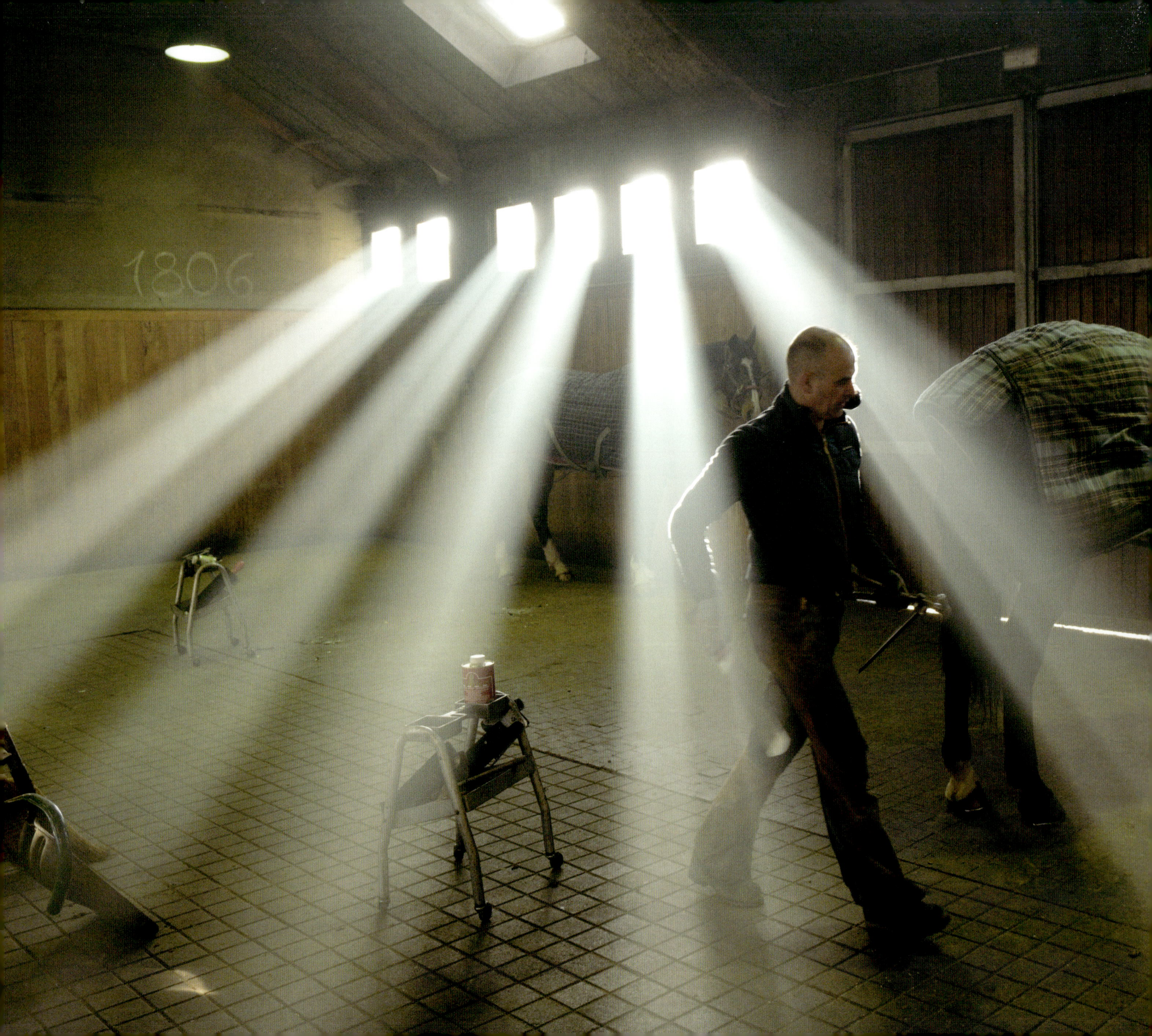
1806

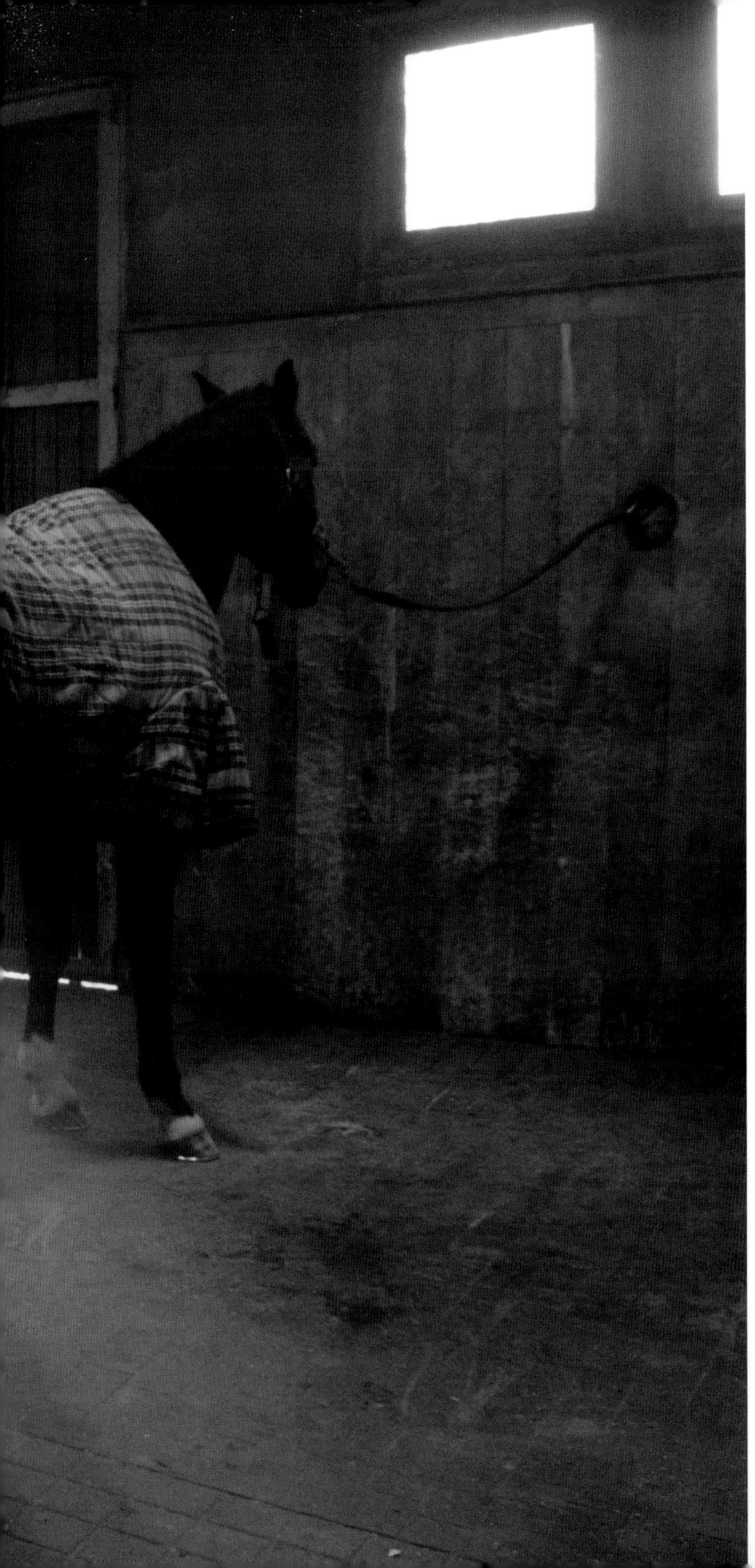

La maréchalerie

Ce n'est qu'au XIIe siècle que le terme *maréchal-ferrant* apparait. Cet artisan présent dans chaque village ferrait les chevaux et les bœufs de trait pour décupler leur force motrice et leur permettre une meilleure adhérence. Maillon indispensable pour toutes les activités équines, le maréchal-ferrant est incontournable au Haras du Pin. Les bruits sourds et réguliers du marteau frappant le fer rougi sur l'enclume pour lui donner la forme voulue, rythment la journée dans cet atelier. L'odeur caractéristique de la corne brûlée lors de l'ajustement du fer encore chaud sur le sabot embaume cet espace calme et serein. Puis vient le moment de la fixation du fer sur le sabot en enfonçant à coups de mailloche les clous à tête carrée. Le maréchal-ferrant connait parfaitement les chevaux et sait leur murmurer quelques mots à l'oreille pour qu'ils restent calmes. Ferrer un percheron n'est pas une mince affaire, et le travail est difficile courbé sous le poids du pied de l'animal.

It was not until the 12th Century that the term "marechal-ferrant" (farrier) appeared. These craftsmen were found in every village and shoed horses and oxen in order to increase their driving force and to give them a better traction. The farrier is essential to any equestrian activity, but at the Haras du Pin he is indispensable. The regular thudding sound as the hammer hits the hot iron against the anvil in order to give it the required shape gives rhythm to the days in this workshop. The characteristic smell of burning hoof as the hot iron is fitted fills this calm and serene space with its fragrance. Then comes the moment the shoe is nailed to the hoof by driving in square headed nails with the use of a large mallet. The farrier knows the horses very well and whispers the odd word into their ears to keep them calm. Shoeing a Percheron is no easy task and the work is rendered all the more difficult bent beneath the weight of the animal's leg.

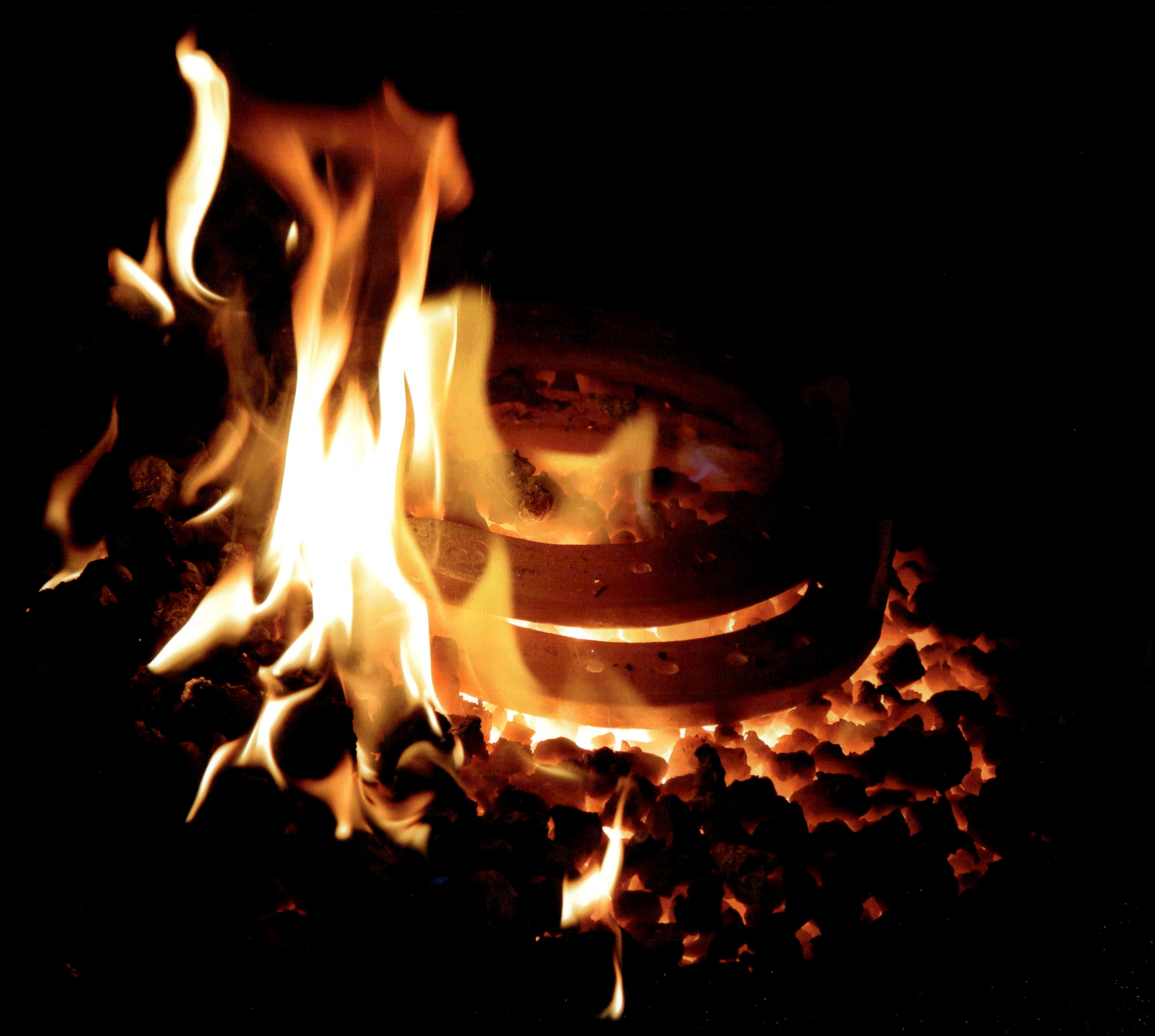

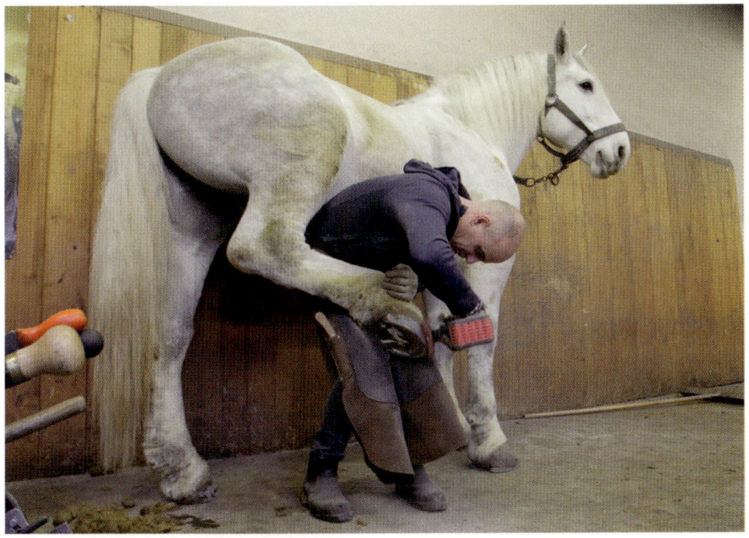
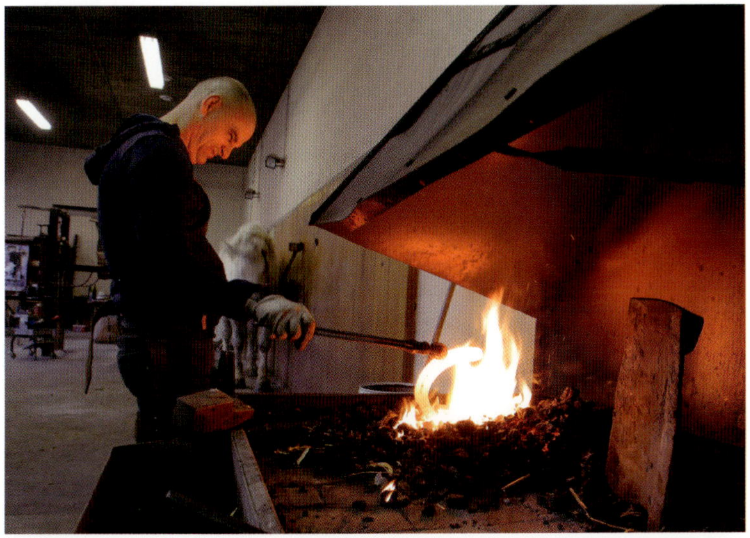
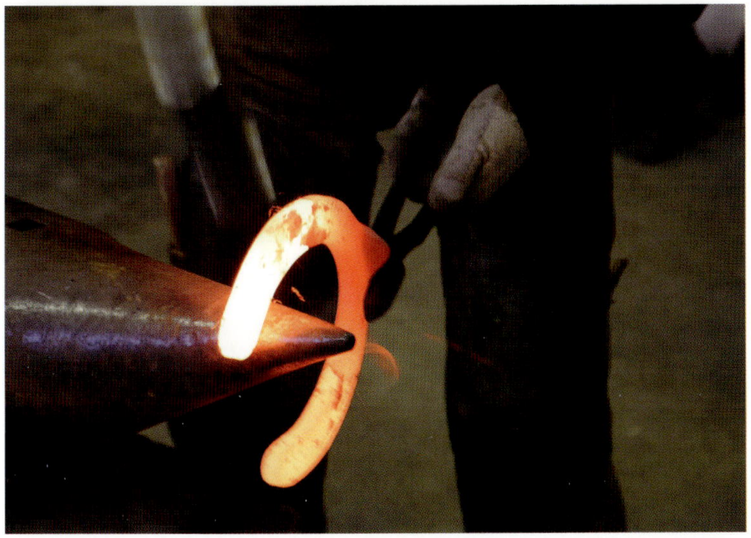
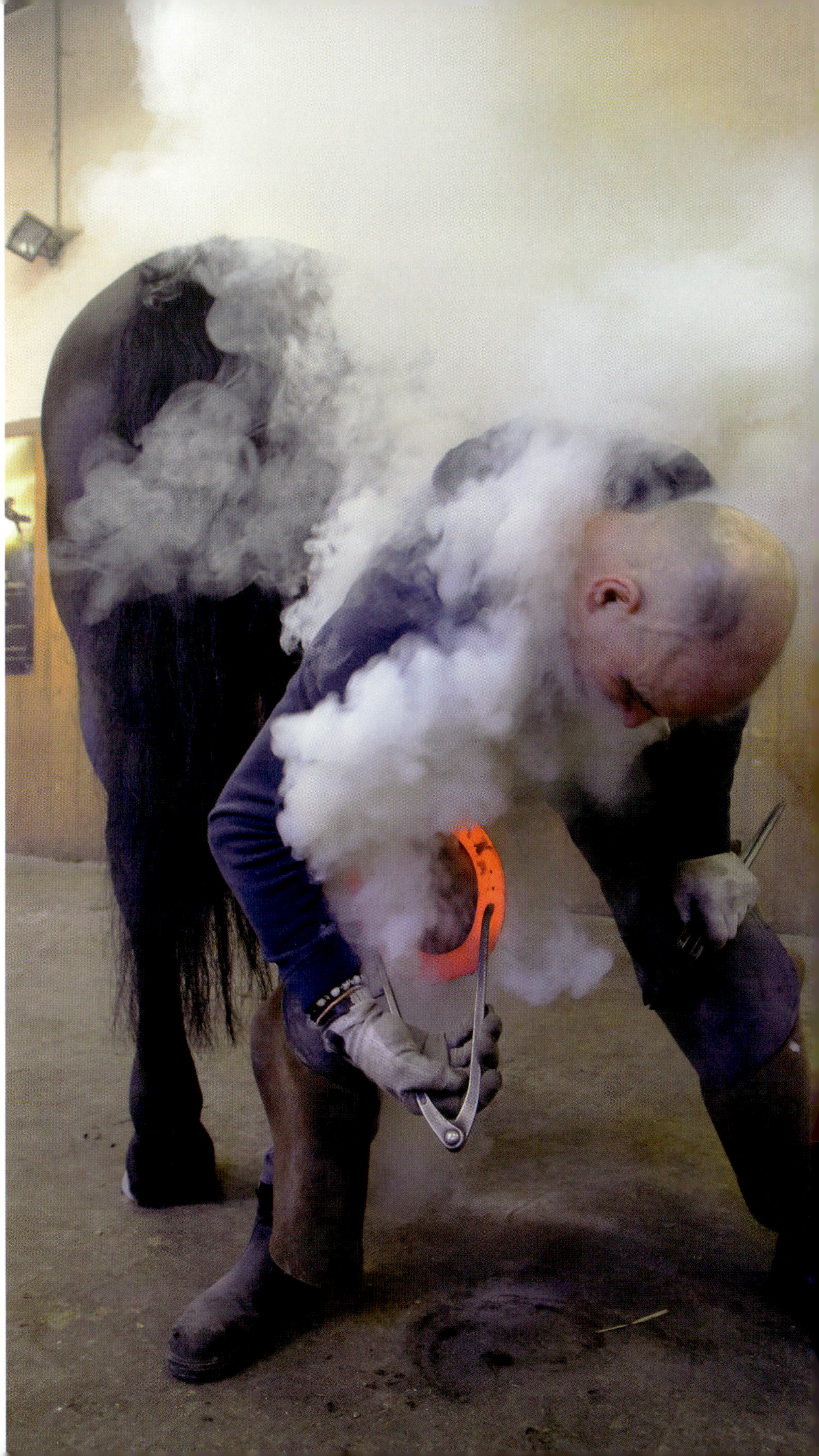

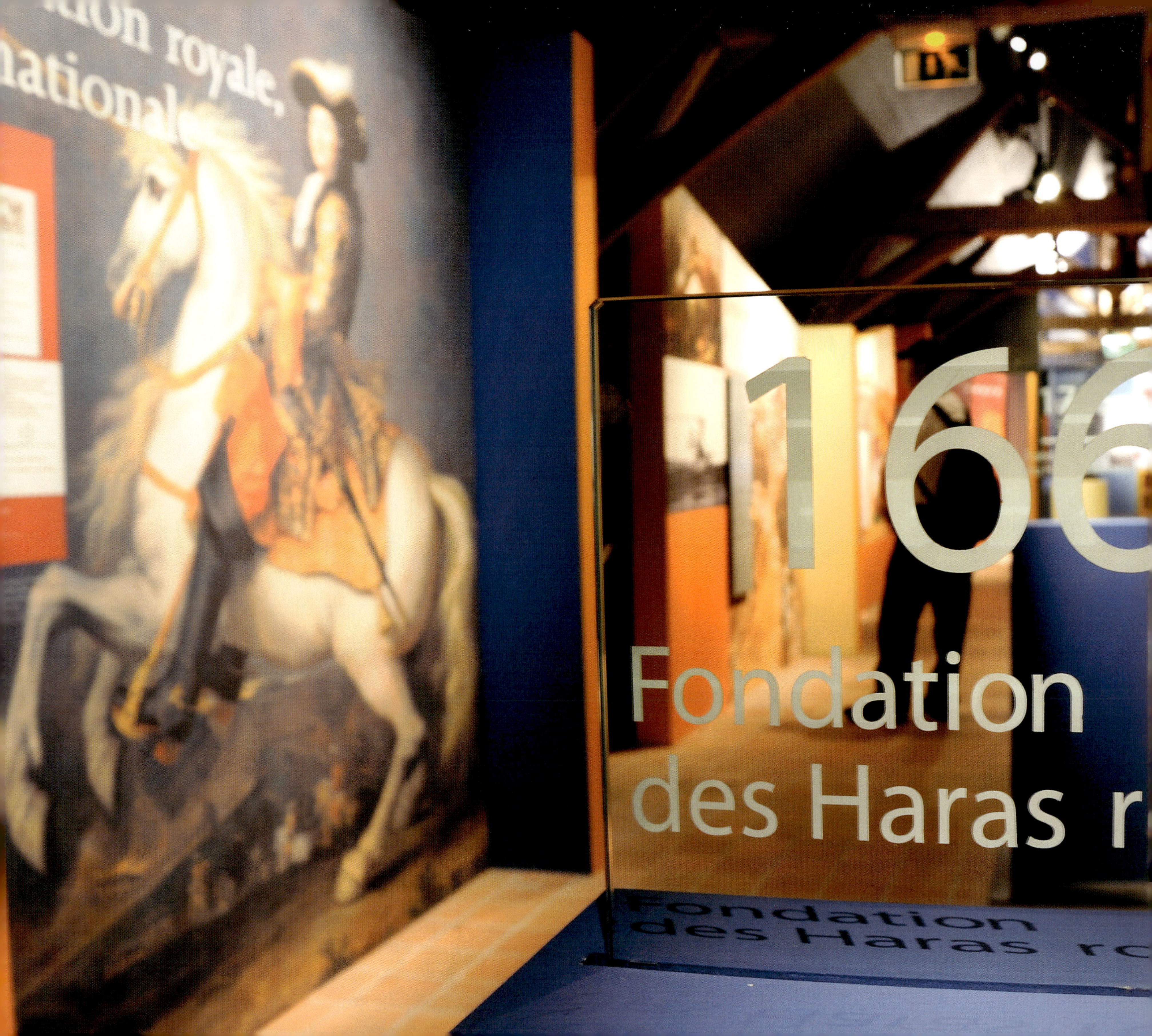
royale,
166
Fondation
des Haras

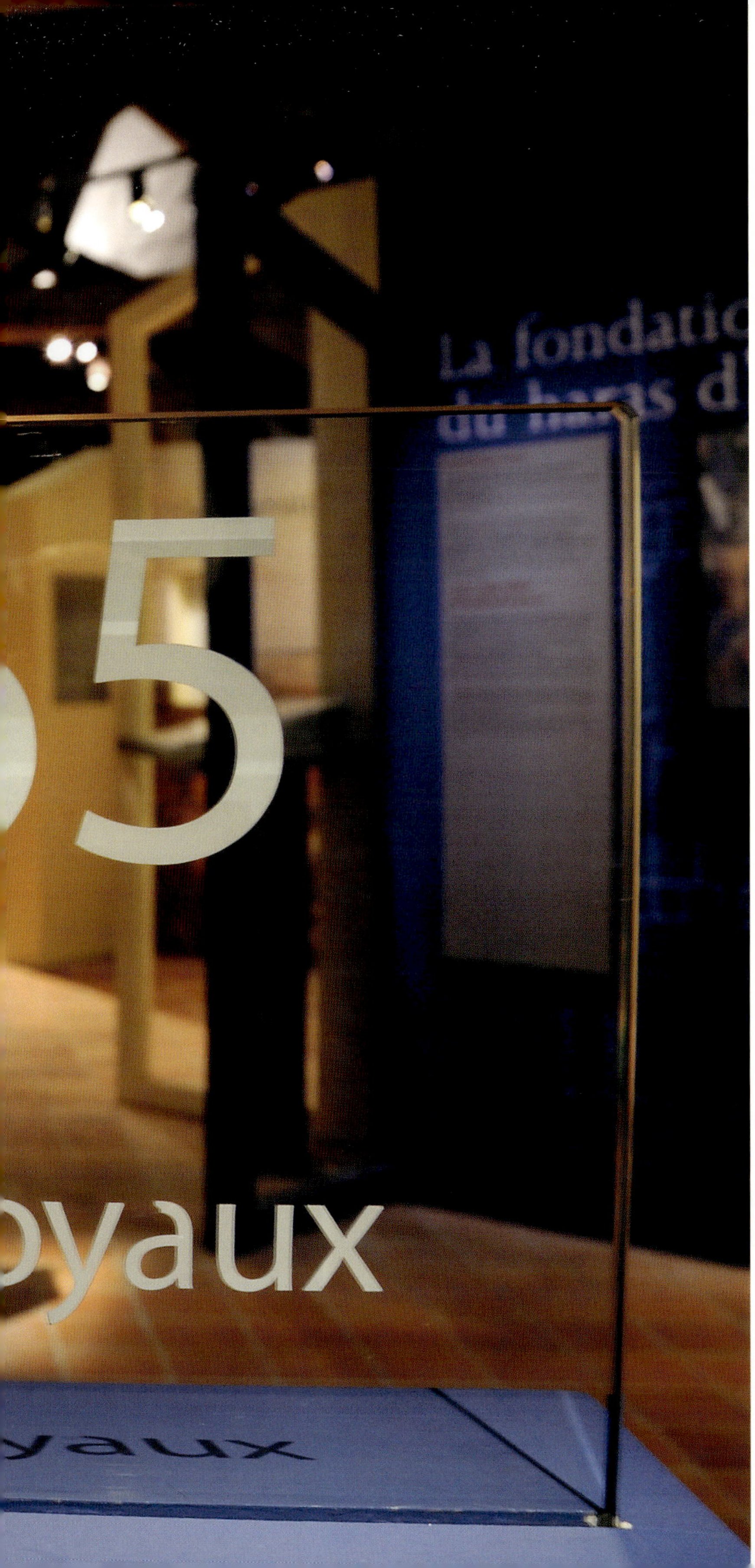

Les expositions

Envie de savoir, soif de découvrir, les expositions permanentes et notamment temporaires sont là pour vous, et rythment la saison culturelle avec une succession d'artistes reconnus ou de thèmes assumés toujours en résonance avec le monde du cheval. Dessins, sculptures, peintures, photographies, les expositions temporaires sont synonymes de qualité dans la diversité. L'exposition permanente, telle une frise historique, retrace le destin du Haras, borné par sa création, son nouveau souffle sous l'Empire ou ses missions contemporaines. Après un passage par le centre de ressources, cosy et instructif, levez les yeux au ciel pour admirer la très belle charpente de ce bâtiment de l'écurie n° 1. Les anciennes stalles où les étalons étaient attachés, séparés par des bat-flancs, témoignent d'un passé révolu où chaque détail est un conteur d'histoires. Au chapitre des expositions vous pouvez également admirer la très belle sellerie d'honneur avec ses harnachements et ses cuirs rutilants. Alors, en selle pour le savoir ! hue...

If you have a desire for knowledge, a love of discovery, then the permanent and more especially the temporary exhibitions are there for you. The latter give rhythm to the cultural season with a succession of renowned artists or subjects that always resonate with the horse world. Drawings, sculptures, paintings, photographs : the temporary exhibitions are synonymous with quality in diversity. The permanent exhibition, set out as a timeline, retraces the history of the Haras, starting with its creation, its new lease of life under the Empire and its current activities. Once you have passed through the comfortable and informative resource centre, take a moment to lift your eyes to admire the 1st stable's beautiful roof structure. The former stalls, where the stallions were once tied up next to each other, bear witness to a bygone era. Here each detail tells a story. On the subject of exhibitions, you can also admire the beautiful tack room of honour with its fine collection of carriage-driving harnesses and shiny leather. So saddle up for a journey into knowledge!

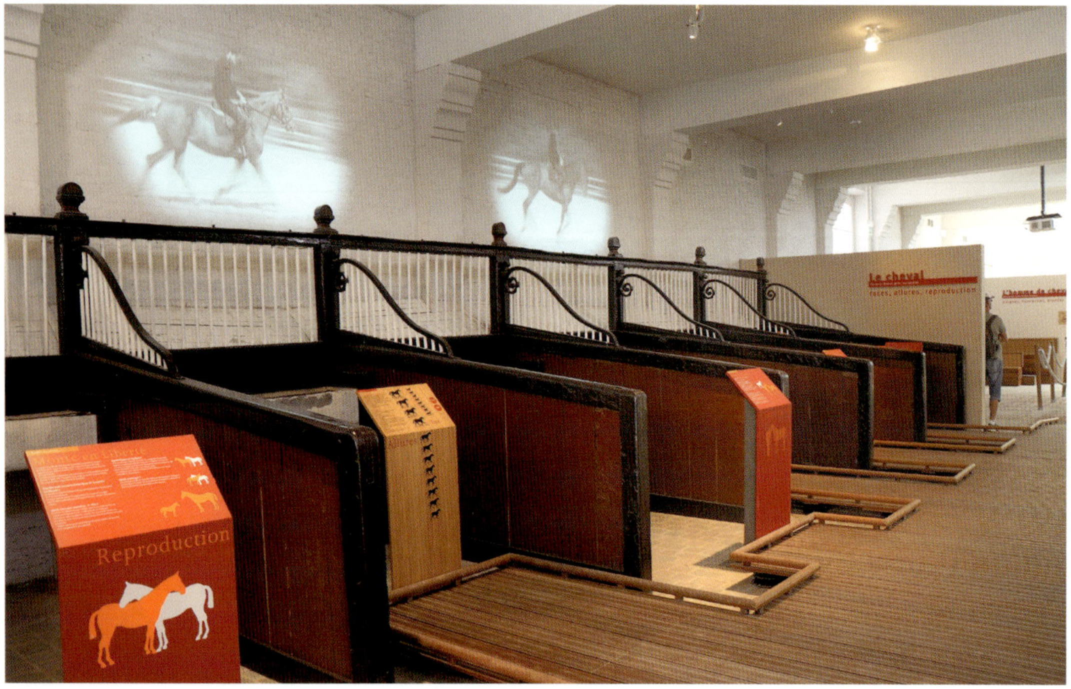
Le cheval
Reproduction

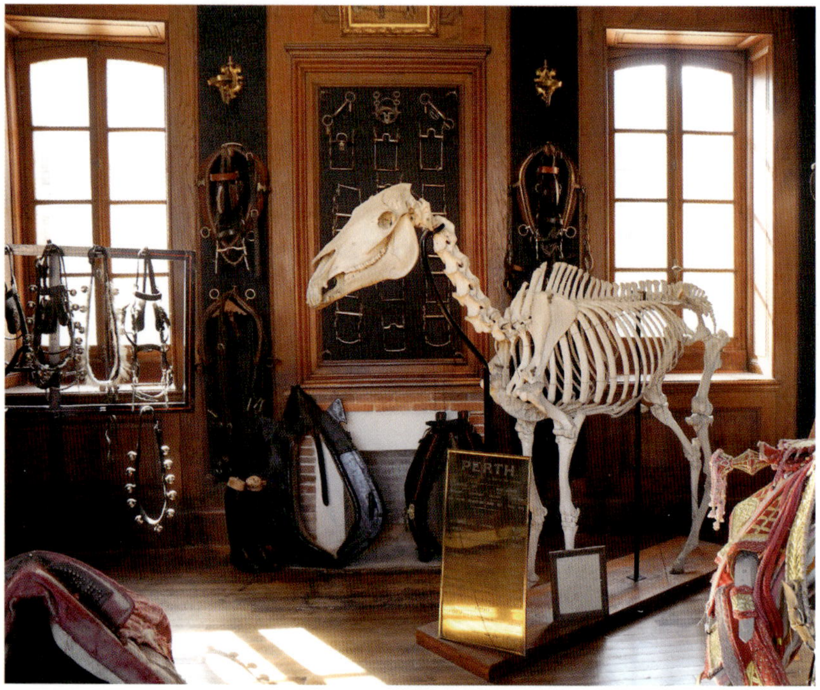
PERTH

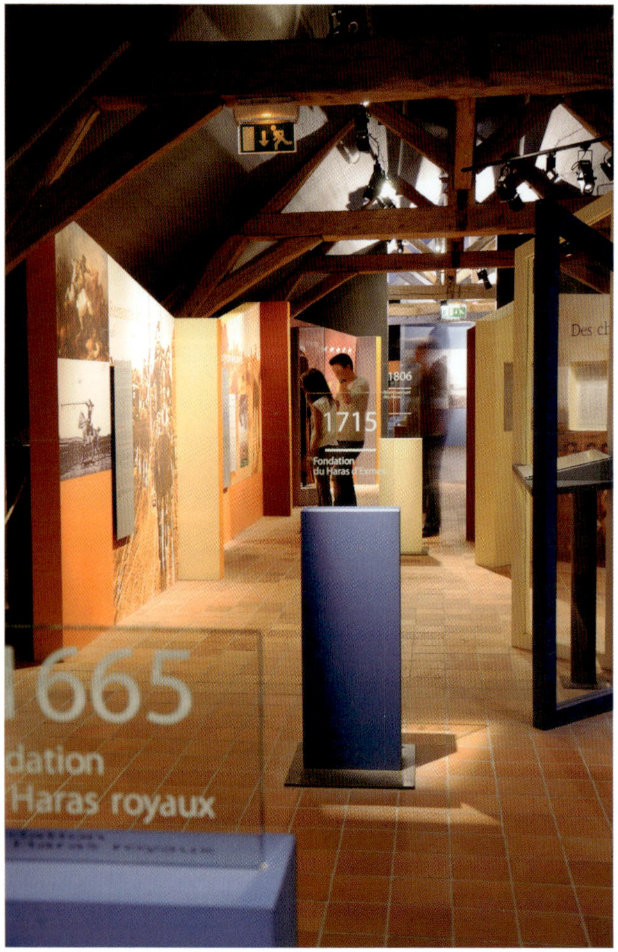
1715
Fondation
1806
1665
dation
Haras royaux

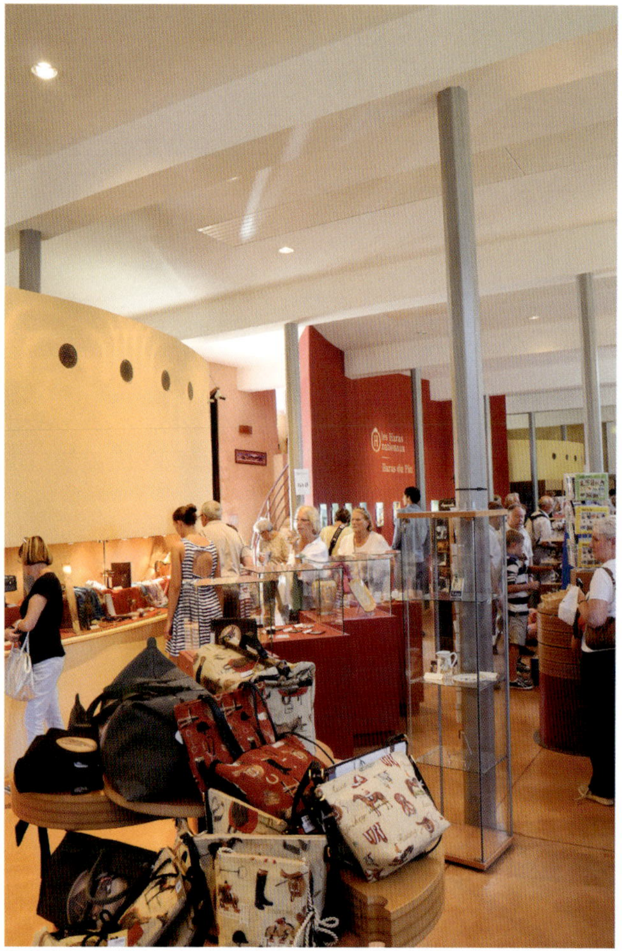

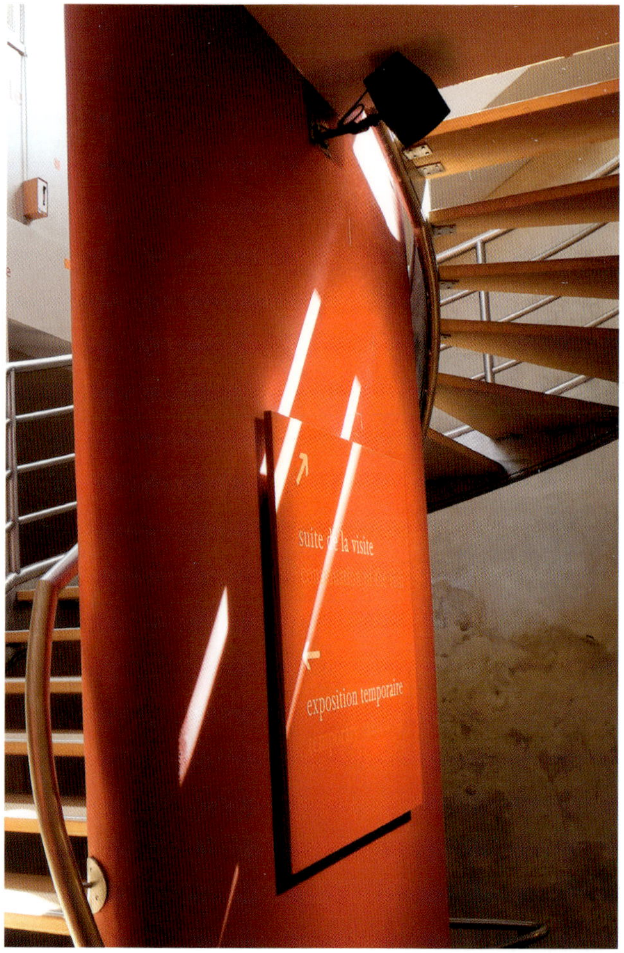
suite de la visite
exposition temporaire

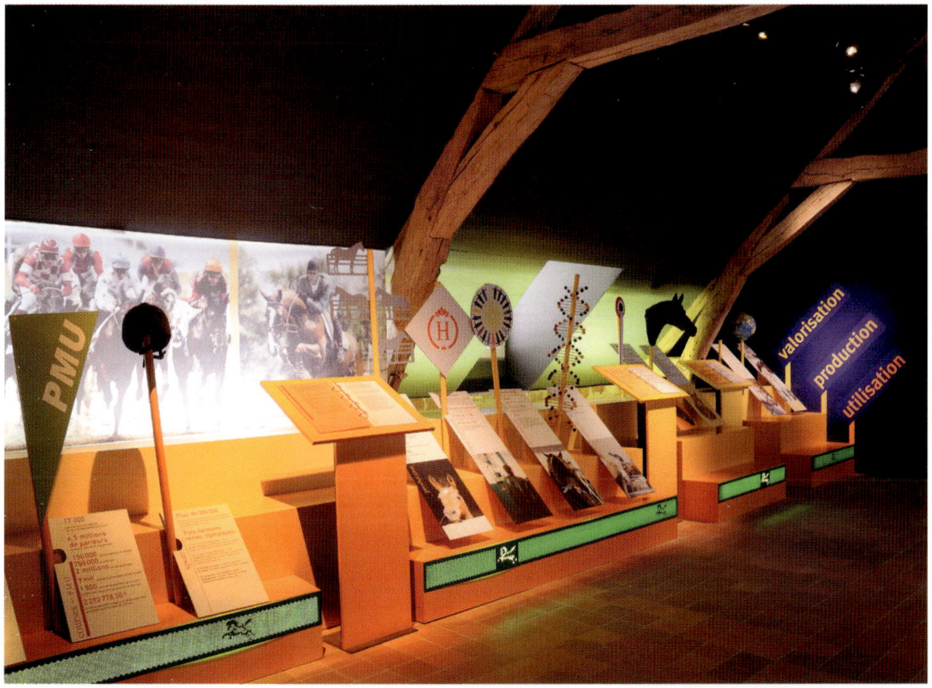
PMU
valorisation
production
utilisation

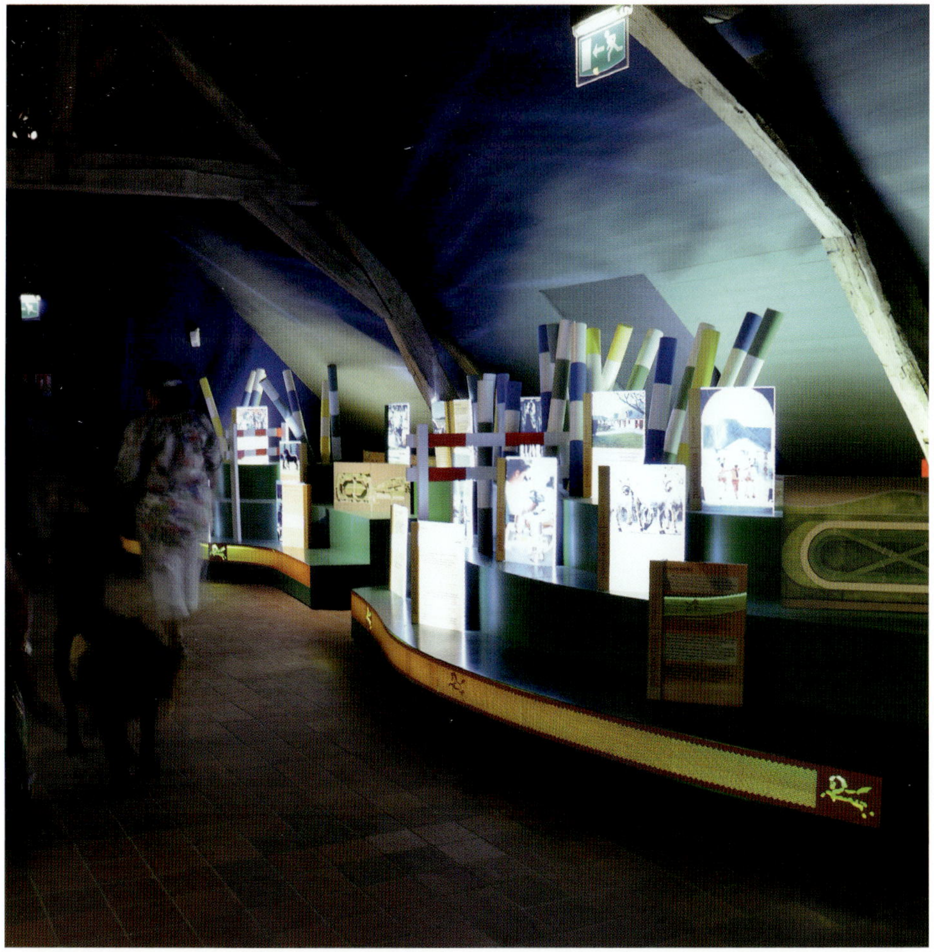

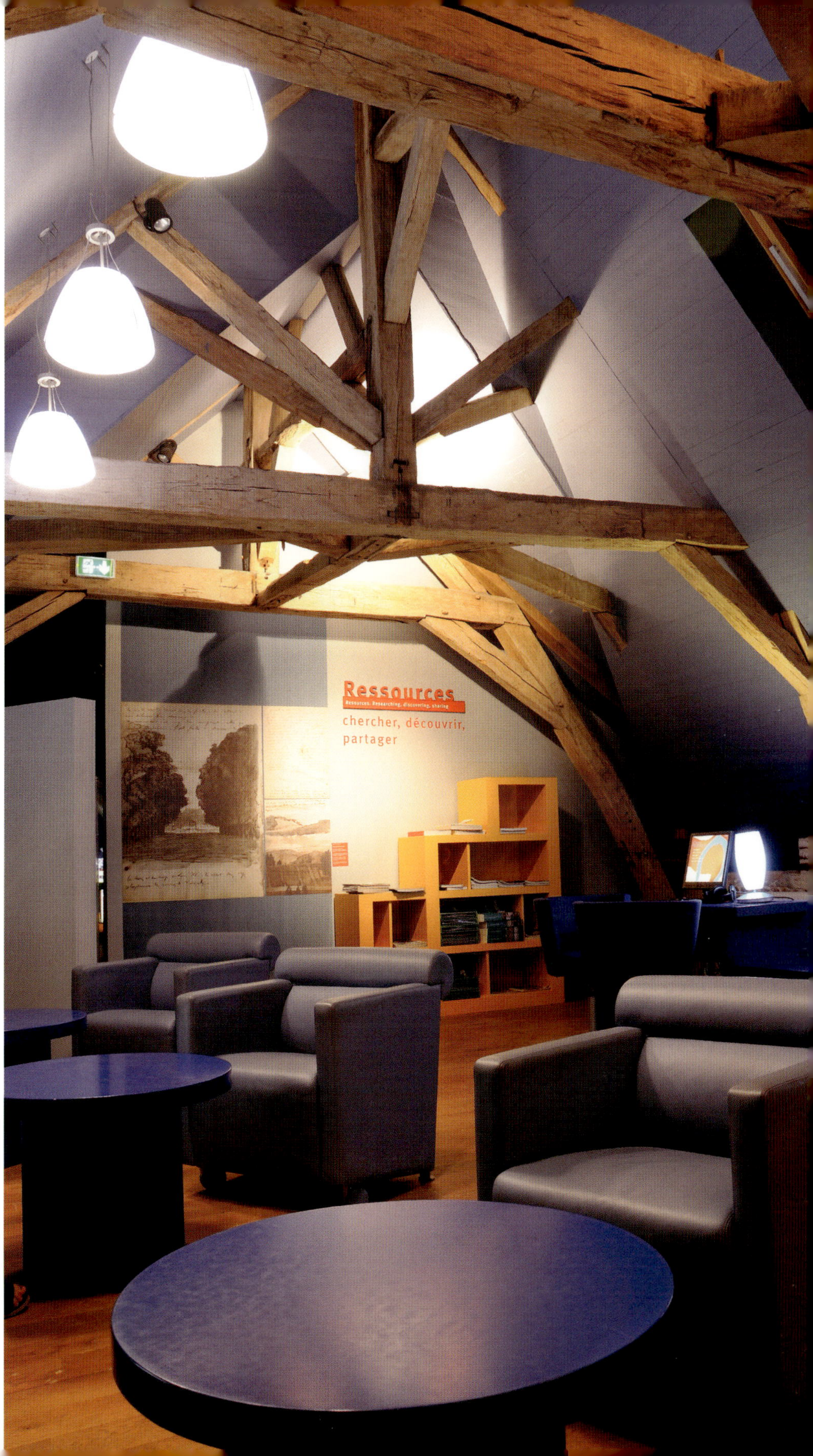
Ressources
chercher, découvrir,
partager

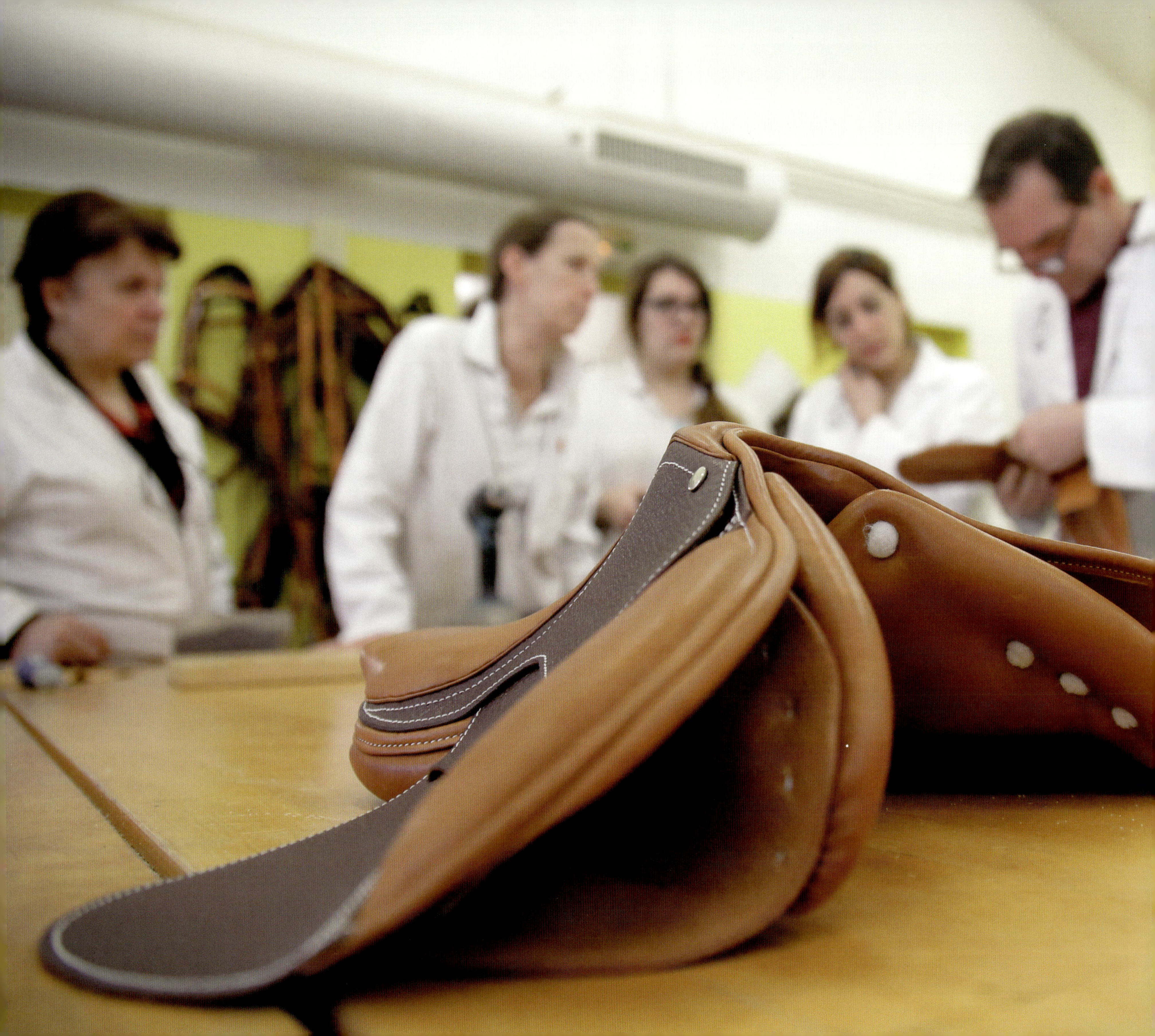

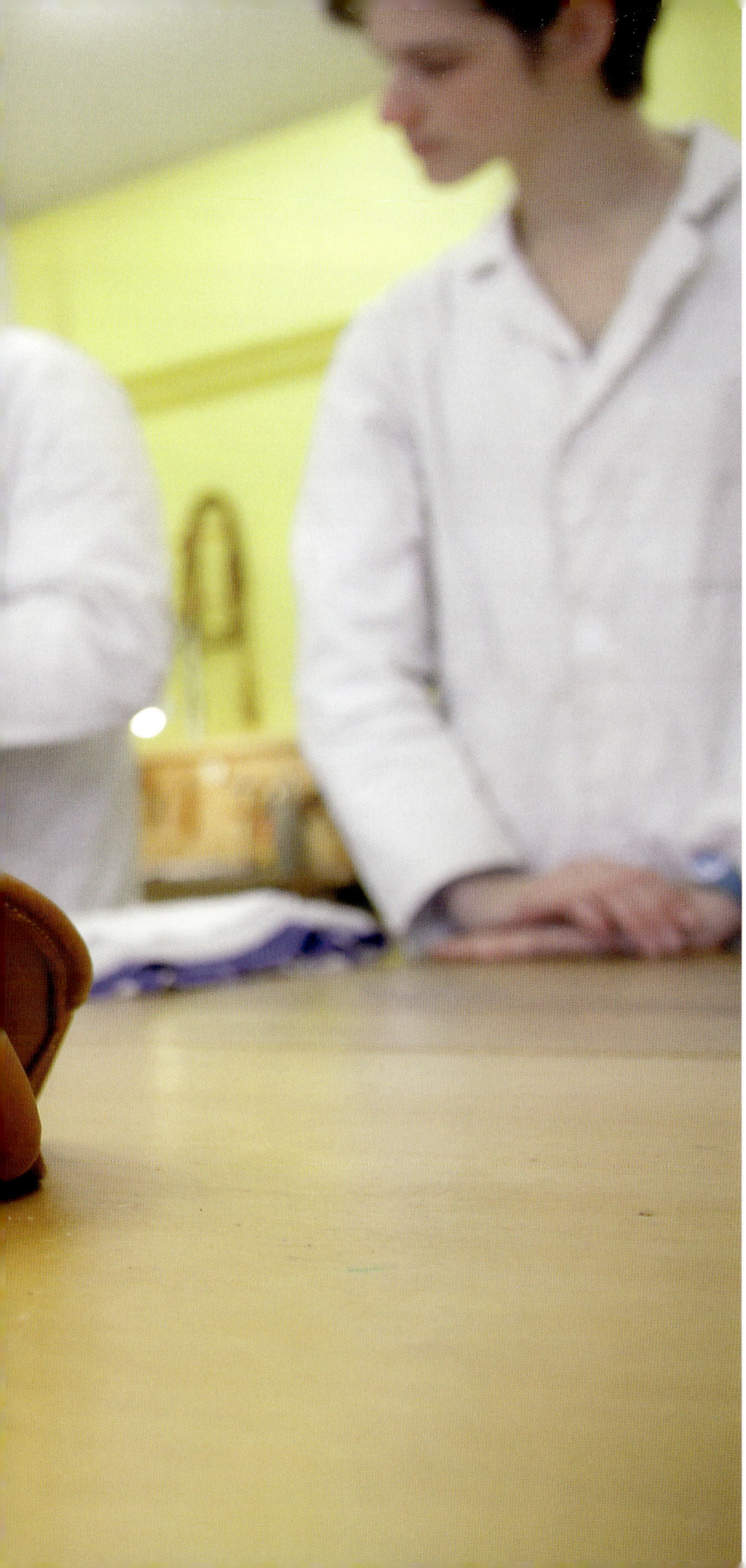

La formation sellerie

Quoi de plus enivrant que l'odeur du cuir ? Cette matière noble et vivante donne plaisir à être travaillée. Selle, bride, harnais, licol, protection, bavette..., tous ces articles de sellerie passent entre les mains habiles de ces jeunes artisans passionnés. Dextérité, précision, concentration, rigueur, sens esthétique et créatif, sont les qualités requises pour cette formation de sellier-harnacheur.

Couture à la machine ou couture à la main, ce métier manuel permet des créations sur mesure pour un confort maximal du cavalier et de sa monture. La qualité des réalisations dans cet atelier est irréprochable, les outils sont maitrisés, à l'exemple de ce couteau à parer pour désépaissir et affiner le cuir, pour ensuite le recoudre à un autre morceau sans faire de surépaisseur. Cette formation haut de gamme est reconnue par des maisons prestigieuses de maroquinerie.

There is nothing more intoxicating than the smell of leather. This noble and living material is a pleasure to work with. Saddles, bridles, harnesses, halters, protectors, belly guards..., all these leather items are made by the nimble hands of young impassioned craftsmen. The qualities required for the saddlery harness maker course are dexterity, precision, the ability to concentrate, rigour, creativity and a good aesthetic sense.

Whether stitched by machine or by hand, this manual trade makes tailor-made creation possible, in order to ensure maximum comfort for the rider and his steed. The quality of execution in this workshop is impeccable, there is good mastery of the tools, just like this skiving knife for thinning and refining leather, to enable it to be sewn to another piece without excess thickness. This high-end training is respected in the luxury leather sector.

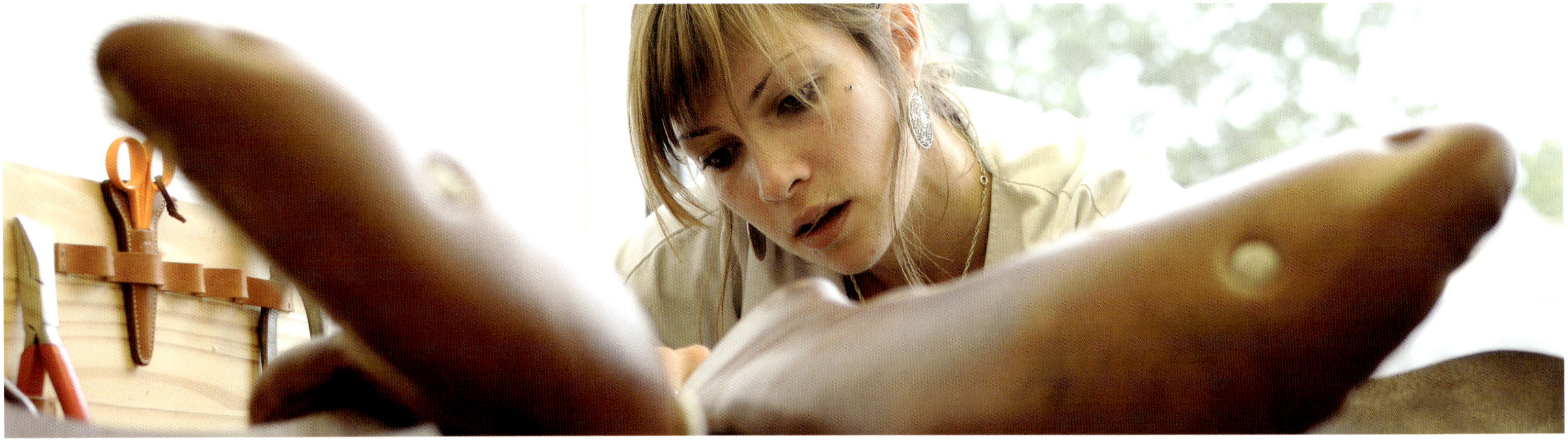

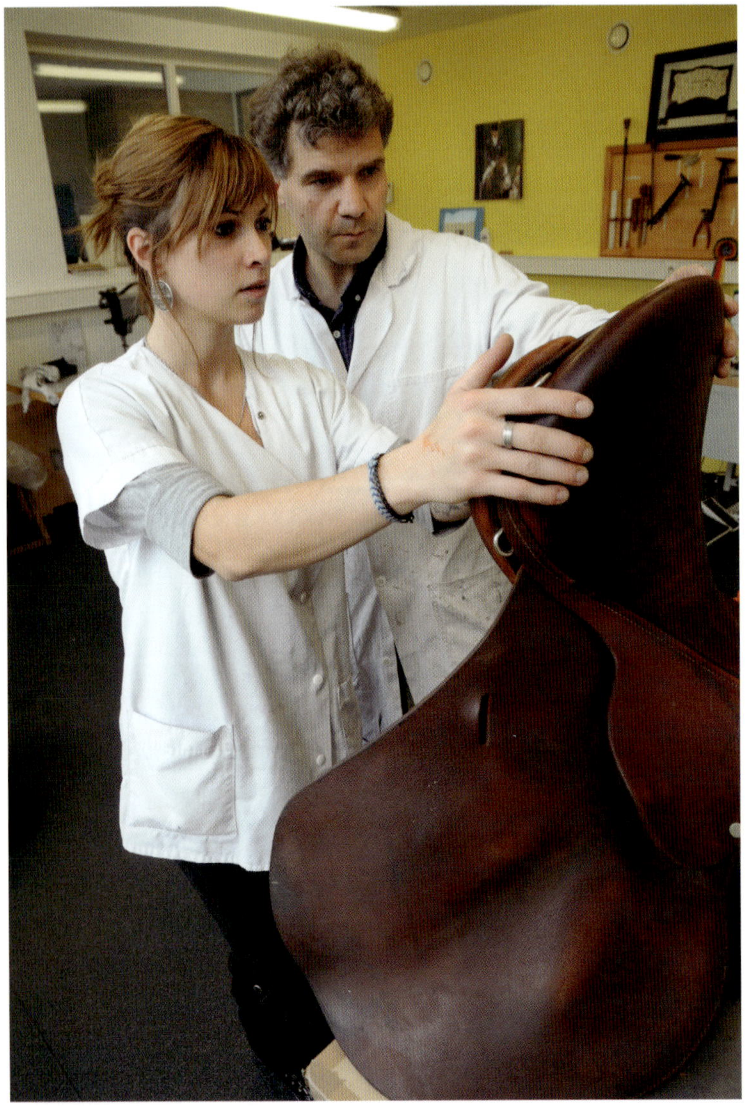

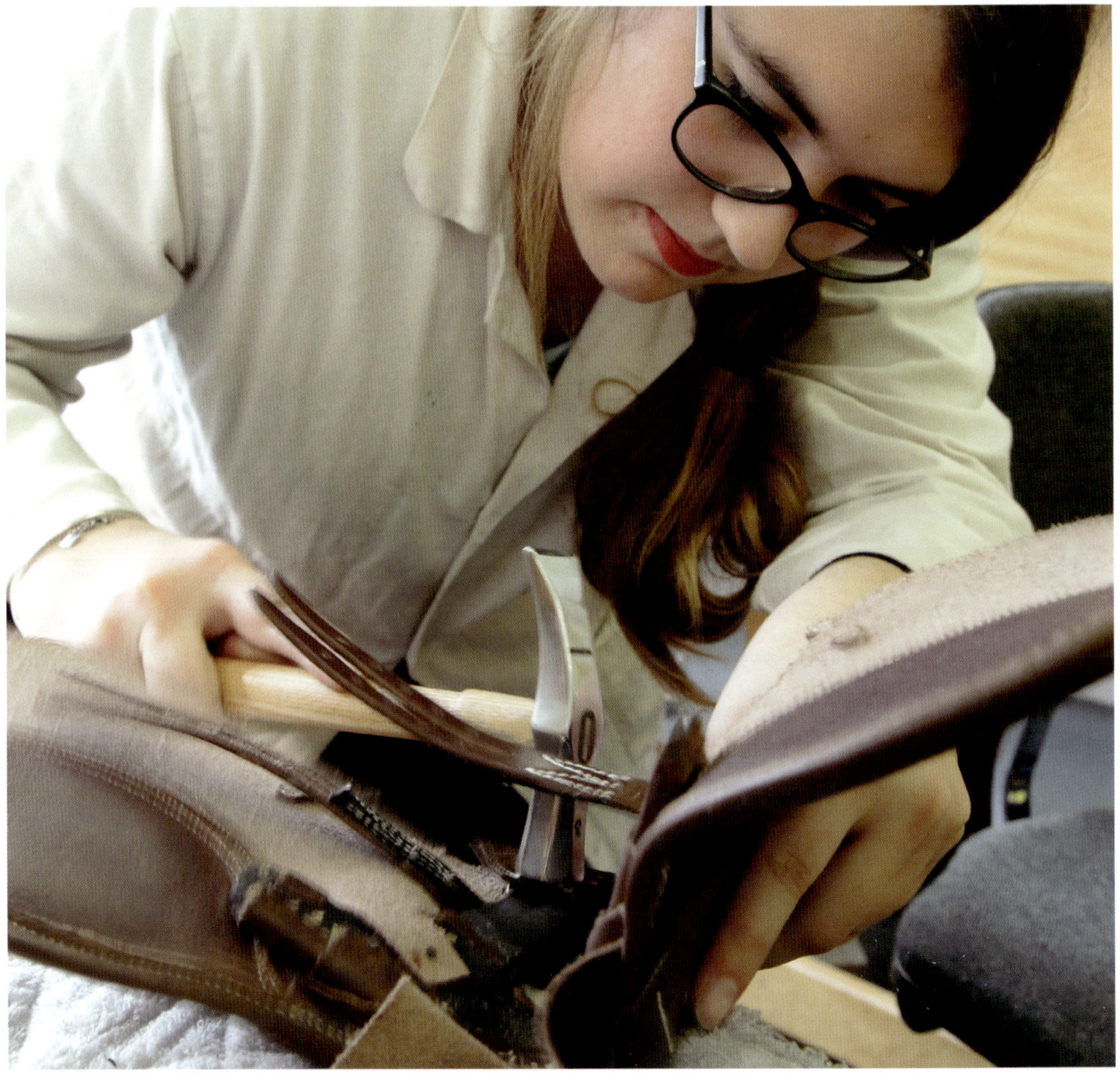

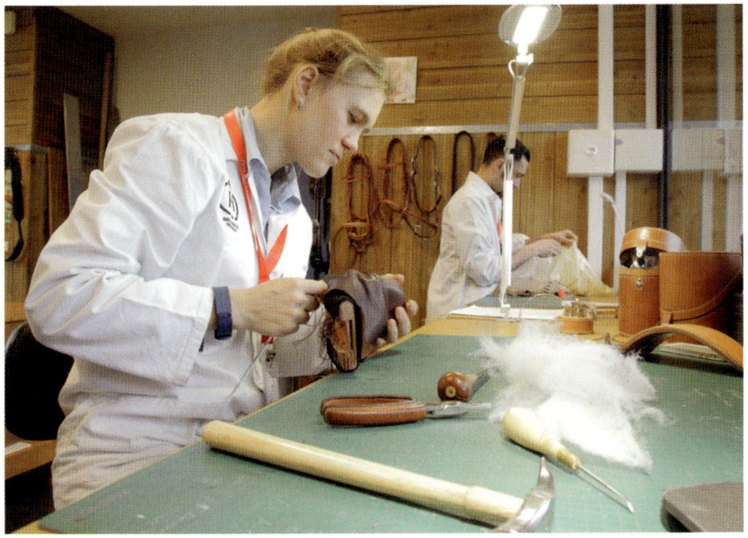

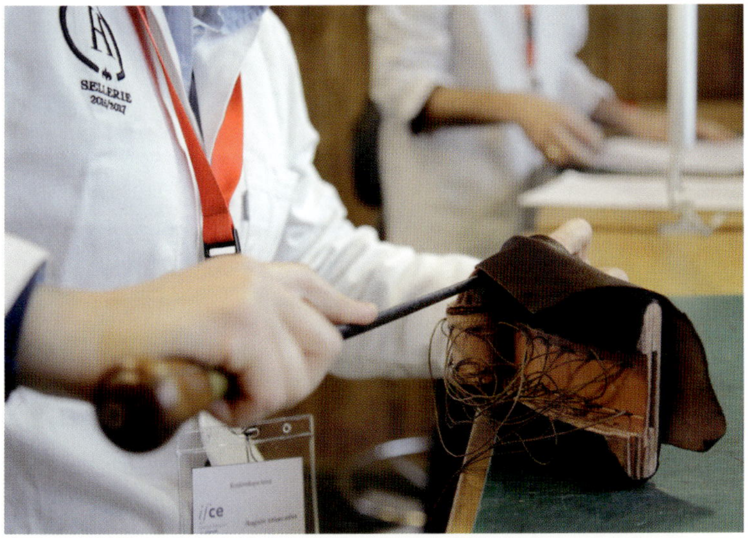
SELLERIE
ifce

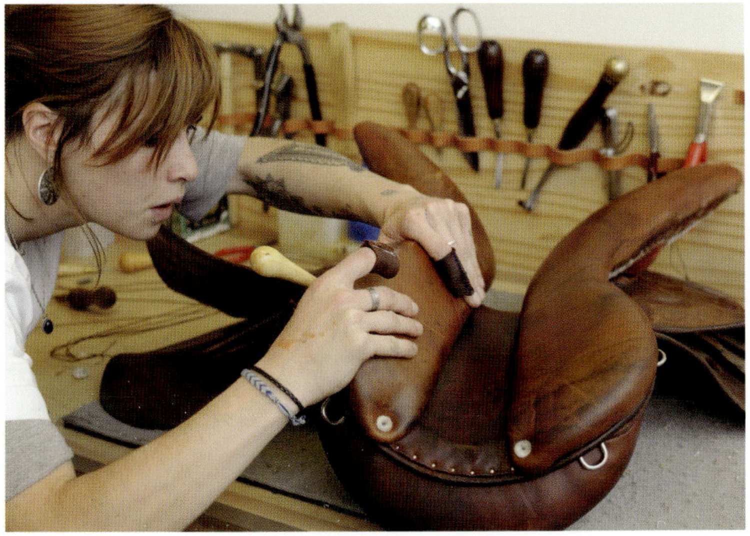

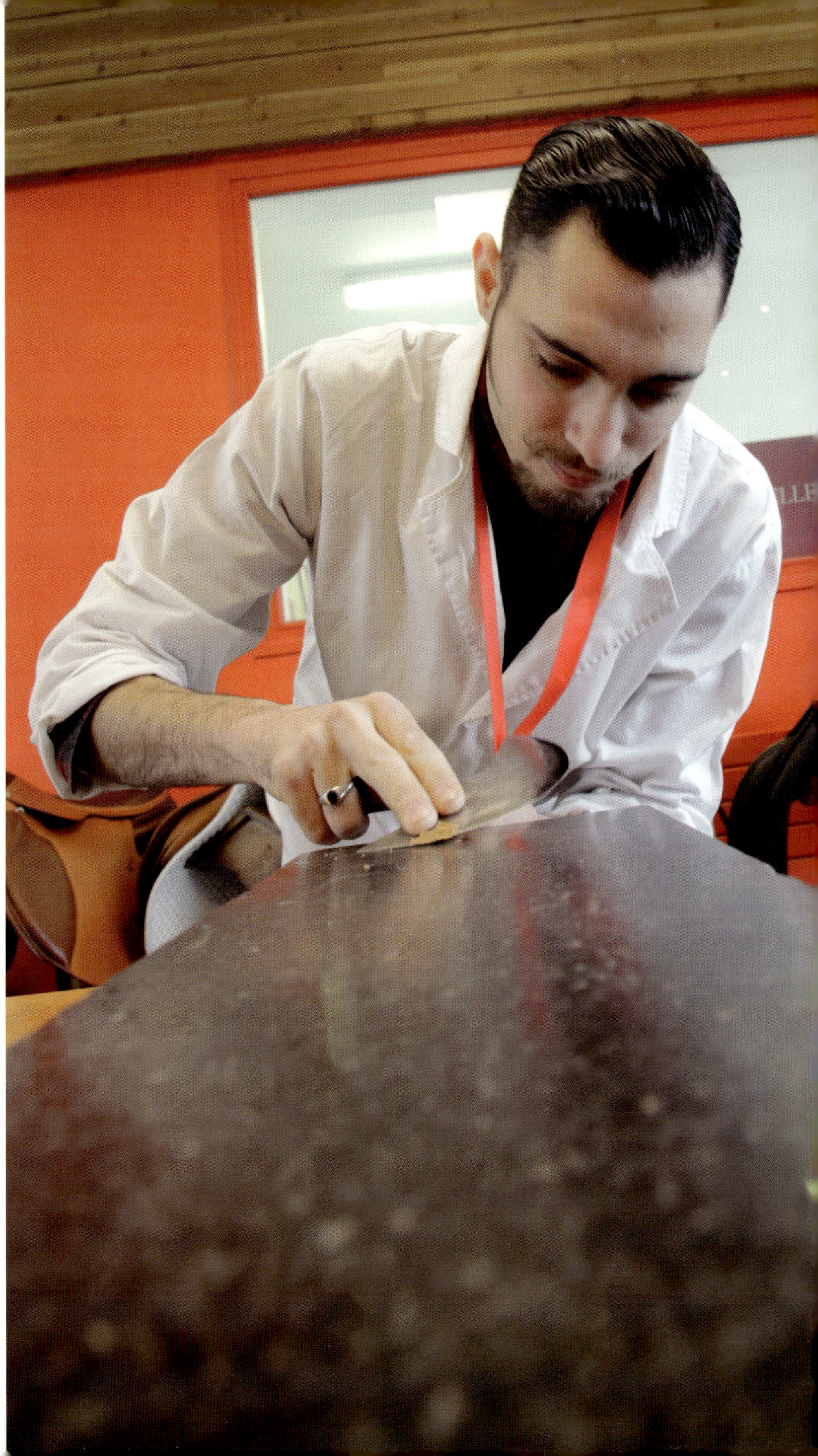

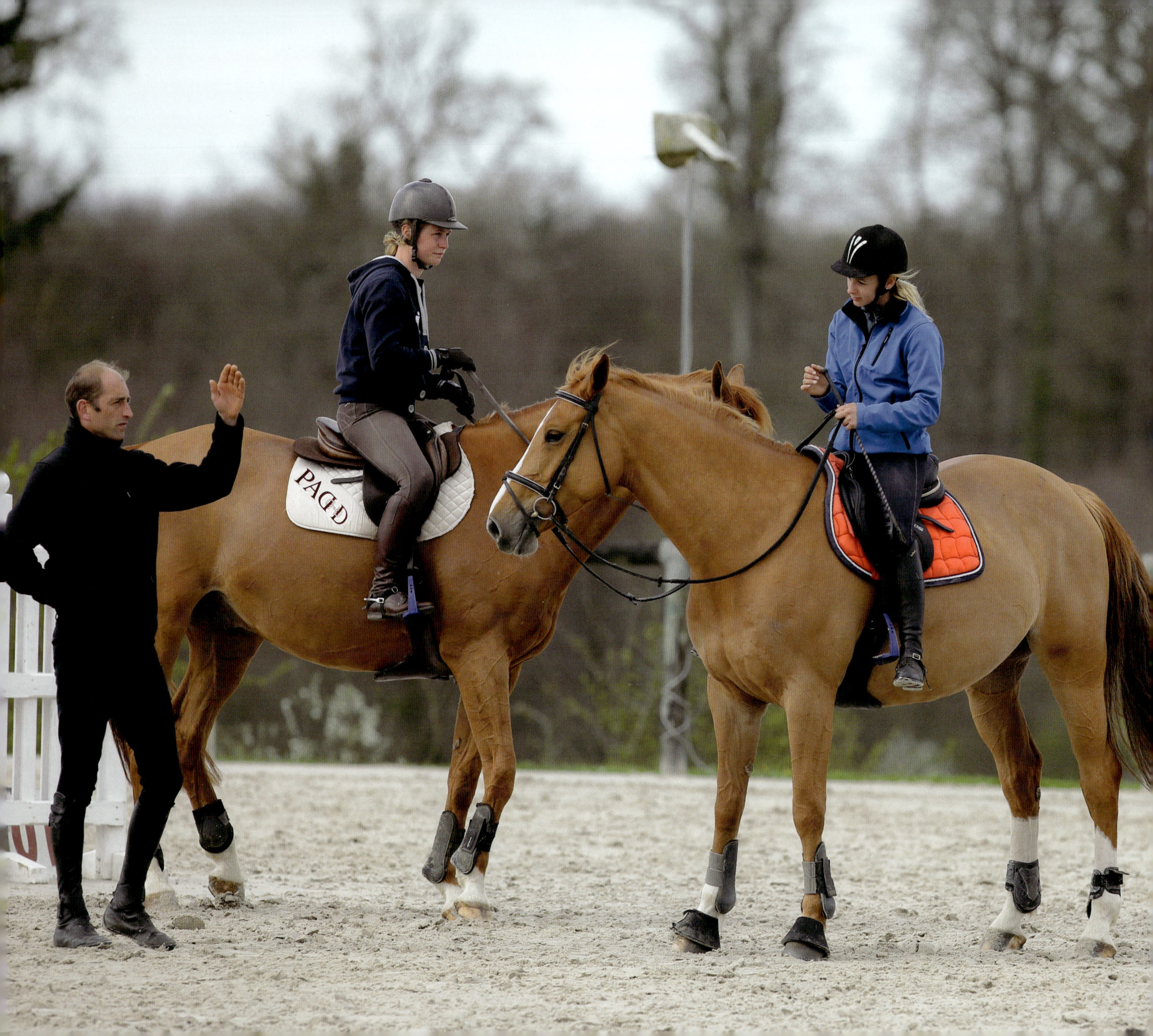
PADD

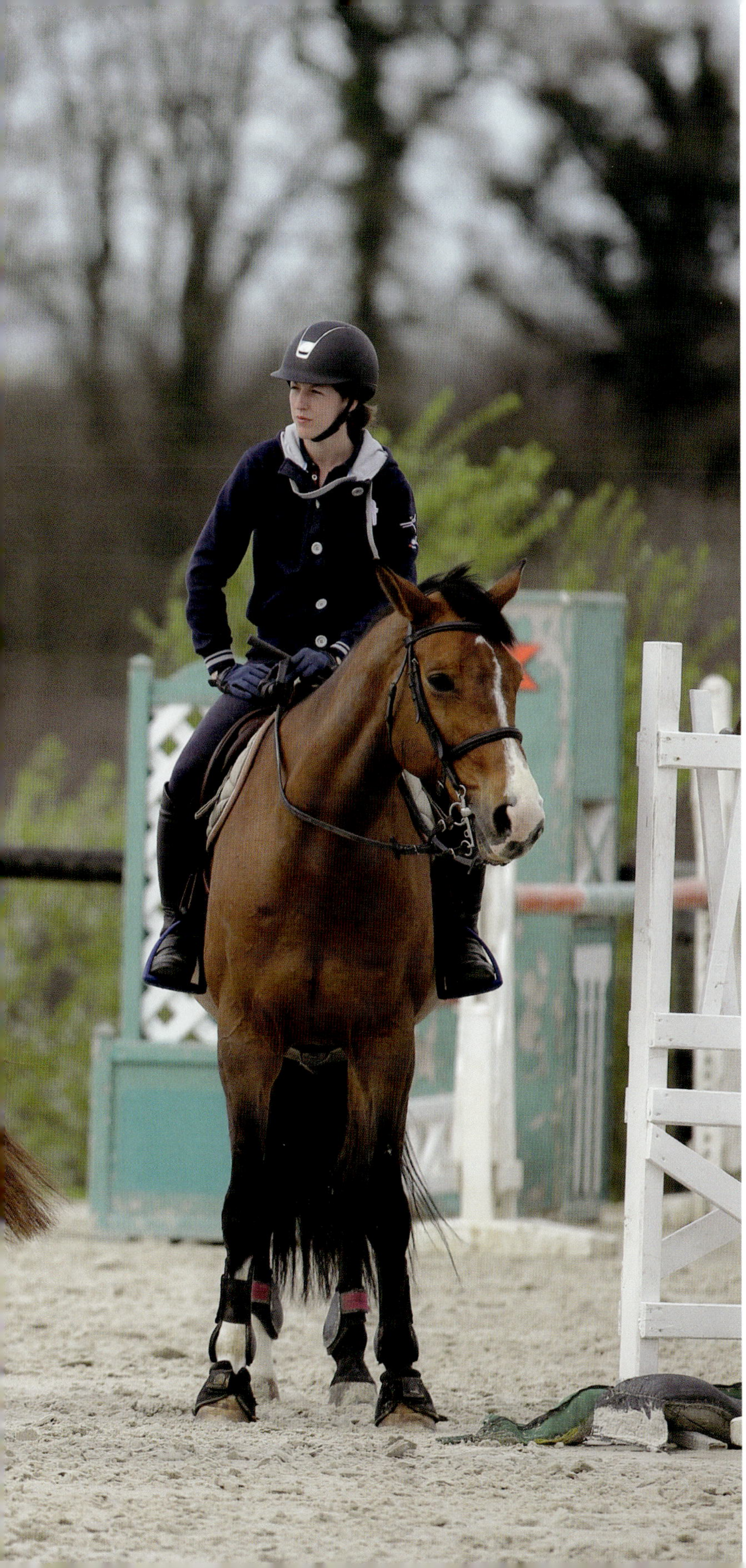

La préparation de jeunes chevaux

Au-delà de la notoriété de ses prestigieux bâtiments du XVIIIe siècle, le Haras du Pin trouve aussi son excellence dans les formations dispensées. De jeunes cavaliers viennent de toute la France et de l'étranger pour bénéficier de formations adaptées, leur permettant d'acquérir une expertise technique et scientifique. L'ESCE (Ecole Supérieure du Cheval et de l'Equitation) propose une formation de préparateur de jeunes chevaux, sous l'égide de formateurs qualifiés, expérimentés et passionnés. Les jeunes élèves, de 18 à 25 ans, disposent de 5 chevaux chacun durant les 10 mois de formation et doivent les débourrer, les éduquer, selon la méthode Nicolas Blondeau qui consiste à établir une relation de confiance entre le cheval et le cavalier. Sur carrière pendant les entrainements, ou lors des concours un week-end sur deux, ces jeunes cavaliers sont entièrement dévoués au cheval. La formation est aussi en lien avec des programmes de recherche et d'expertise, notamment en biomécanique.

Over and above the renown of its prestigious 18th Century buildings, the Haras du Pin also finds excellence in the trainings offered. Young riders come from all over France and from abroad to benefit from tailored training courses, which enable them to acquire scientific and technical expertise. L'ESCE (Ecole Superieure du Cheval et de l'Equitation – a college for horses and riding) offers a course in breaking-in, under the aegis of qualified, experienced and dedicated trainers. The young students, from 18 to 25 years old, each have 5 horses to look after during the 10 month training and must break and train them, using the Nicolas Blondeau method, which consists in establishing a relationship of trust between the horse and rider. Either in the sand arena during training, or during competitions, every other weekend, the young riders are entirely devoted to their horses. This training is also linked to the research and expertise programmes, including biomechanics.

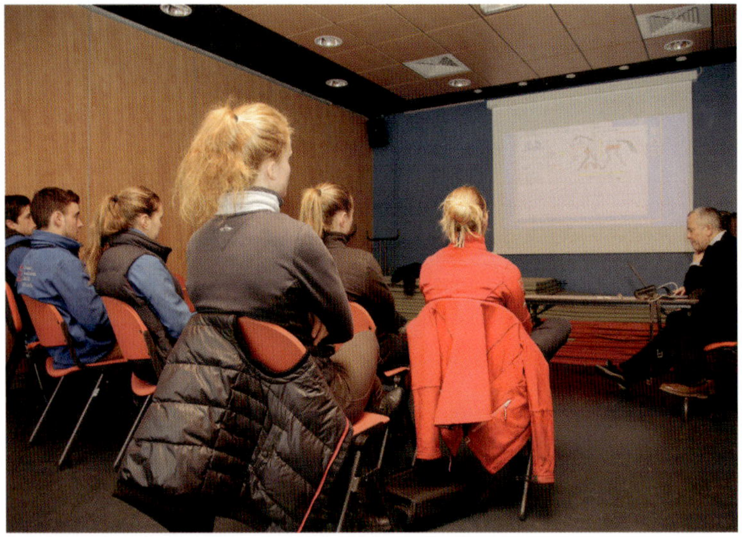

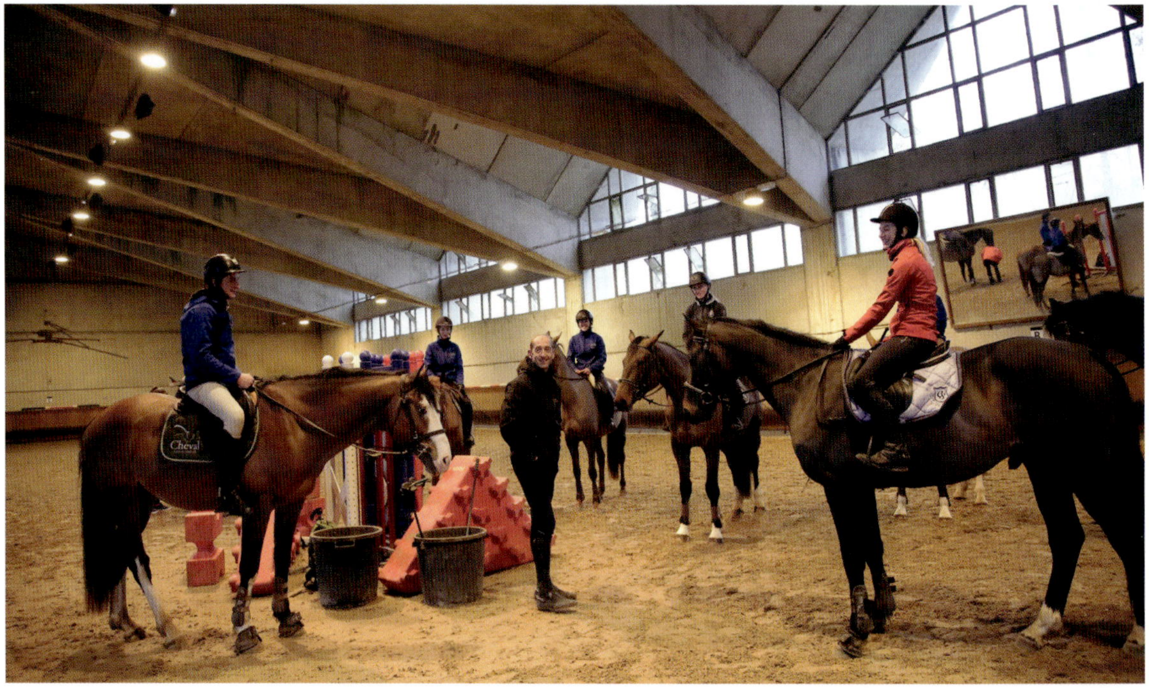
Cheval

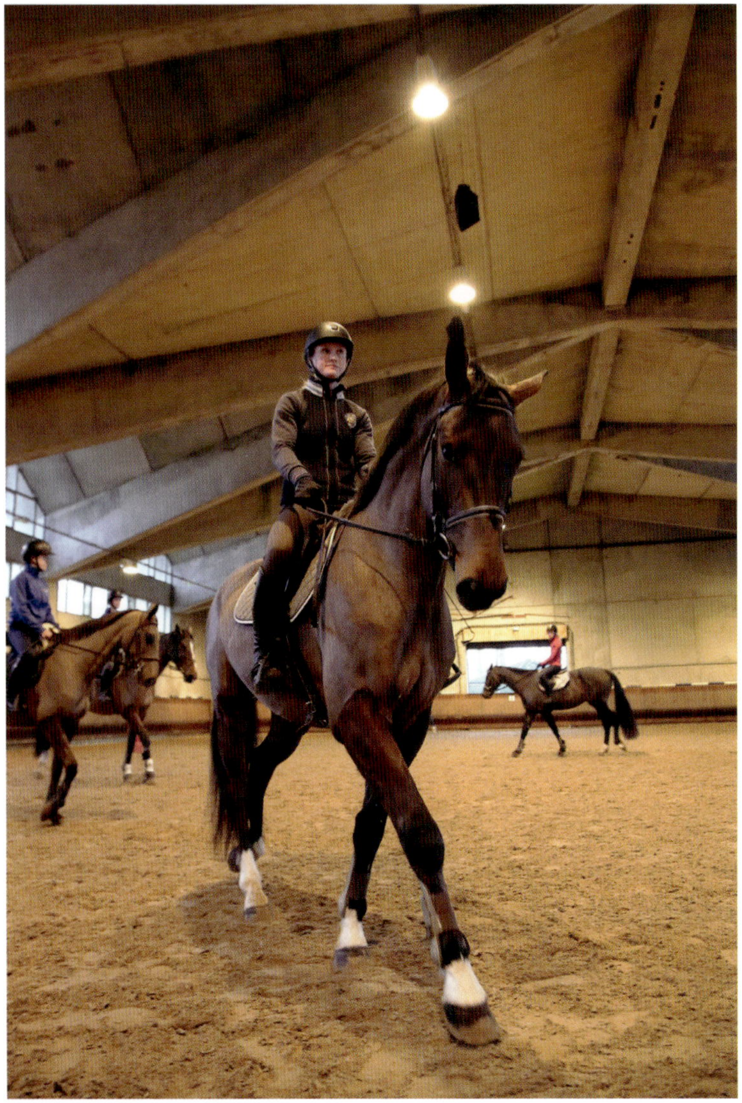

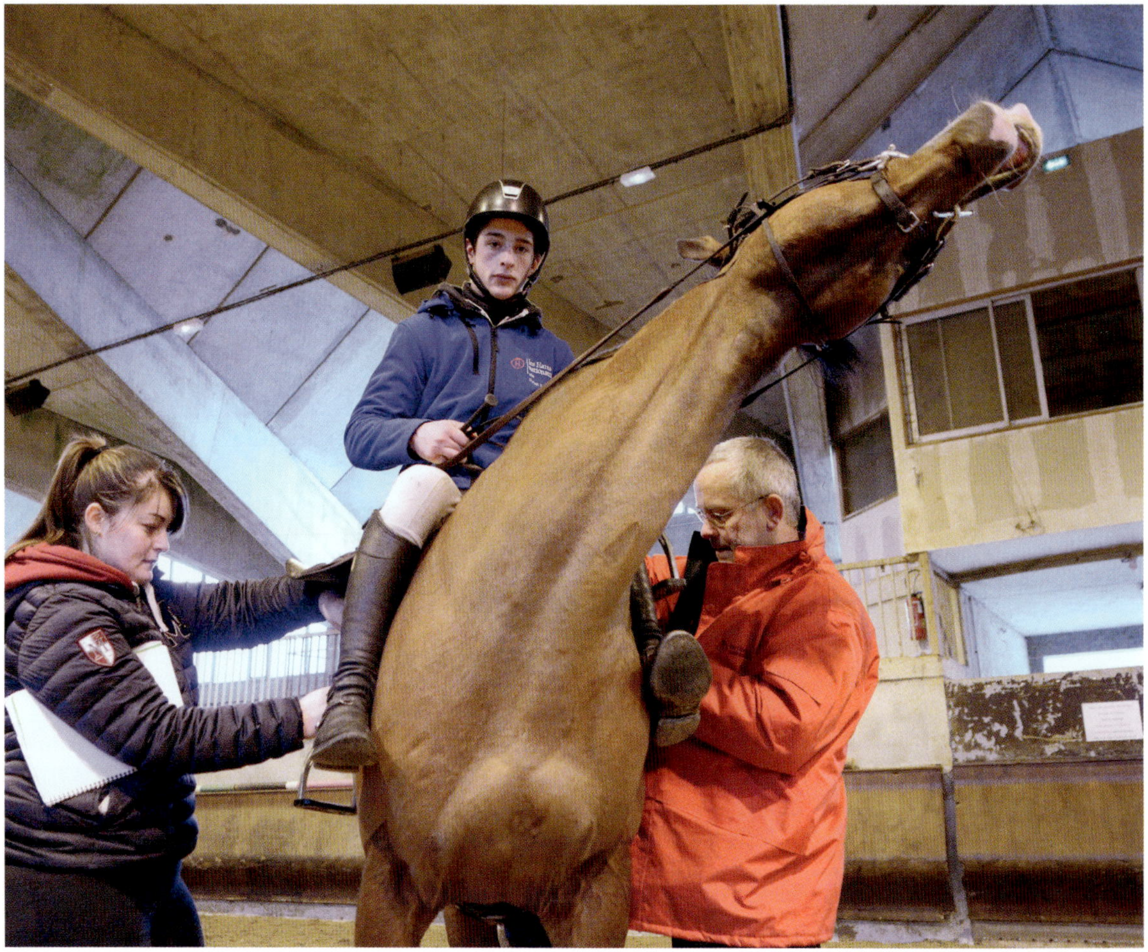

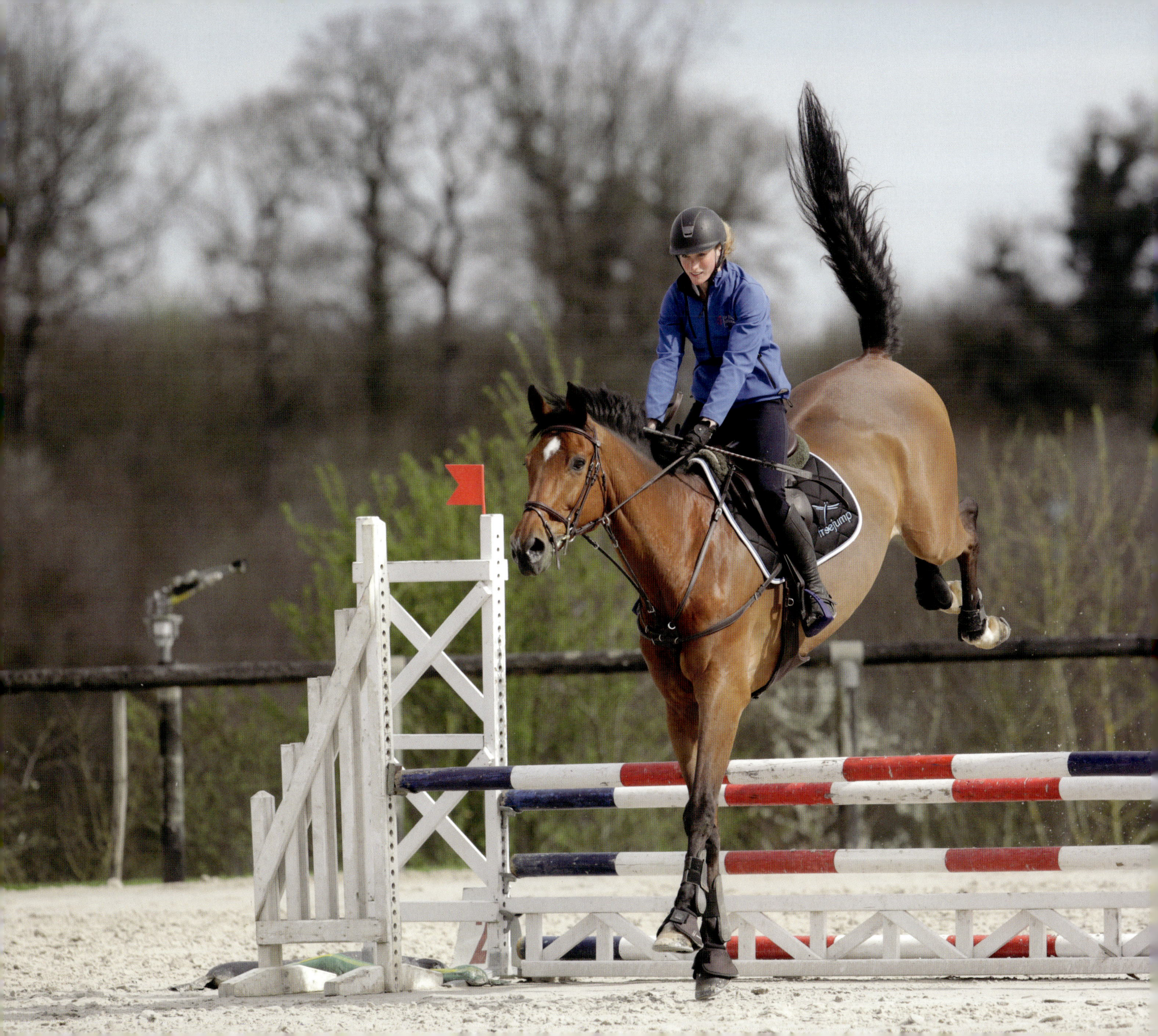
itsejump

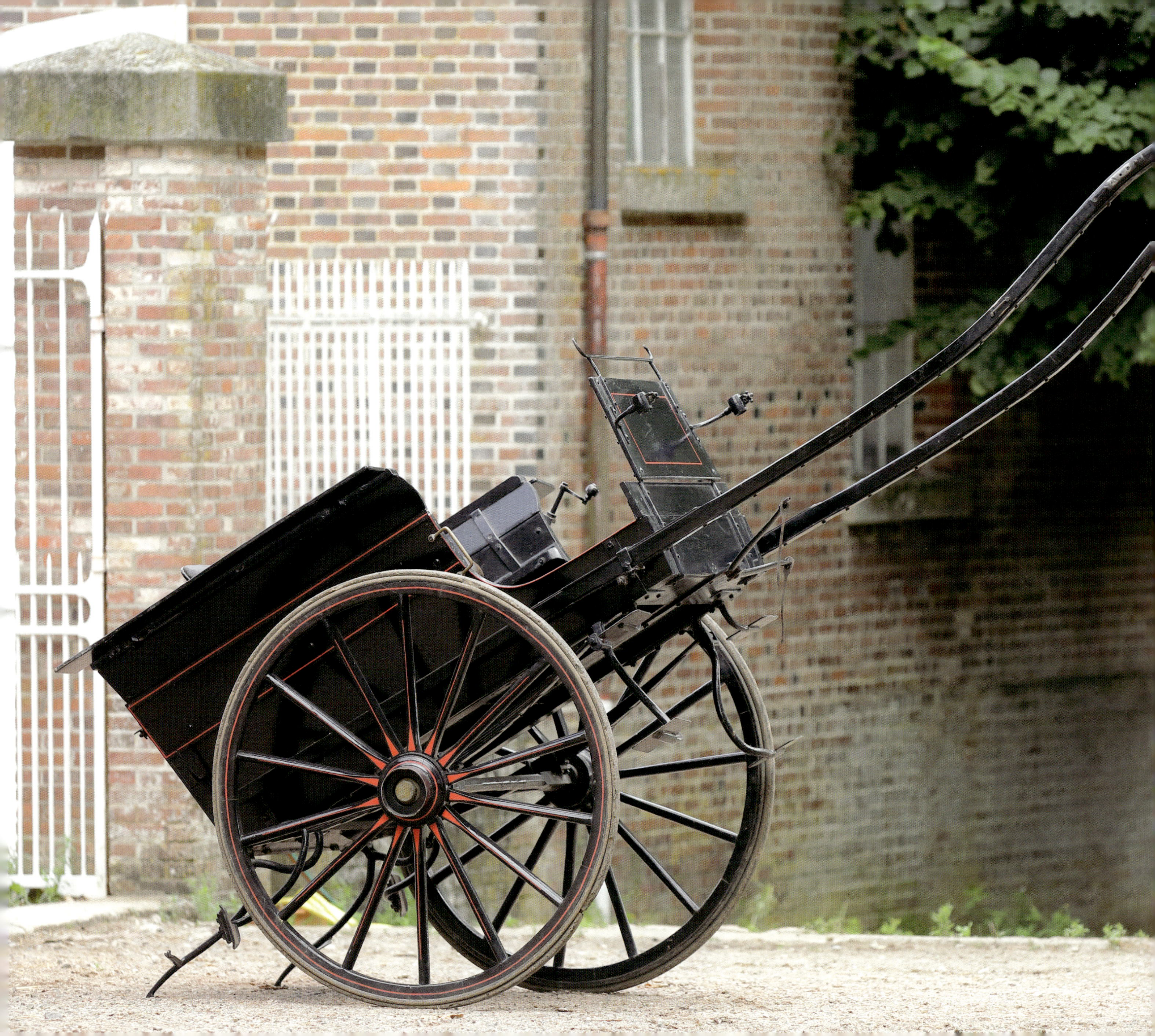

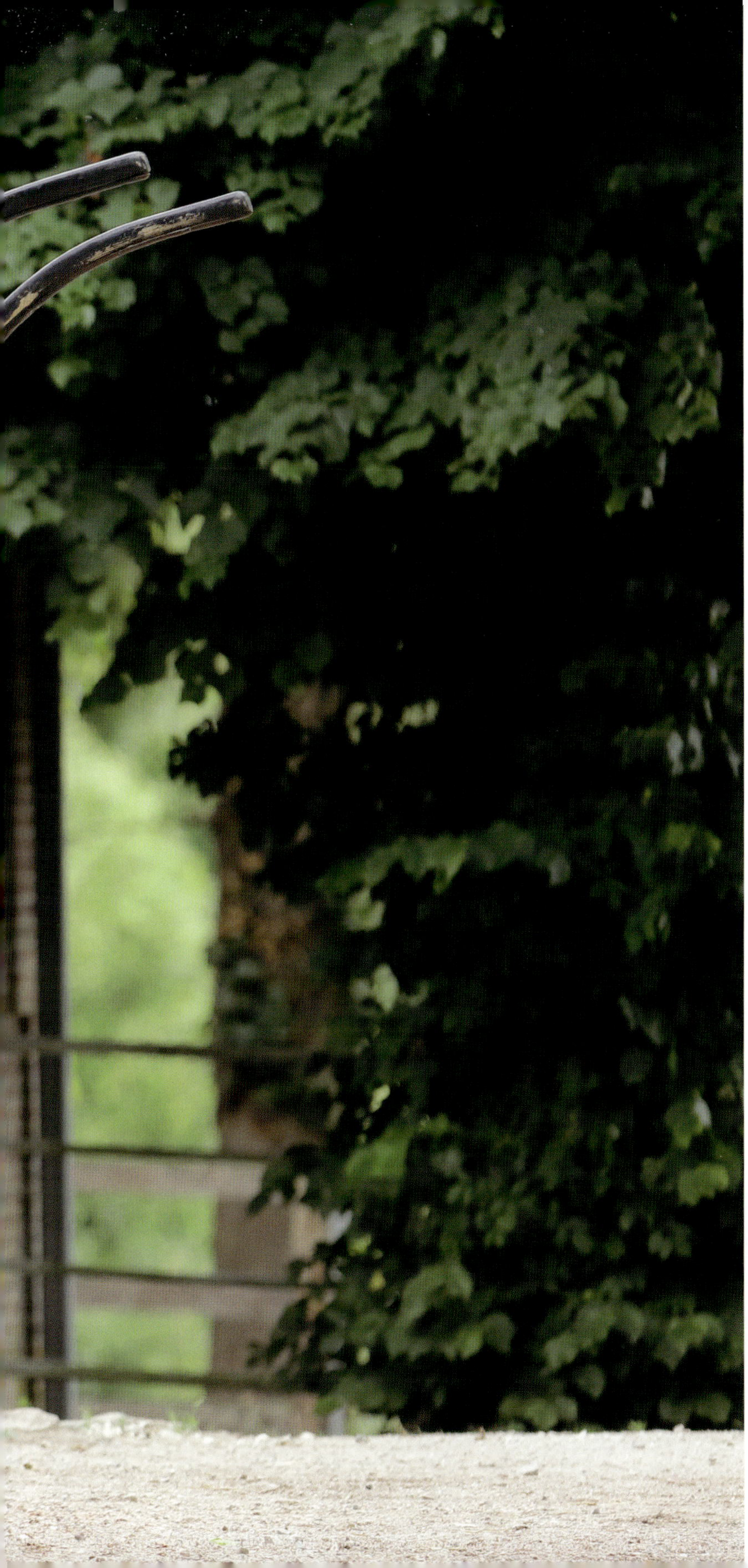

L'attelage

Le haras possède une collection impressionnante et rare de voitures hippomobiles, peintes pour la plupart aux couleurs bleu marine et rouge des haras nationaux. Le sigle H qui orne les portes des voitures, les colliers, les selles ou les harnais, est la marque des valeurs attribuées à l'histoire et à la tradition de cette institution tricentenaire. Cette collection de voitures hippomobiles est certainement l'héritage du Haras du Pin le mieux inventorié et le mieux conservé. Alors quel plaisir immense pour un meneur que de se former entouré d'un si beau patrimoine. En initiation, en perfectionnement ou en compétition, les formations sont dispensées sur des aires d'exercices adaptées. Les infrastructures du haras, tels la carrière en herbe, le manège ou les 50 km de pistes et de chemins à travers le site, favorisent l'épanouissement des jeunes formés à cette discipline, dans le respect et le bien-être de l'animal.

The stud possesses an impressive and rare collection of horse-drawn vehicles, the majority of which are painted in the colours of the national stud: navy-blue and red. The letter H which adorns the doors, collars, saddles and harnesses attests to the value that this 300 year old institution gives to history and tradition. This collection of horse-drawn vehicles is definitely the stud's best catalogued and best conserved heritage. What an immense pleasure it is for a driver to train while surrounded by such a wonderful heritage. Trainings are given on distinct terrains adapted for initiation, advanced training or competition. The infrastructure of the stud, such as the grass arena, the manège or the 50km of paths crossing the site, encourages the young students' personal growth in this discipline as well as in animal respect and welfare.

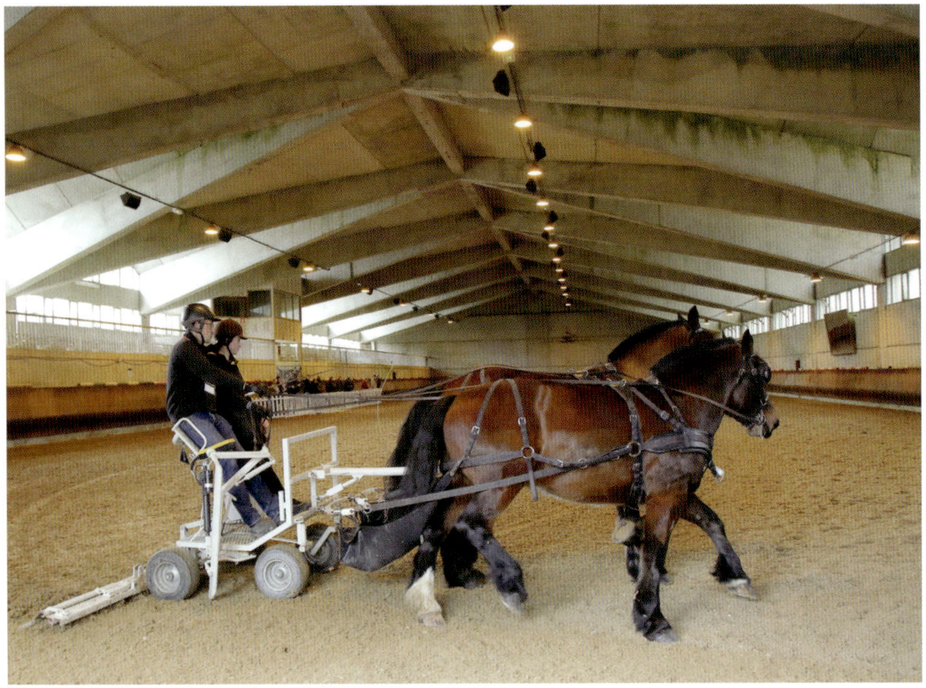

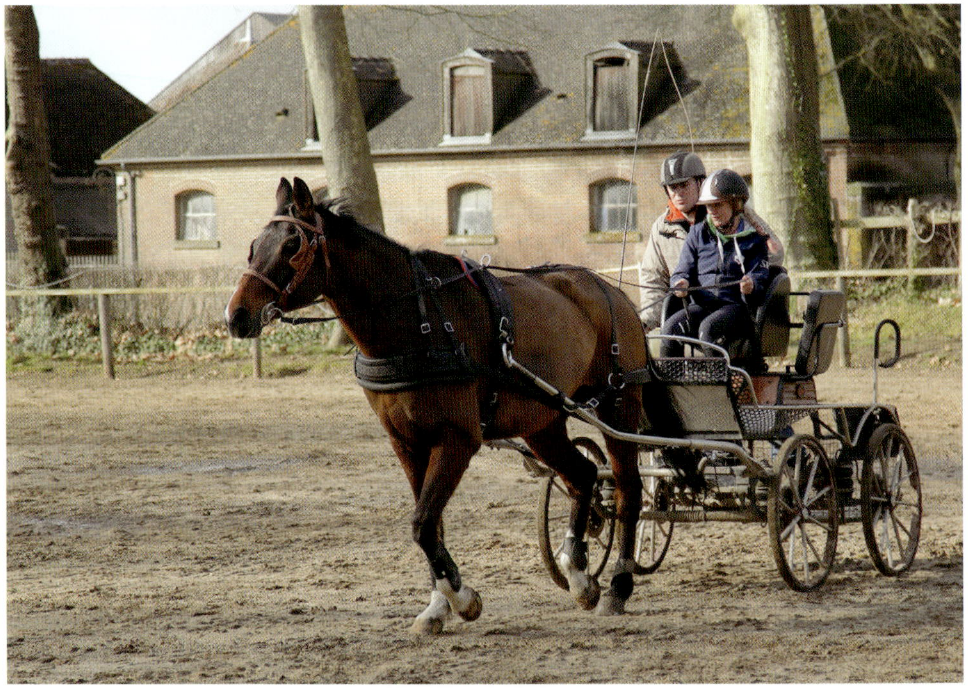

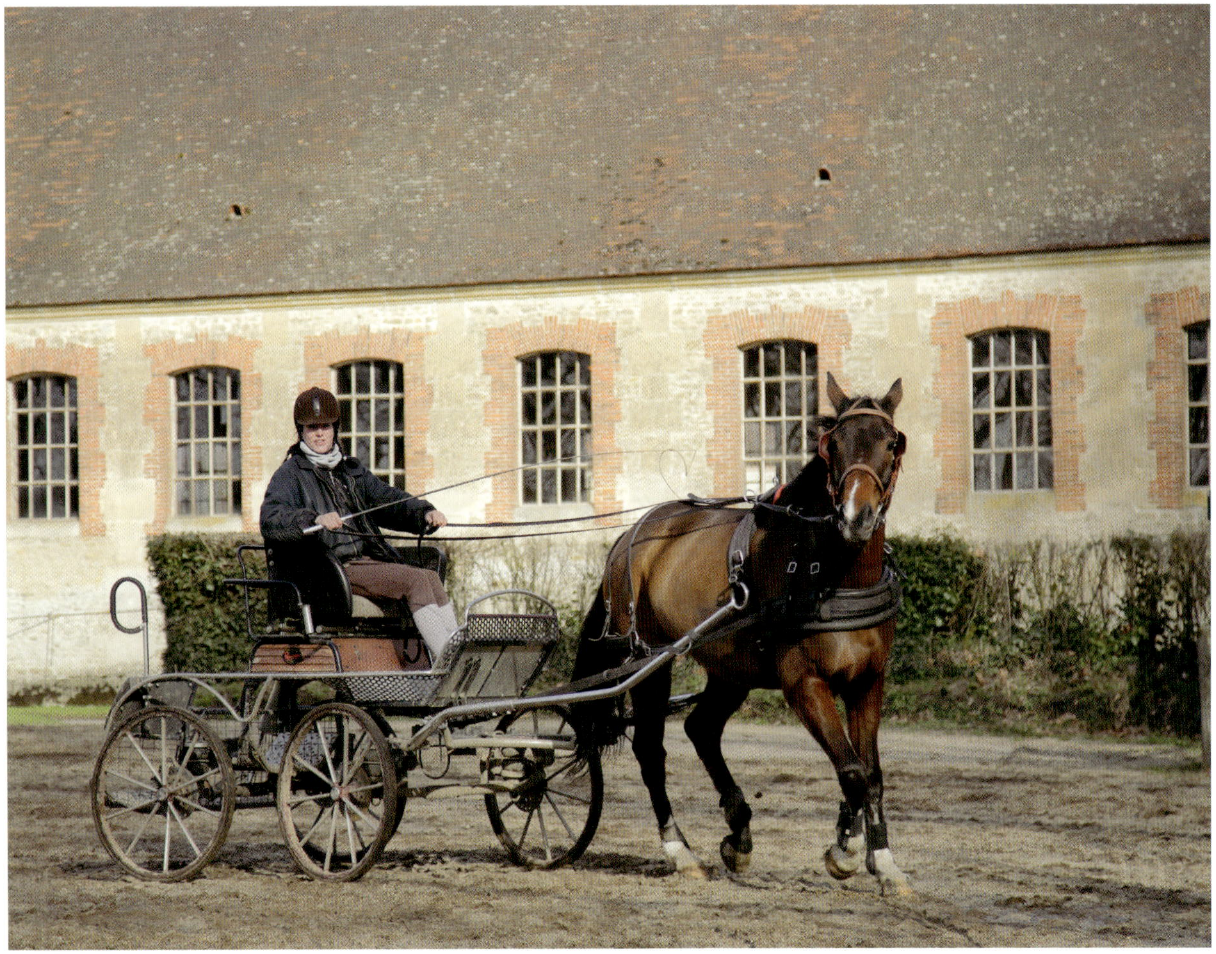

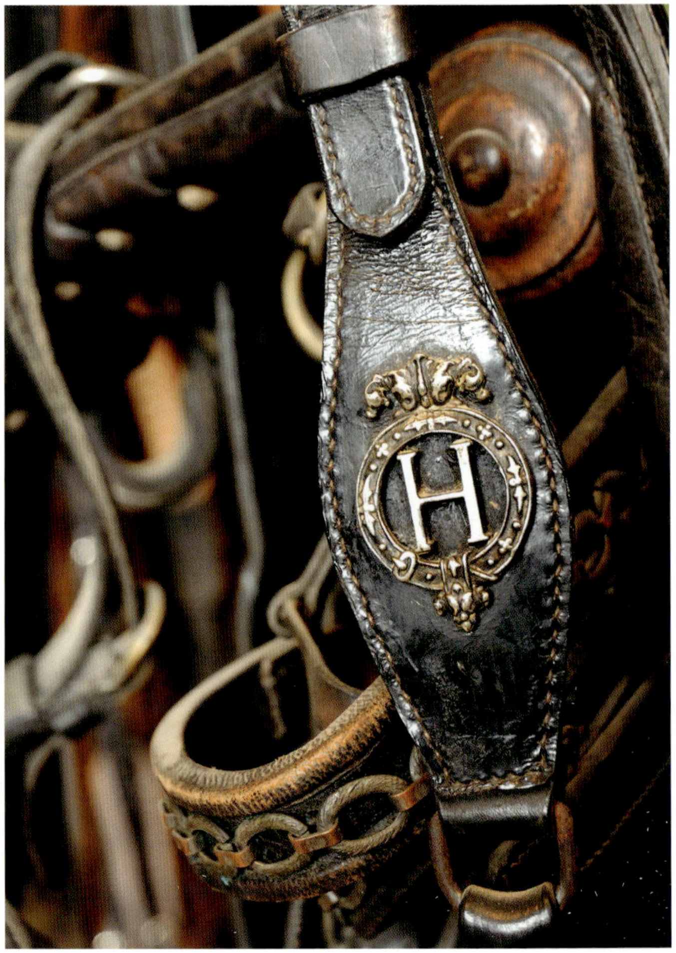

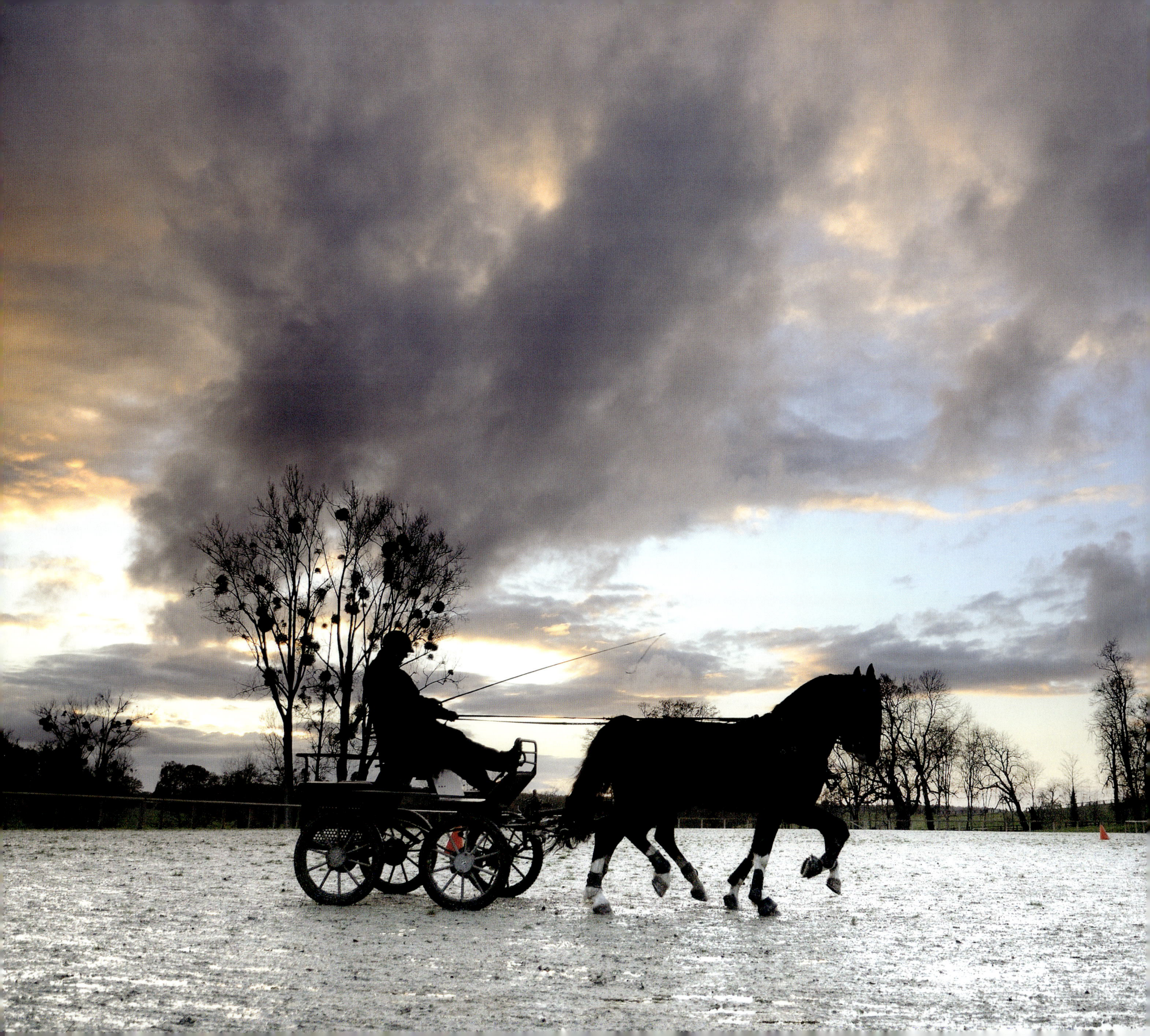

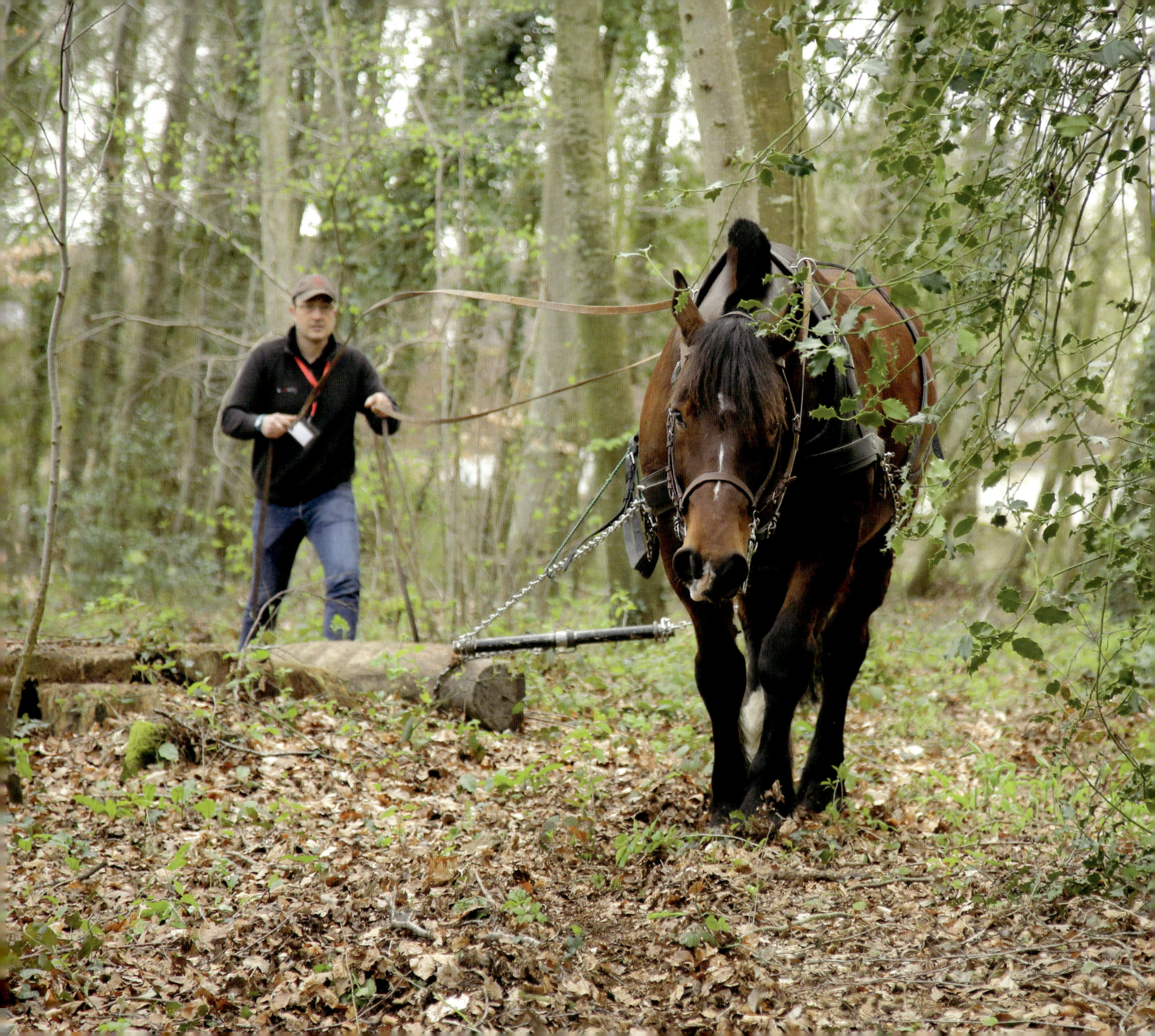

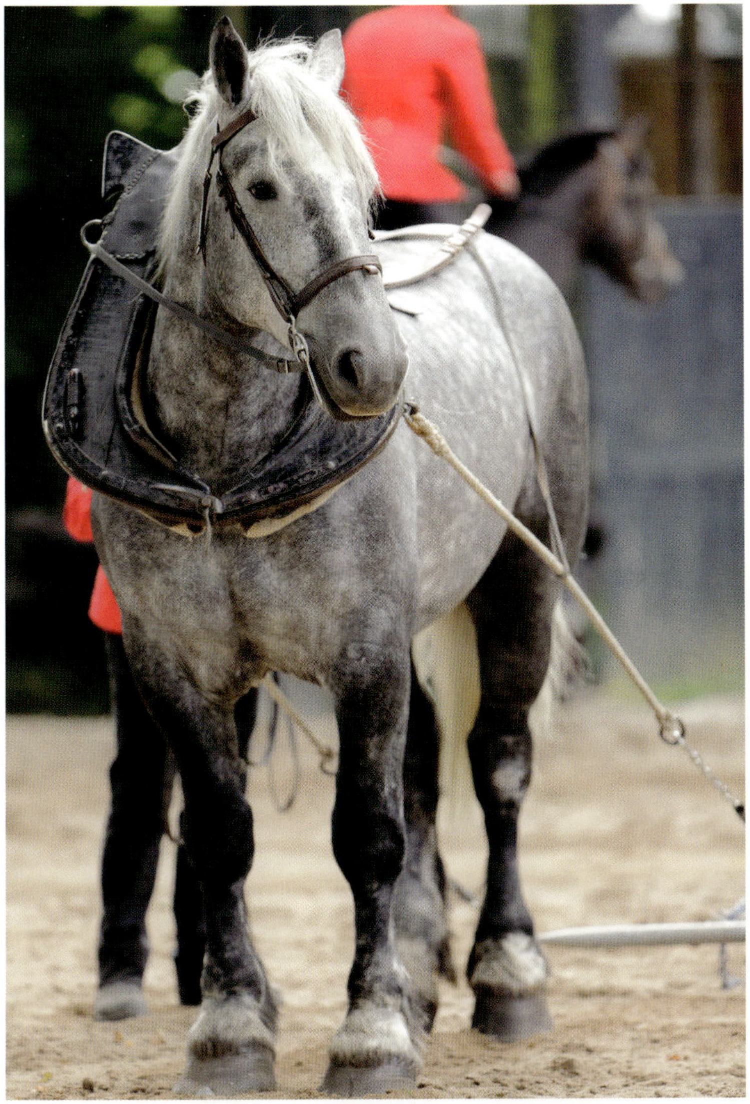

Depuis quelques années, l'intérêt croissant pour la protection de l'environnement offre une place à l'intégration du travail à pieds dans notre modèle économique. Le débardage, plus respectueux des sols et des espaces naturels fragiles comme les zones humides, par le faible impact du cheval sur le milieu, est en phase avec les préoccupations écologiques. Cette pratique ancienne, mais non désuète, nécessite peu d'infrastructures et respecte la régénération des jeunes pousses dans les forêts exploitées. Elle offre une activité séduisante pour le cheval percheron et les chevaux de trait, pour un avenir plus respectueux de notre environnement.

For some years, growing interest in environmental protection has opened up a place for integrating gentler, horse-oriented methods into our economic model. Logging, which is more respectful of the soil and of delicate natural sites, such as wetlands, and the horse's low impact on these areas, is in line with environmental concerns. This ancient, but not obsolete, practice needs little in the way of infrastructure and respects the regeneration of young plants in managed forests. It offers a very attractive activity for Percheron and draft horses for a more environmentally friendly future.

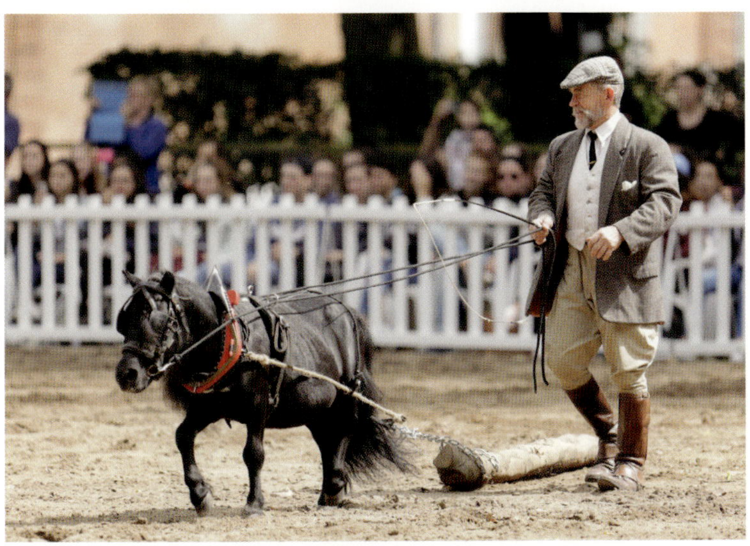

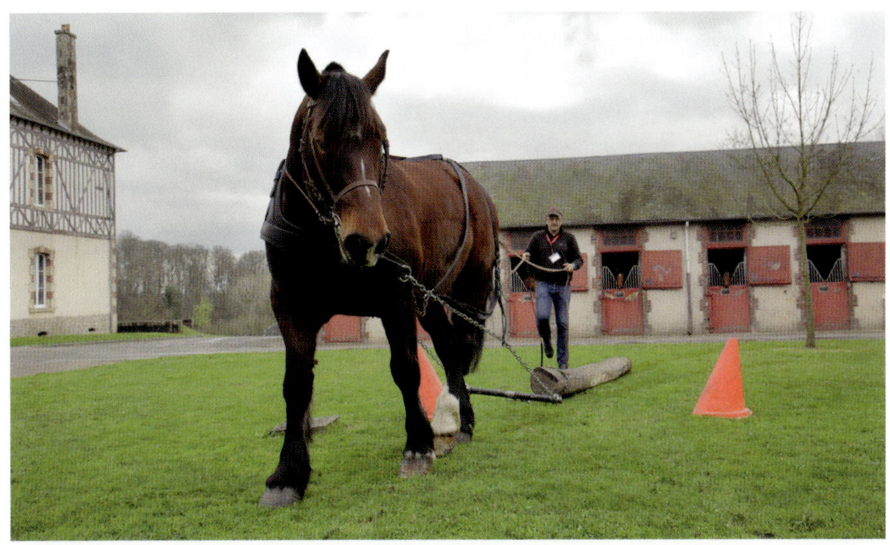

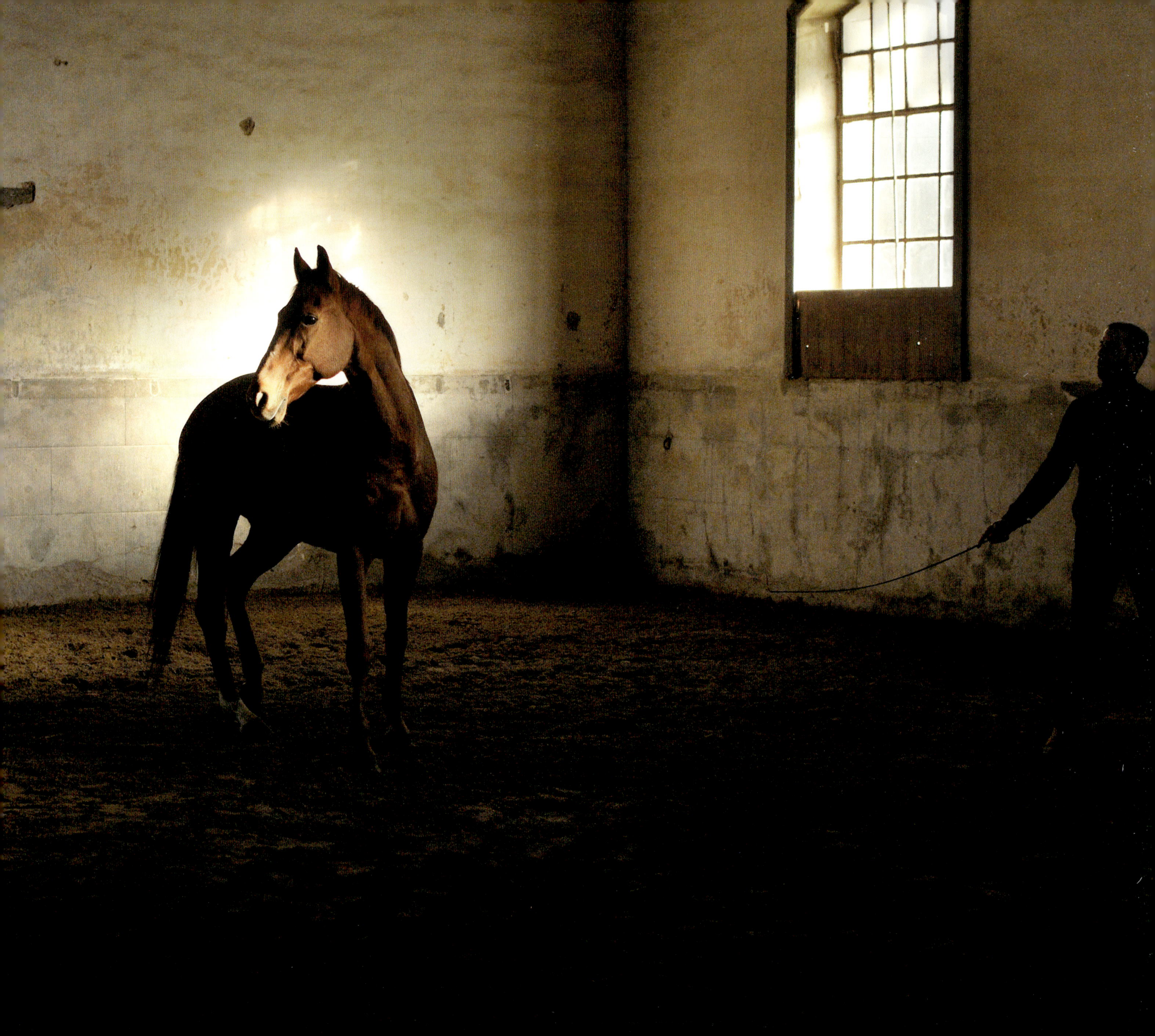

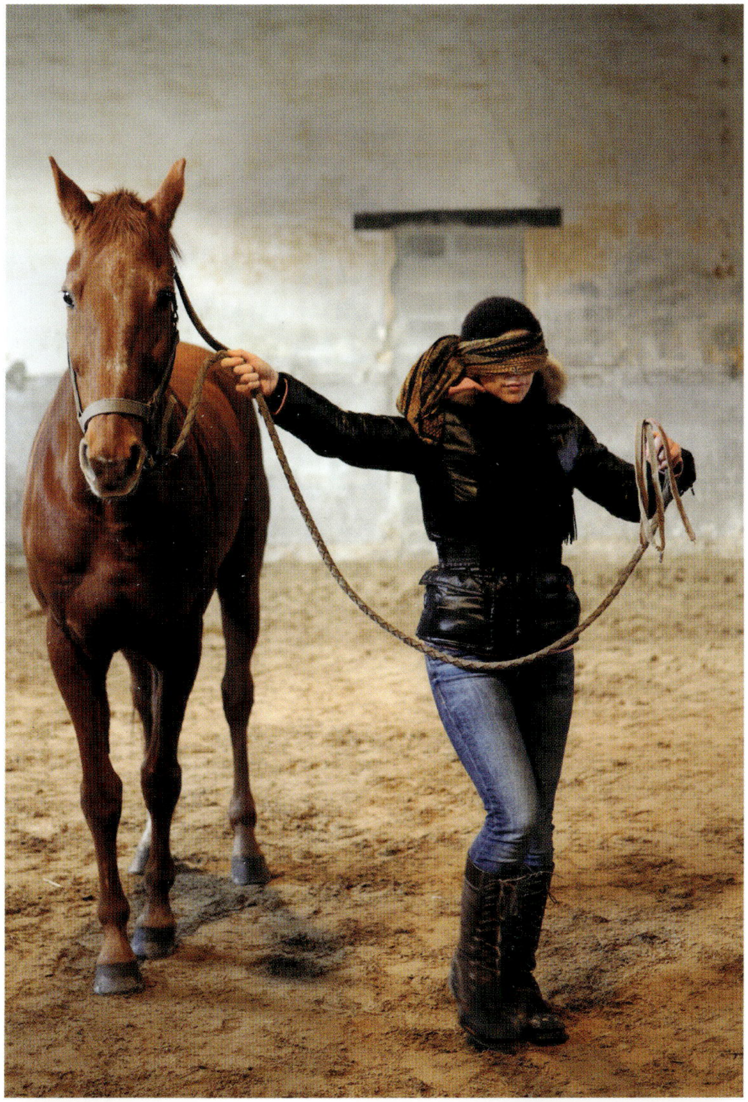

L'équicoaching

C'est une discipline récente au service des entreprises, afin d'améliorer la cohésion d'un groupe et les initiatives des managers, par la mise en situation des participants lors d'exercices avec un cheval. Pendant ces séminaires d'entreprise, les participants sont mis dans des conditions peu ordinaires avec un équidé, afin de révéler leurs comportements. Le cheval devient le miroir de leurs émotions et un révélateur de caractère : comment gérer le stress, comment prendre une décision individuelle ou collégiale ? Autant de situations et de comportements analysés ensuite lors d'un débrief par les formateurs, souvent psychologues et spécialistes en communication. En bref, ce n'est pas le cheval qui franchit les obstacles mais c'est vous.

This is a recent discipline on offer to businesses, to help improve team work and to create stronger leadership through role play situations during exercises with a horse. During these business training days the participants are put in rather unusual situations with a horse, in order to reveal their behavioral patterns. The horse is a mirror for their emotions and very good at revealing character. How to deal with stress ? How to make an individual or group decision ? So many situations and behavioral patterns that are then analyzed during a debriefing with the consultants, who are often psychologists and communication specialists. In short, it isn't the horse that has to overcome the obstacles, but you !

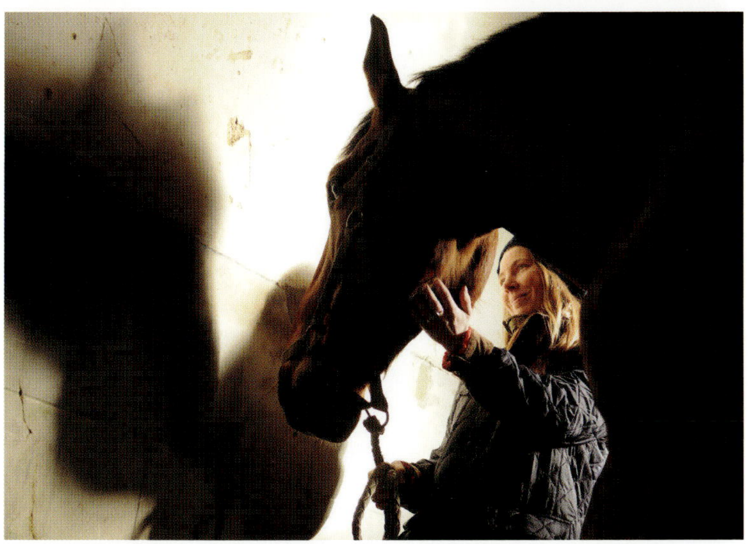

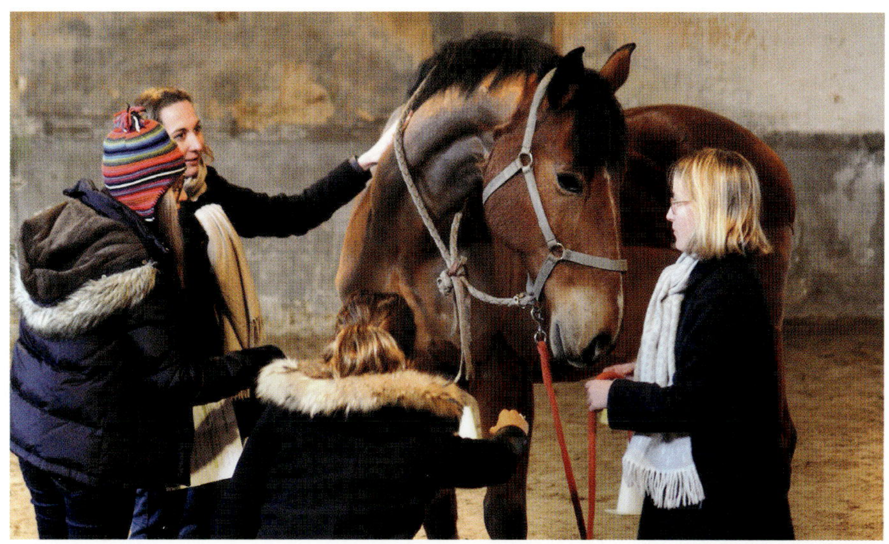

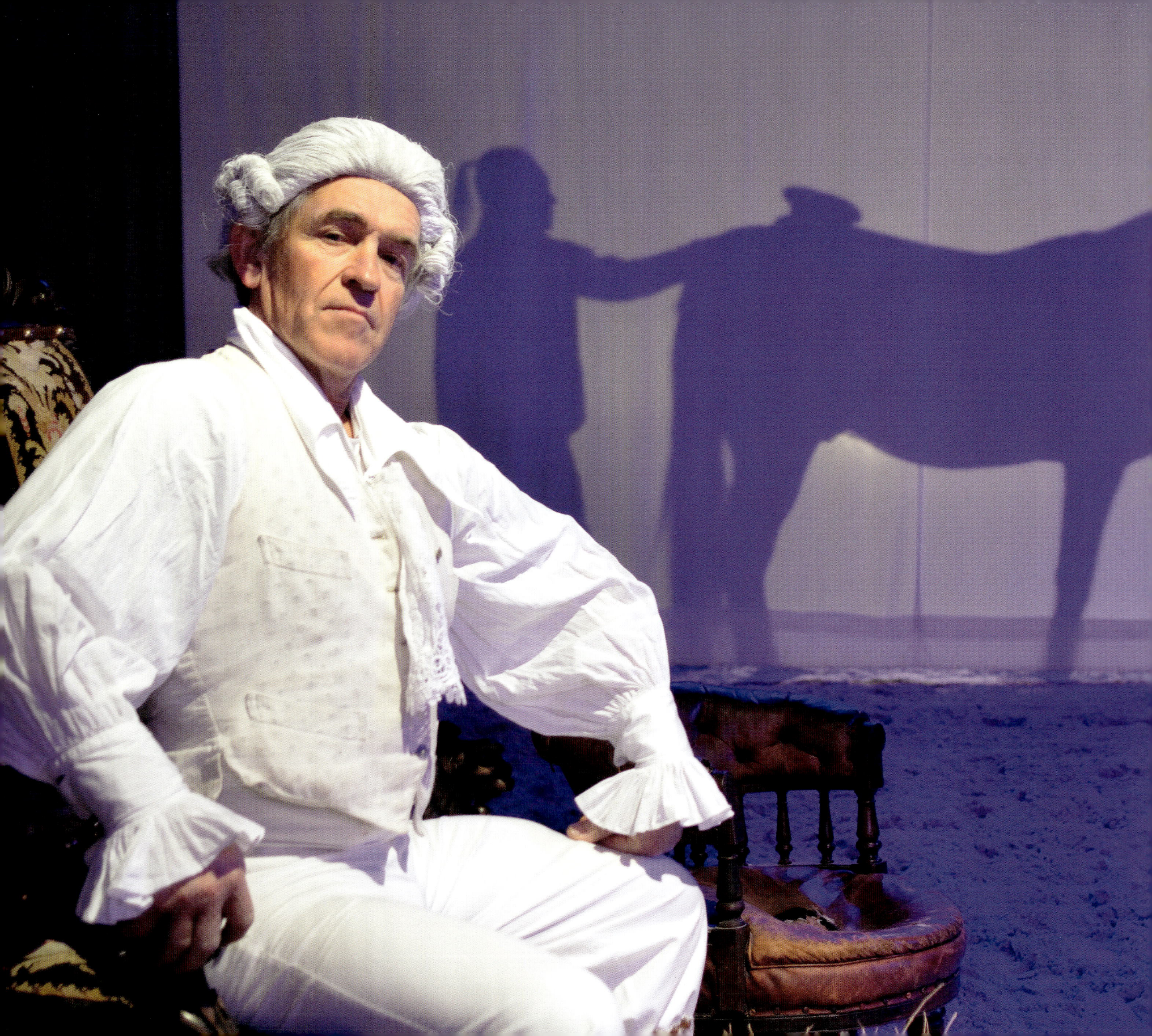

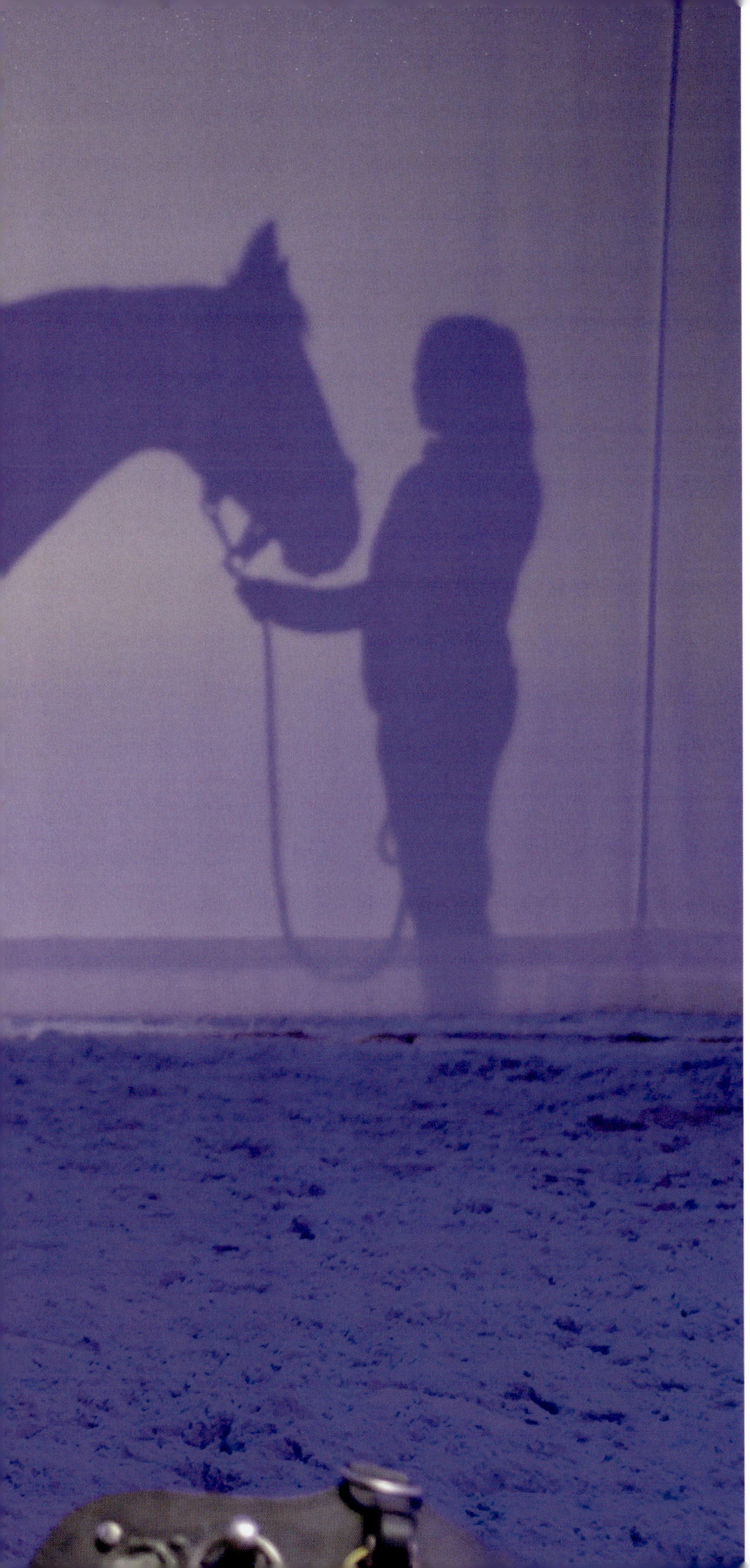

Les spectacles

Moi plus grand je serai artiste, moi plus grand je ferai des spectacles, moi plus grand les chevaux seront mes amis, moi plus grand je jouerai toujours... Envie de rêver « grand » alors venez vite réserver une place dans la programmation annuelle des spectacles équestres du Haras du Pin. Car en Normandie, il y a des traditions, et découvrir un spectacle au Haras du Pin en est une. Chaque année des artistes spécialisés dans les spectacles équestres sont accueillis en résidence pour concocter plusieurs shows, d'avril à décembre, comme Pieric ou Toma, accompagnés par des agents du Haras. De la grâce à l'élégance en passant par des lusitaniens, du feu à la fureur en passant par des purs-sangs, de l'humeur à l'humour en passant par des poneys, vous avez l'embarras du choix, alors venez galoper sur les planches du spectacle, car de 7 à 77 ans, vous trouverez forcément un fer à votre sabot.

"When I grow up I want to be an entertainer, when I grow up I will take part in shows, when I grow up horses will be my friends, when I grow up I will still play...". If you want to have "grown up" dreams, then reserve your place for the annual programme of equestrian shows at the Haras du Pin. In Normandy there are traditions and watching a show at the Haras du Pin is one of them. Each year specialist entertainers, such as Pieric and Toma, are welcomed as "artists in residence" to put together a number of shows from April until December with the help of the stud's employees. You are spoiled for choice: from grace and elegance with the Lusitano horses, to fire and fury with the thoroughbreds, via grumpiness and good humour with the ponies. Trot along to the stage where you are guaranteed to find something to suit you, whether you are 7 or 77.

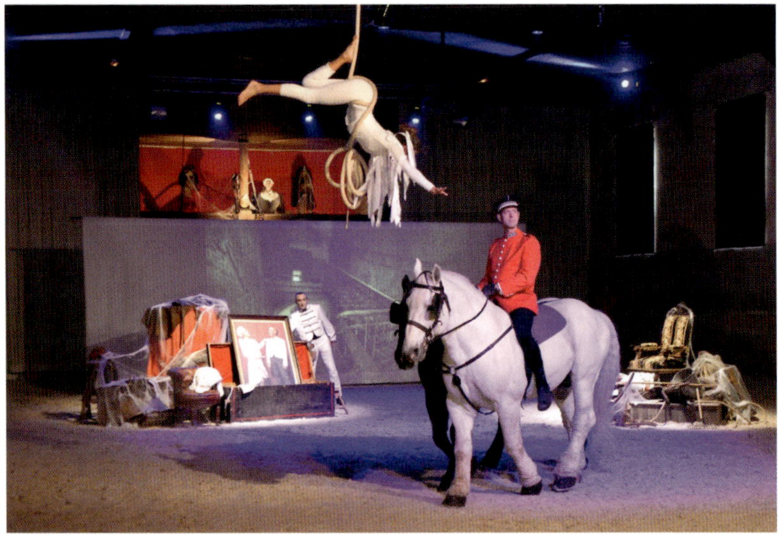

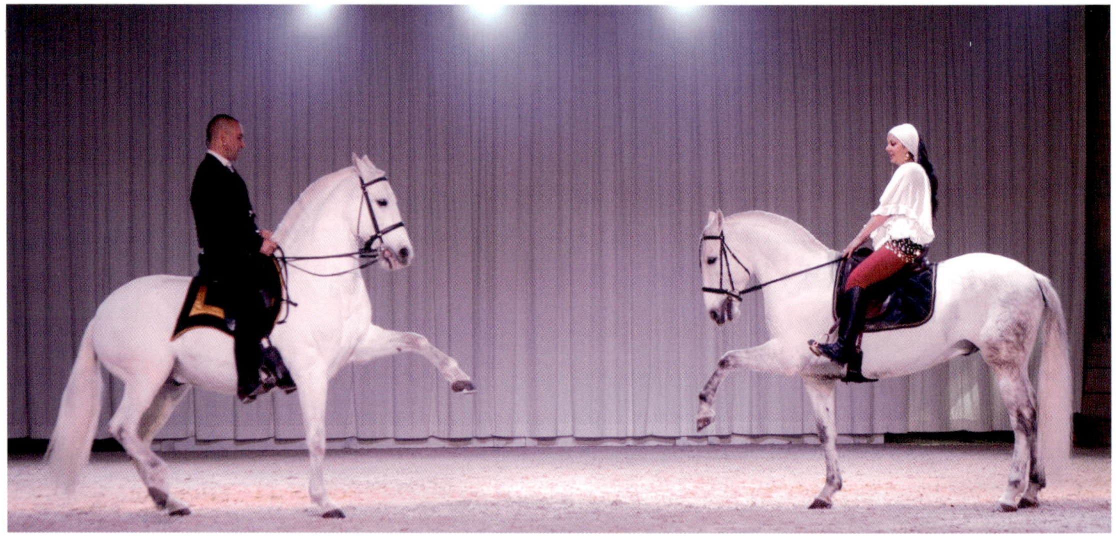

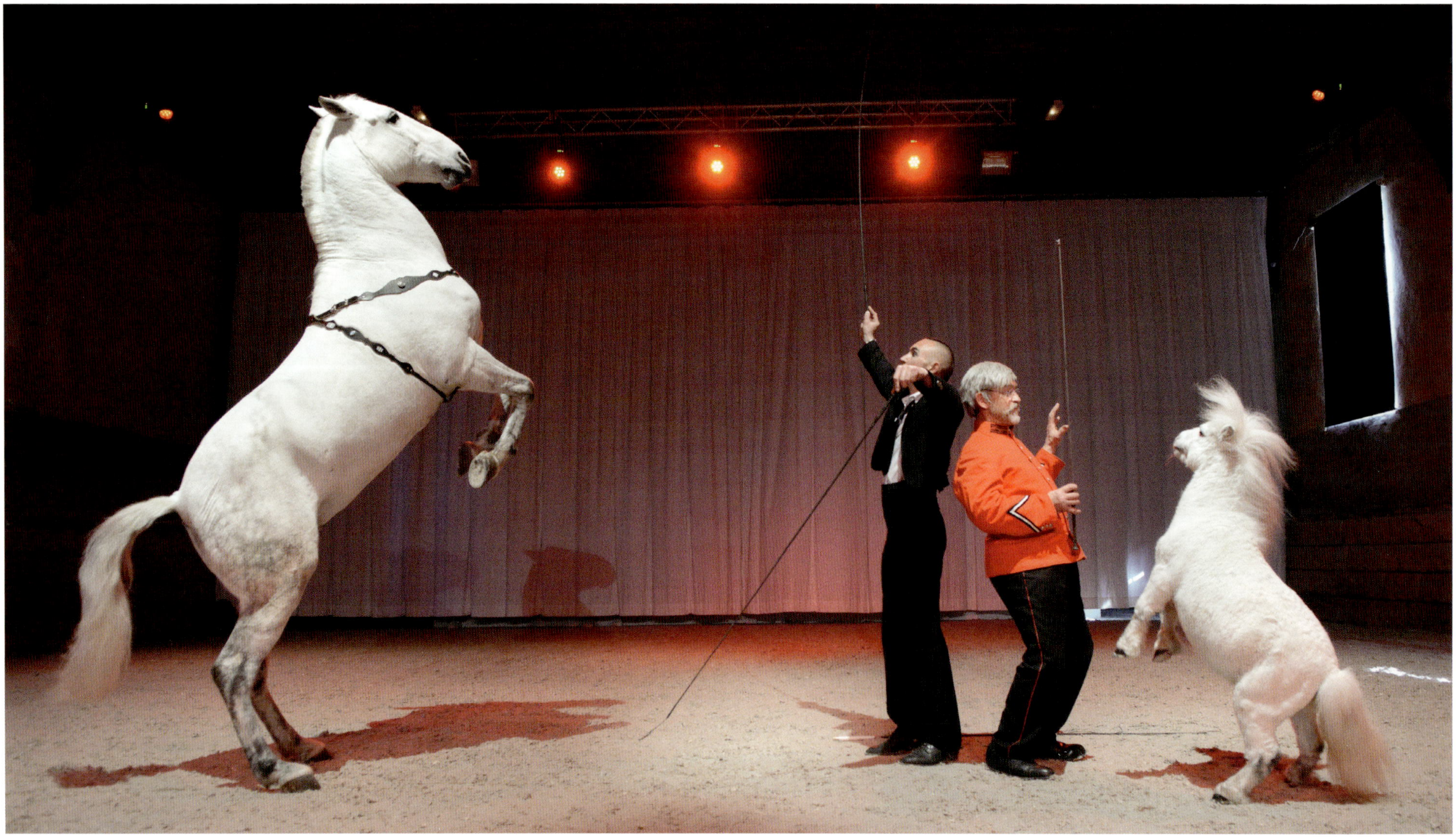

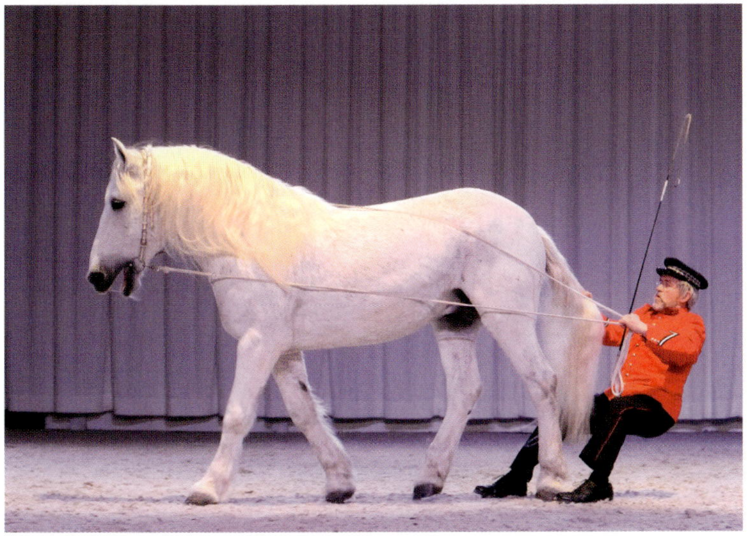
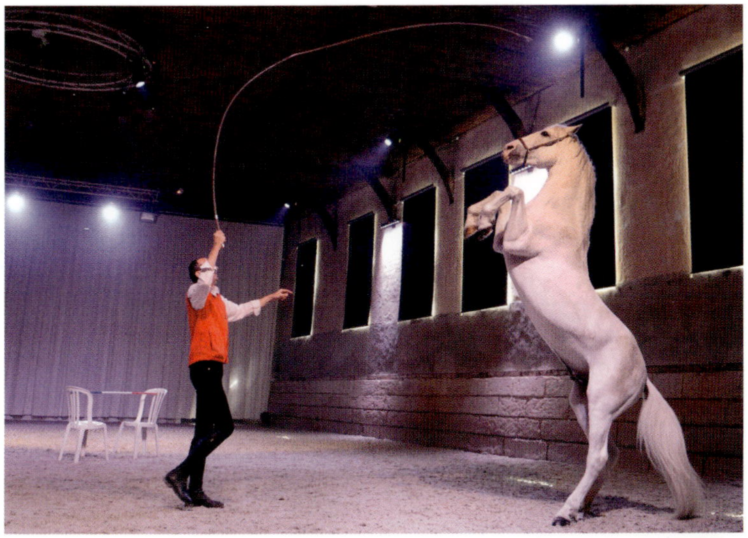
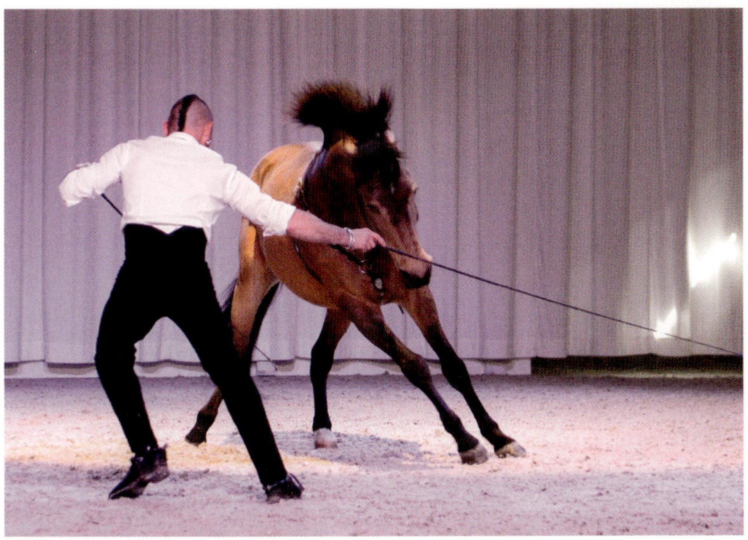
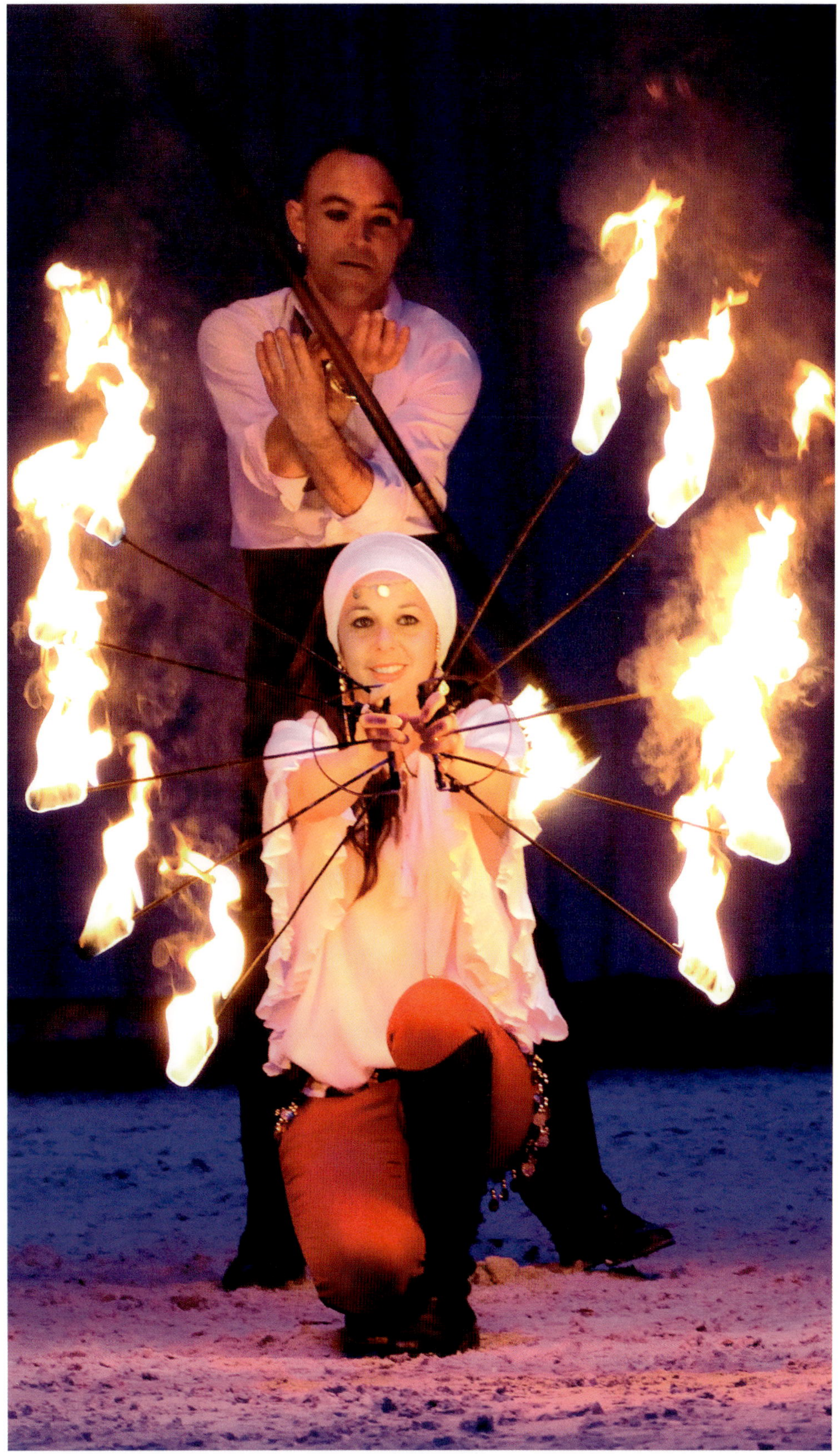

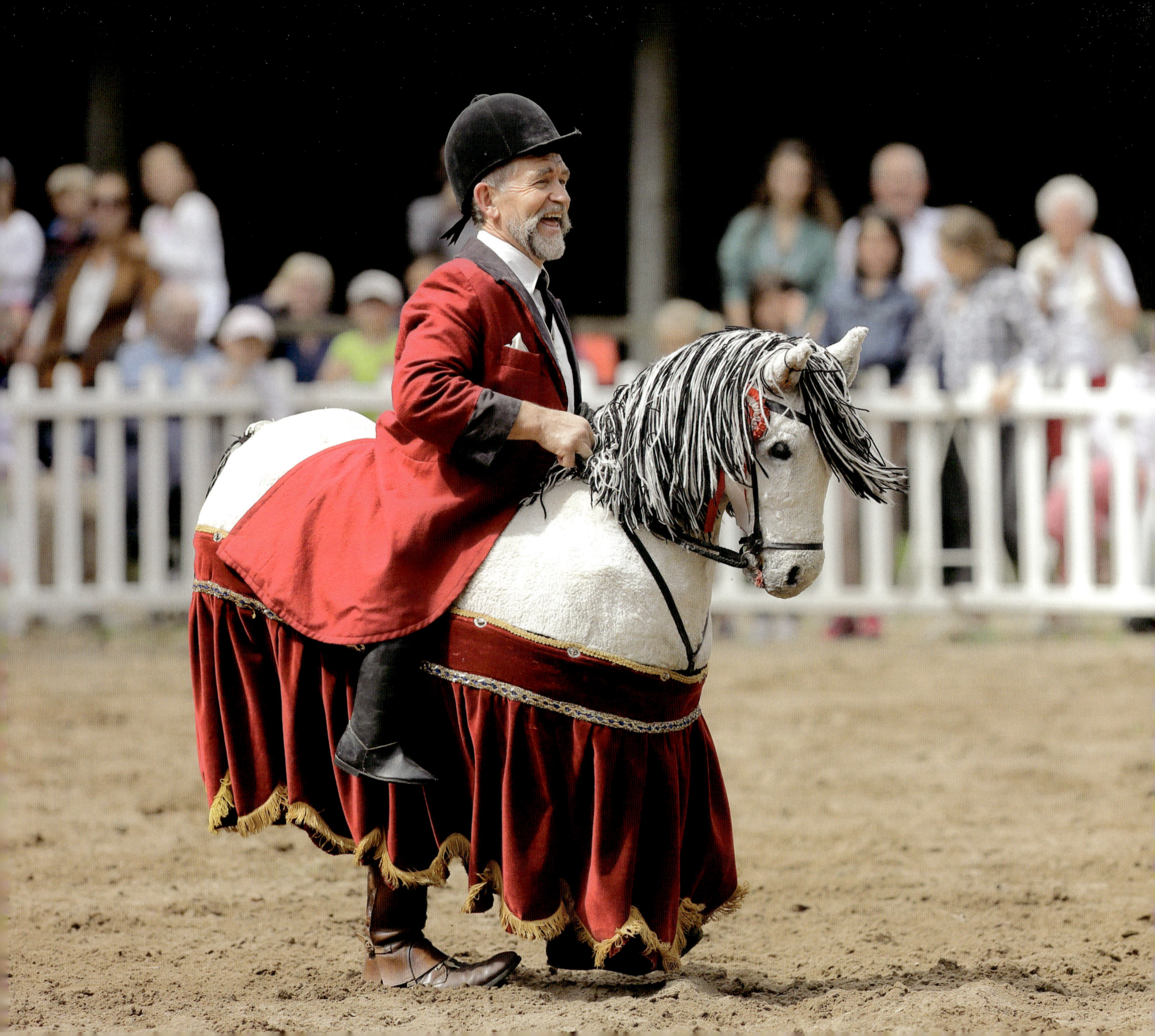

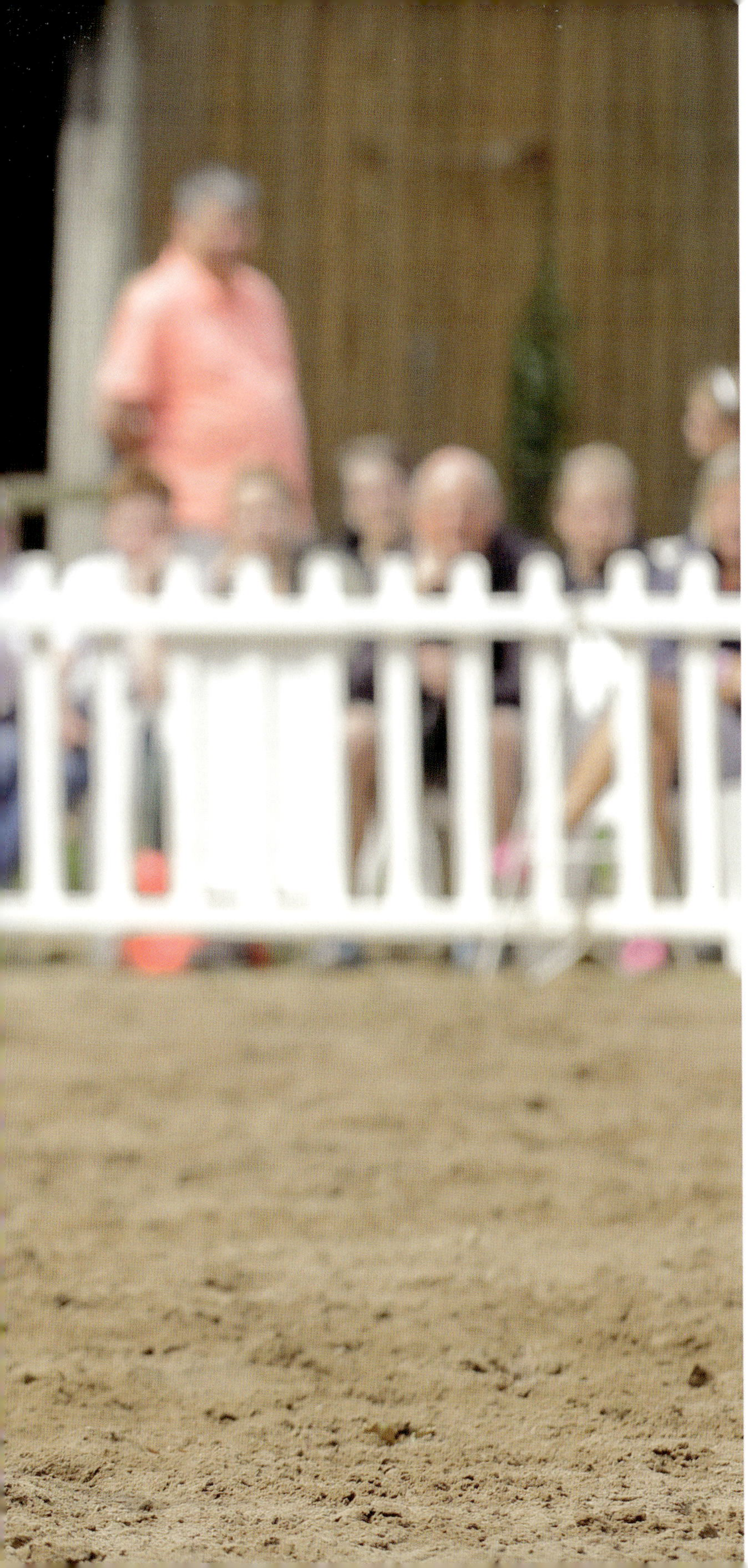

Les Jeudis du Pin

Dans la carrière, à l'ouest du château, les applaudissements, les rires et les encouragements d'un public conquis, semblent incessants tellement le spectacle équestre auquel ils assistent est époustouflant. Dans cette carrière en plein air, ombragée, des numéros prestigieux sont présentés chaque jeudi, de juin à septembre. C'est l'occasion pour les agents du haras, vêtus de leurs habits traditionnels, de présenter, en musique, l'ensemble des races présentes sur le site. L'animateur, Loïc, mène d'une main de maitre les différents tableaux qui s'enchainent sous le regard captivé des spectateurs. Menés en attelage de tradition ou montés en poste hongroise, les percherons sont mis à l'honneur. Puis vient le tour des artistes en résidence, comme Pieric, formé à l'école du cirque ou Toma de la compagnie ATAO. L'osmose de ces artistes avec leurs chevaux ou poneys, mêlant poésie et prouesses techniques, émerveille petits et grands. Le spectacle se termine, sous les «hourras» du public, par le défilé des attelages de la collection de voitures hippomobiles du haras.

In the arena, to the west of the chateau, the sound of applause, of laughter and of cheering from the captivated audience seems never ending, so breathtaking is the show that they are watching. In this open air, shady arena, prestigious productions take place every Thursday from June to September. It is the moment when stud employees, dressed in their tradition costumes, offer presentations of different breeds of horses from the estate set to music. Loïc, the compere, expertly guides the different tableaux which flow one into the other before the audience's captivated attention. Whether they are drawing carriages or mounted in "Roman riding" (a rider stands atop a pair of horses, with one foot on each horse), the Percheron breed takes the place of honour. Next come the artists in residence, like Pieric, trained at the Circus School or Toma from the ATAO equestrian performance company. The complete harmony between these entertainers and their horses or ponies, mixing poetic and technical prowess, captivates young and old alike. The show comes to an end accompanied by the enthusiastic cheers of the crowd, with a parade of horse drawn vehicles from the stud's collection.

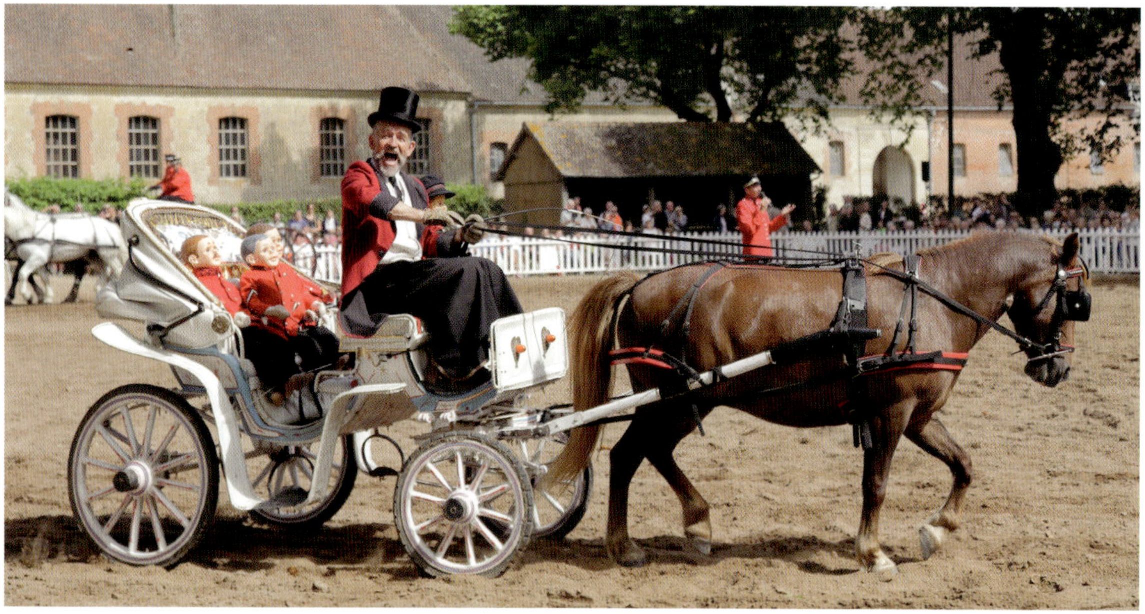

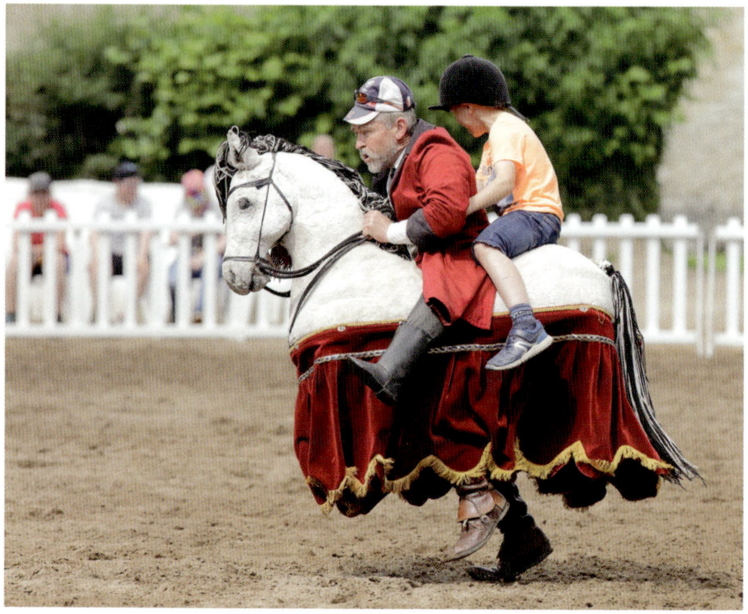

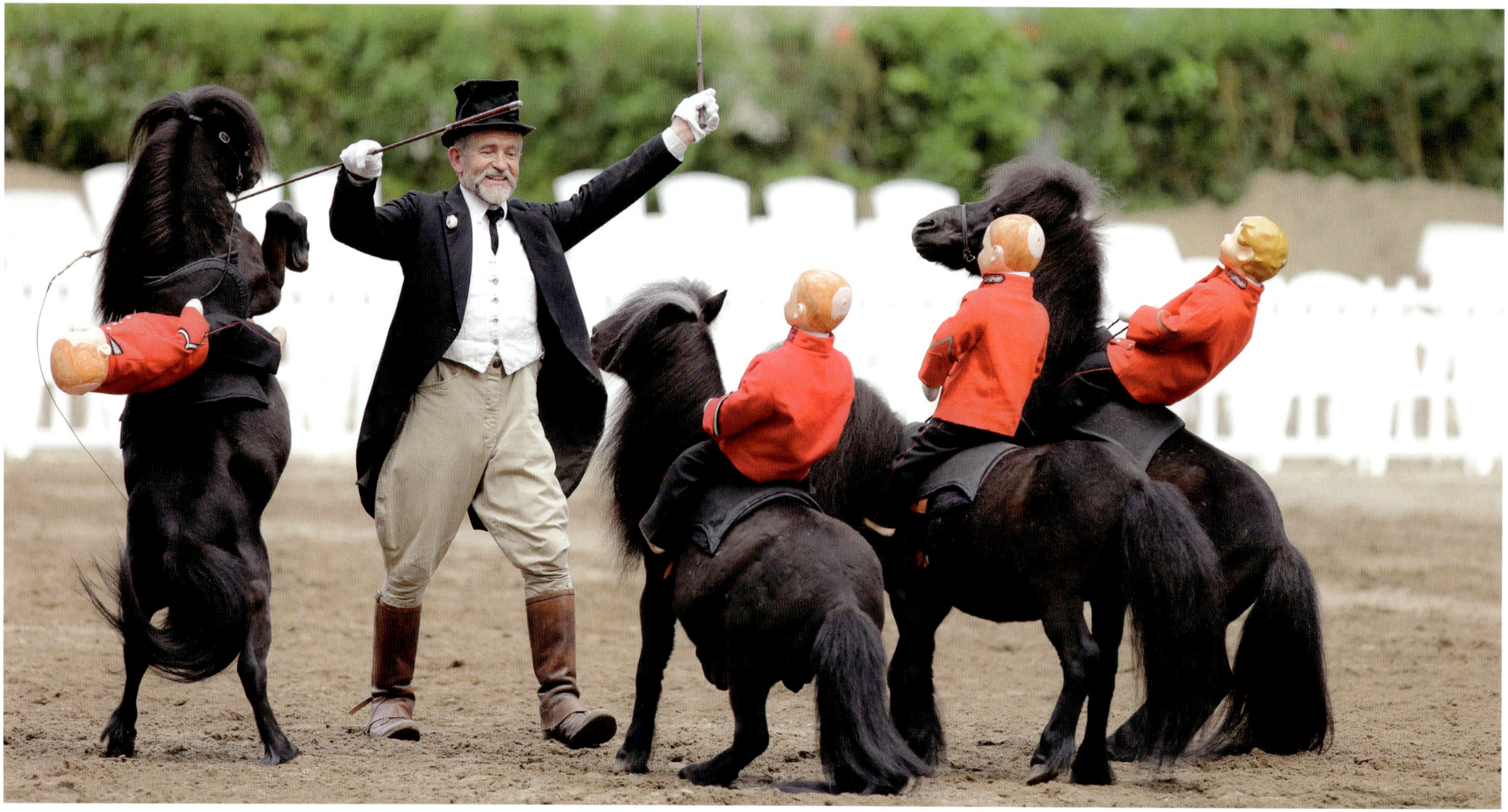

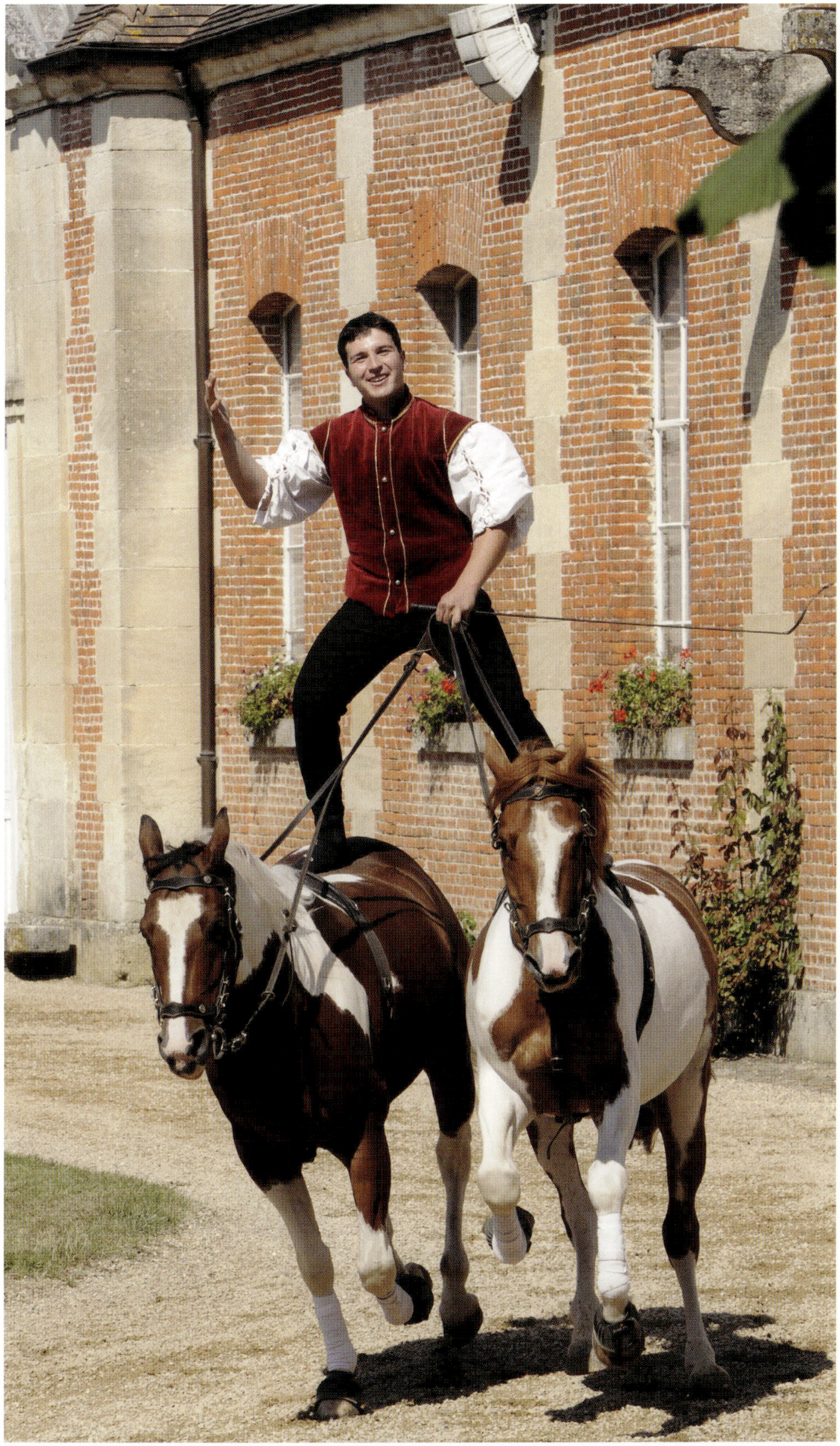

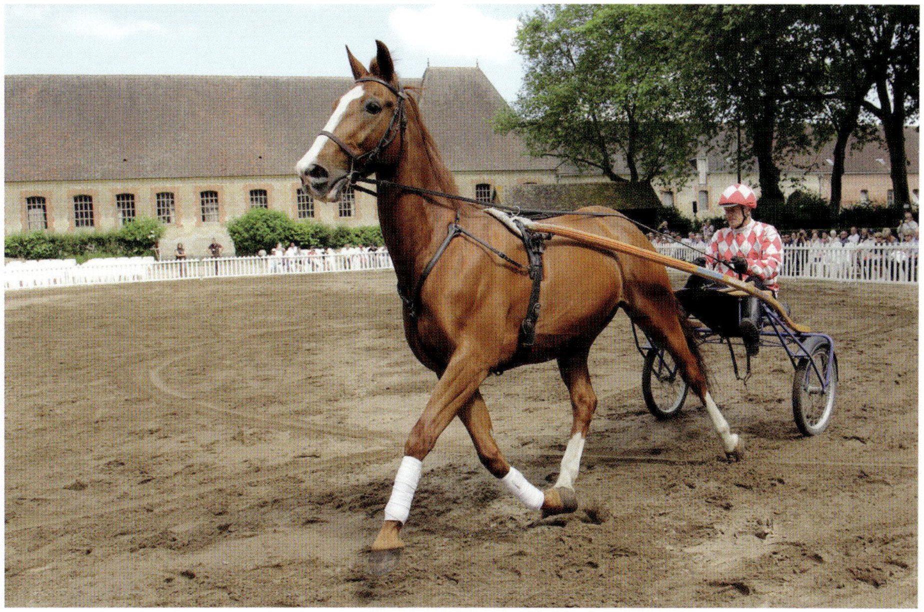

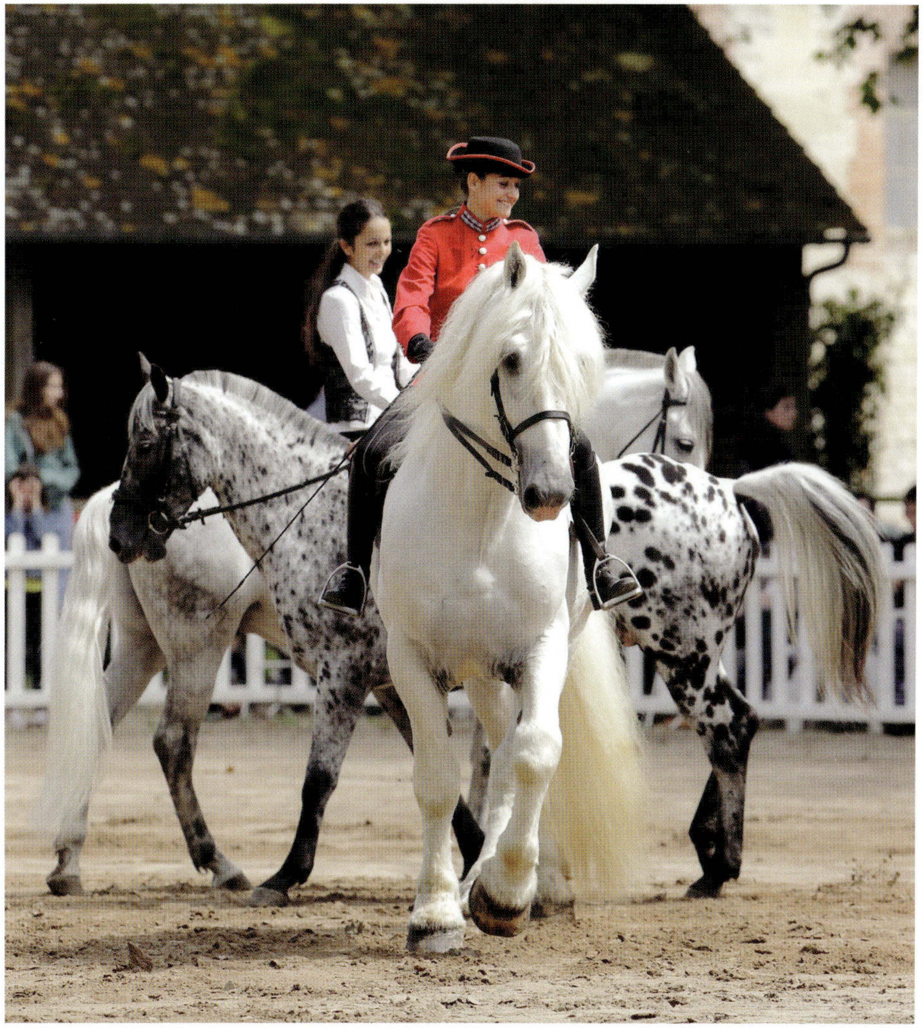

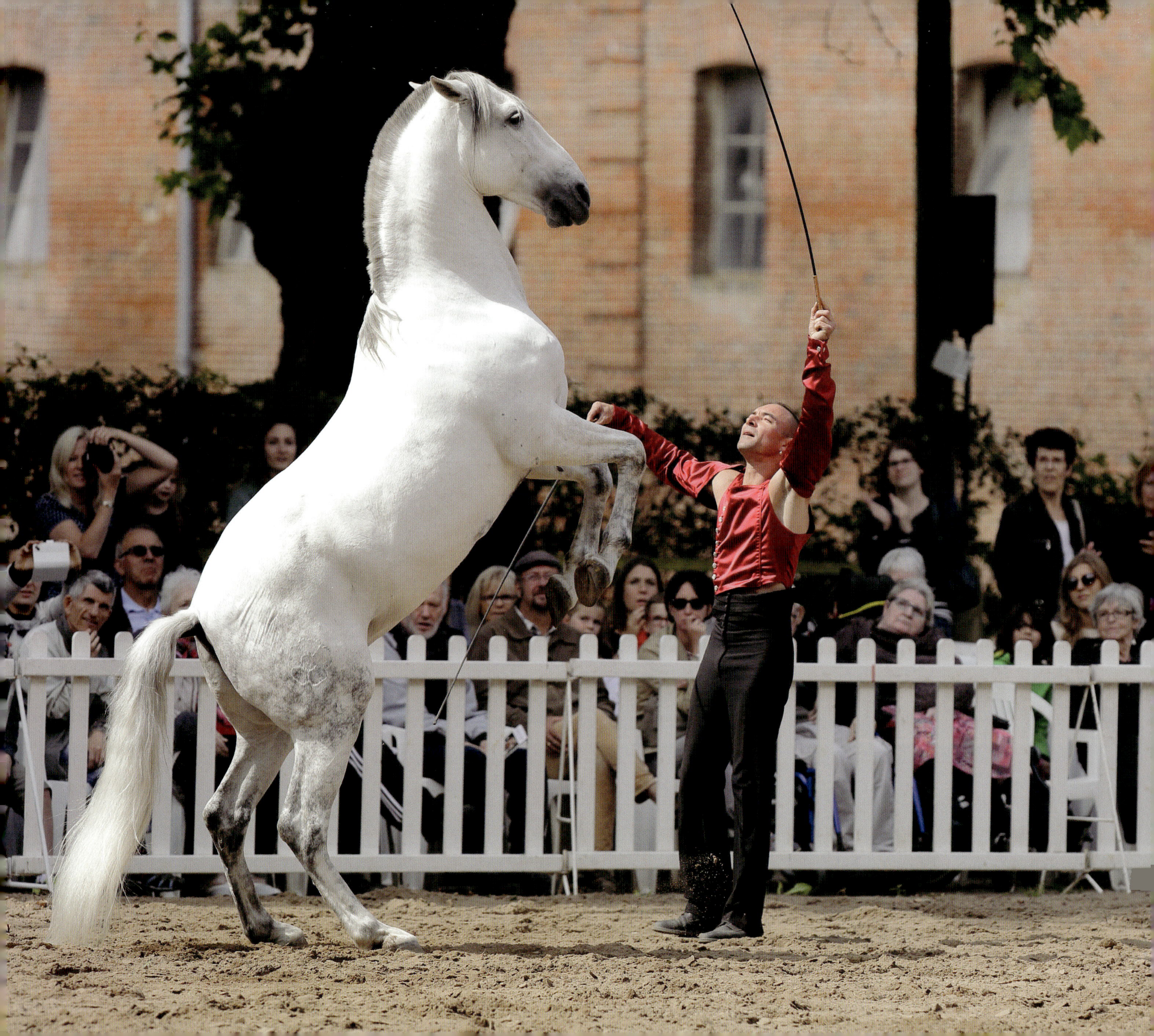

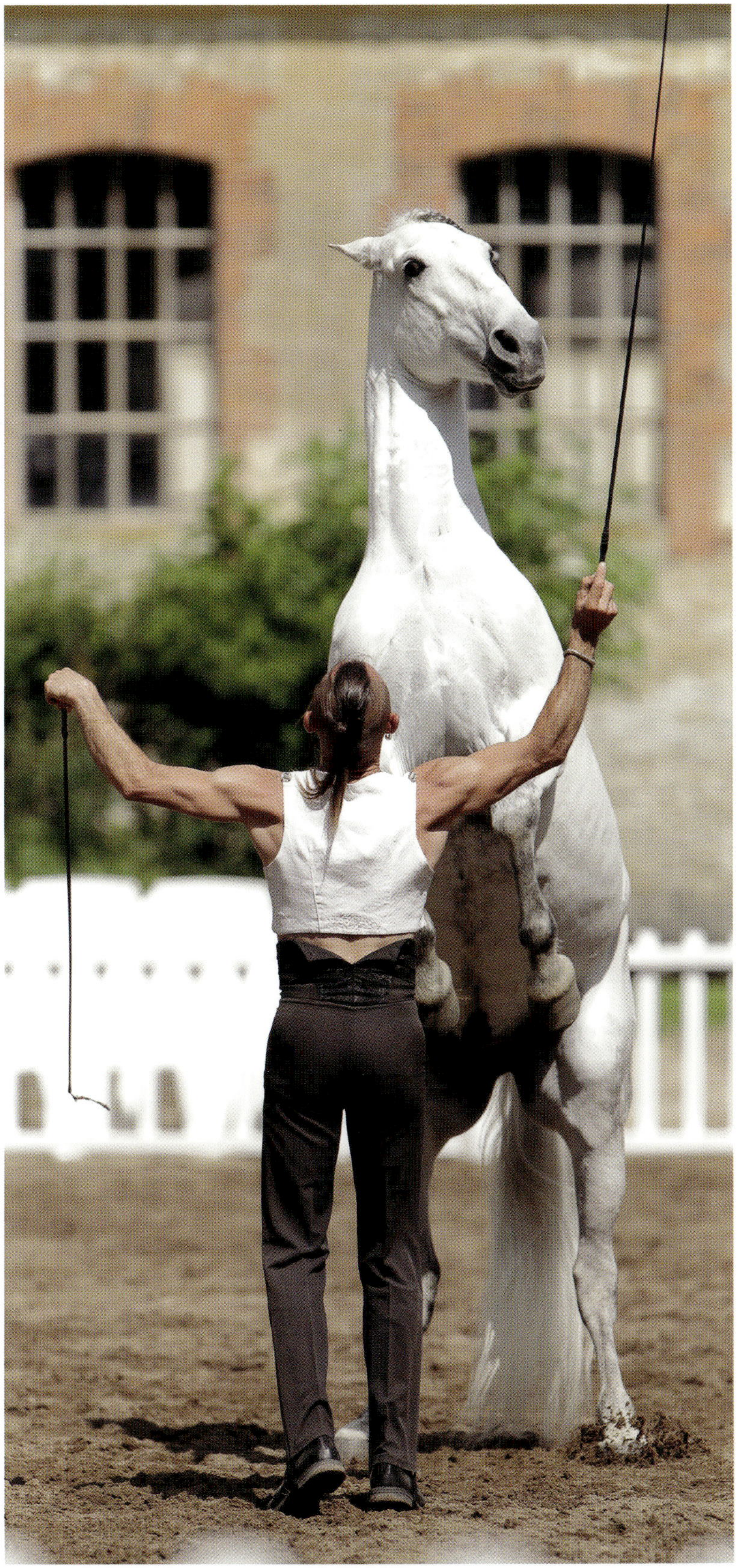

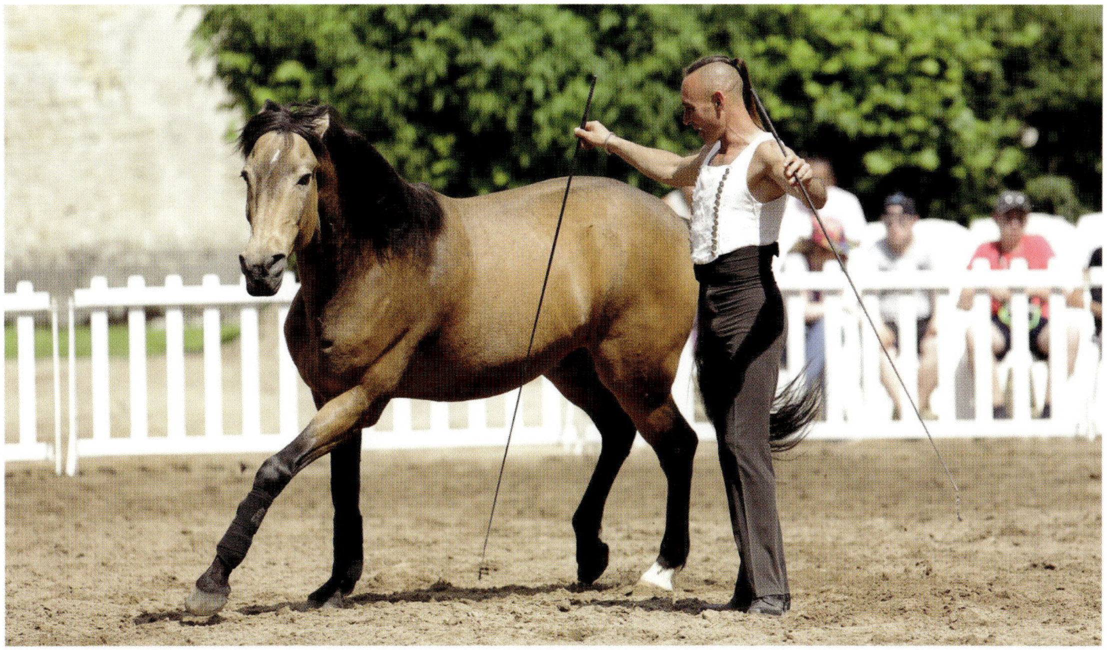

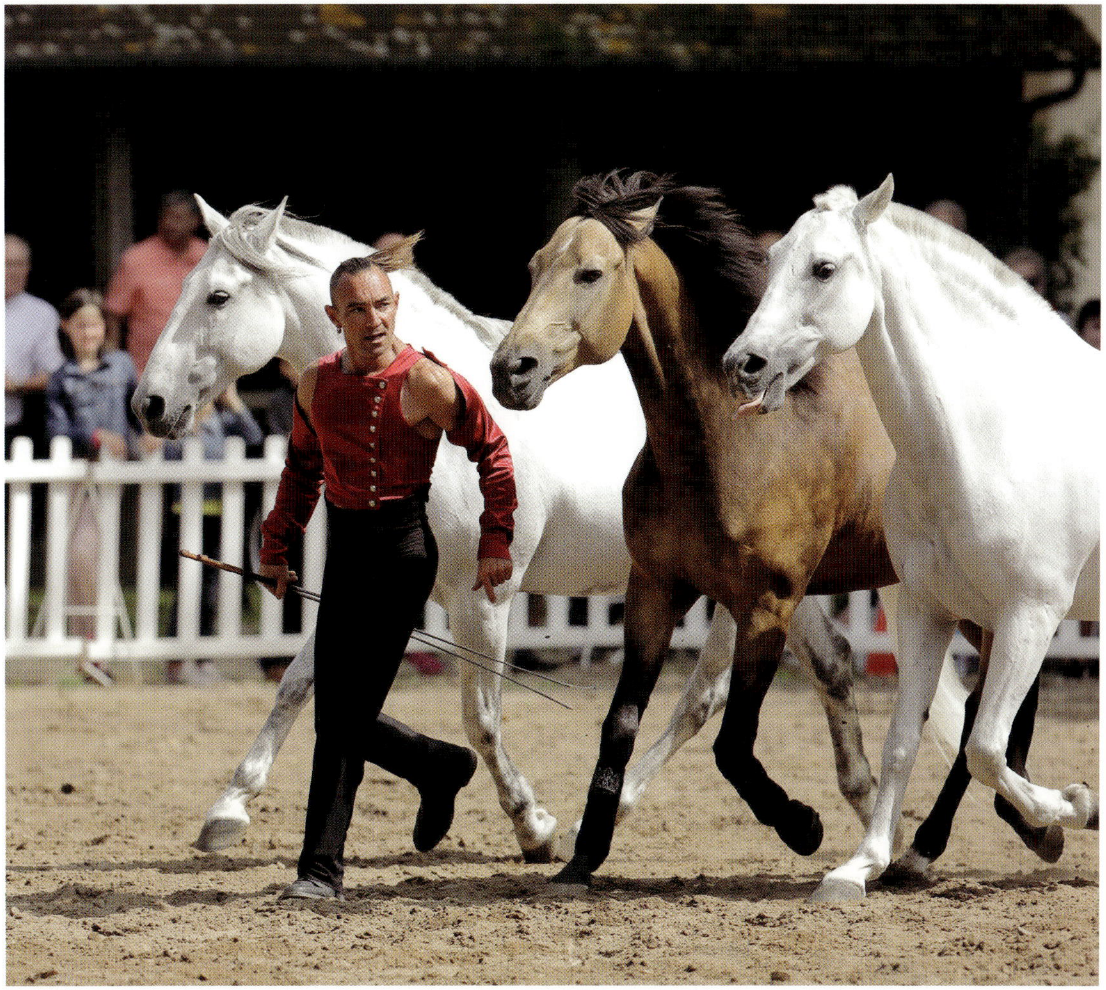

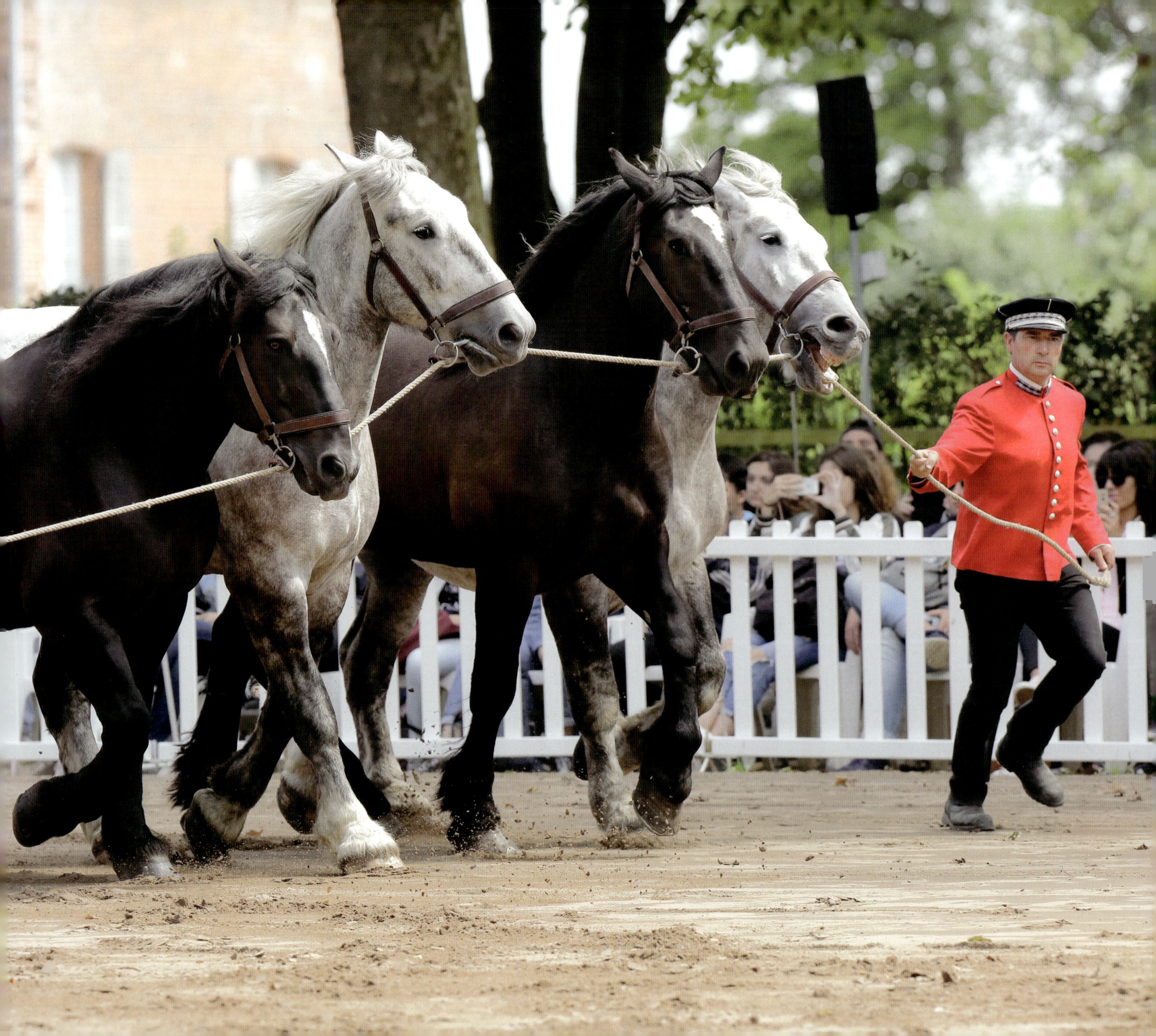

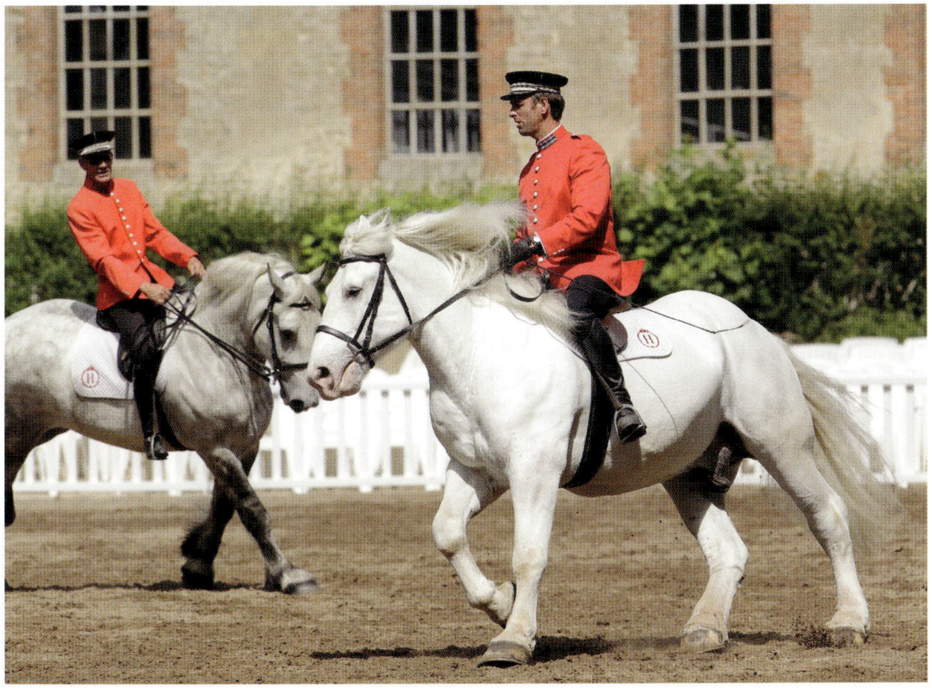

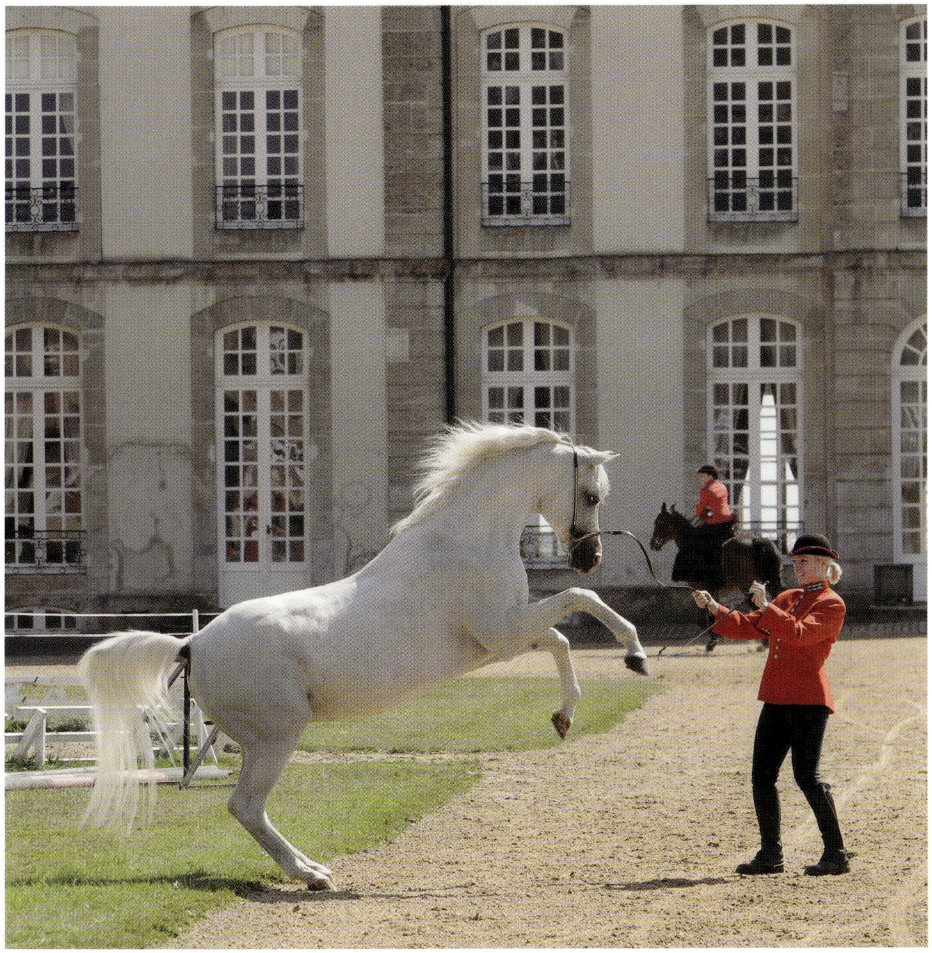

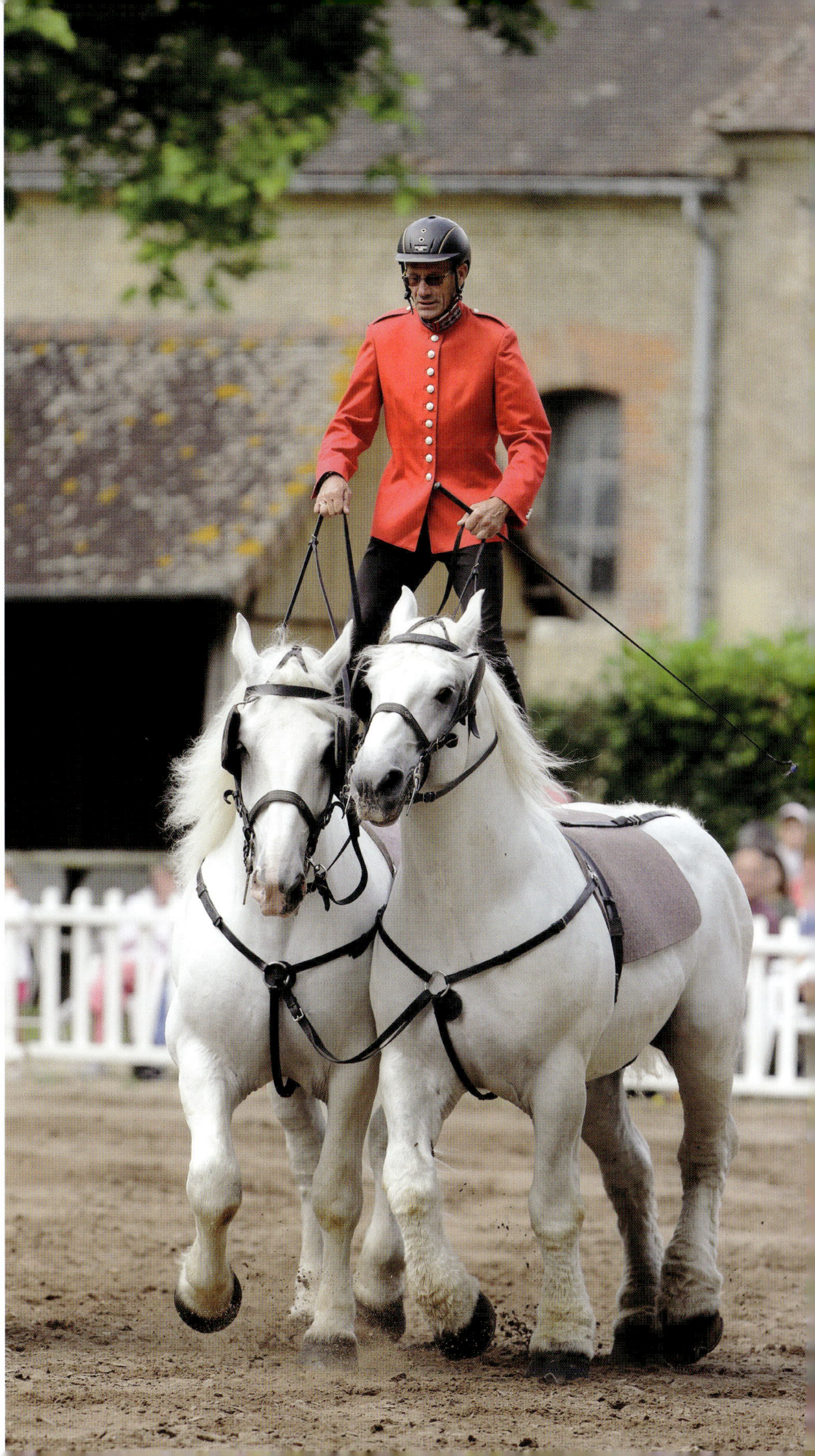

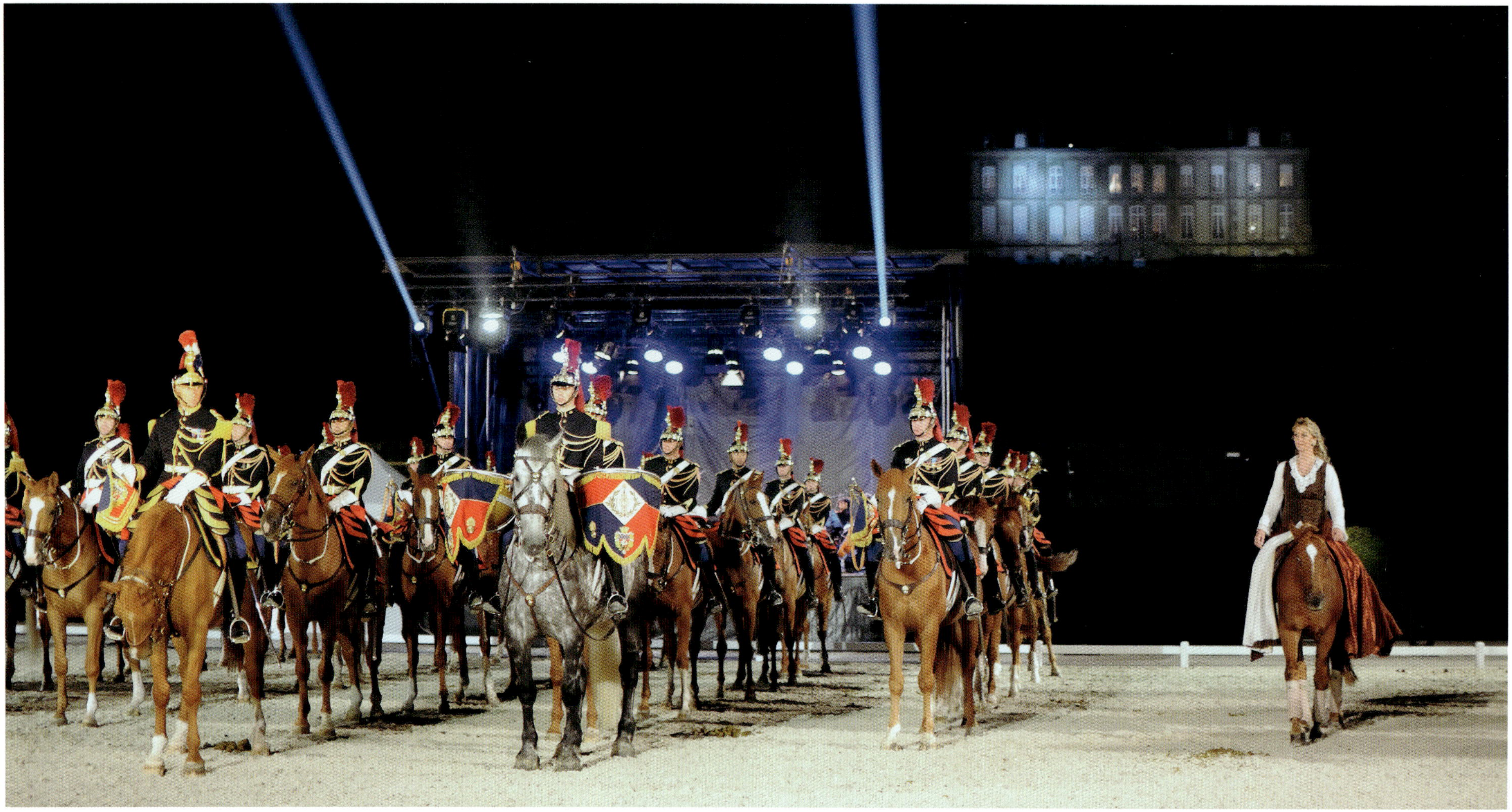

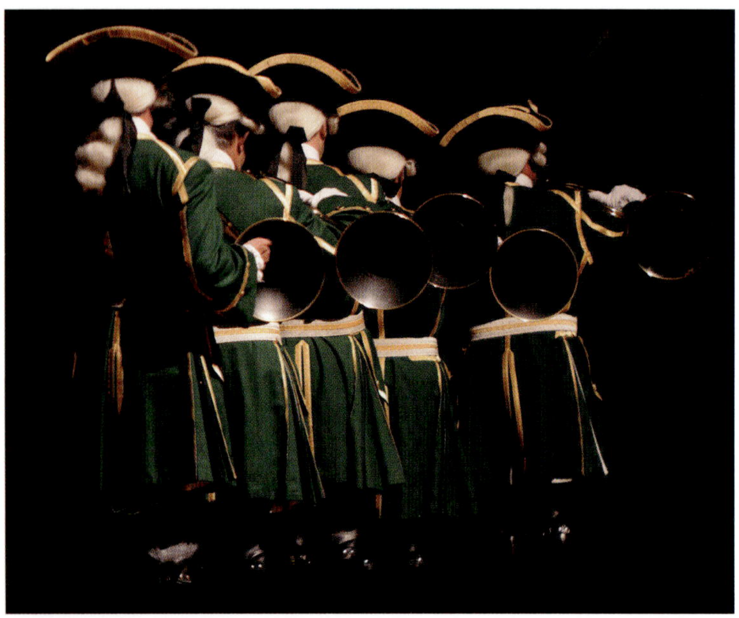

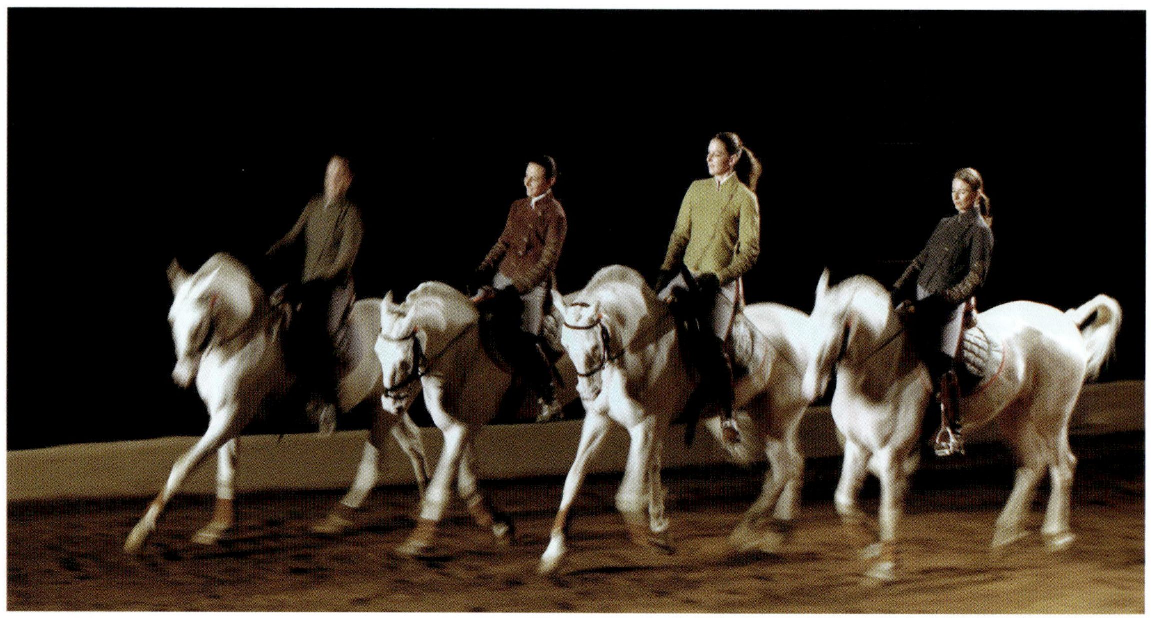

Septembre musical

C'est une longue histoire d'amour entre le Haras du Pin et le Septembre Musical de l'Orne, depuis leurs fiançailles en 1983, lors d'une première représentation avec un carrousel équestre. Le SMO, pour les intimes, est une association qui organise un festival annuel, en septembre, de concerts de musique classique dans des lieux patrimoniaux de l'Orne, de la belle musique dans de beaux lieux. La programmation est éclectique et Philippe Toussaint, son président, avec ses équipes, sollicitent régulièrement le Haras du Pin, soit pour un opéra, soit pour un spectacle de l'Académie Equestre de Versailles de Bartabas... Ci-contre Sylvie Willms saluant le public après un spectacle de dressage de haute volée accompagné de la Garde Républicaine. Quand patrimoine, cheval et musique trottent de concert, le Haras du Pin est leur plus belle carrière.

There is a long love story between the Haras du Pin and the Orne Music Festival, which started with their joint engagement in 1983 and a first dressage production. The SMO, as it is more intimately known, is an association which organizes the annual festival of classical music concerts in historic settings in the Orne in September : beautiful music in beautiful locations. The festival's musical programme is eclectic and Philippe Toussaint, the president, along with his teams, often call on the Haras du Pin, either to host an opera or a performance from the Equestrian Academy of Versailles, founded by Bartabas... On the opposite page : Sylvie Willms greeting the public after a first rate dressage performance in the company of the republican guard. When it is a question of heritage, horse and music coming together harmoniously in concert, then the Haras du Pin is the most beautiful arena.

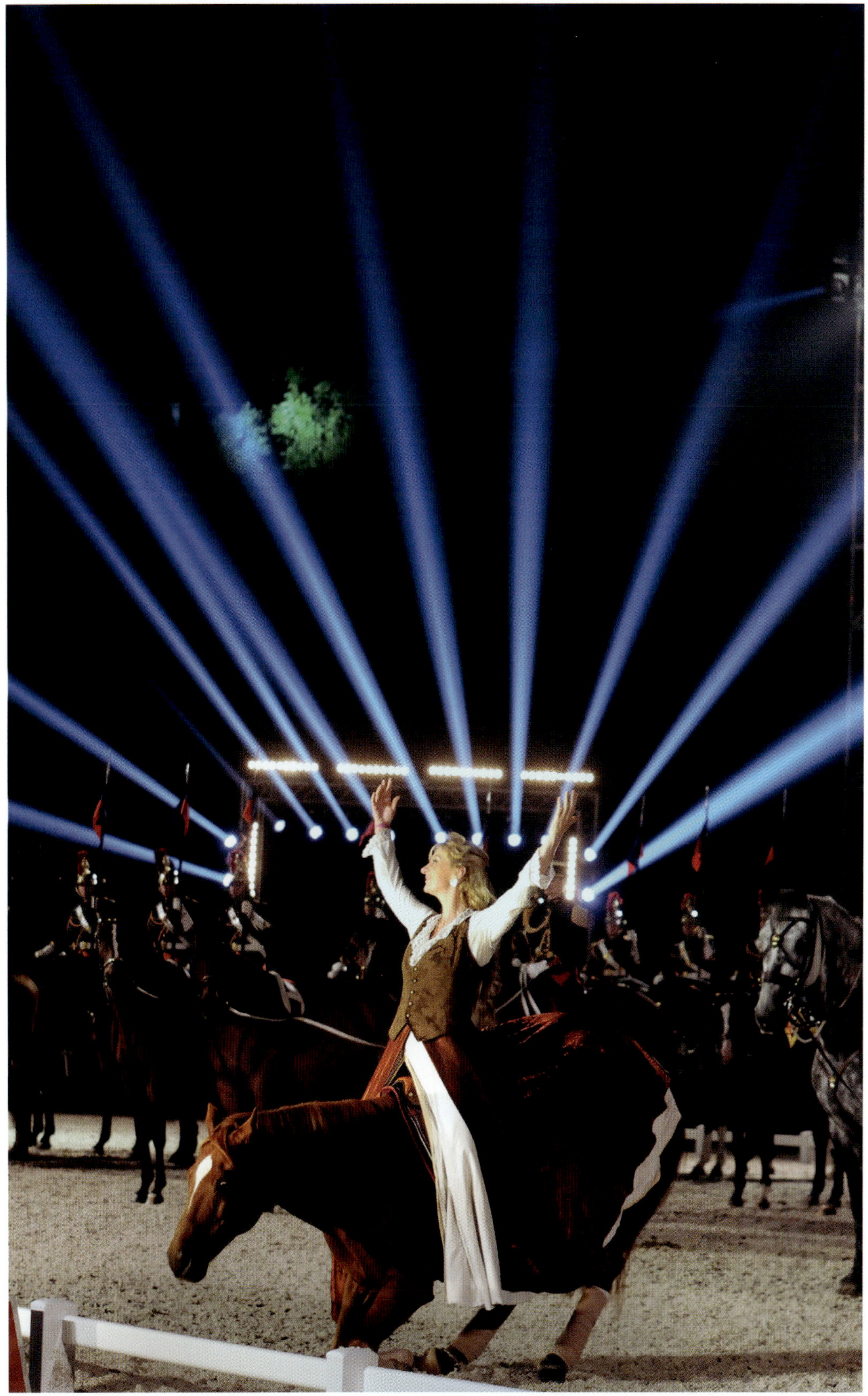

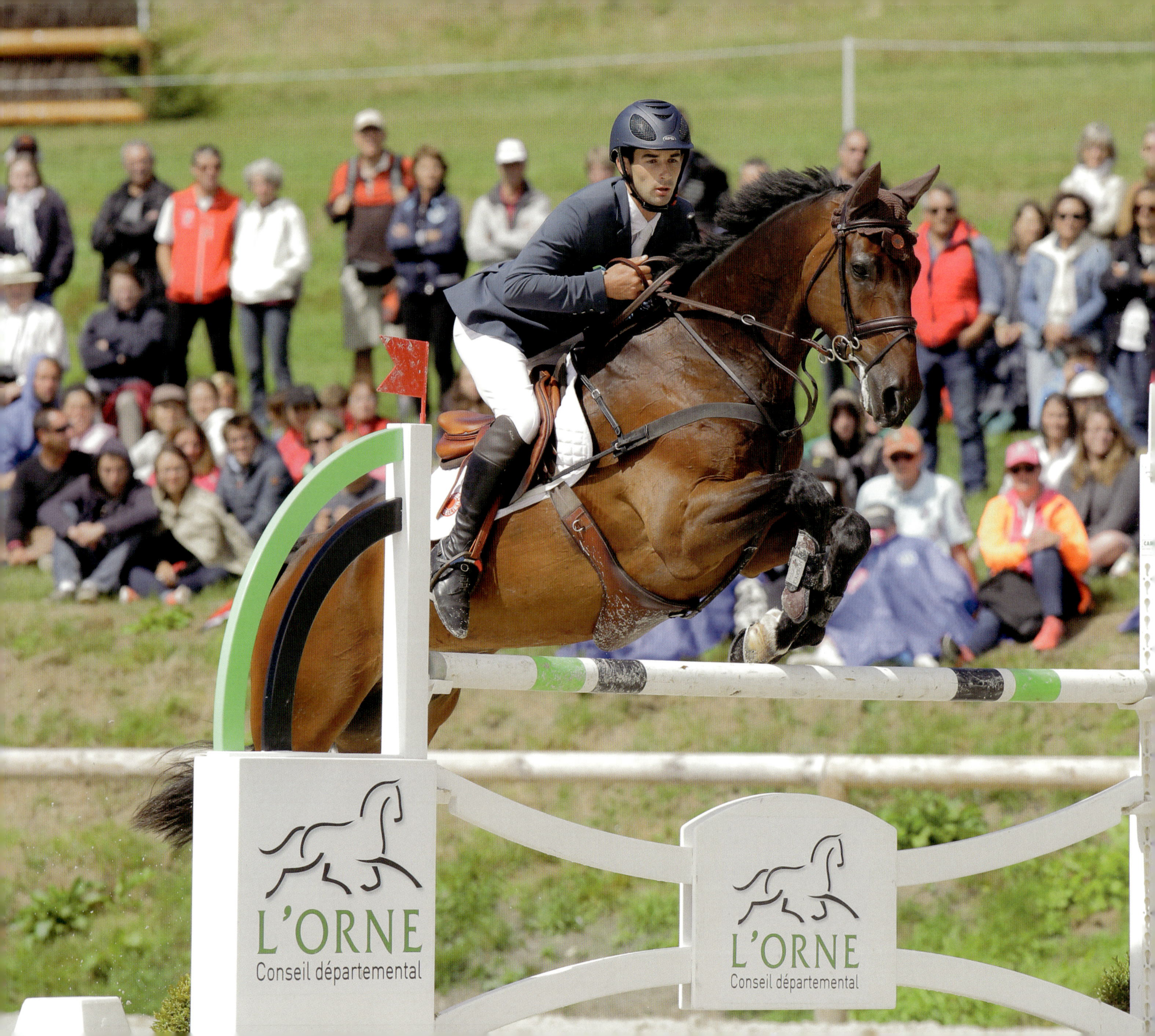
L'ORNE
Conseil départemental
L'ORNE
Conseil départemental

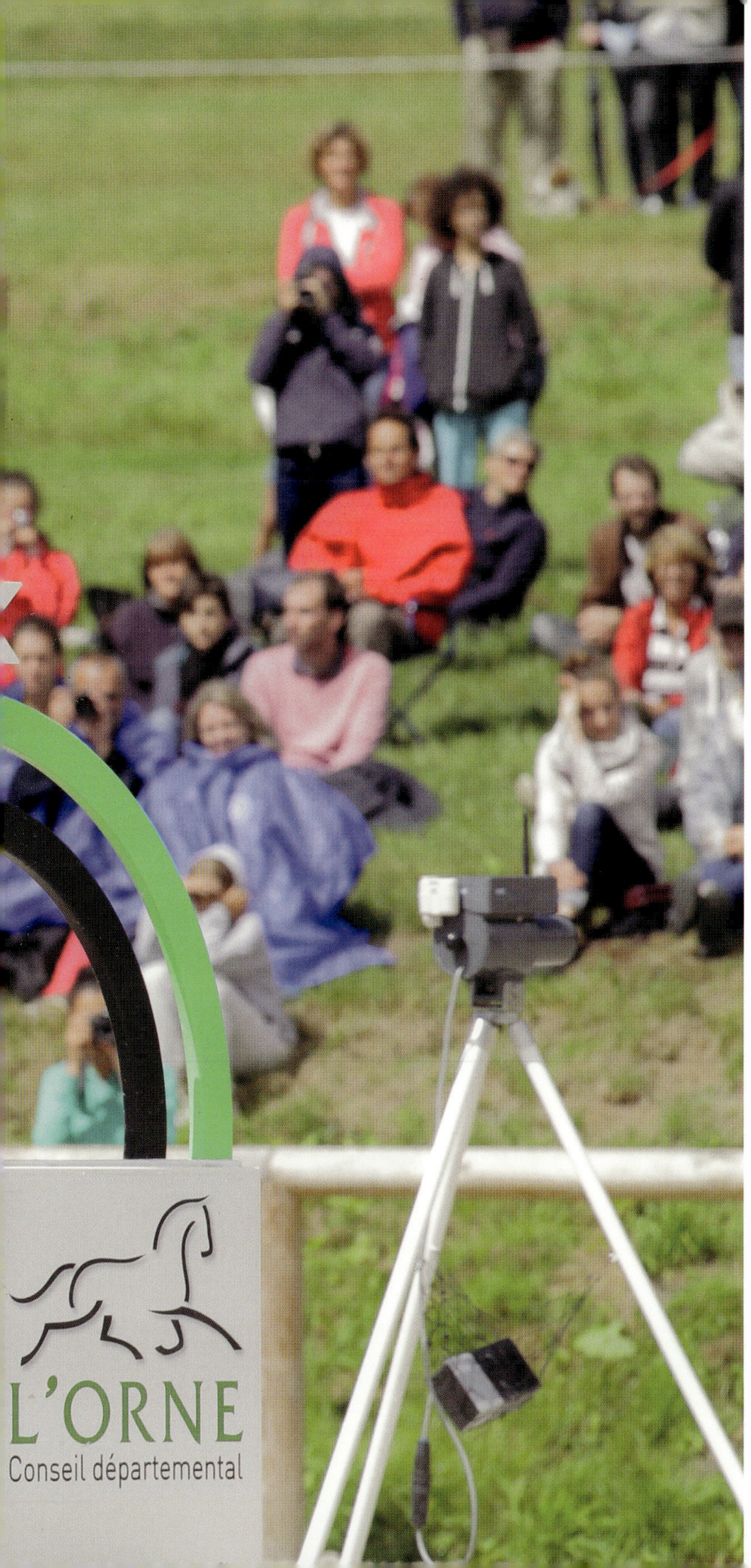

De grandes compétitions internationales

Le Haras du Pin offre la plus belle scène hippique de France. Le domaine qui s'étend sur plus de mille hectares, accueille, chaque année, environ 150 journées de compétitions. Le haras a toujours mis ses prestigieuses installations et aménagements à disposition des grands concours internationaux. Ainsi, il a accueilli, en 1979, le championnat d'Europe d'attelage, le Congrès mondial des percherons en 1989, 2001 et 2011 ou la coupe du monde de concours complet en 2010, 2011 et 2012. C'est à l'occasion des Jeux Equestres Mondiaux de 2014 que le haras s'est doté d'une nouvelle carrière en sable et a aménagé une des plus belles pistes de cross en France, conçue pour assurer la meilleure visibilité de l'épreuve pour le public, en utilisant les déclivités naturelles du terrain. Cette piste, drainée, tondue et arrosée régulièrement avec l'eau d'un bassin de rétention, séduit l'élite mondiale des compétiteurs de complet.

The Haras du Pin offers the most beautiful equestrian site in France. The estate, which covers more than a thousand hectares, is host to more than 150 days of competitions every year. The stud has always put its prestigious facilities and amenities at the disposal of great international sporting events. In 1979 it welcomed the European combined driving Championship, the World Congress of Percherons in 1989, 2001 and 2011 and the Eventing World Cup in 2010, 2011 and 2012. It was on the occasion of the 2014 World Equestrian Games that the Haras had a new sand arena built as well as one of the most beautiful cross-country courses in France, designed to give the best visibility of the course for the public, by using the natural undulation of the terrain. This course, which is regularly drained, cut and watered with water from a retention pond, wows the world's elite cross-country competitors.

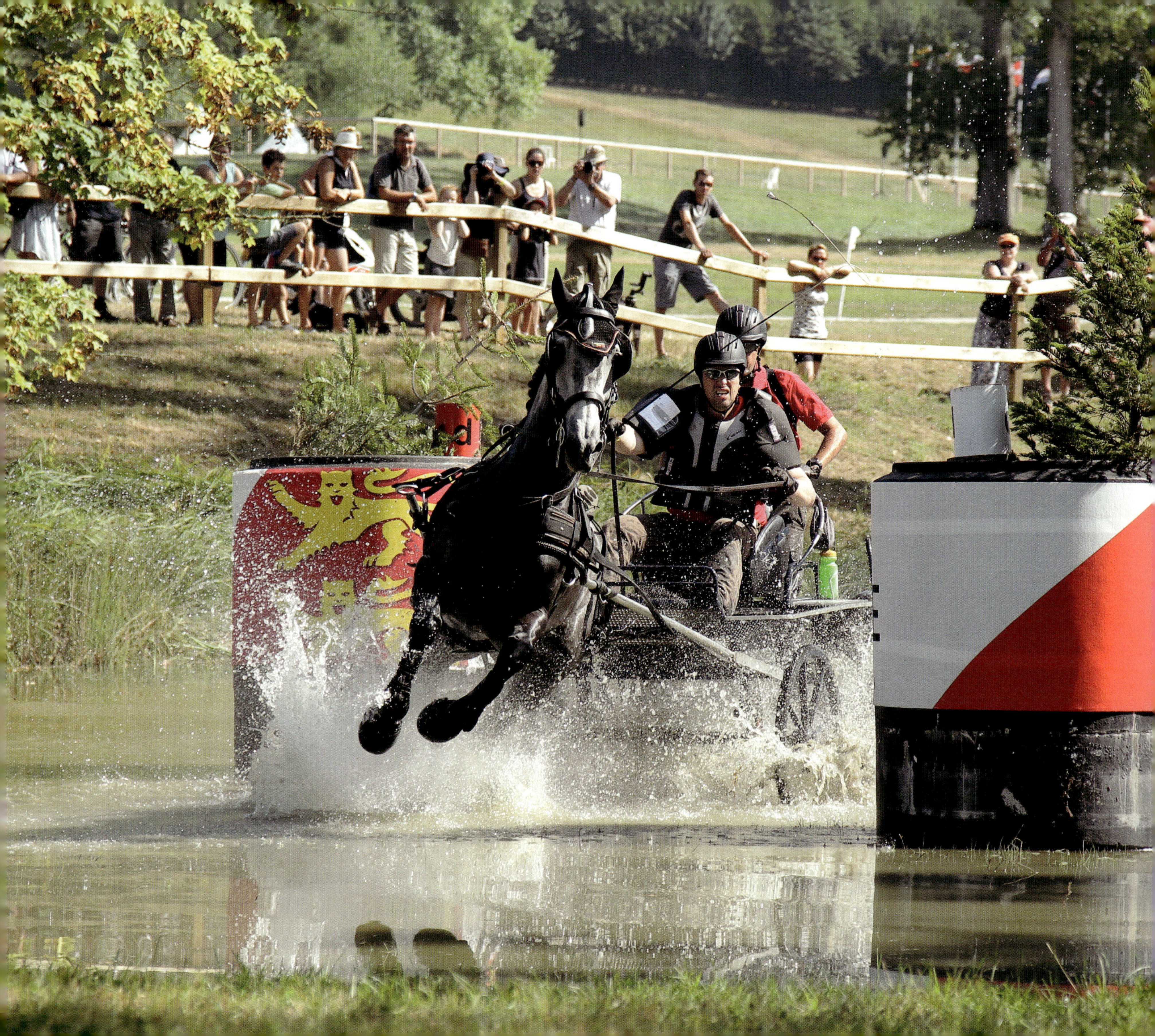

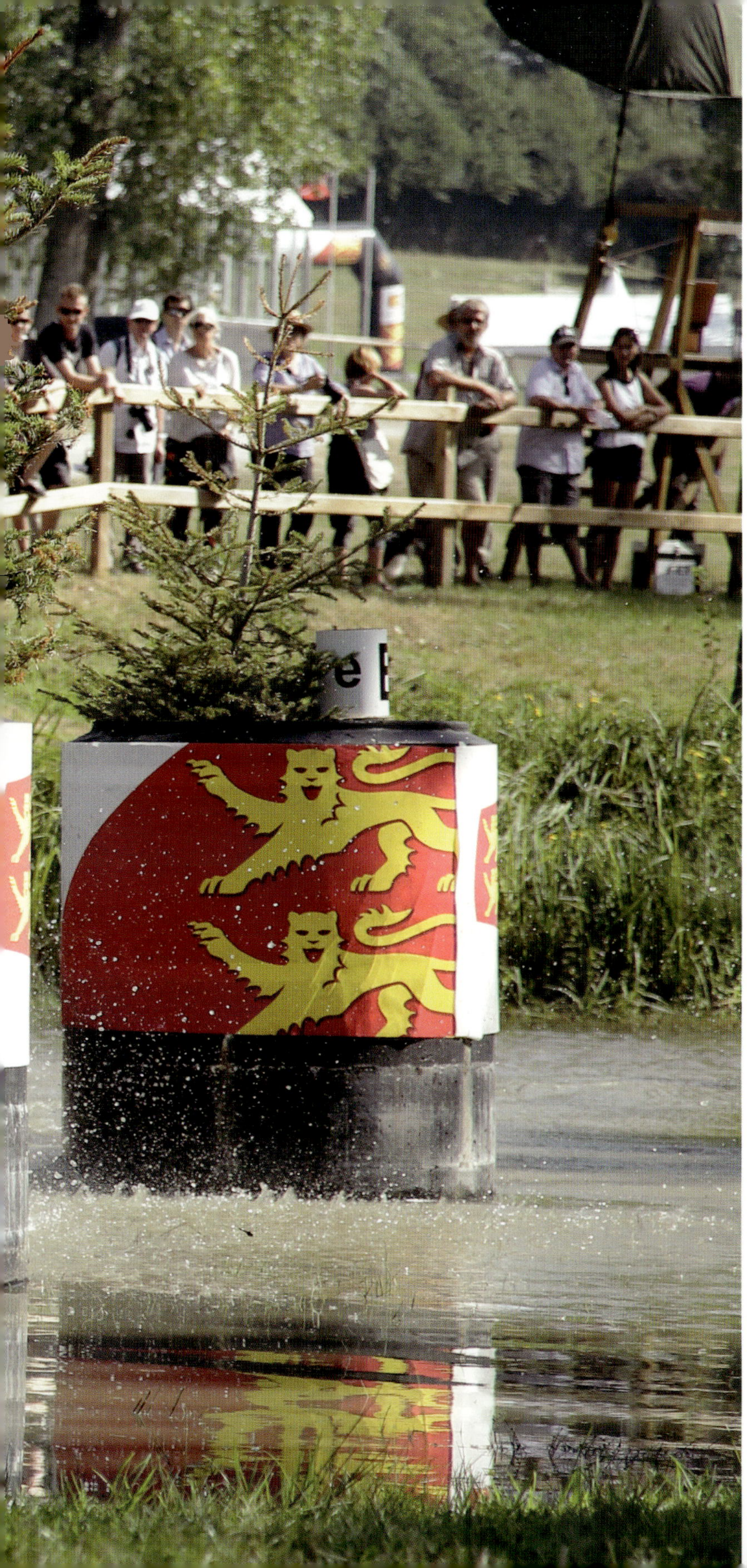

Concours international d'attelage sportif

A la manœuvre des voitures attelées, derrière 1, 2 ou 4 poneys ou chevaux, les meilleurs meneurs internationaux ont la hargne des vainqueurs, prêts à en découdre avec leurs adversaires. Ce concours a la particularité d'offrir la possibilité de le pratiquer en famille. Il n'est pas rare de voir des équipages formés par des amis ou par un couple. Ces passionnés nous offrent un spectacle équestre de très haut niveau dans les trois disciplines que sont le dressage, le marathon et la maniabilité. L'épreuve du dressage est une succession de figures imposées à exécuter de mémoire, celle de la maniabilité consiste à passer des portes matérialisées par des cônes surmontés de balles à ne pas faire tomber. Mais l'épreuve la plus spectaculaire de ce concours est, sans conteste, le marathon, avec les passages étroits, les passages de gués, les chicanes, sur les 15 km d'un parcours tout-terrain. Cette épreuve chronométrée exige, de la part du meneur et des chevaux, un entrainement physique rigoureux.

During the maneuvers with their carriages, where 1, 2, or 4 ponies or horses are driven in harness, the best international drivers show the aggressiveness of victors, ready to do battle with their adversaries. This event has the particularity of being able to be practiced as a family. It is not unusual to see teams made up of friends or couples. These passionate equestrians put on a performance of the highest quality in three disciplines: dressage, a cross-country "marathon" and a "stadium" or "cones" obstacle course. The dressage aspect of the competition consists of a series of predetermined movements performed from memory. The obstacle course consists of maneuvering through gates made of cones with balls balanced on them, without knocking them down. But, the most spectacular part of this event is, without doubt, the cross-country marathon with its tight twists, water obstacles and man made obstacles over a 15 km all terrain course. This timed event demands a rigorous physical training for the driver as well as the horses.

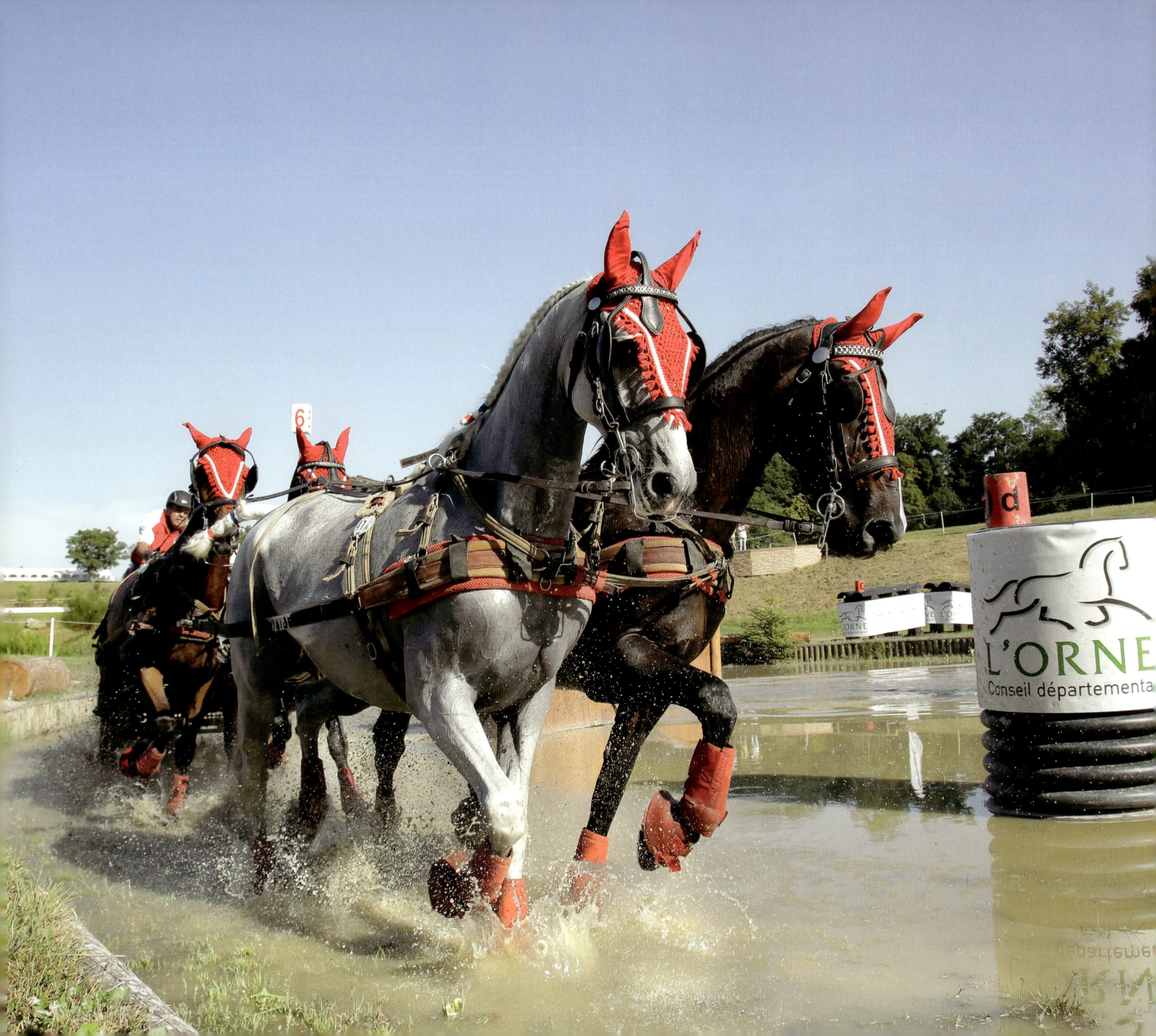
L'ORNE
Conseil départementa

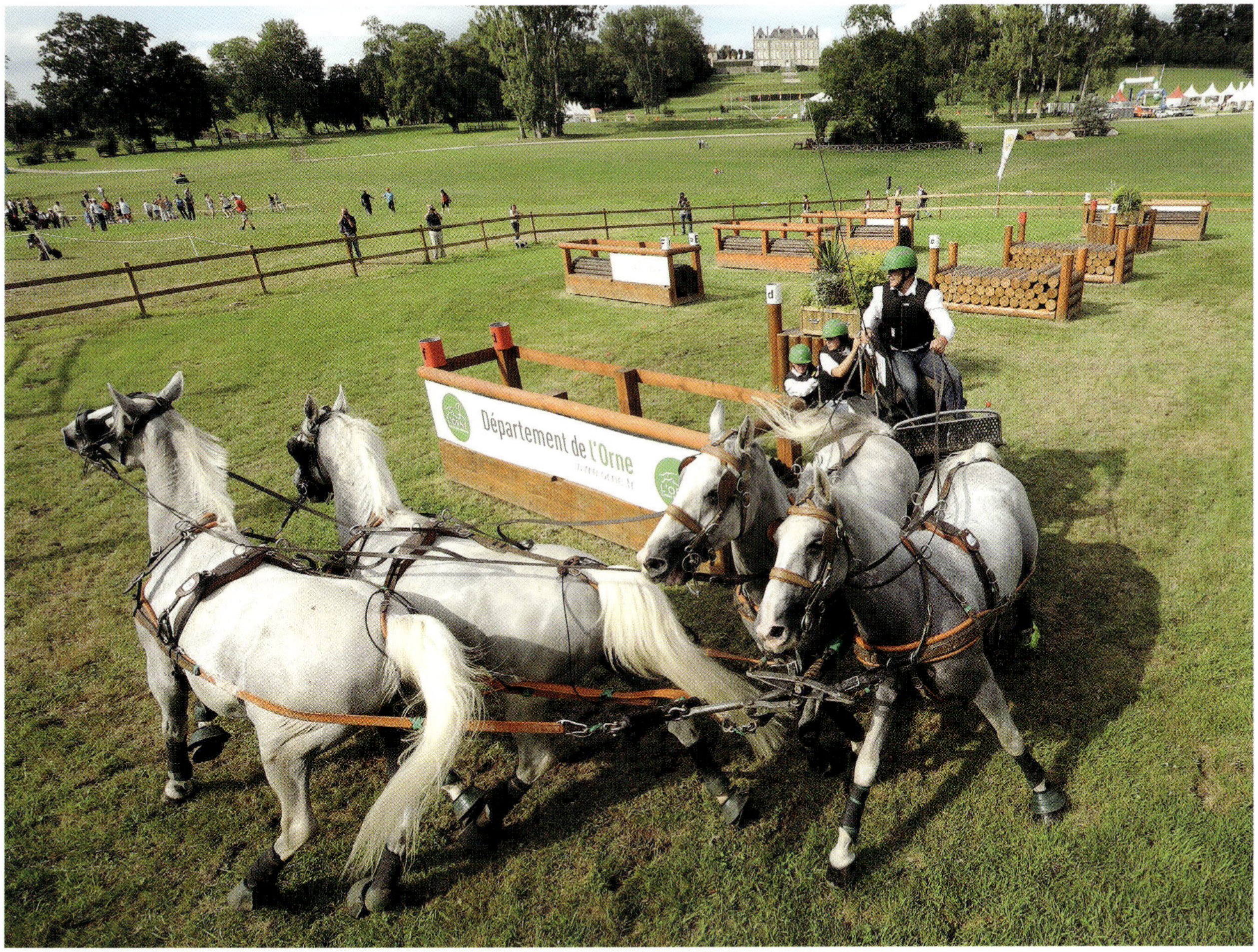
Département de l'Orne

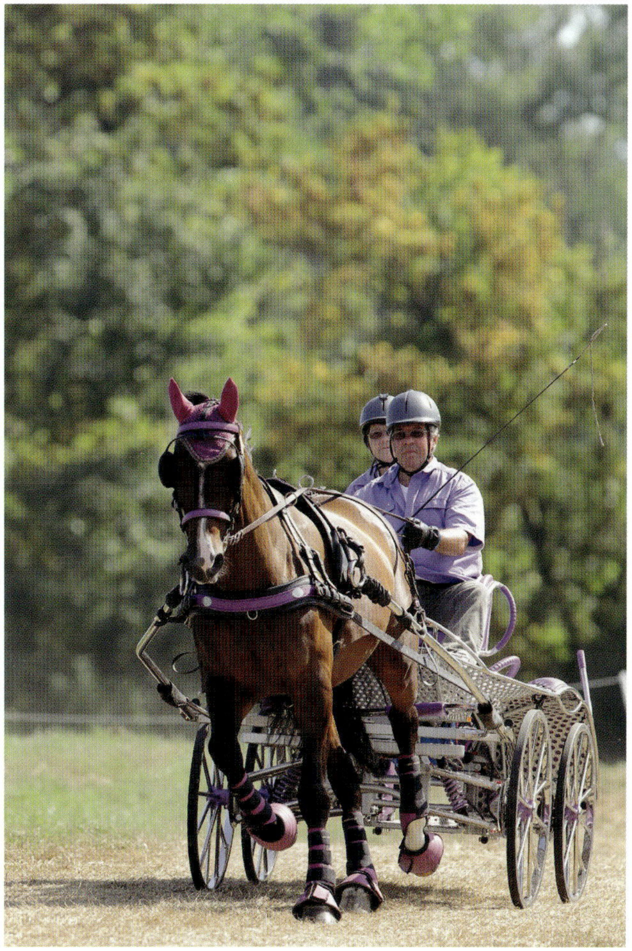

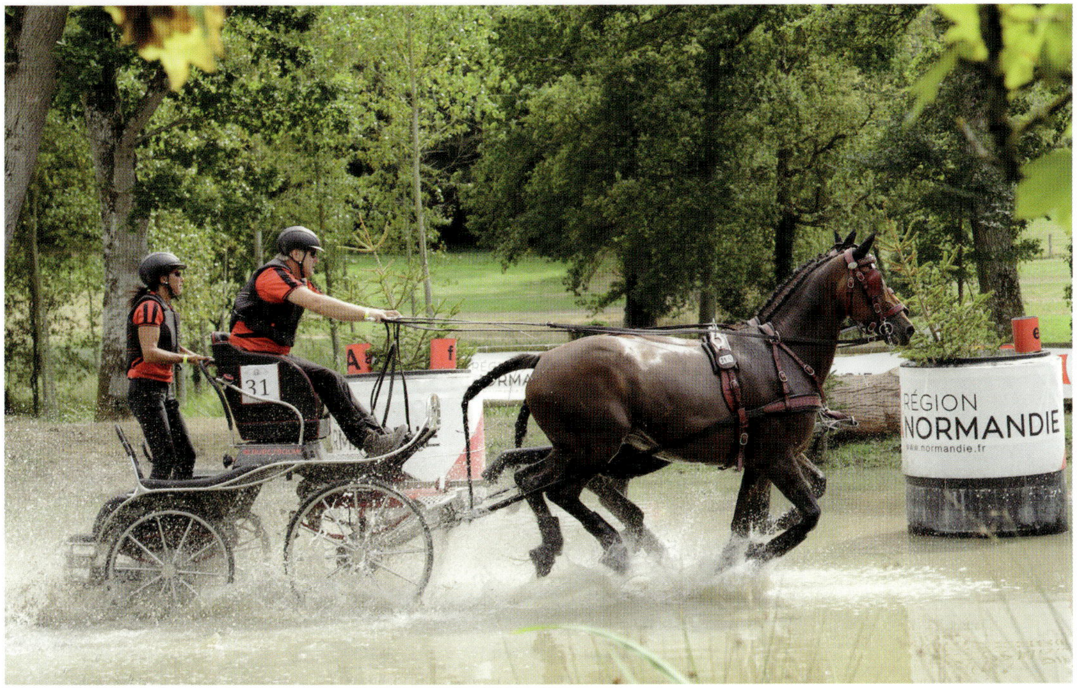
31
RÉGION
NORMANDIE
www.normandie.fr

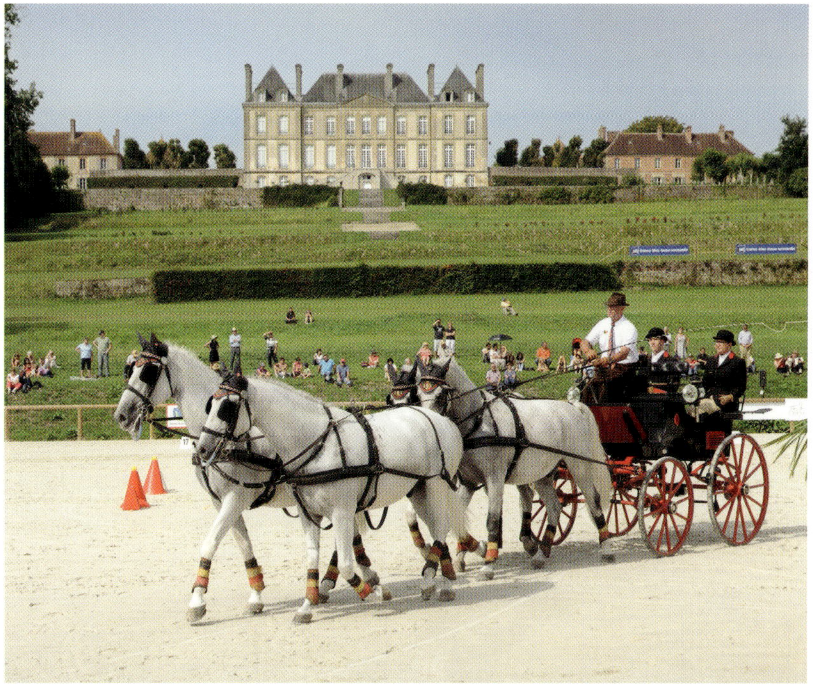

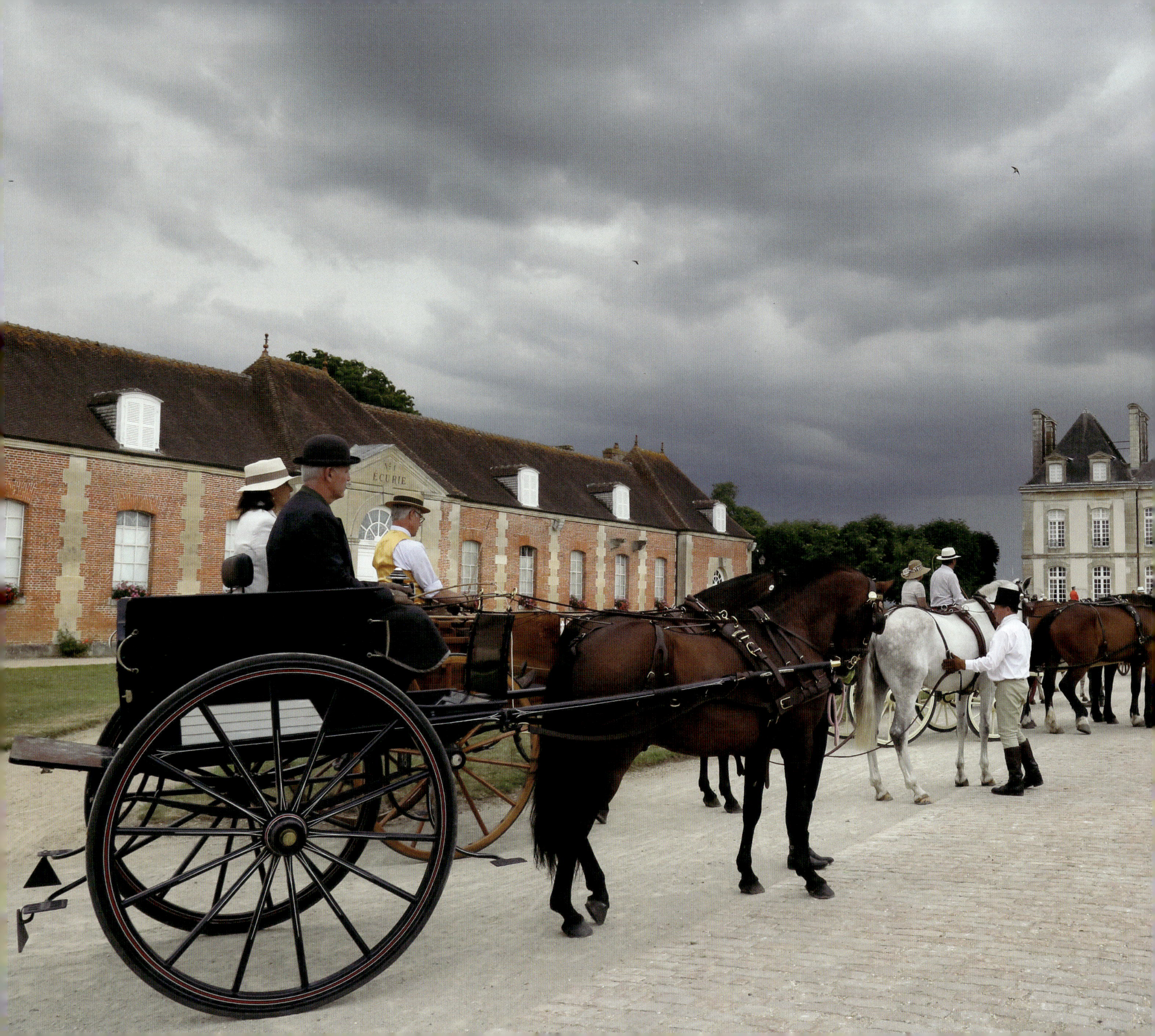
N°1
ECURIE

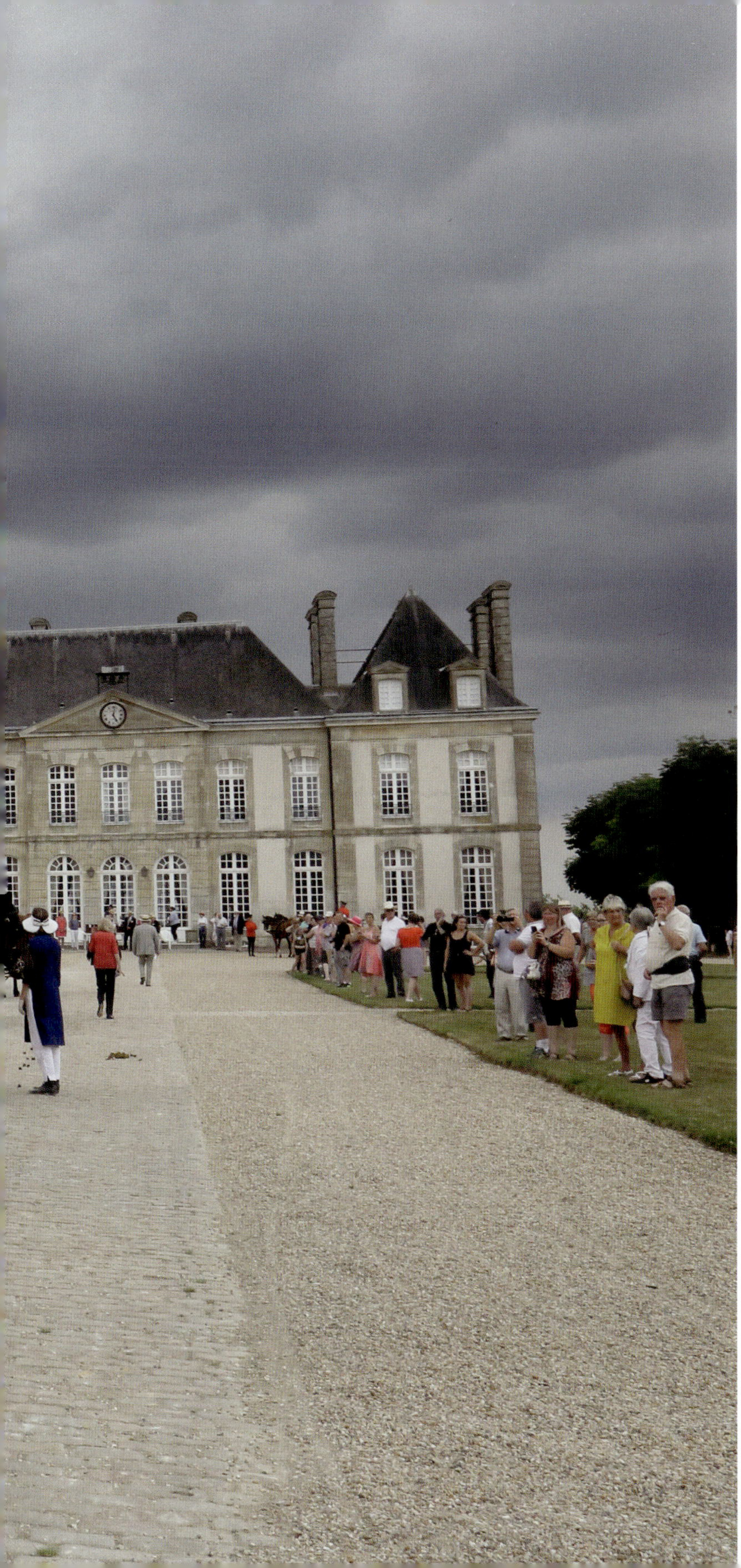

Concours international d'attelage de tradition

Chaque année, ce concours d'élégance attire de nombreux équipages venus de France et d'Europe. Un bel attelage de tradition est avant tout un ensemble harmonieux formé par les chevaux, la qualité de la voiture, fabriquée avant 1950, et de ses équipements, notamment les harnais, et la tenue vestimentaire des passagers. La présentation des équipages, première épreuve de ce concours, débute par le franchissement, au trot, de la grille d'entrée de la cour d'honneur. Immobiles et en mouvement, les équipages passent ensuite devant les juges qui apprécient l'harmonie générale, mais aussi la qualité des accessoires, comme la coiffure, les gants, les plaids, le fouet, la nature du cuir des harnais, ou les lanternes. Vient ensuite l'épreuve du routier, d'une longueur de 15 km à travers l'ensemble du domaine. La troisième épreuve est celle de la maniabilité, où l'habileté du meneur, l'aisance et la docilité des chevaux, sont jugés lors du passage des 20 portes. En fin de journée, tous les équipages s'alignent dans la cour du Château pour la remise des prix.

Every year this elegant competition attracts numerous teams from France and Europe. The Attelage de Tradition format is quite simple: the harmonious beauty of the horses, the quality of the vehicle built before 1950 and the correctness of its equipage, especially harness and passengers' clothing. The first stage of the Attelage de Tradition is Presentation, which starts with the teams entering at a trot through the gates into the main courtyard. With a standing presentation and a road drive, the teams pass before the judges who mark them on their general appearance, but also on the quality of their accessories, such as headgear, gloves, lap robes, whips, the quality of harness leather or the lanterns. Next comes the road drive (Routier) over 15km across the estate. The third stage is a cones course (Maniabilité) where the driver's skill and the ease and docility of the horses are judged as the teams pass between 20 obstacles. As the day comes to an end all the teams gather in the courtyard in front of the chateau for the prize giving.

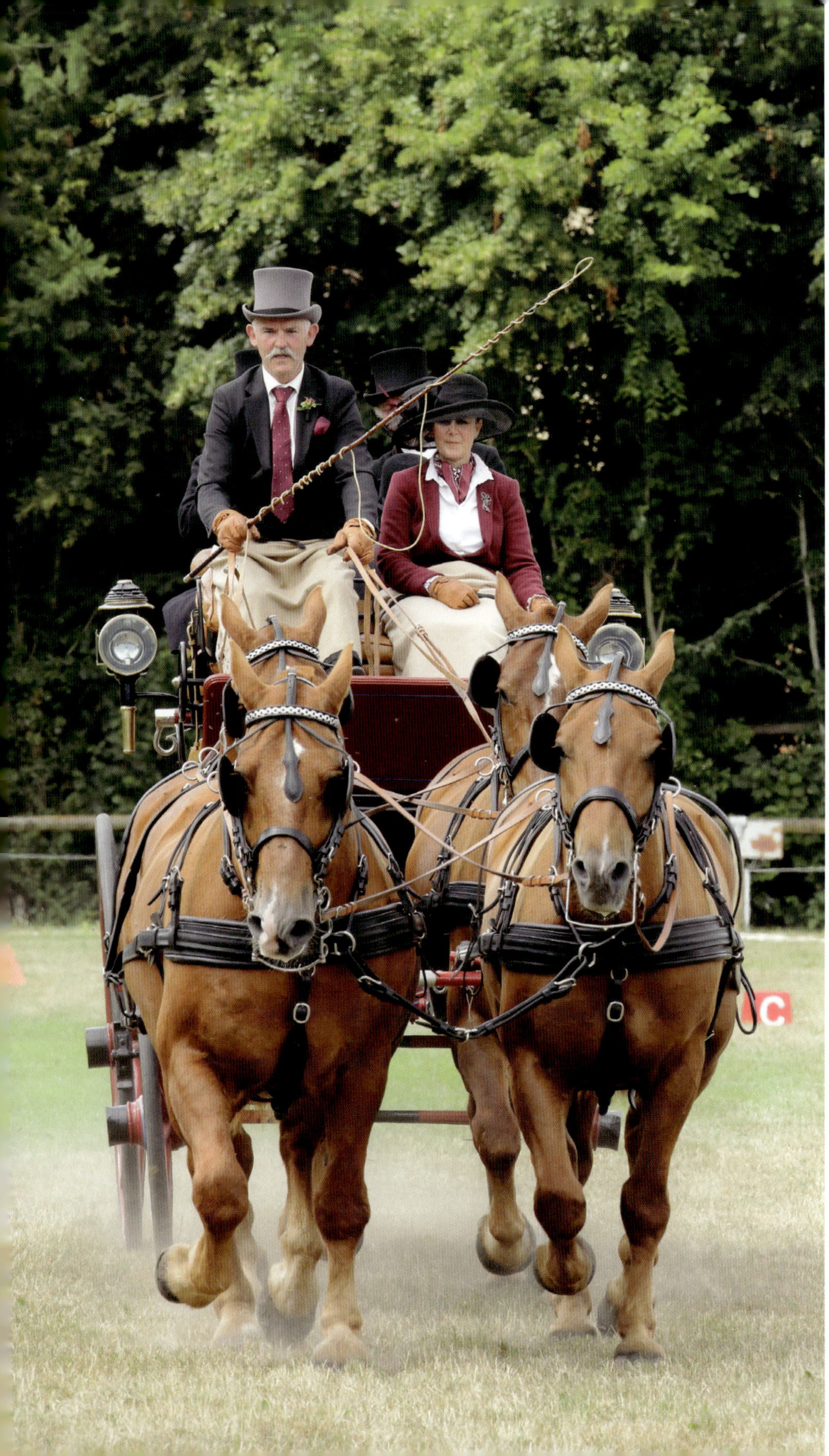
C

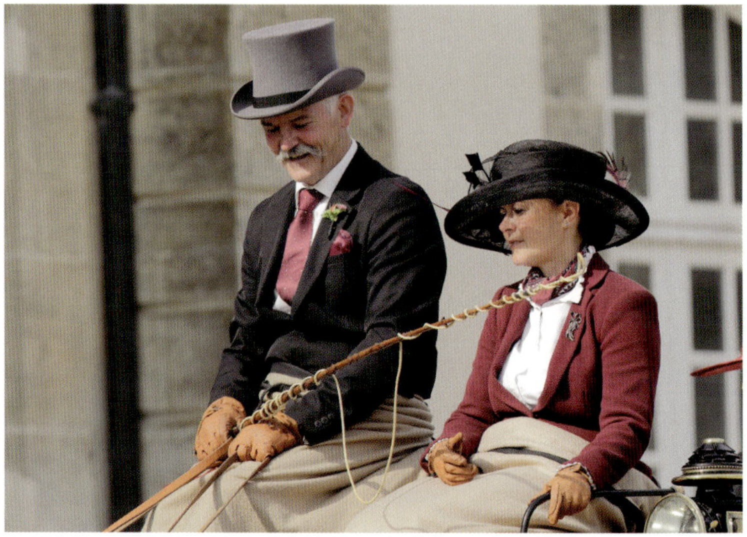

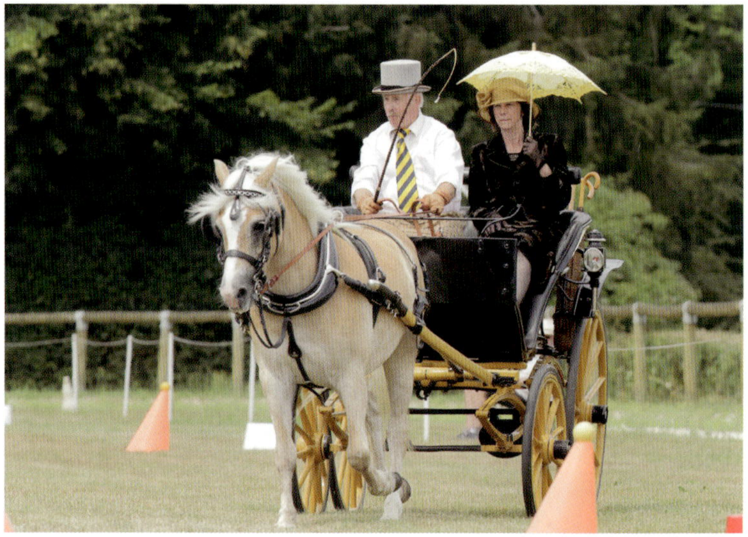

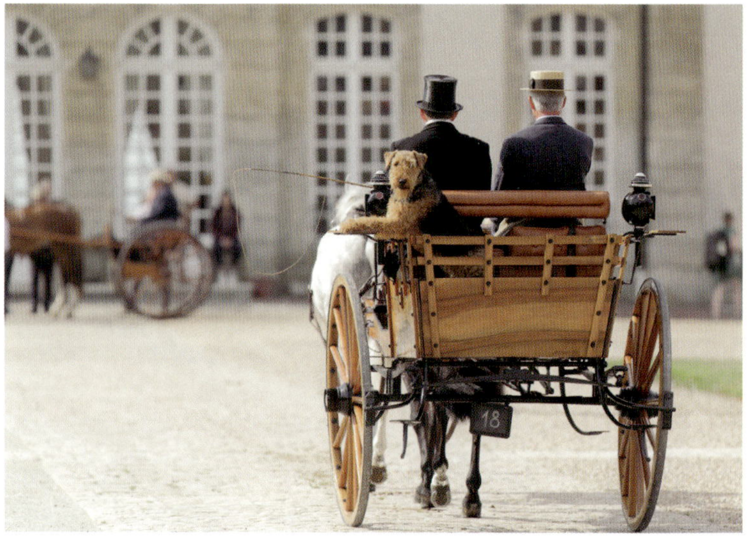
18

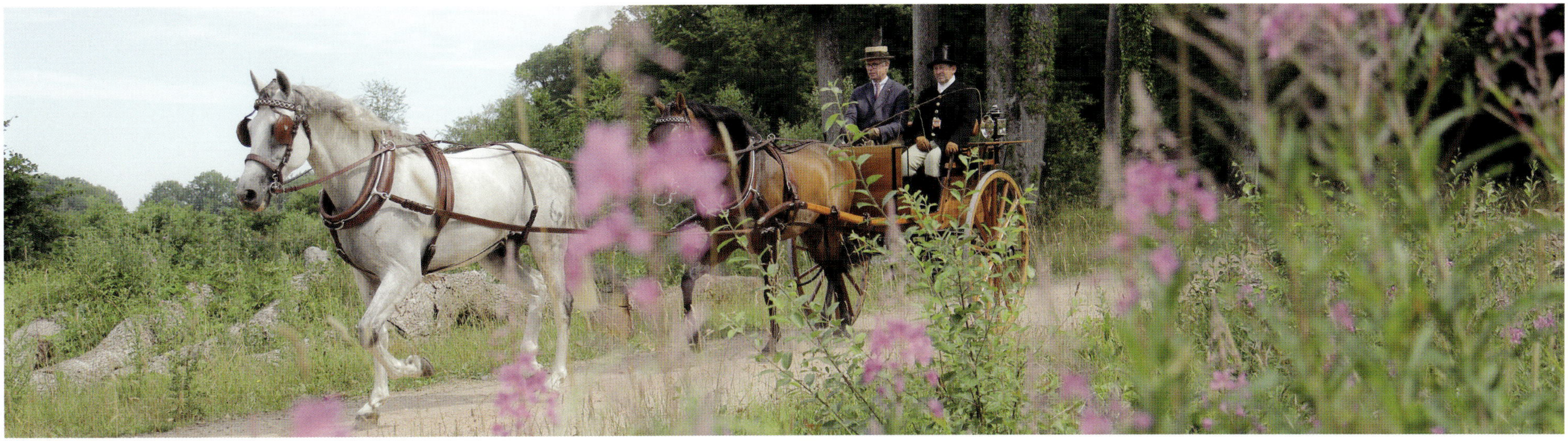

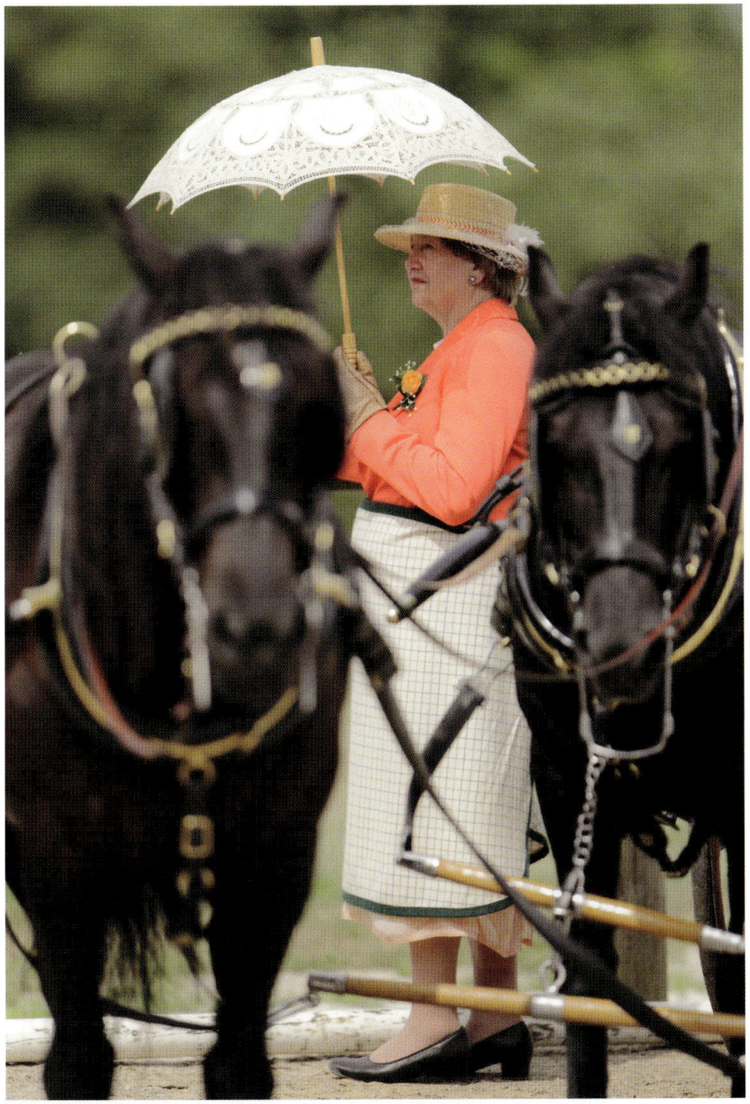

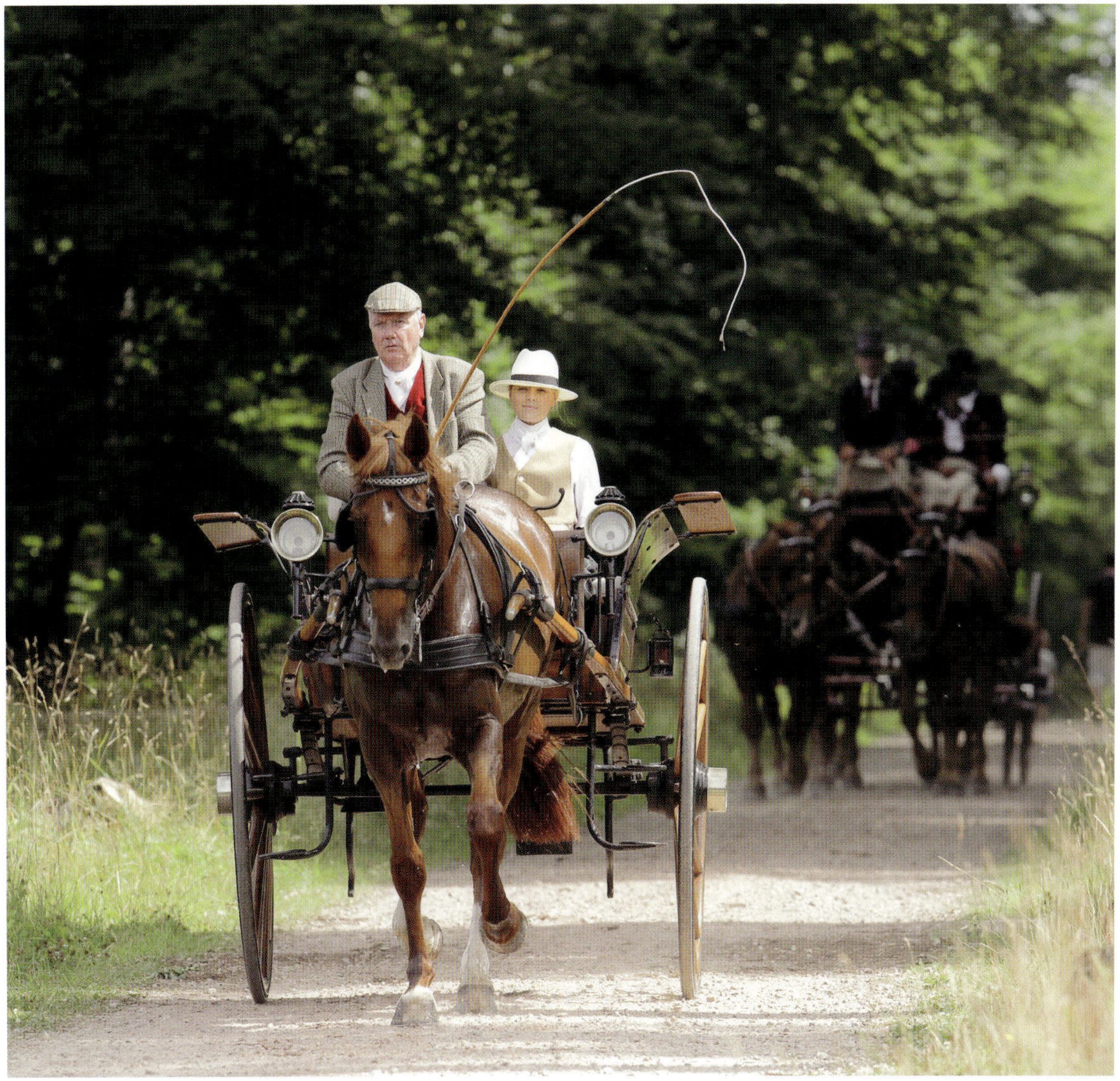

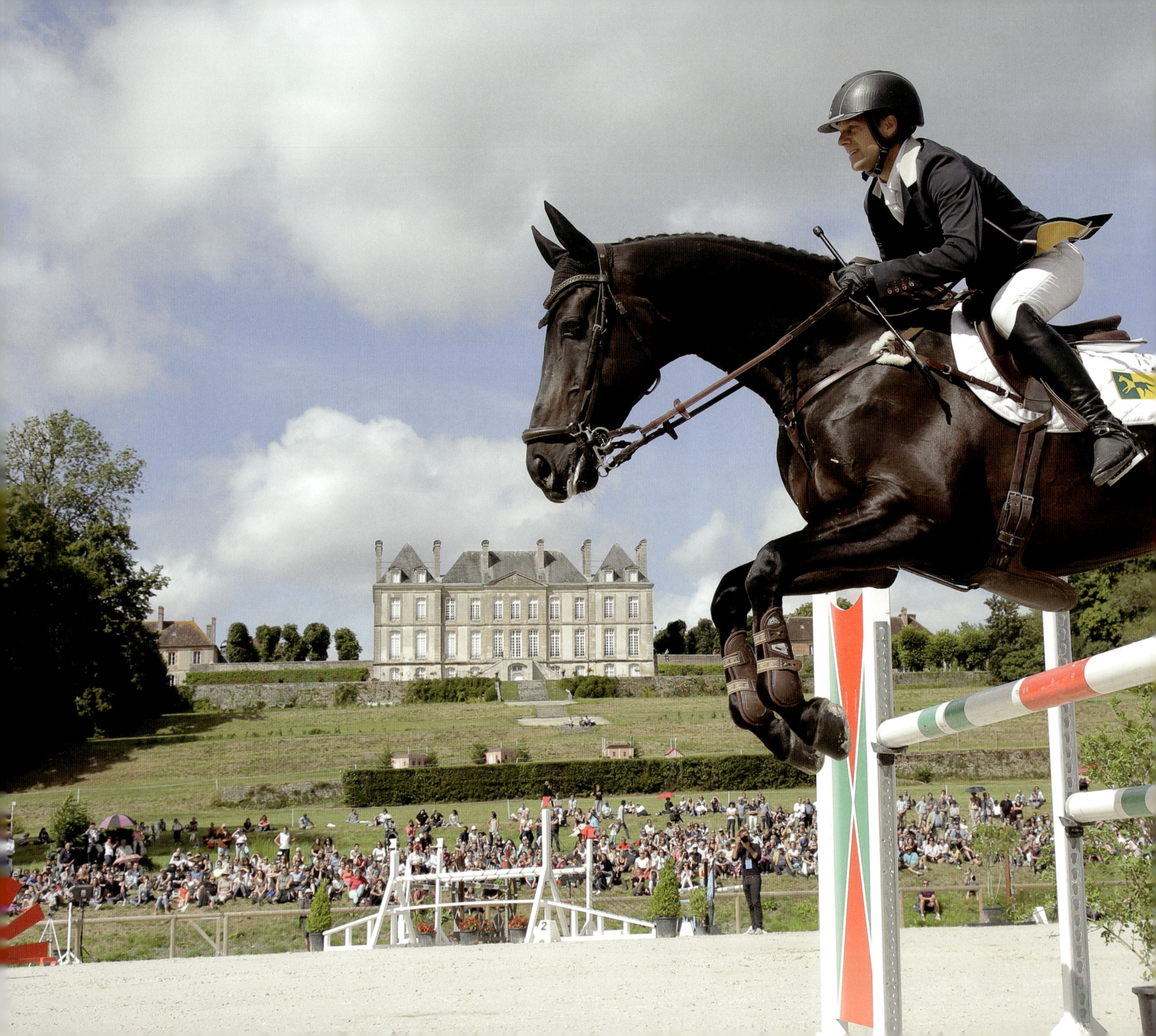

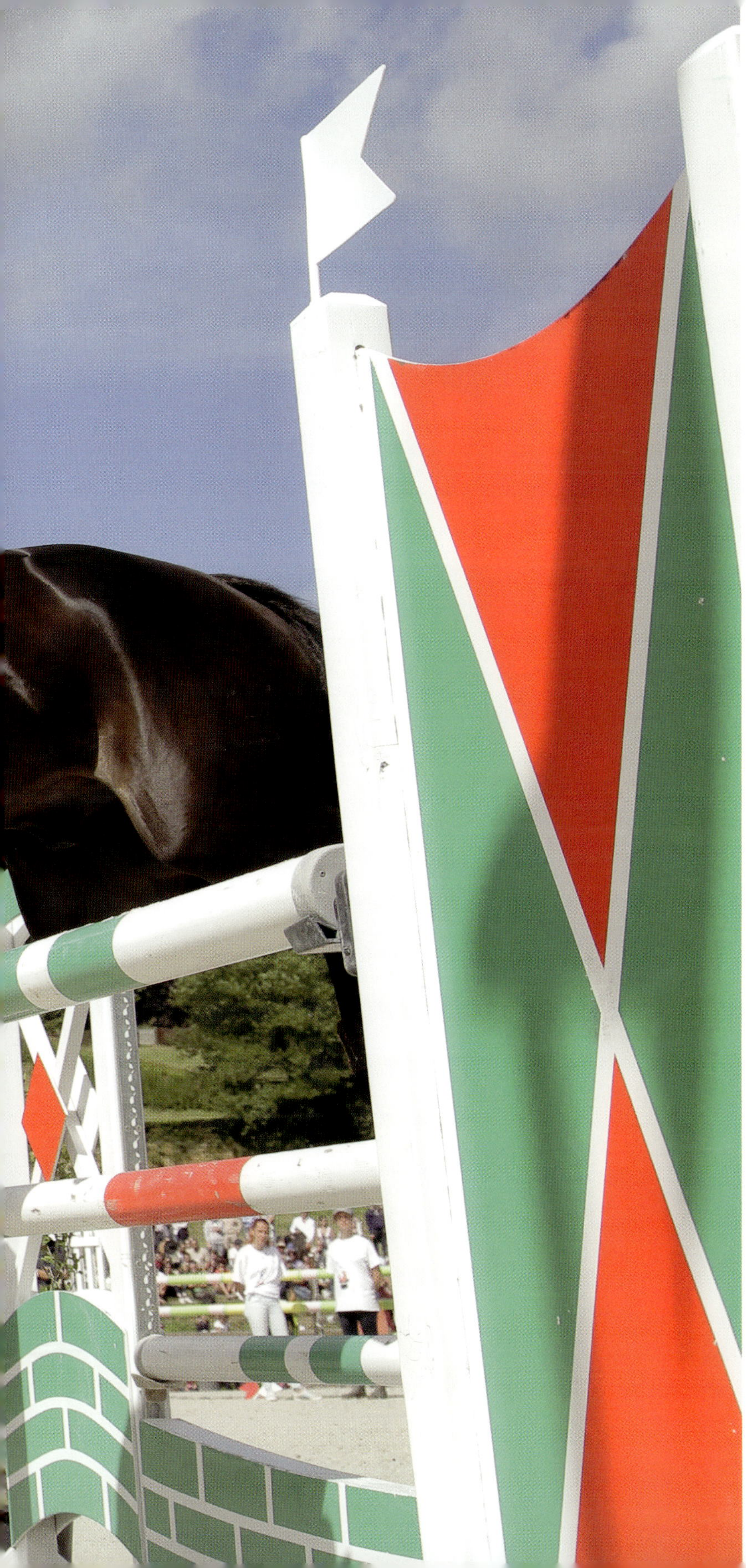

Le Grand Complet

Créé en 1995, le Grand Complet est le concours international incontournable pour les meilleurs cavaliers mondiaux. Inscrit au programme des Jeux Olympiques, c'est le triathlon des sports équestres, avec 3 épreuves : le dressage, le saut d'obstacles et le cross. Le dressage, sur un programme imposé, est la discipline qui met en valeur la complicité et l'harmonie parfaite entre le cavalier et son cheval. Puis, sur la carrière du Hautbois, au sud du château, le couple cavalier-cheval s'envole littéralement au-dessus des obstacles, enchainant des sauts à plus d'1,30m de hauteur, sous les yeux émerveillés des nombreux spectateurs. Mais l'épreuve reine de ce Grand Complet reste le cross. Les concurrents franchissent fossés, troncs, buttes, passages de gués, contrebas ou contrehauts, sur cette piste en herbe de quelques kilomètres, offrant au public un spectacle époustouflant.

Created in 1995, Le Grand Complet is the international meeting for the best riders in the world. Included in the Olympic Games programme, this event is an equestrian triathlon with riders competing in 3 different disciplines: dressage, cross-country and show jumping. Dressage is a discipline of a predetermined performance which showcases the bond and perfect harmony between the rider and his mount. Then, to the south of the chateau in the Hautbois arena, the horse-rider duo literally take off over a course of obstacles, with jumps of more than 1.30m (4'3") before the admiring gaze of the numerous spectators. But the highlight of Le Grand Complet is the cross-country event. The competitors jump ditches, logs, hills, water obstacles, up banks and down slopes on a grass course over a number of kilometers. The spectators are given a breathtaking show.

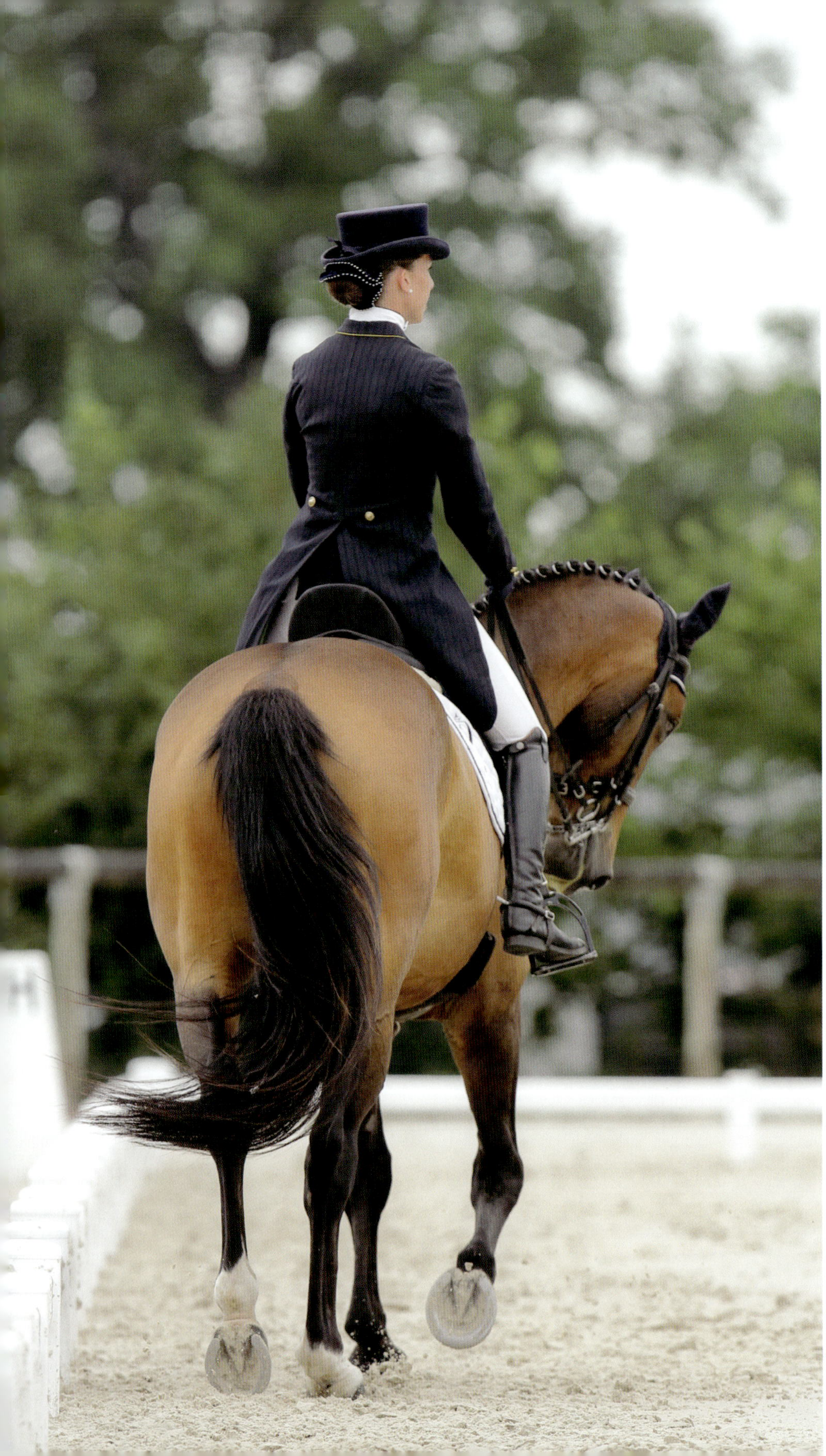

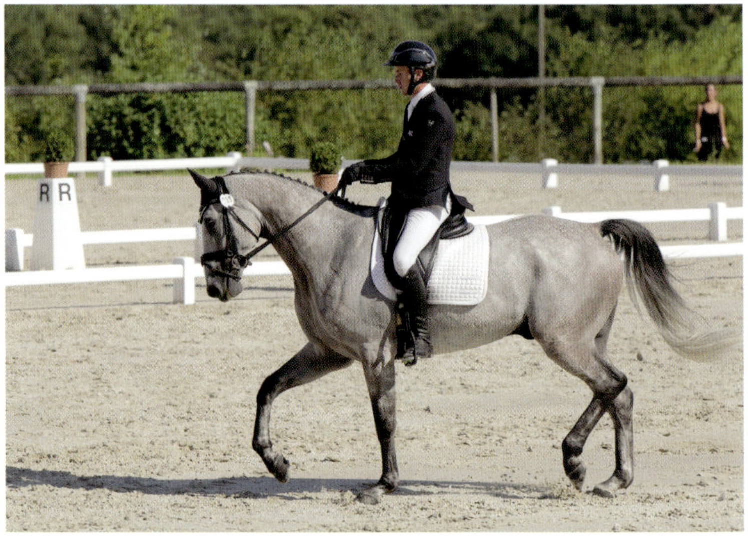
R R

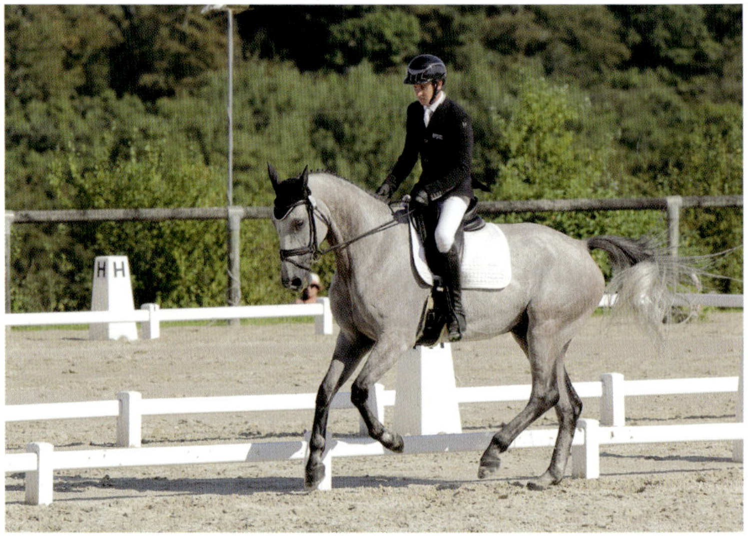
H H

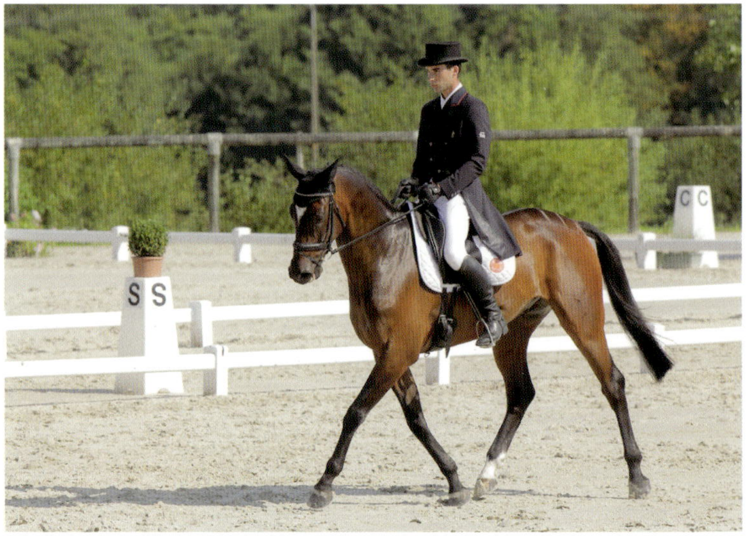
S S
C C

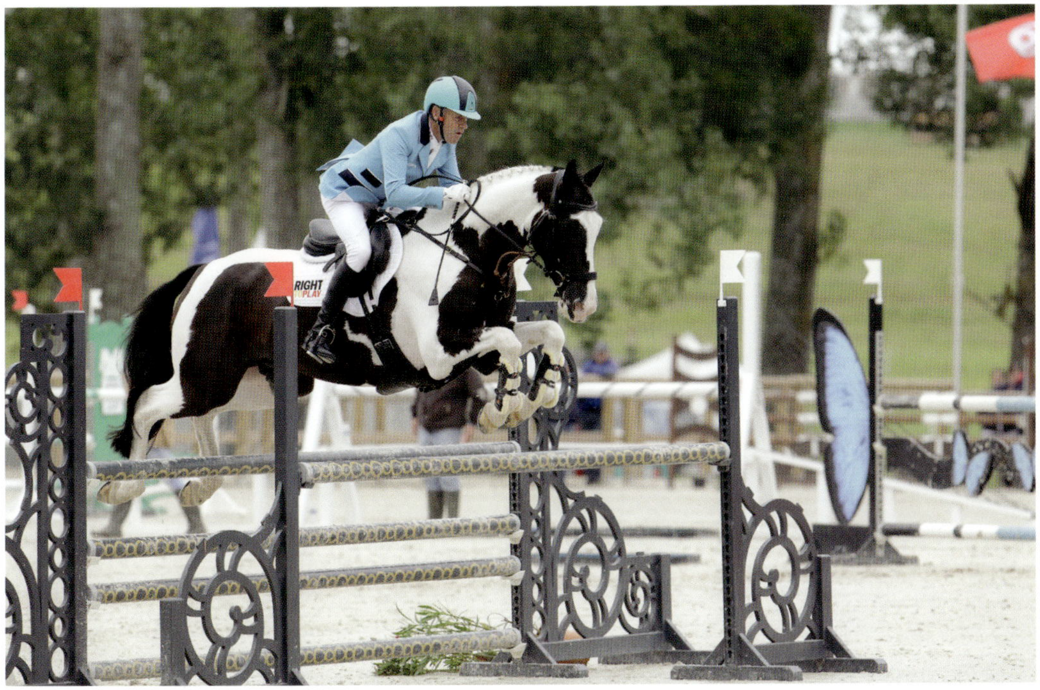
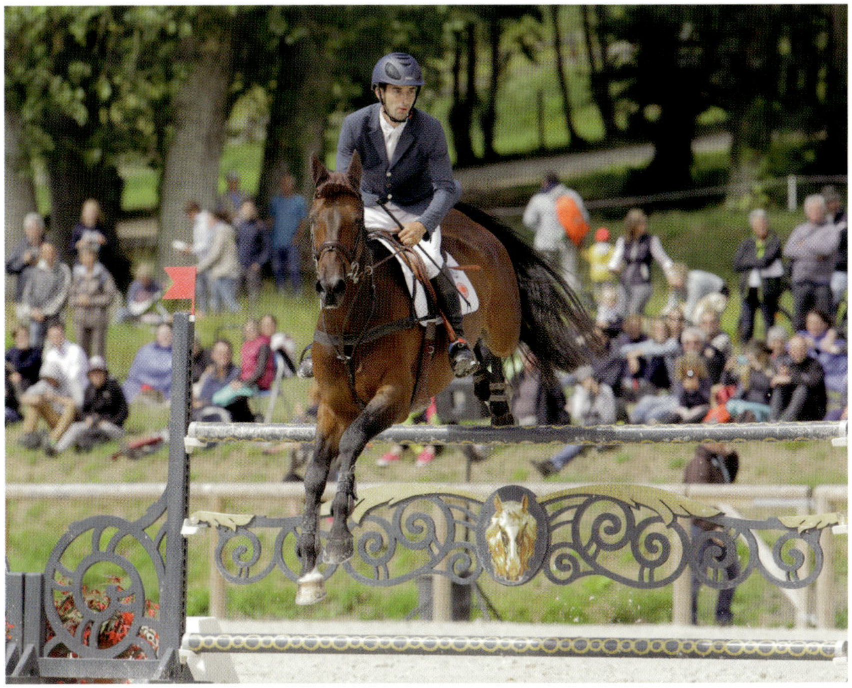
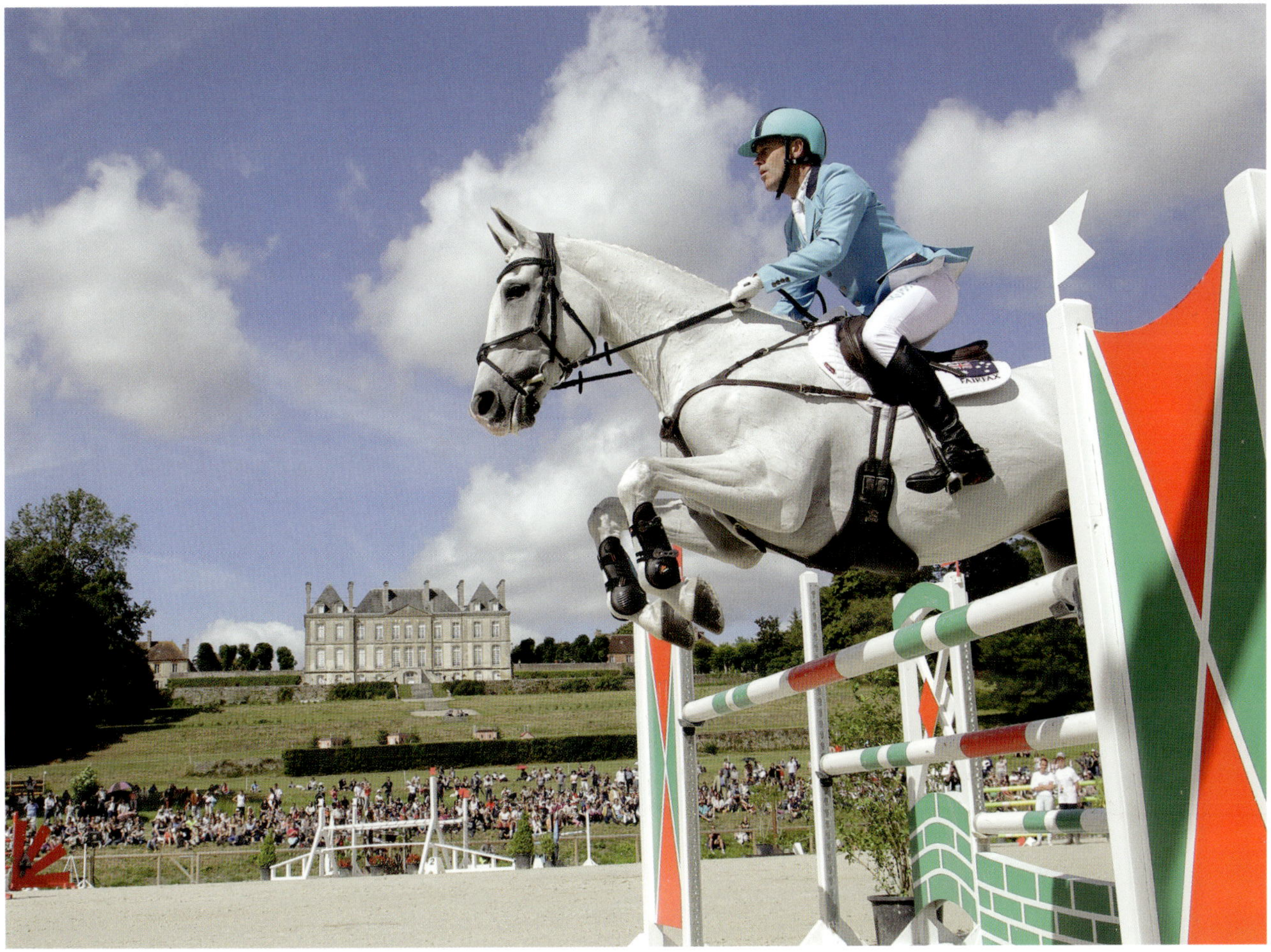
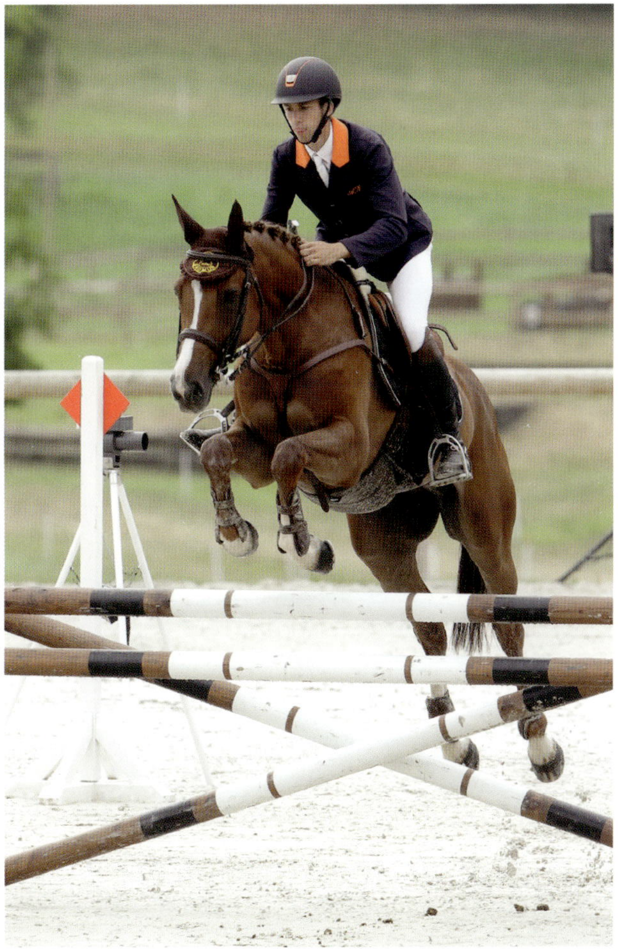

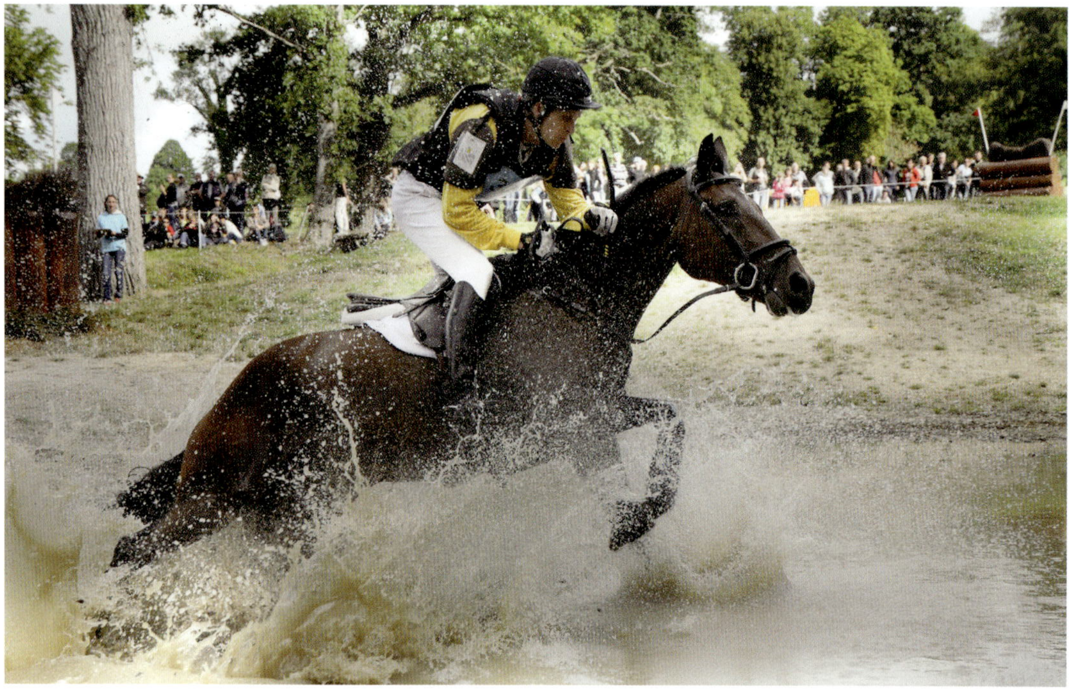
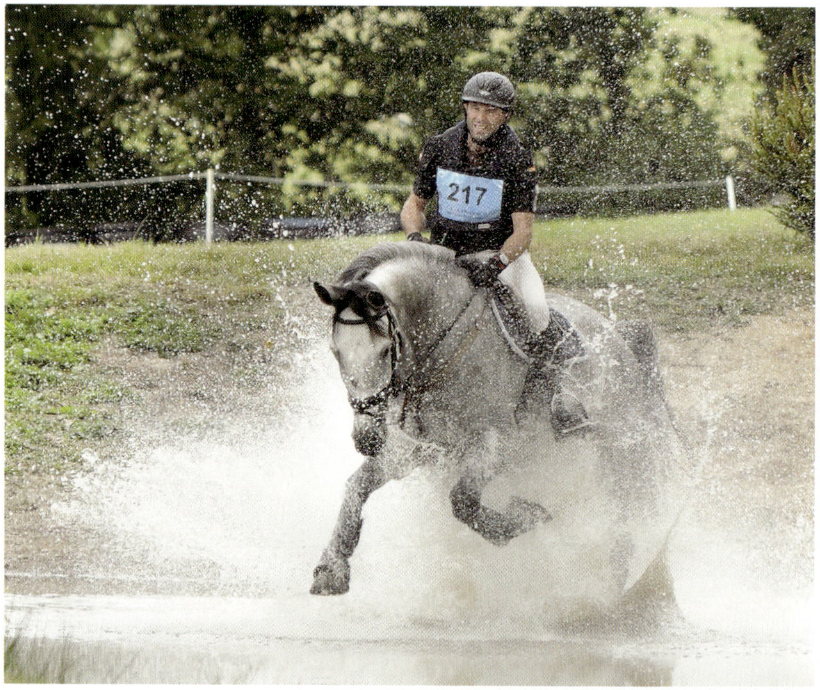
217
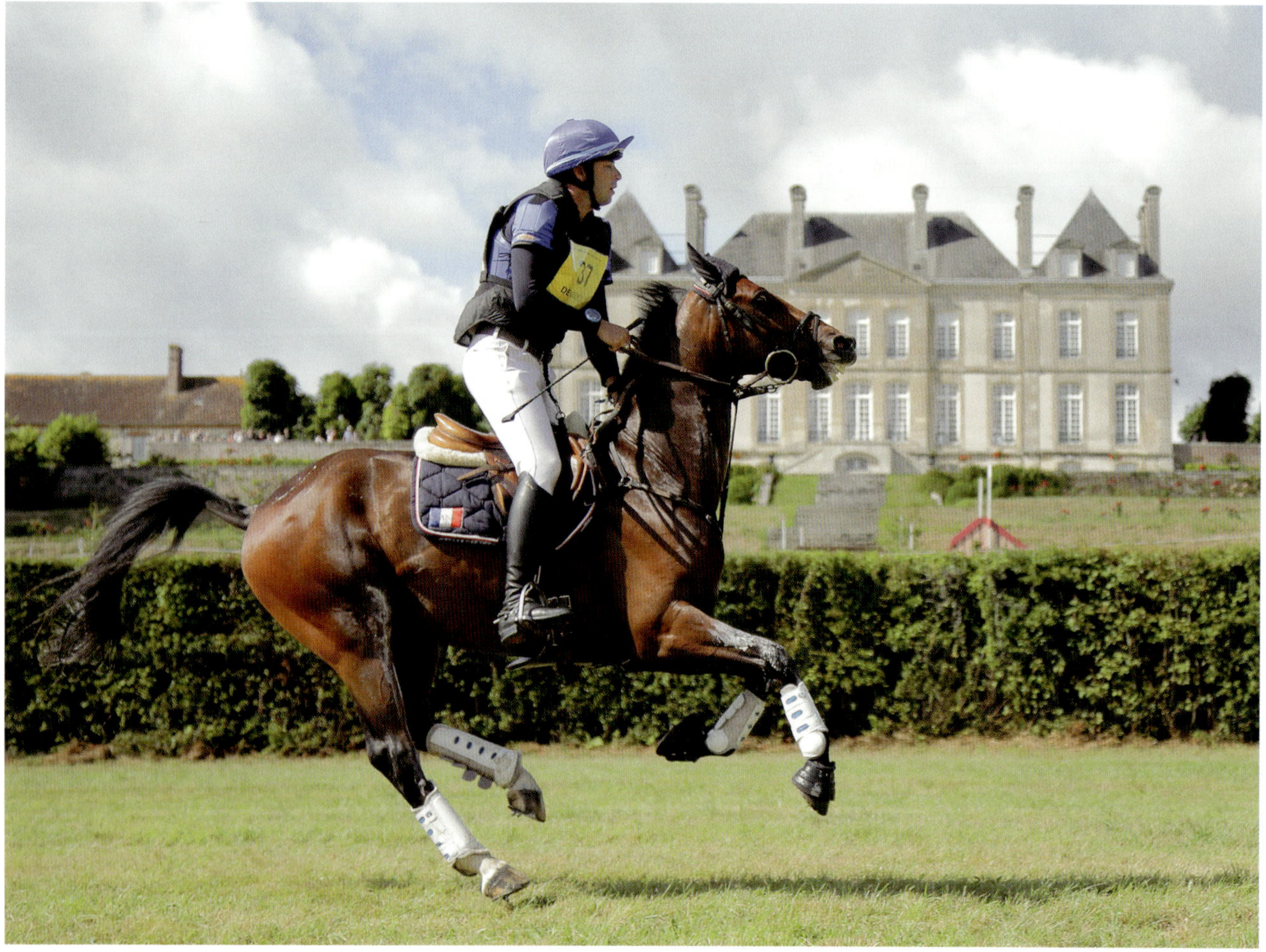
37
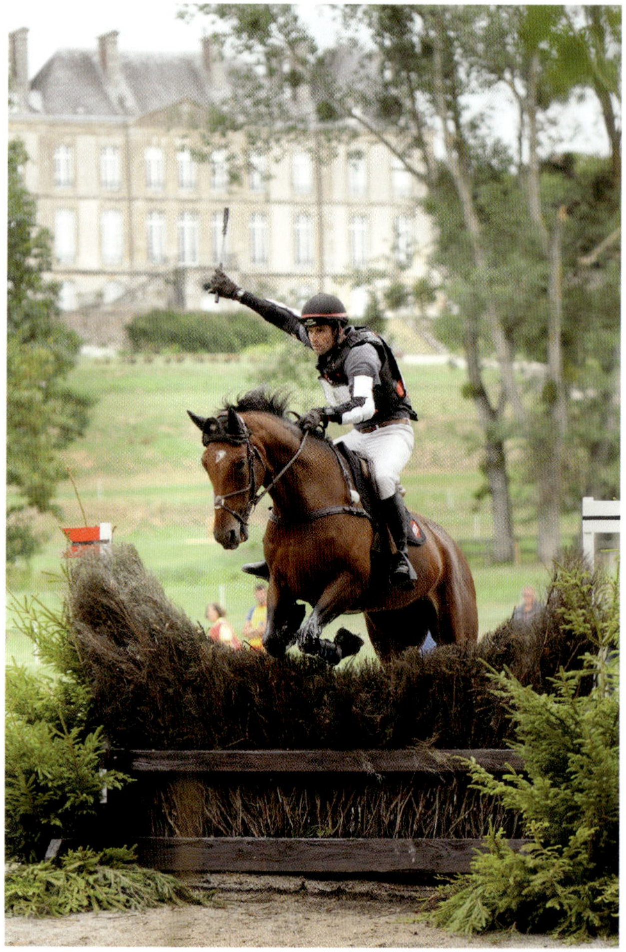

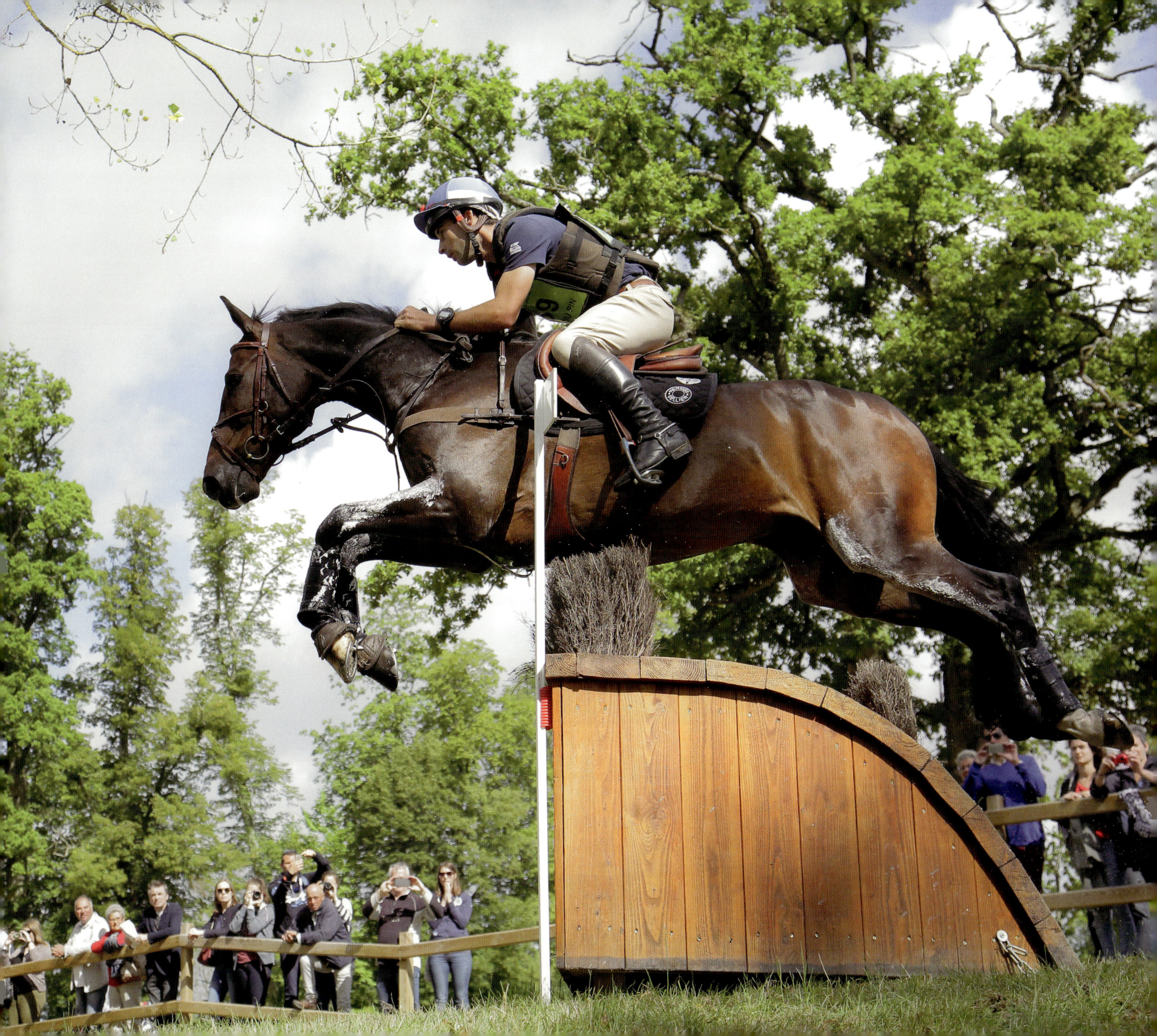

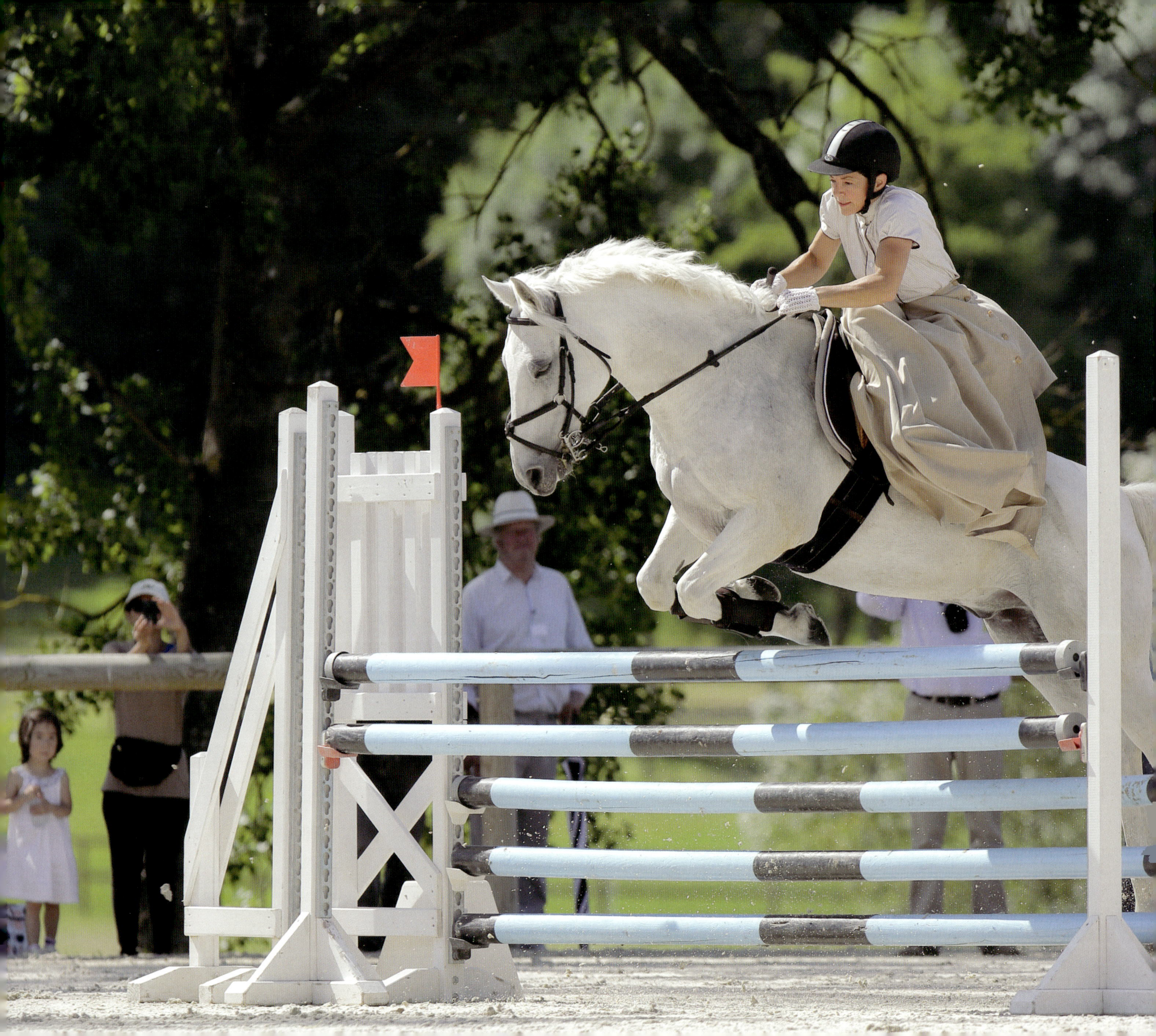

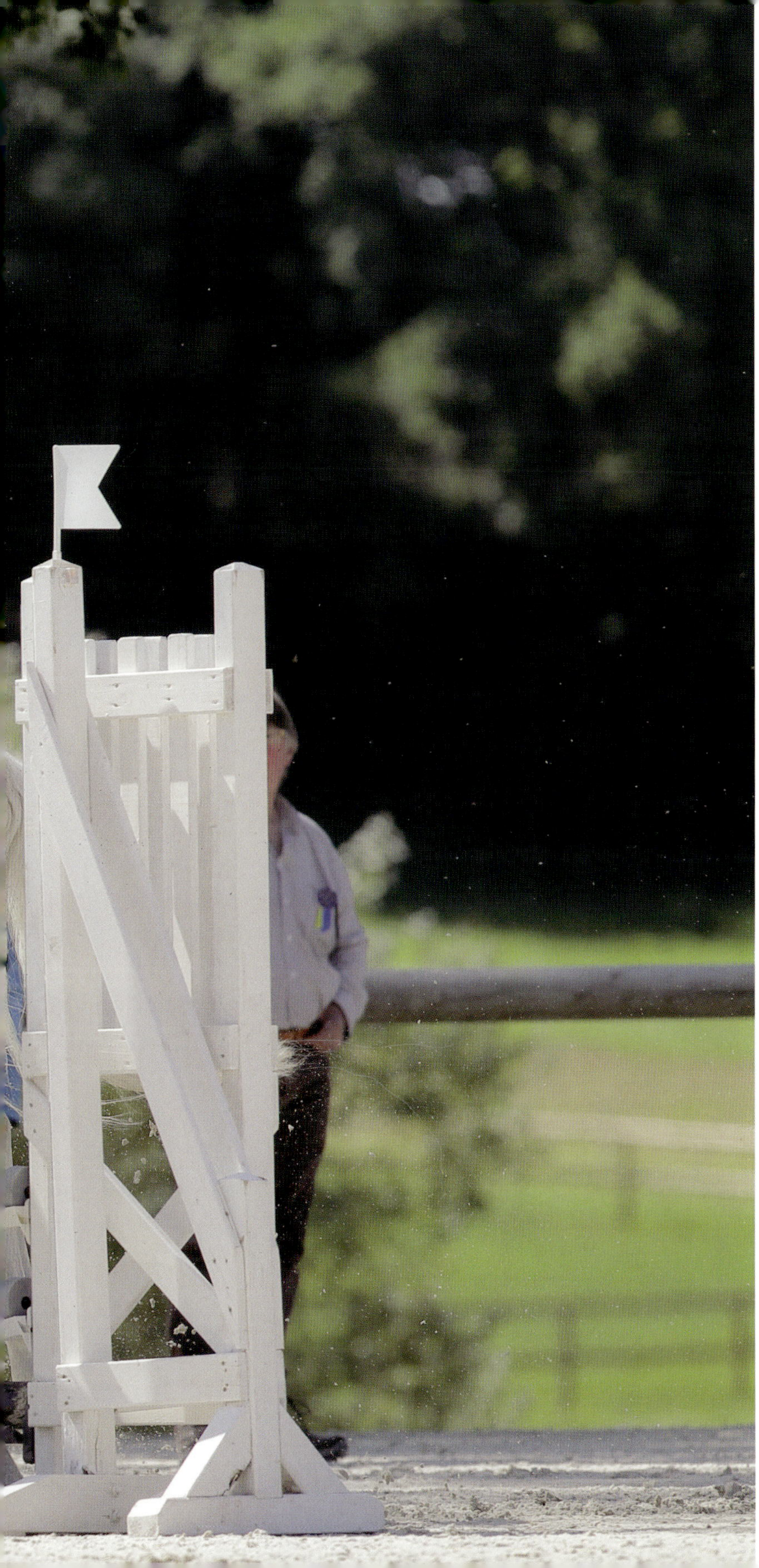

Le concours d'équitation en amazone

On est loin du peuple de femmes guerrières de la mythologie grecque qui se brûlaient un sein afin de mieux tirer à l'arc. Féminité et élégance sont de mise pour ces cavalières modernes pratiquant la monte avec les deux jambes du même côté, à gauche. C'est au XIVe siècle qu'est apparu la monte en amazone, sur des selles appelées *sambue*, très inconfortables et uniquement adaptées à l'allure du pas. François de Garsault, capitaine des Haras de France, apporte une seconde fourche à la selle ce qui lui offre un bien meilleur équilibre. Après de nombreux aménagements, au fil des années, la fourche gauche apparaît au XIXe siècle pour positionner la jambe gauche et progressivement arriver à la selle que nous connaissons aujourd'hui. De nos jours, ces cavalières participent aux mêmes épreuves équestres que les cavaliers à califourchon, comme le dressage, le saut ou le cross. L'essor de nouvelles associations, la multiplication des stages et concours, assurent de beaux jours à ces élégantes amazones.

Sidesaddle riding is known in French as "Amazonian riding", but we are far removed from the warrior women of Greek mythology who burned off a breast in order to be able to draw their bow. Femininity and elegance are the order of the day for these modern riders who sit aside rather than astride their horse, legs to the left. Sidesaddle riding took off in the 14th century with the use of the sambue saddle which was very uncomfortable and only designed for walking pace. François de Garsault, the captain of the royal stud farms, added a second pommel to the saddle which improved balance. After many changes over the years, the left pommel was introduced in the 19th century to hold the left leg in position. This led progressively to the saddle design that we know today. Nowadays, these riders take part in the same equestrian events as riders who sit astride: dressage, showjumping and cross-country. The rise in new clubs, the proliferation of courses and competitions all ensure a bright future for these elegant sidesaddle riders.

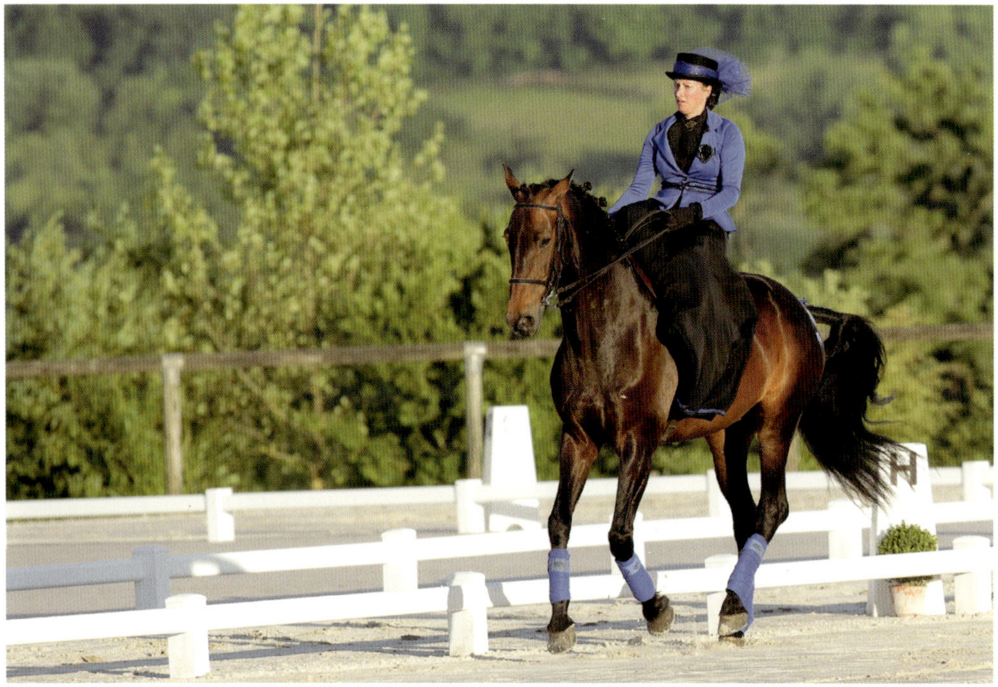
H

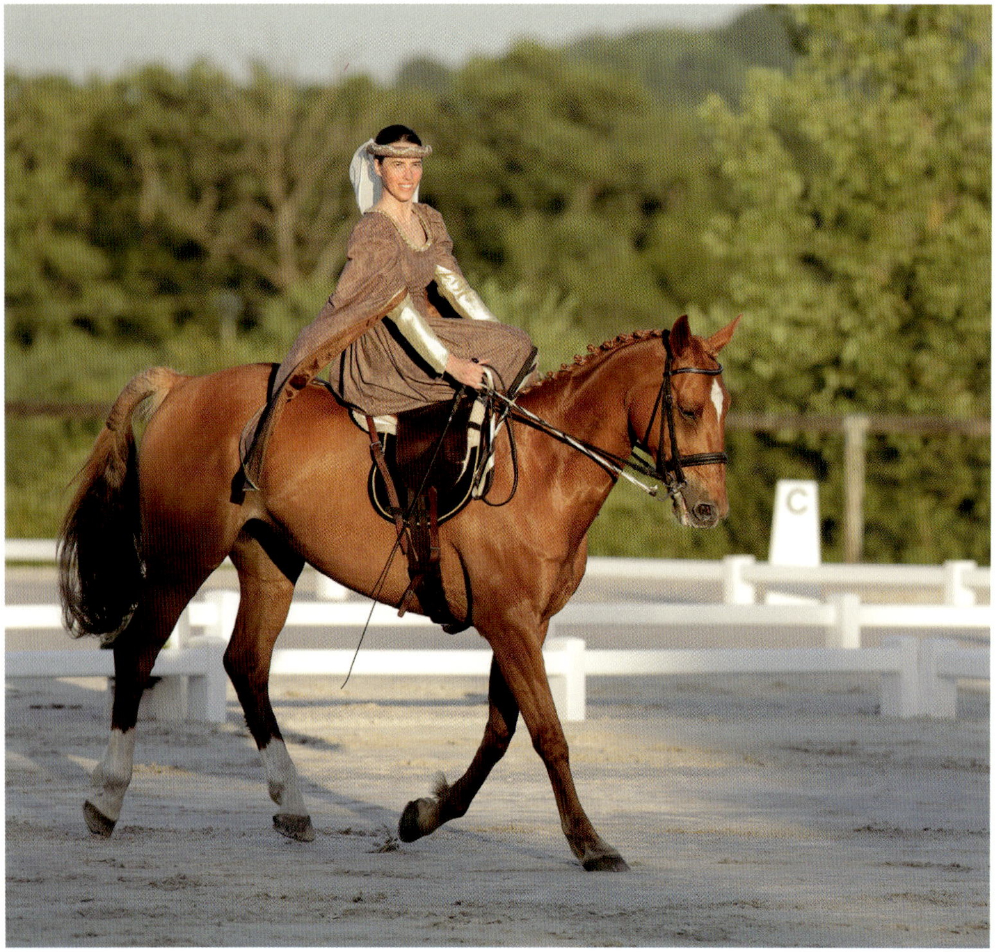
C

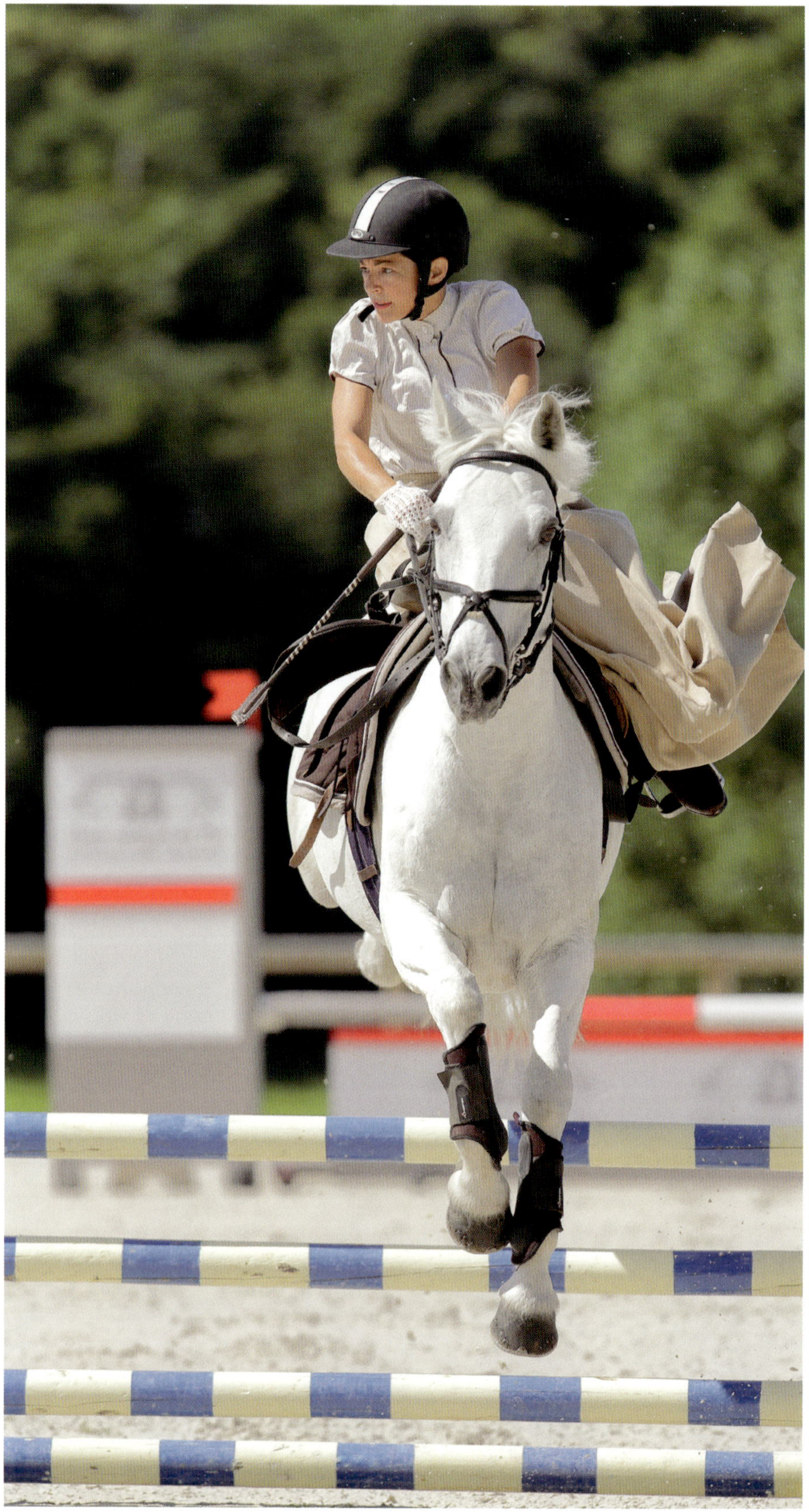

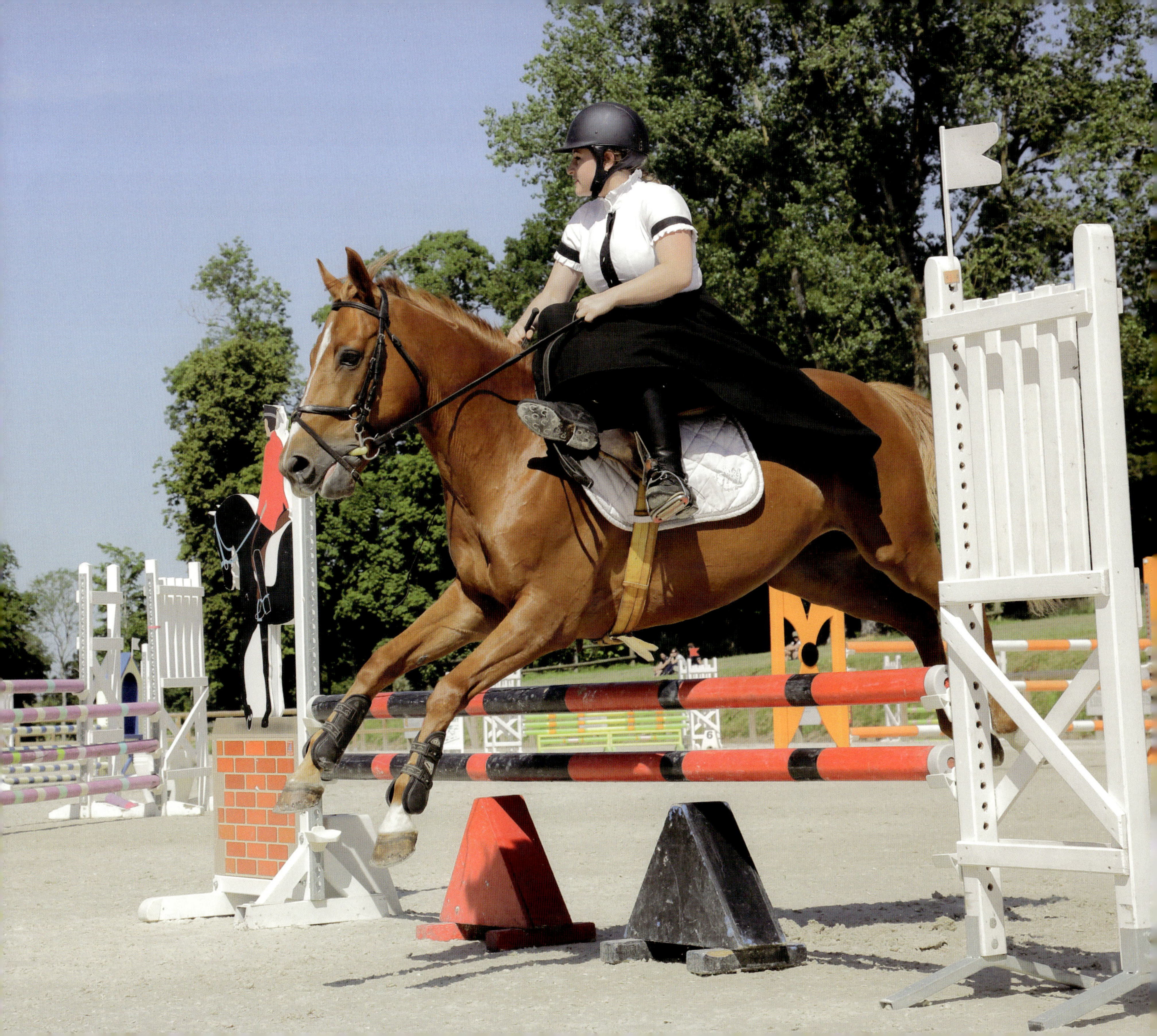

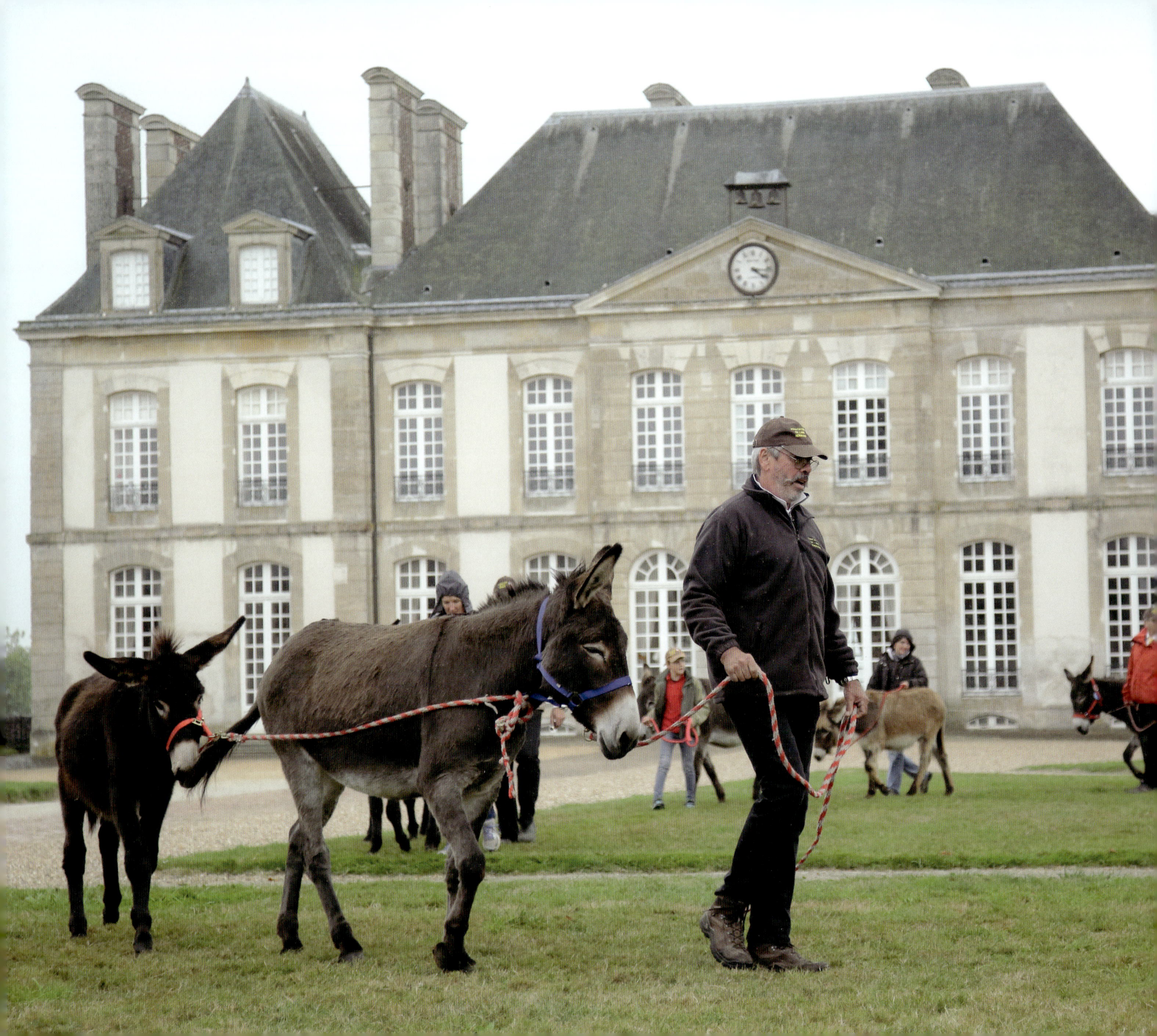

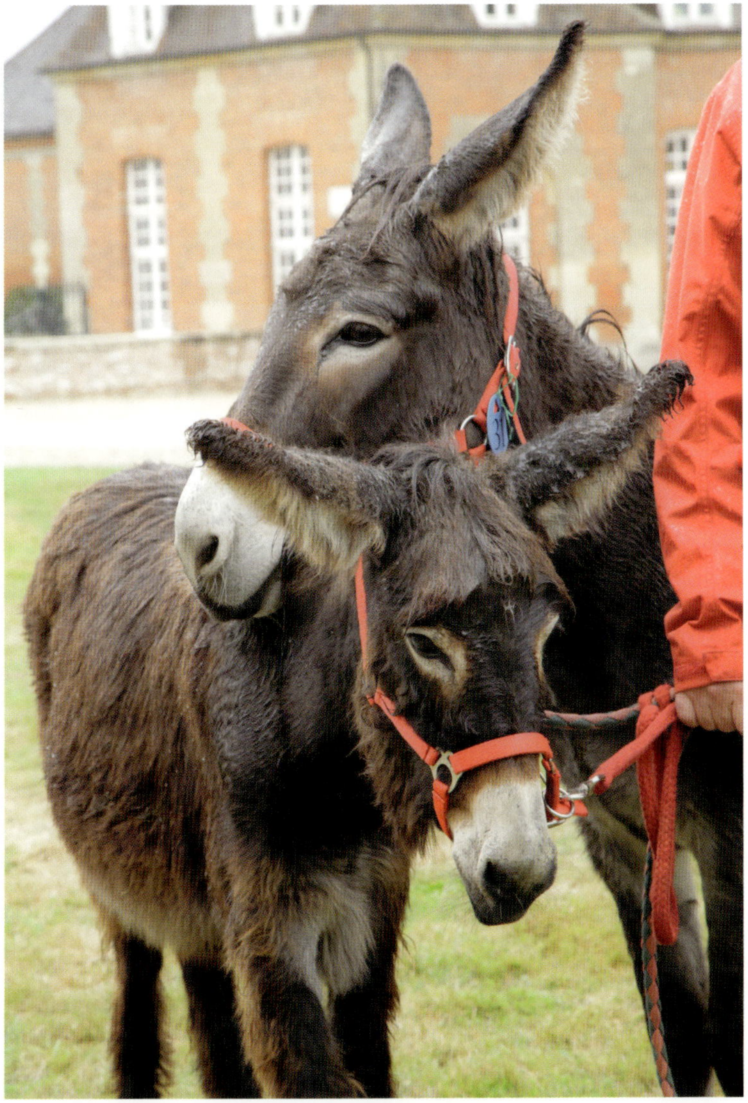

Le National de l'âne

« L'âne, s'il n'a pas envie de faire, il ne fait pas ». Mais derrière cette image peu flatteuse, se cachent de vraies qualités très appréciées des éleveurs. Plus calme, plus paisible, et le pied plus sûr qu'un cheval, l'âne se dresse, ou plutôt s'éduque, avec des méthodes basées sur la confiance. Et c'est chaque année, dans la cour d'honneur du Haras du Pin, que leurs atouts sont jugés : morphologie, type, couleur de la robe ou déplacement sont scrutés par plusieurs juges. L'âne normand, lui, doit être impérativement de couleur bai à bai-brun (ou noir pangaré) et avoir une bande scapulaire (sur l'omoplate). Son ventre, son tour d'œil, et son nez doivent être gris-blanc.

"If a donkey does not want to do it, he won't do it." Behind this rather unflattering image lie good qualities that are much appreciated by breeders. Calmer and more peaceful with surer footing than a horse, donkeys are trained, or more accurately, educate themselves through methods based on trust. And every year in the main courtyard at the Haras du Pin, their assets are judged: morphology, type, coat colour or movement are scrutinized by a number of judges. The Norman donkey must be bay, dark bay or black pangaré (pangaré is a coat trait found in some donkeys that features pale hair around the eyes and muzzle and underside of the body) as well as having a shoulder-stripe (on the shoulder blades). The surround of the eyes and lower part of the muzzle are grey-white, as is the belly.

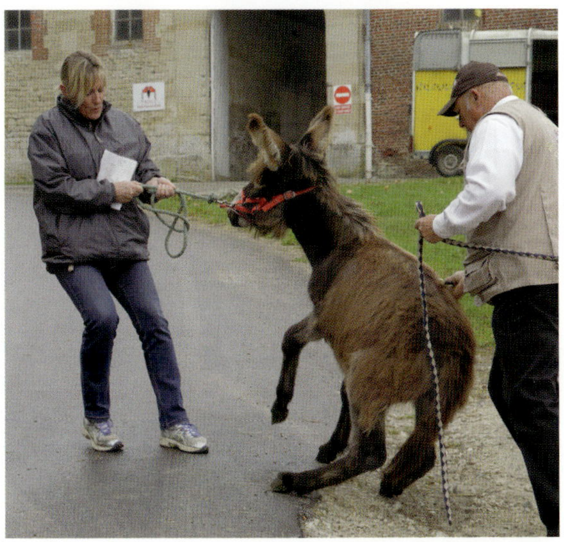

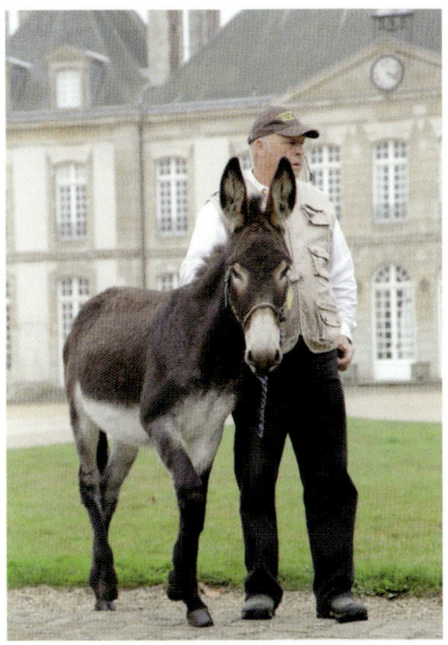

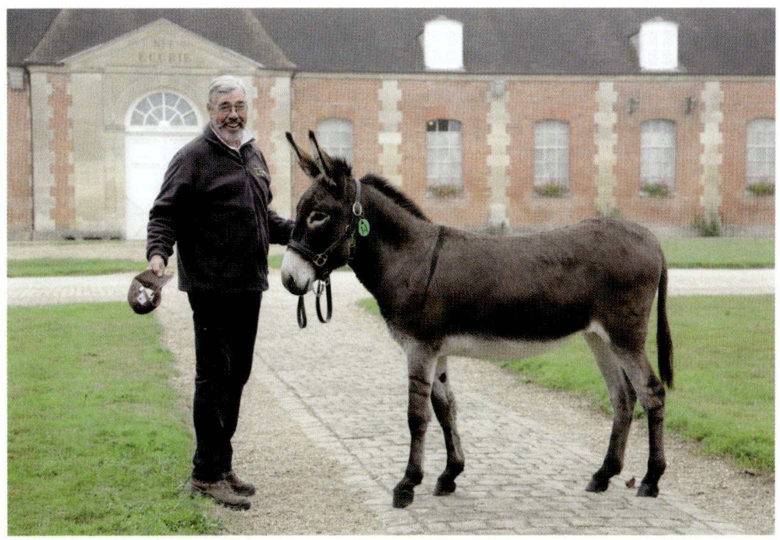

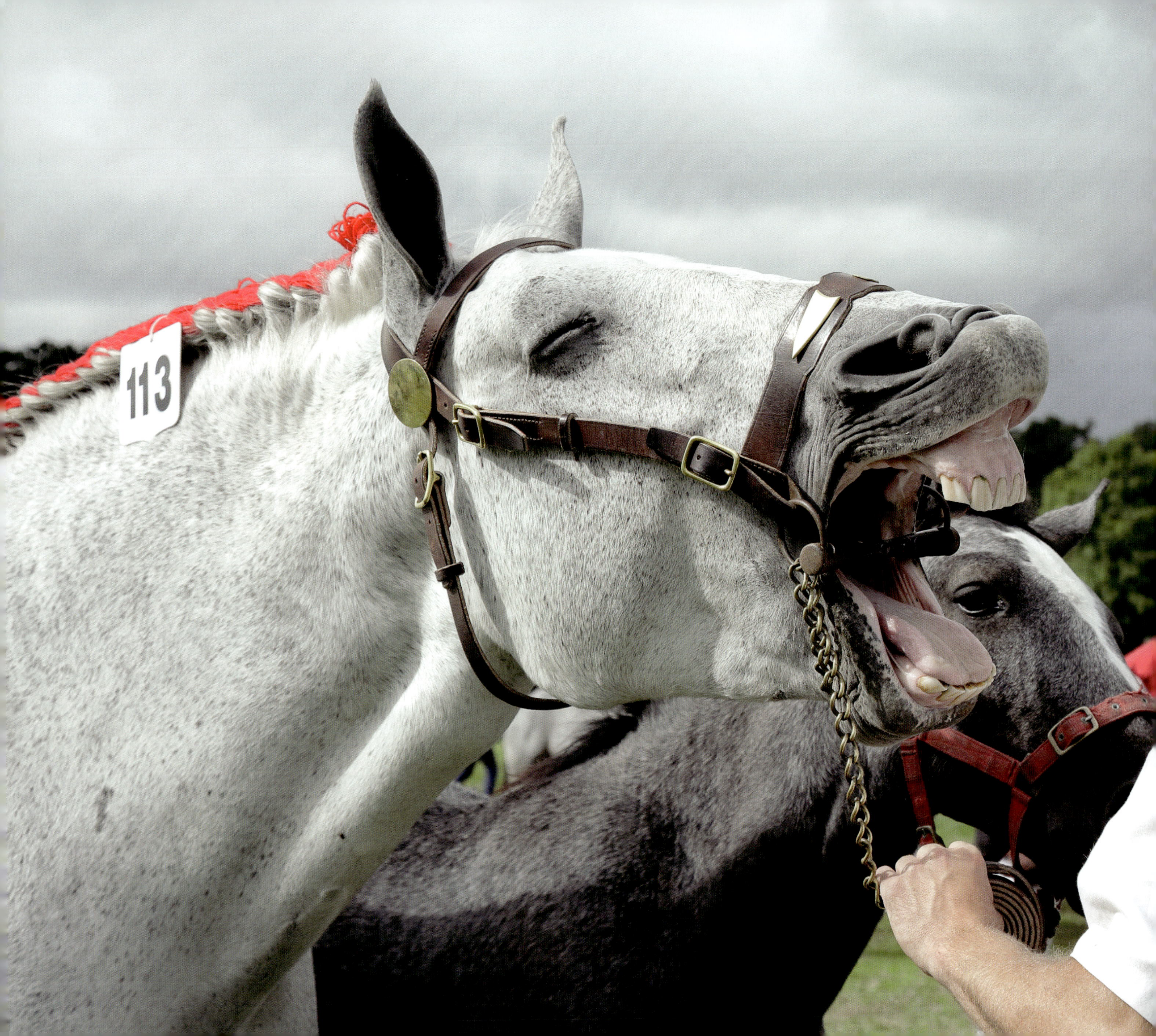
113

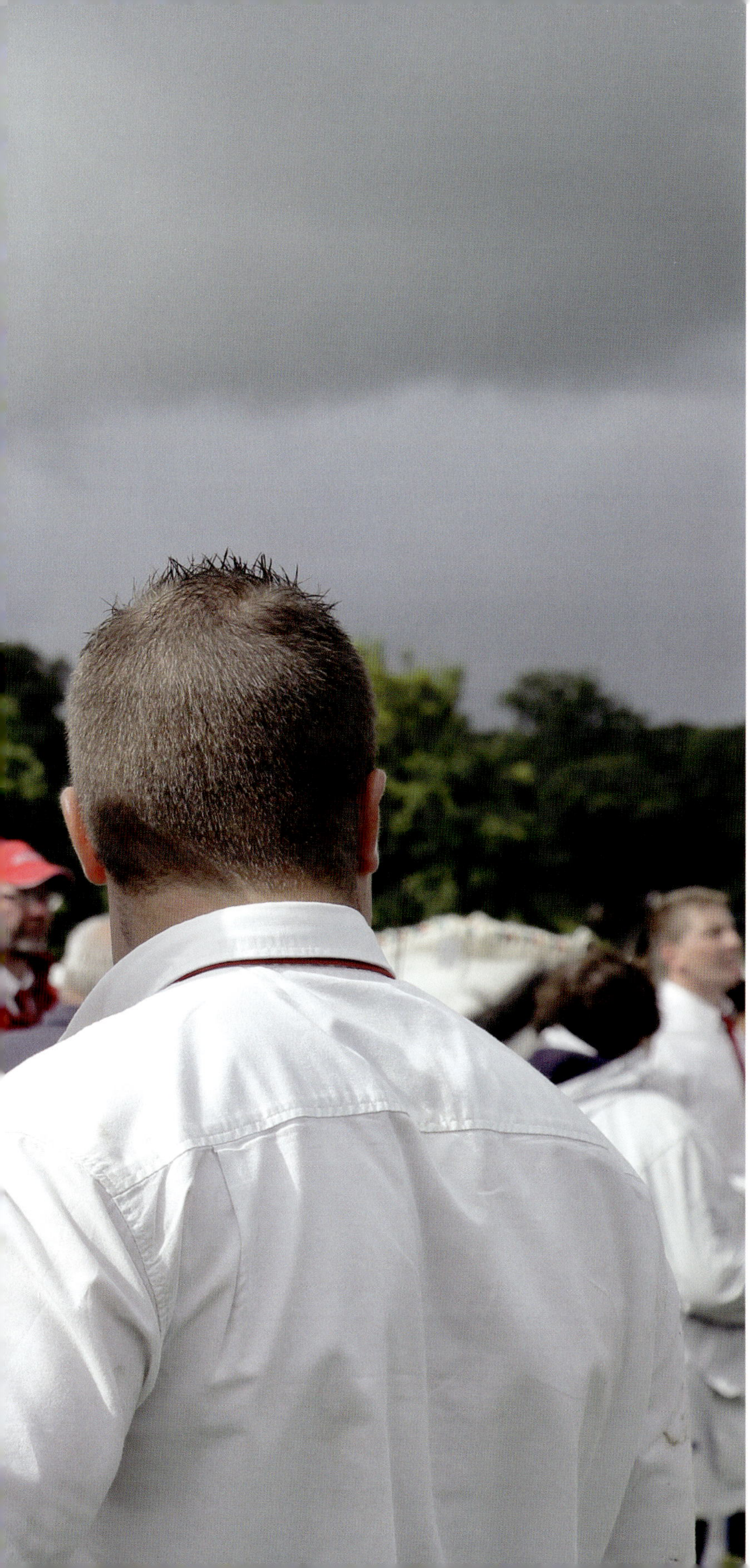

Le National percheron

Toilettés, la crinière tressée et la queue nattée avec de la laine colorée, le poil brossé, jusqu'aux sabots qui brillent grâce à l'onguent, les percherons doivent être impeccables pour la présentation devant les juges du concours. L'éleveur, lui aussi, doit revêtir sa tenue de parade, traditionnellement blanche, pantalon et chemise, avec une cravate rouge. A l'arrêt, la tête haute, au pas, tout en souplesse, puis au trot, les atouts du percheron sont mis en valeur devant les juges, mais aussi devant les yeux d'un public nombreux et conquis par le charme et la beauté de ces robustes chevaux. Jugés sur leur ligne, leur encolure, leurs allures et leurs aplombs, les étalons, les hongres et les juments suitées de leur poulain de l'année, font la fierté des éleveurs. Le percheron se distingue aussi dans l'attelage sportif. A l'occasion de ce grand concours, quelques attelages se confrontent dans une épreuve de maniabilité et de rapidité, chacun défendant les couleurs de son élevage.

Groomed with mane and tail braided with coloured wool, their coats brushed, right down to their hooves, shining with polish : the Percherons must be impeccably turned out for their presentation in front of the show judges. The trainer must also be decked out in his parade regalia : this is traditionally white shirt and trousers with a red tie. The Percherons' assets are displayed before the judges and also before the eyes of a large audience, won over by the charm and beauty of these solidly-built creatures: shown stationary, their heads held high, then at a walk, smooth and supple, then at a trot. Judging covers their form, their neck, their bearing and their balance. The stallions, geldings and mares with their foals are the pride and joy of their breeders. Percherons also do well in combined driving: during this event, a number of teams compete to test the speed and agility of the horses, each team racing to defend its stud colours.

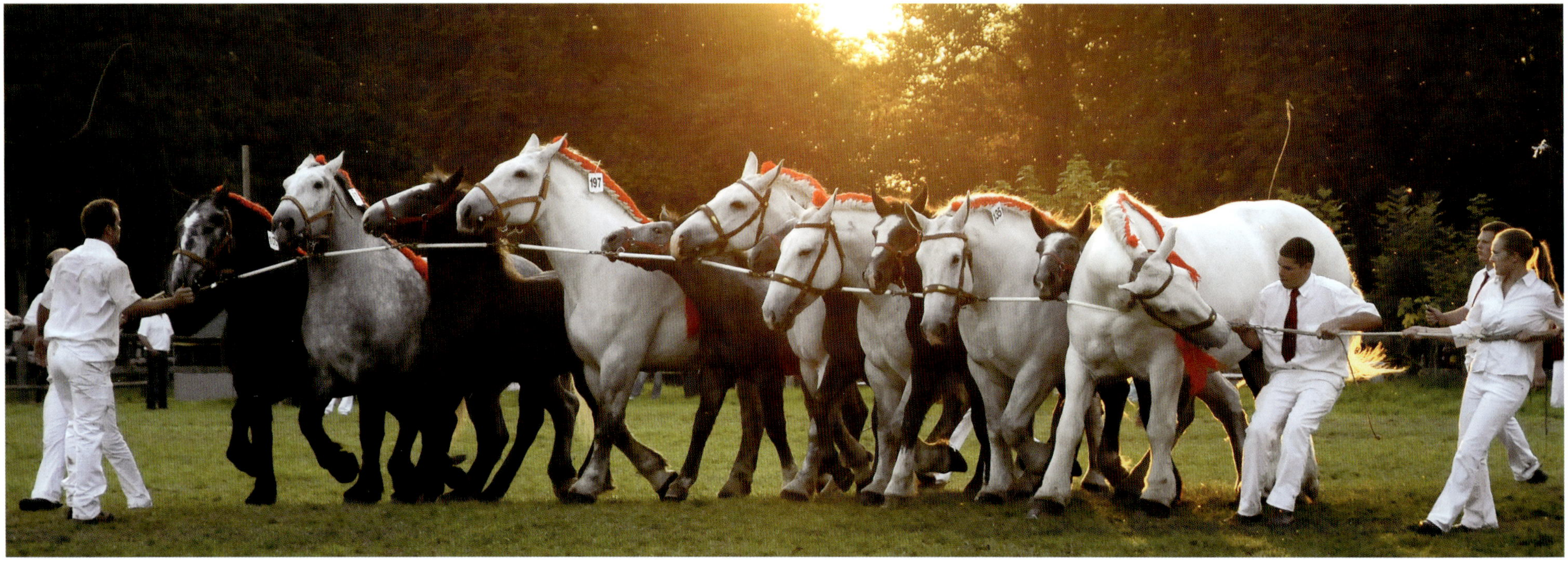
197

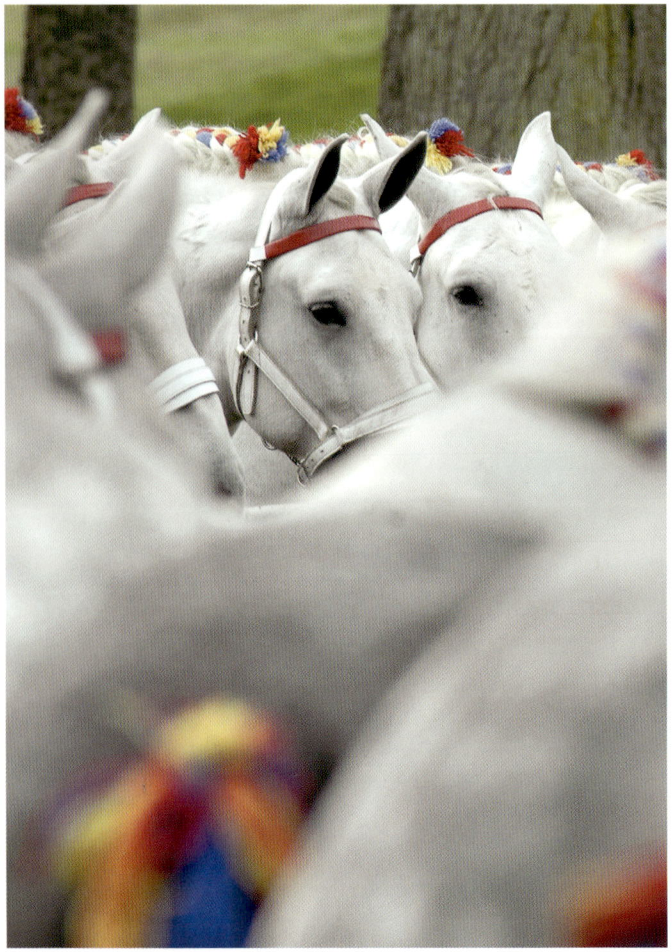

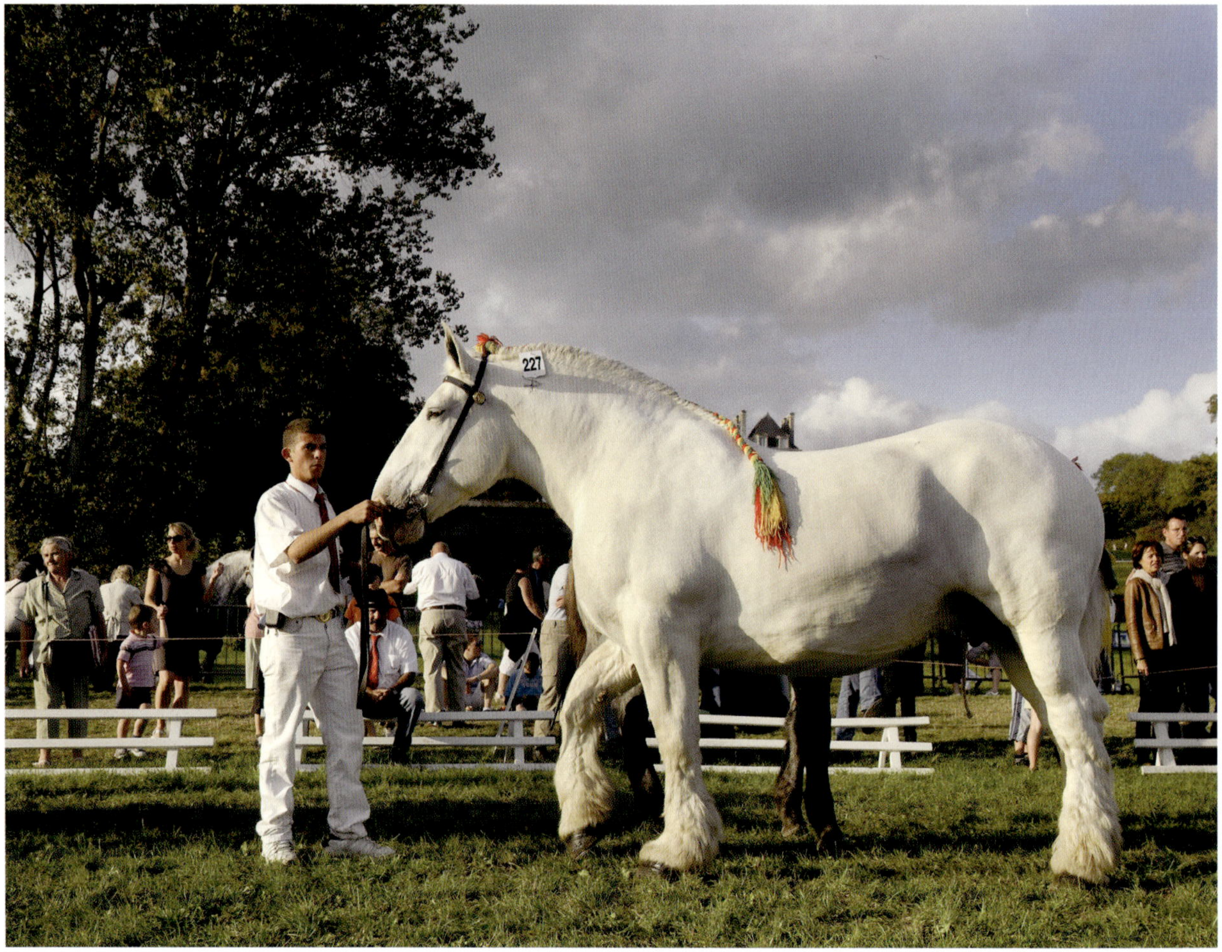
227

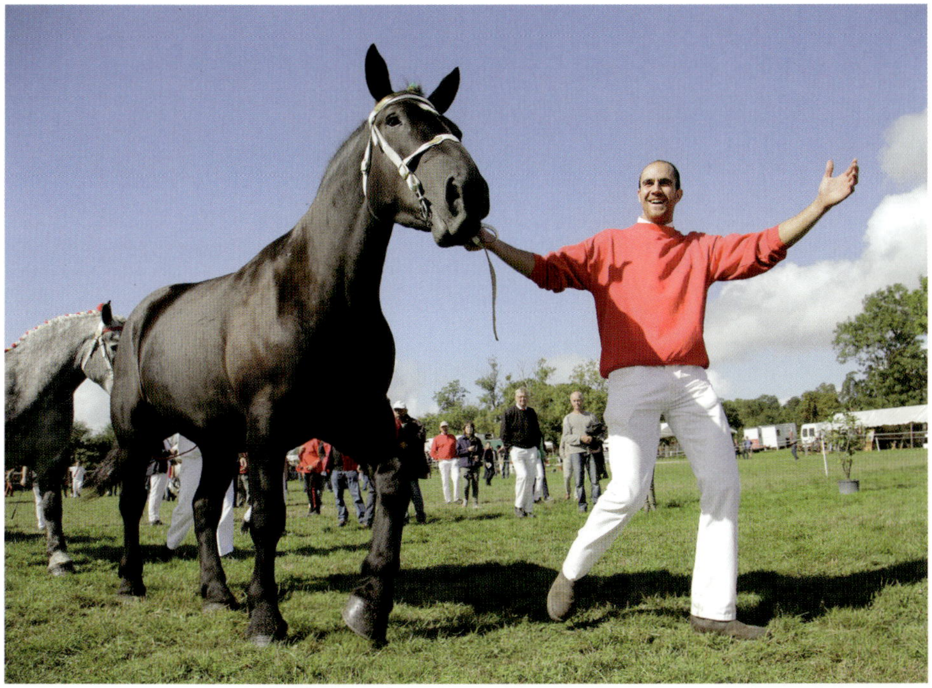

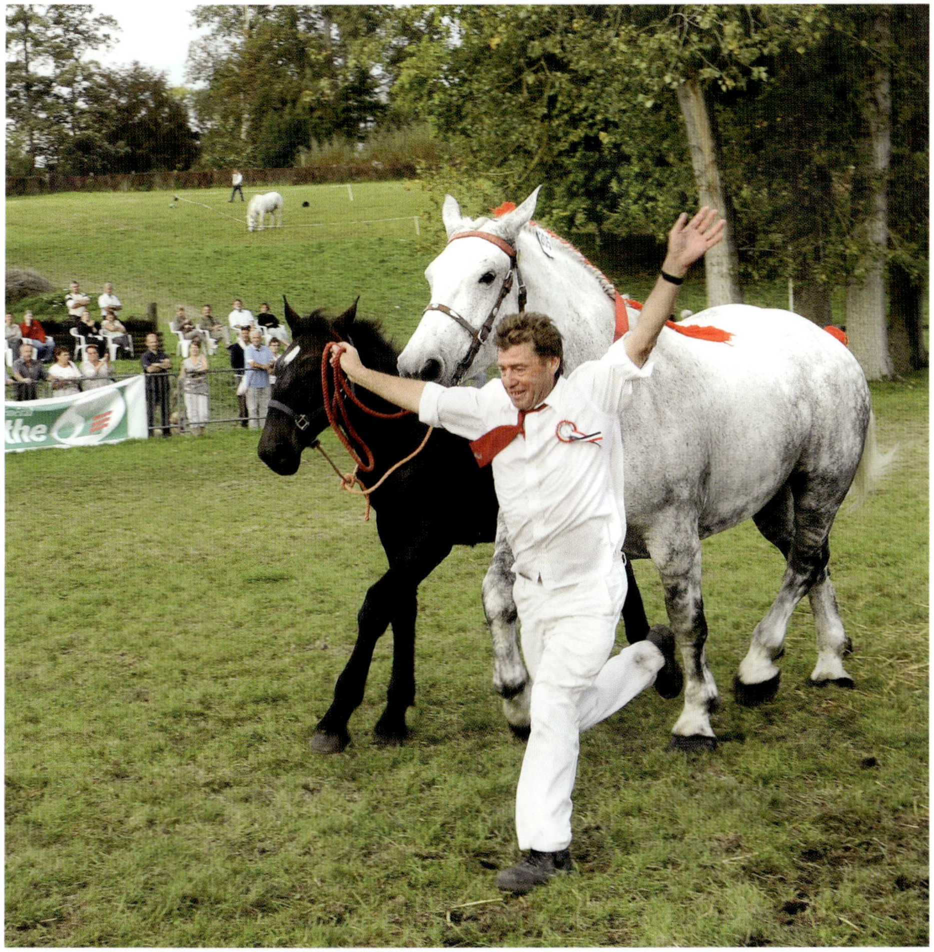

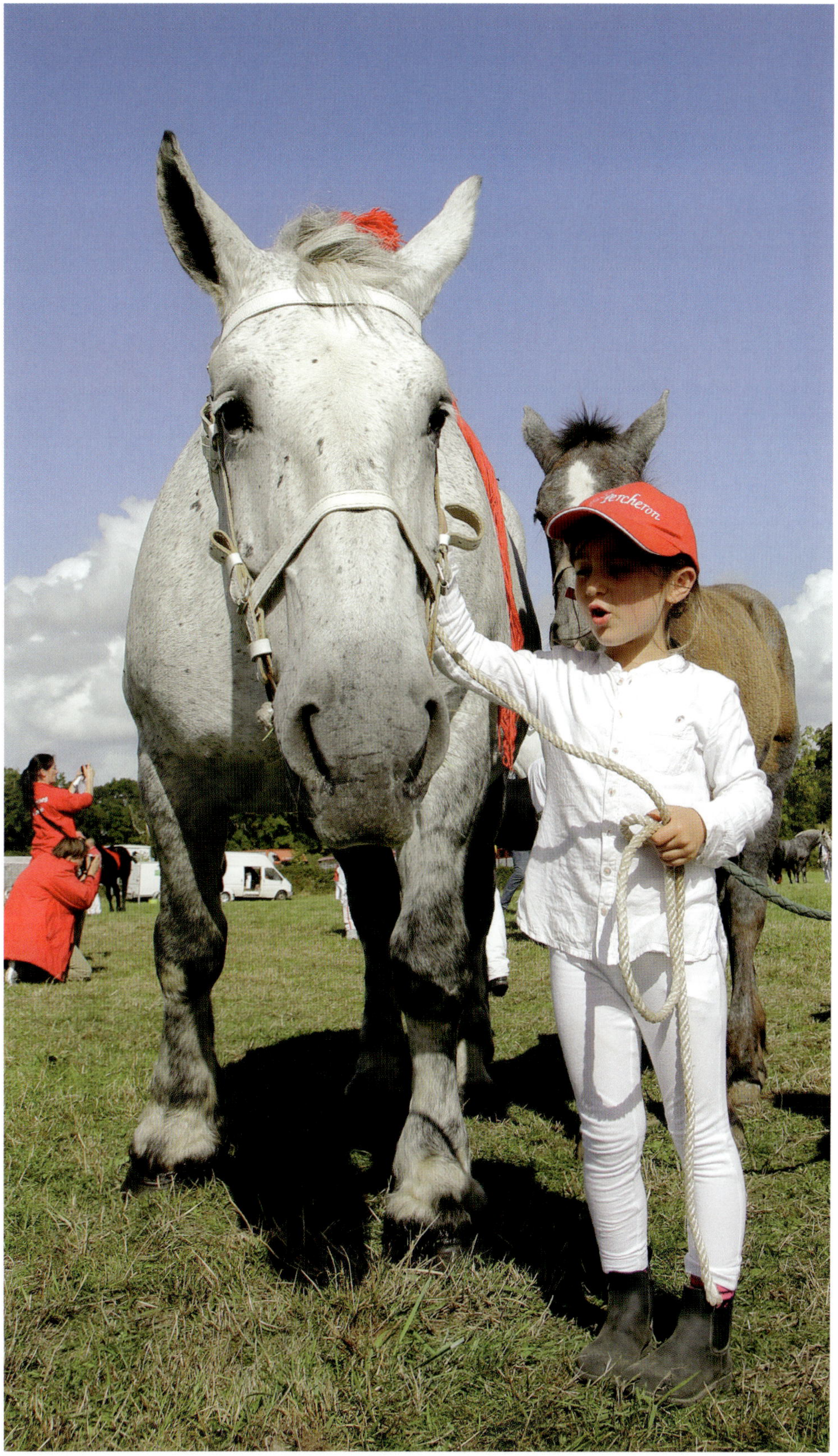

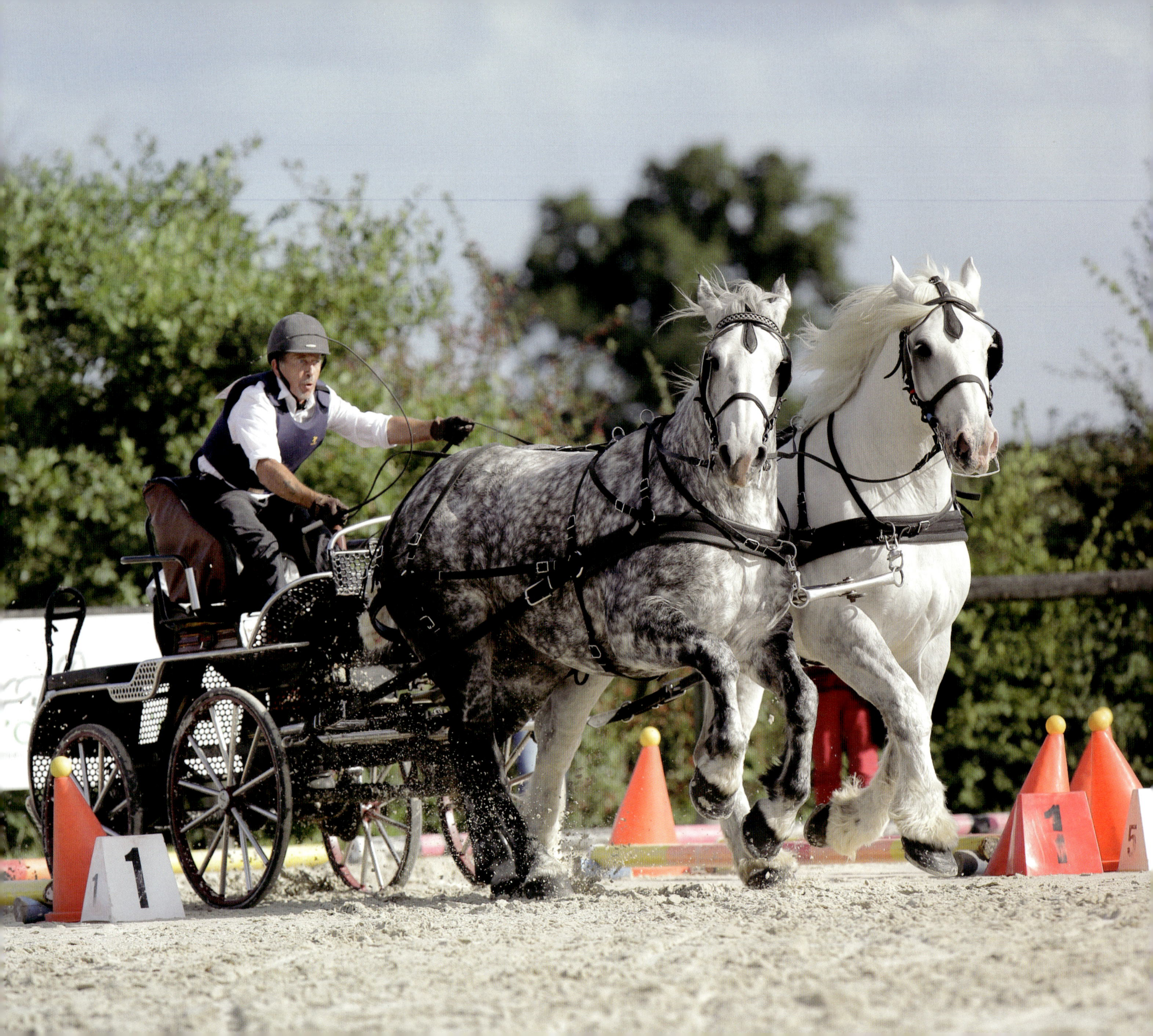
1
1
5

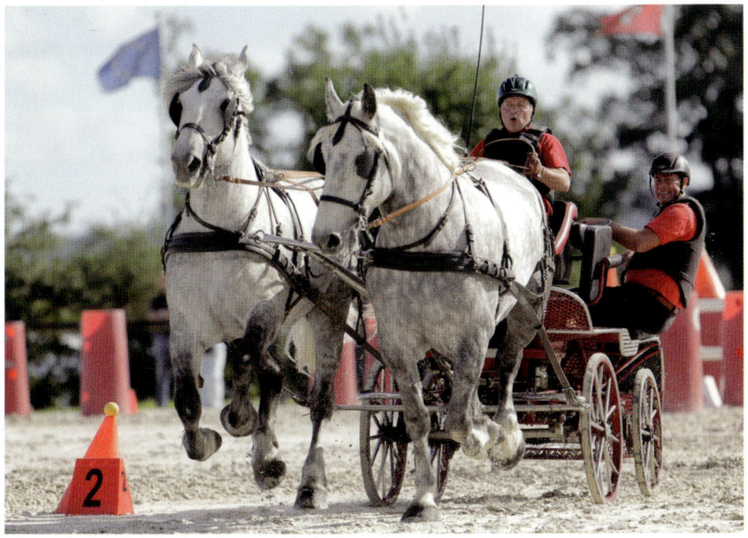
2

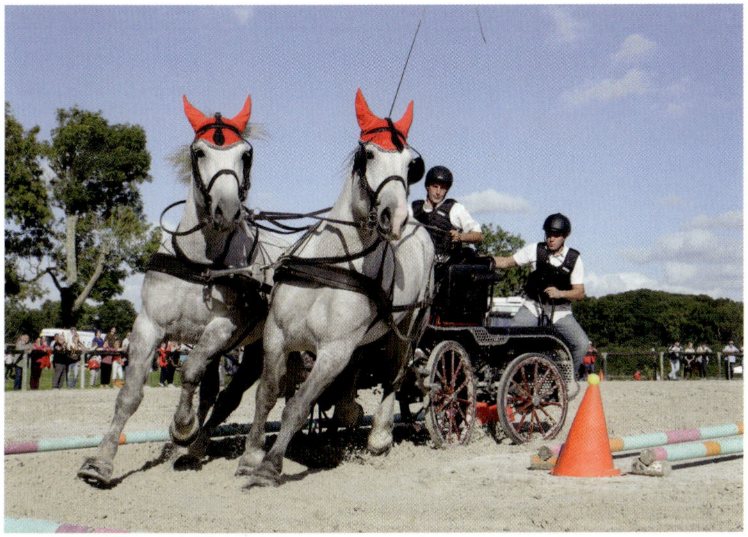

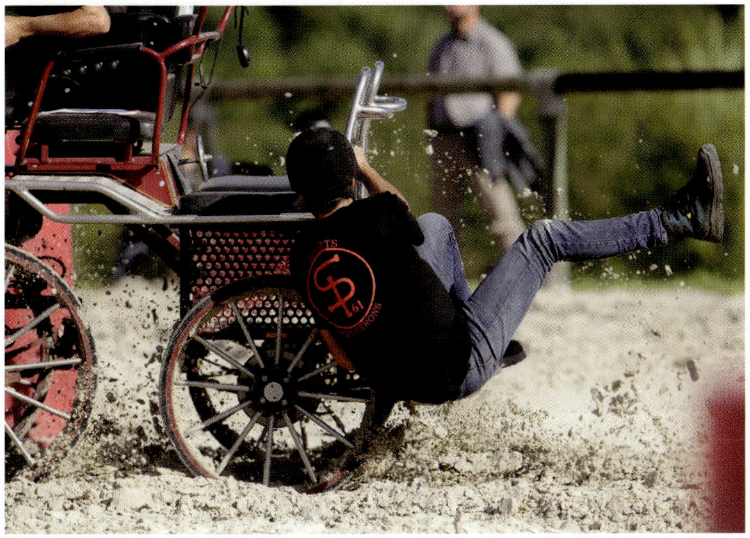

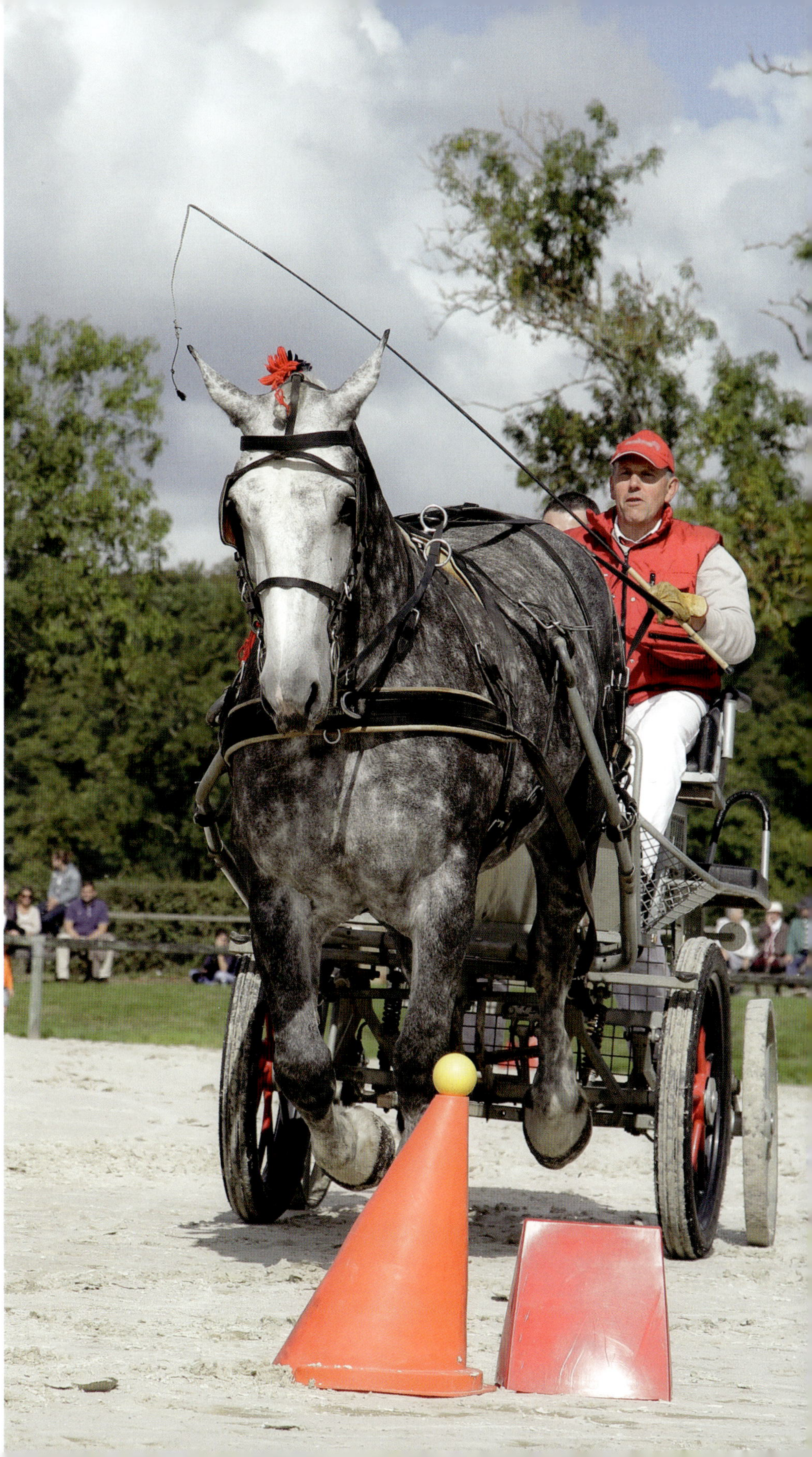

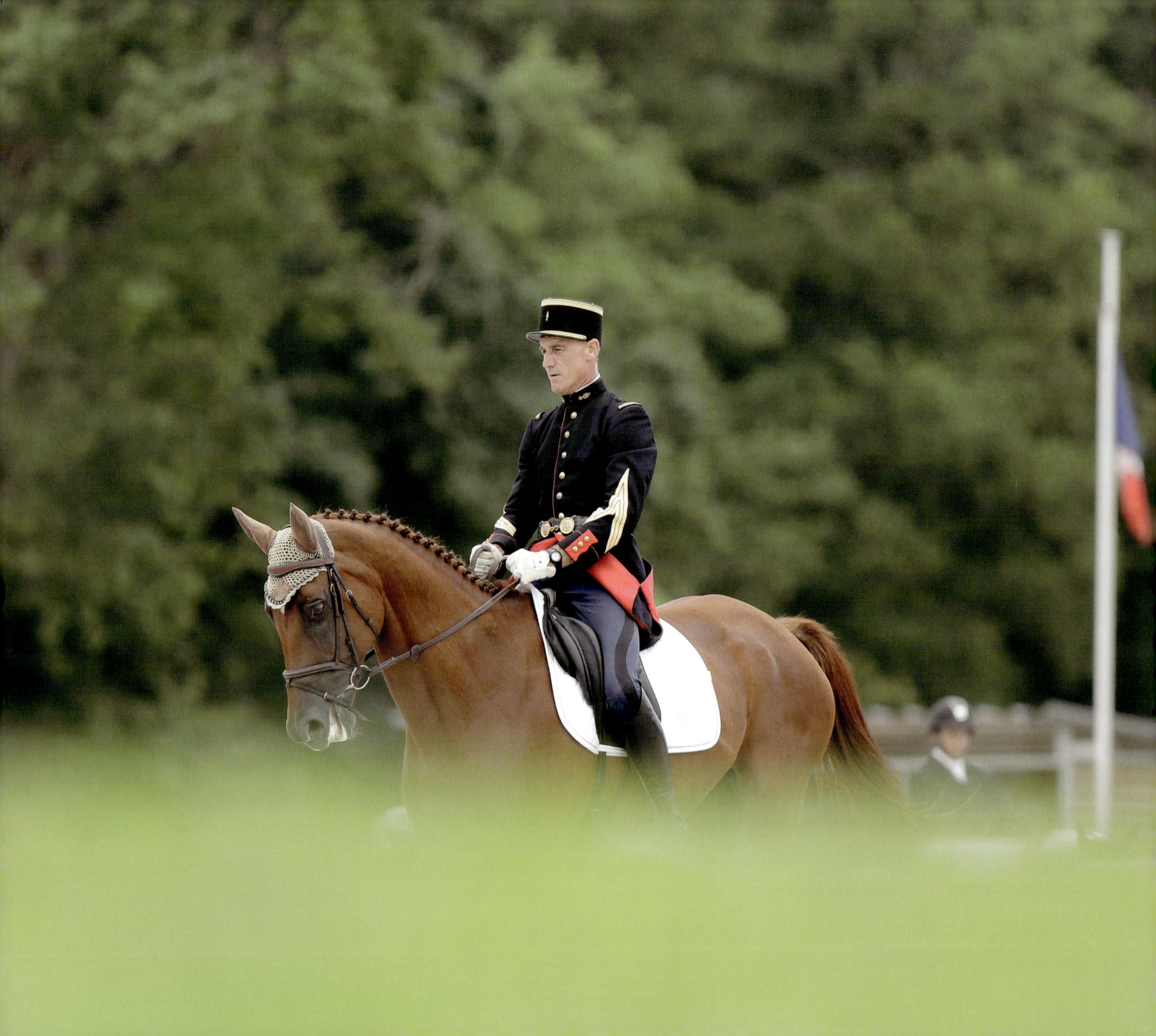

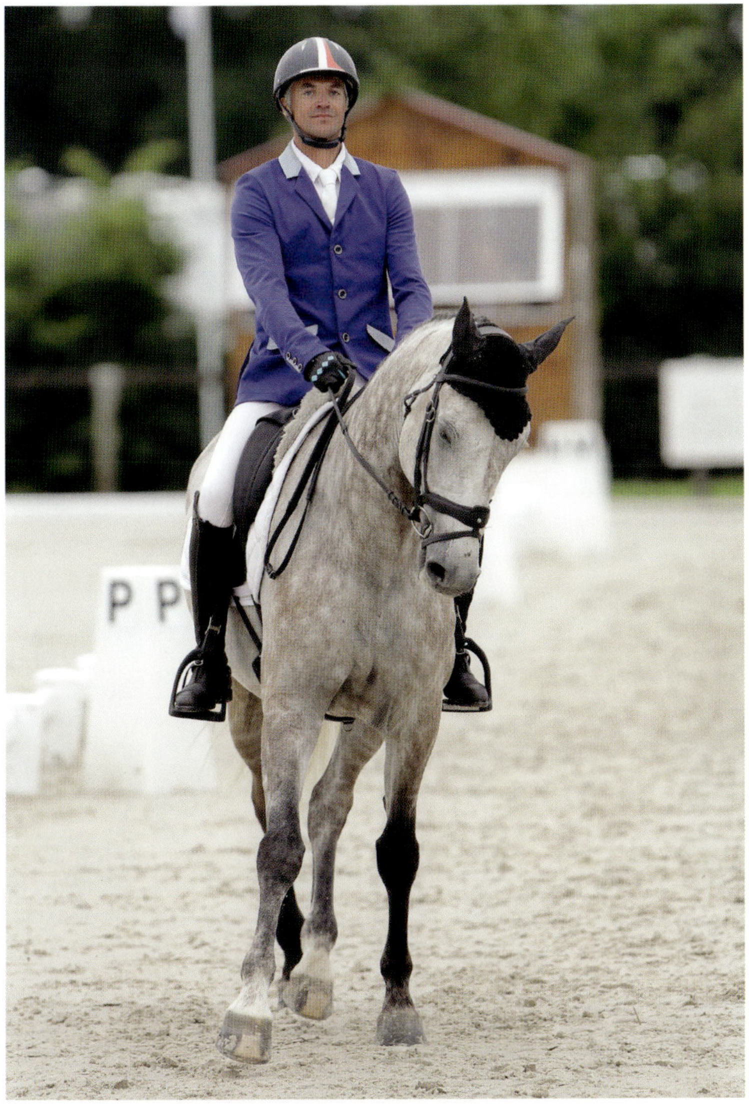

Le Grand National de concours complet

Le Grand National de concours complet est un circuit de référence dans le domaine des sports équestres qui se dispute par écurie, afin de valoriser les propriétaires. L'écurie est composée de deux cavaliers pour la saison, qui peuvent concourir sur autant de chevaux que souhaité. Au programme, les mêmes épreuves que le Grand Complet : le dressage, avec ses figures imposées aux trois allures, pas, trot et galop, le saut d'obstacles, sur un parcours de 600 mètres, où des pénalités sont attribuées en cas de refus de franchissement ou lorsqu'une barre tombe, et le cross, à travers les prairies vallonnées et les terrains plats, demandant des efforts successifs au cheval pour le franchissement des obstacles fixes.

Grand National Eventing is a circuit that sets the benchmark for equestrian sports. Stables compete against each other in order to promote the owners. The stable is represented by 2 riders for the season and they can compete on as many horses as they wish. The programme is made up of the same events as Le Grand Complet. Dressage with its series of predetermined movements in 3 speeds: walk, trot or canter. Show jumping over a 600m course where penalties are given for refusals or for knocking down any jumps. Cross-country over varied natural terrain as well as obstacles that require successive efforts from the horse in order to cross them.

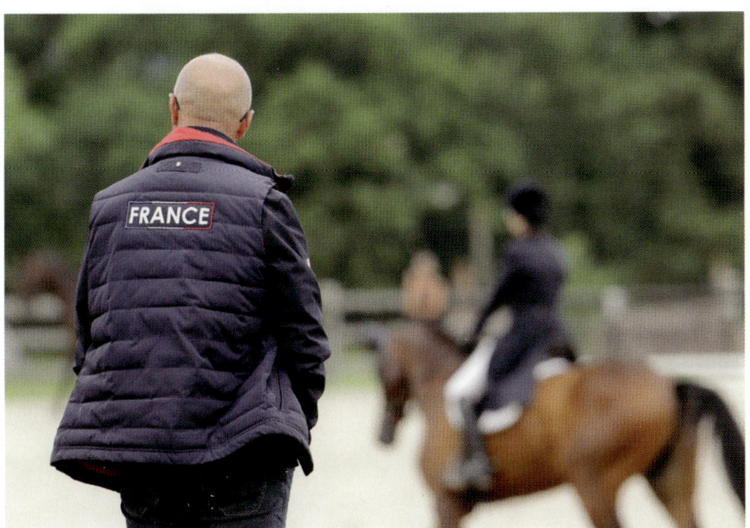

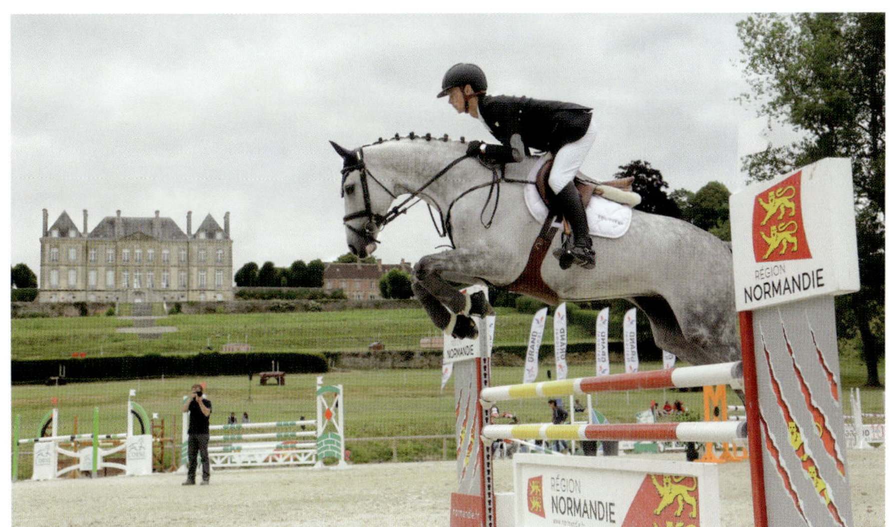

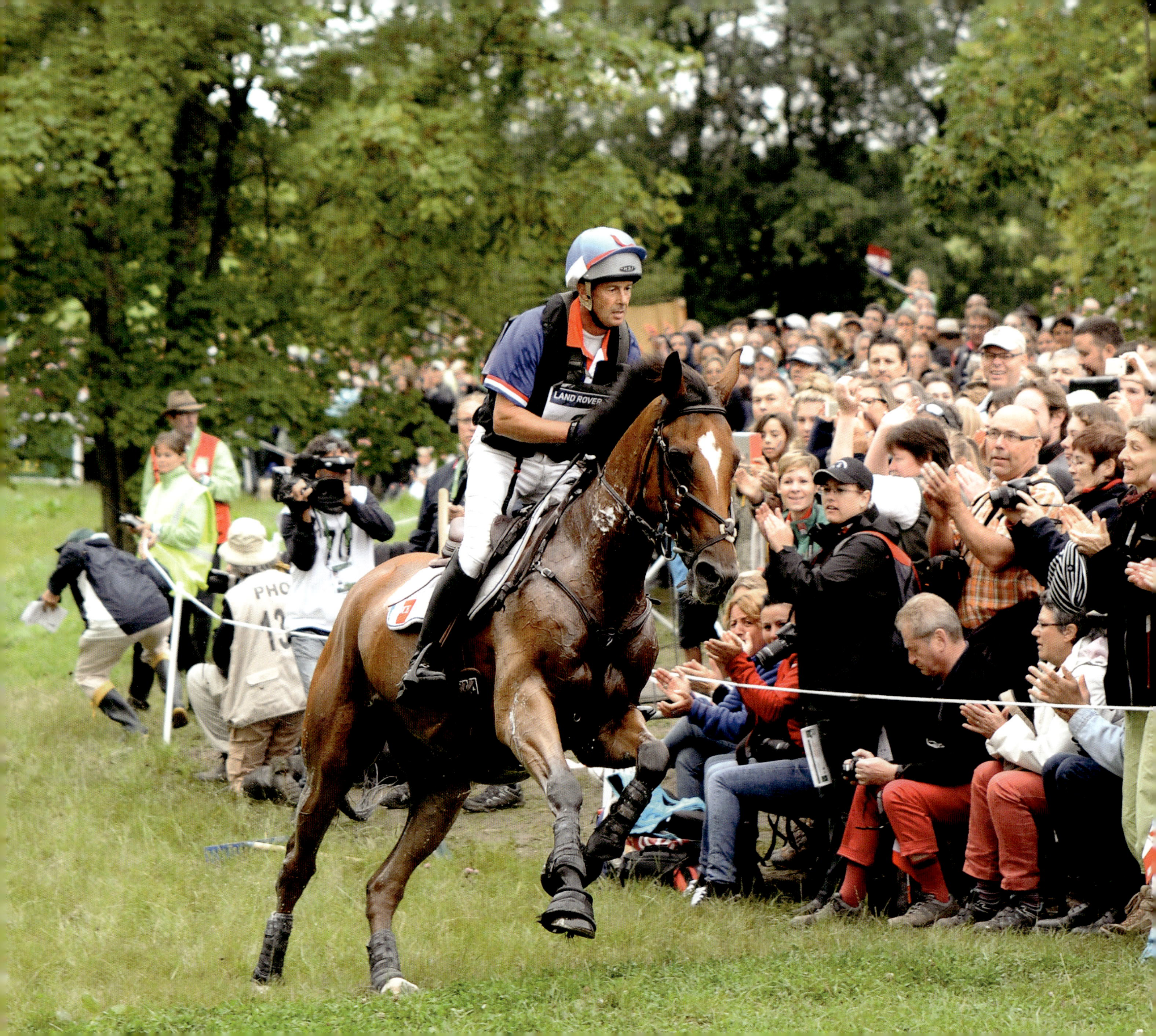
LAND ROVER

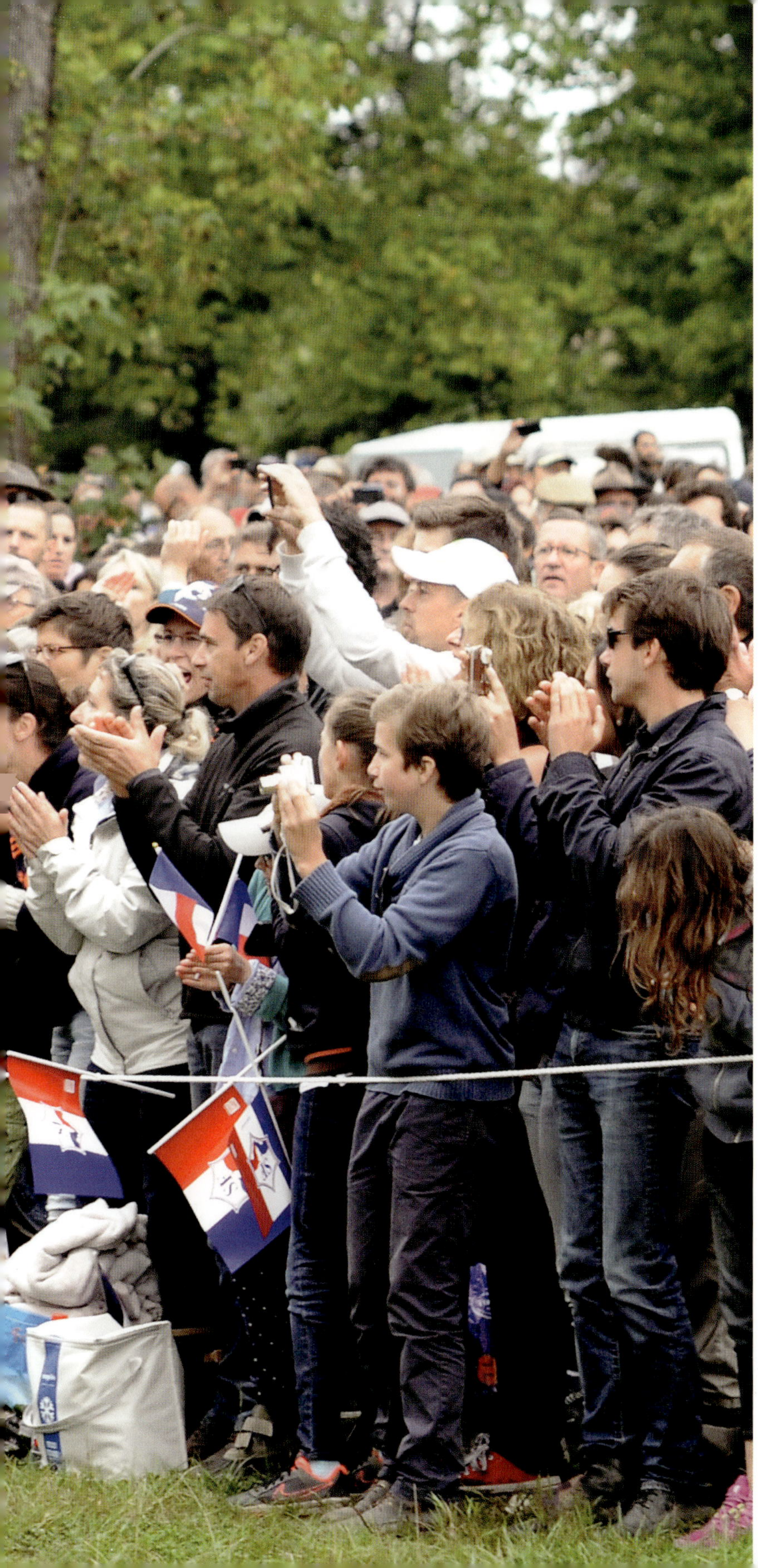

Les Jeux Equestres Mondiaux (JEM2014)

Les JEM, c'est la plus grande compétition équestre internationale, organisée par la FEI (Fédération Equestre Internationale), qui se déroule tous les quatre ans. L'édition 2014 fut organisée en Normandie et le Haras du Pin fut retenu notamment pour la plus belle des épreuves du concours complet : le cross. Une reconnaissance méritée pour le domaine du Pin, dont le parcours tout terrain de 6,5 km avec 44 obstacles est « la Rolls » des parcours de complet. Il y a eu de l'émotion avec des grands champions, du tragique avec des chutes spectaculaires, de la ferveur avec des supporteurs chauffés à blanc, du dévouement avec des bénévoles bienveillants. Le monde entier s'était donné rendez-vous au Haras du Pin, réunissant tous les ingrédients de la grand-messe de l'équitation sportive internationale. Avec une fréquentation de 50 000 visiteurs sur 3 jours, de mémoire de cheval, on n'avait jamais vu autant de monde sur le domaine.

The World Equestrian Games, the largest international equestrian eventing, organized by the FEI (International Federation for Equestrian Sports) take place every 4 years. The 2014 games were held in Normandy and the Haras du Pin was chosen for the most beautiful of the events: the cross-country. This was the recognition the Pin estate deserved as its cross-country course of 6.5 km with 44 obstacles is the Rolls Royce of eventing courses. The event was high on emotion with the presence of champions, but also tragedy with some spectacular falls. There was heated fervor from the crowds as well as dedication from the devoted volunteers. The whole world was brought together at the Haras du Pin, reuniting all the ingredients necessary for this most important of international equestrian events. Visitor numbers hit an all time high for the estate with 50,000 entries over the 3 days.

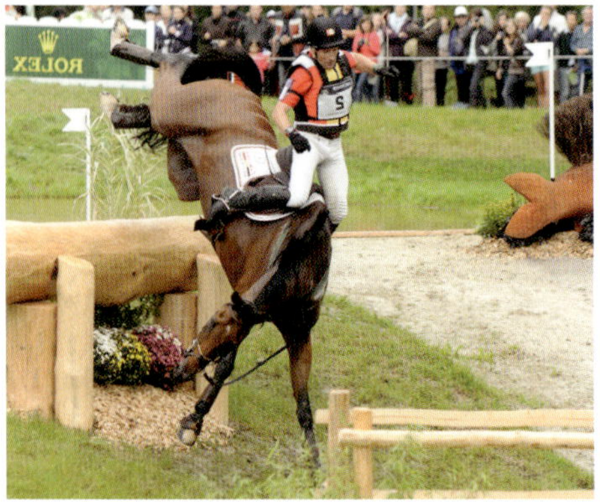
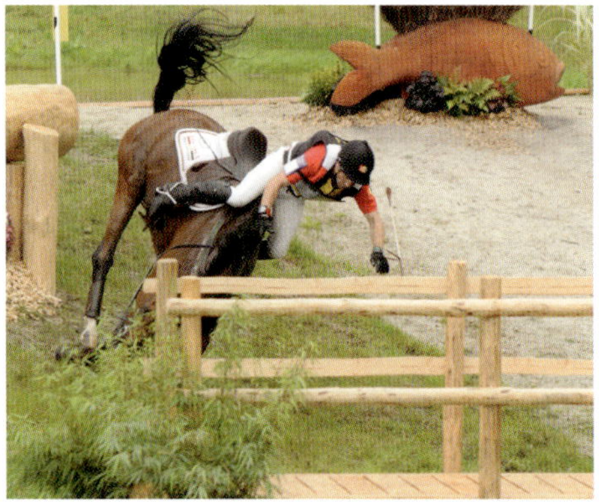
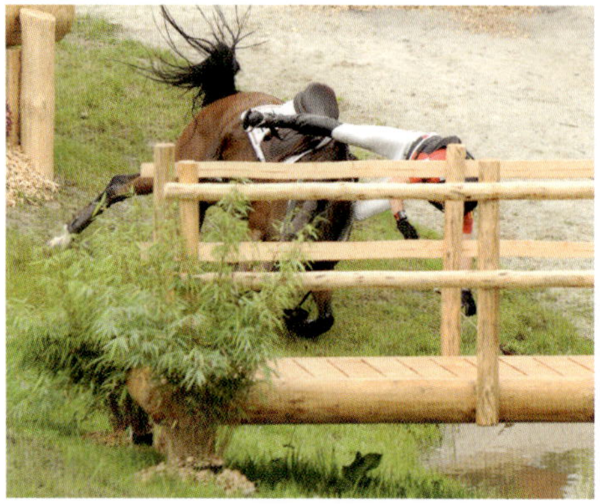
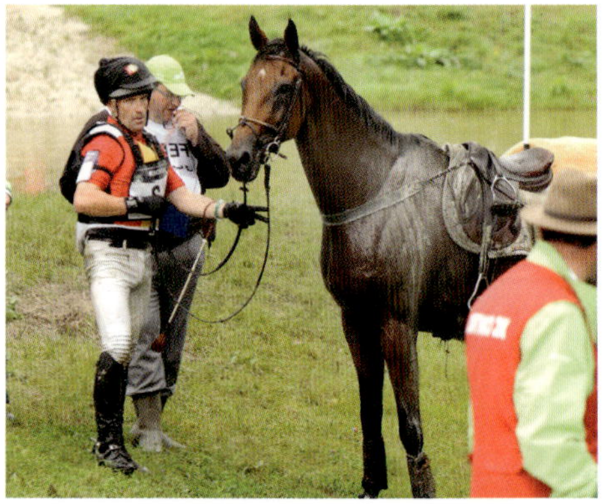
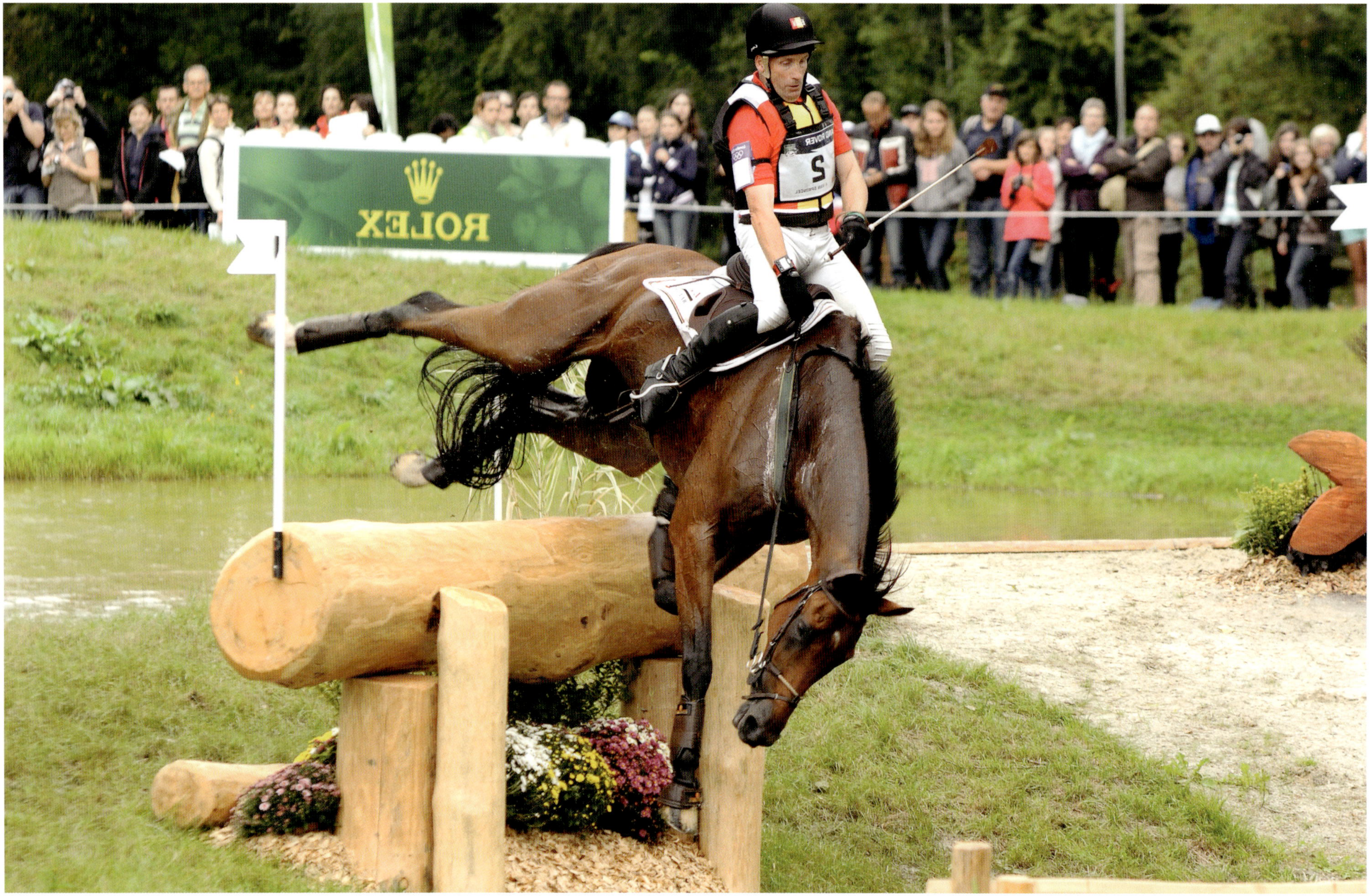

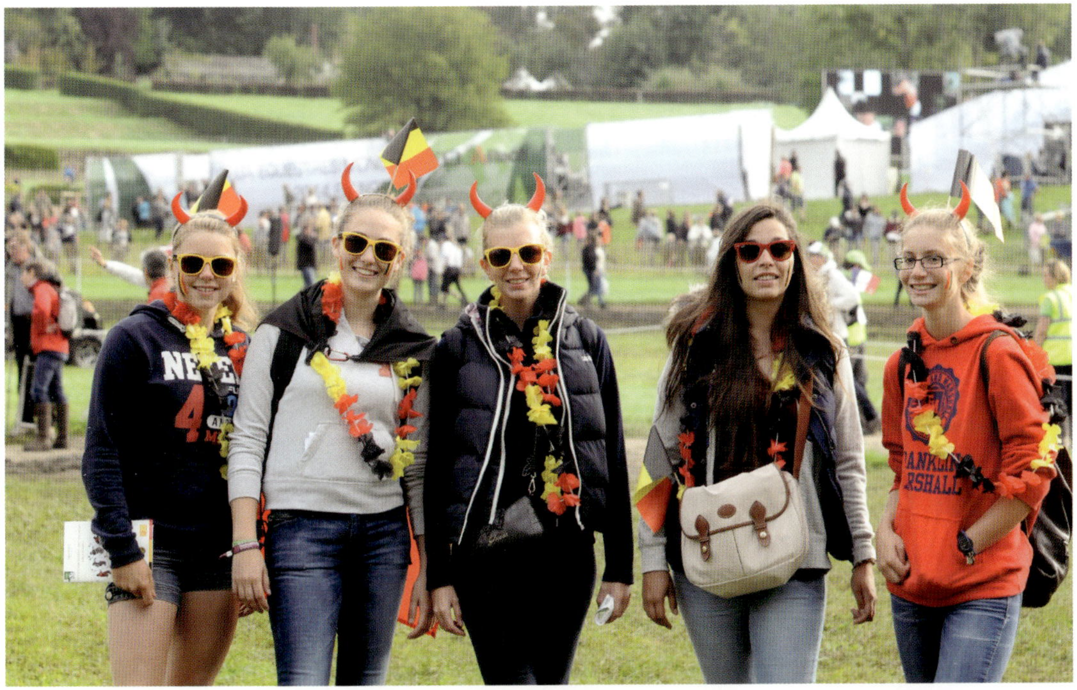

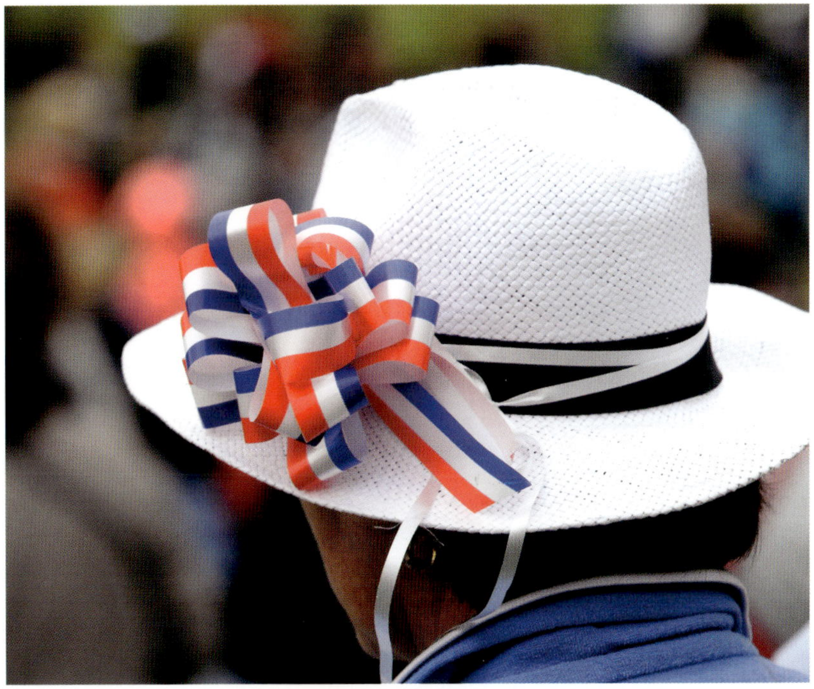

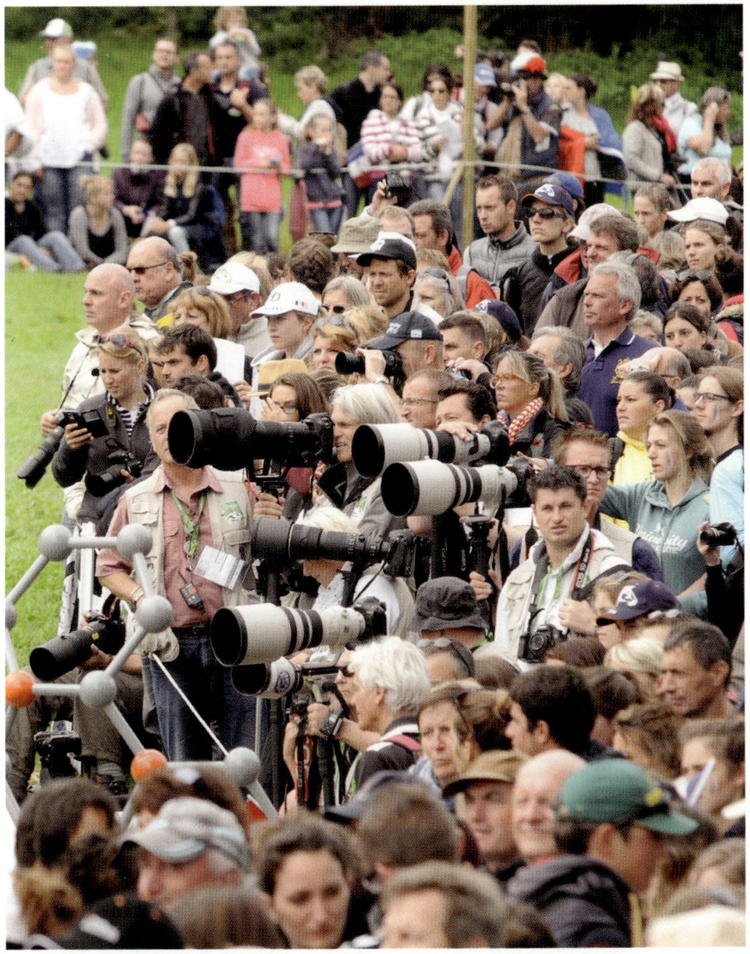

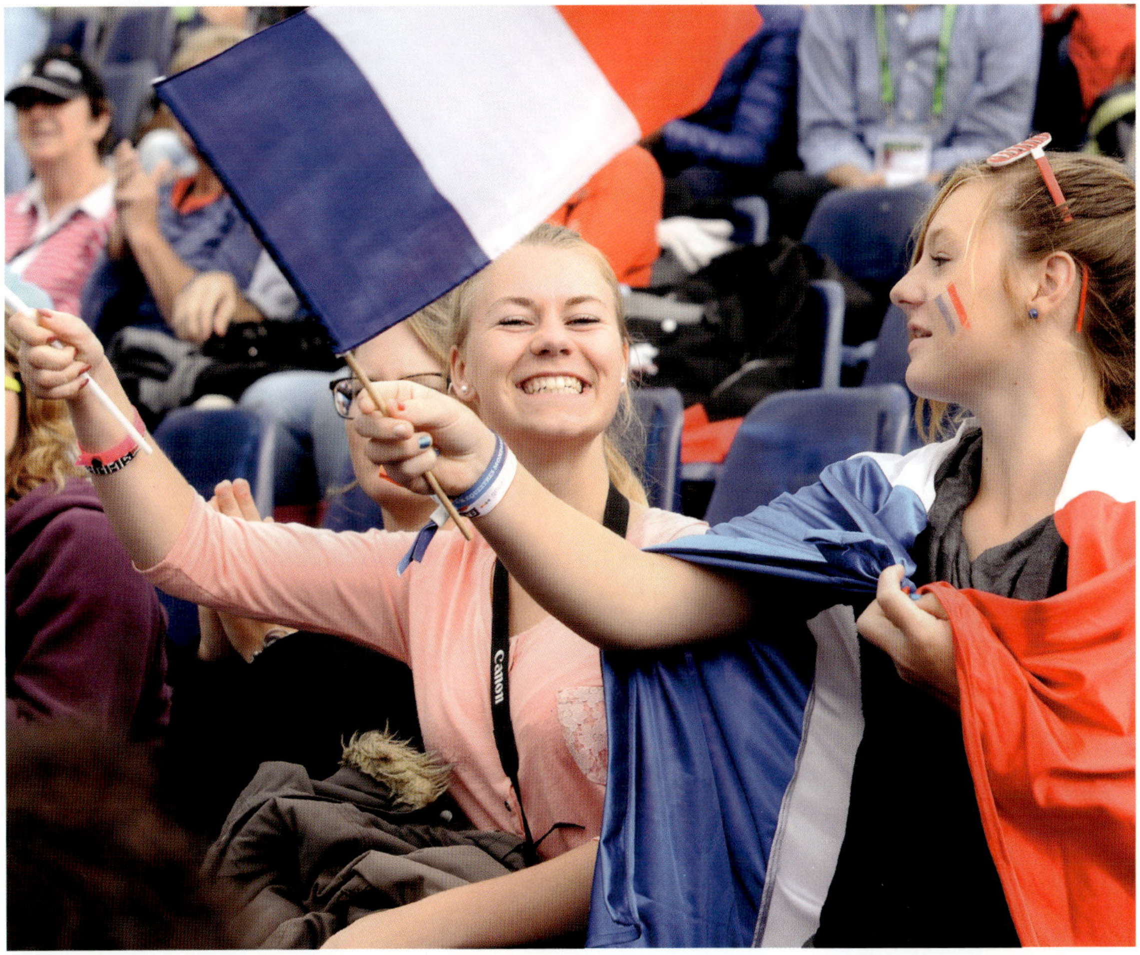
Canon

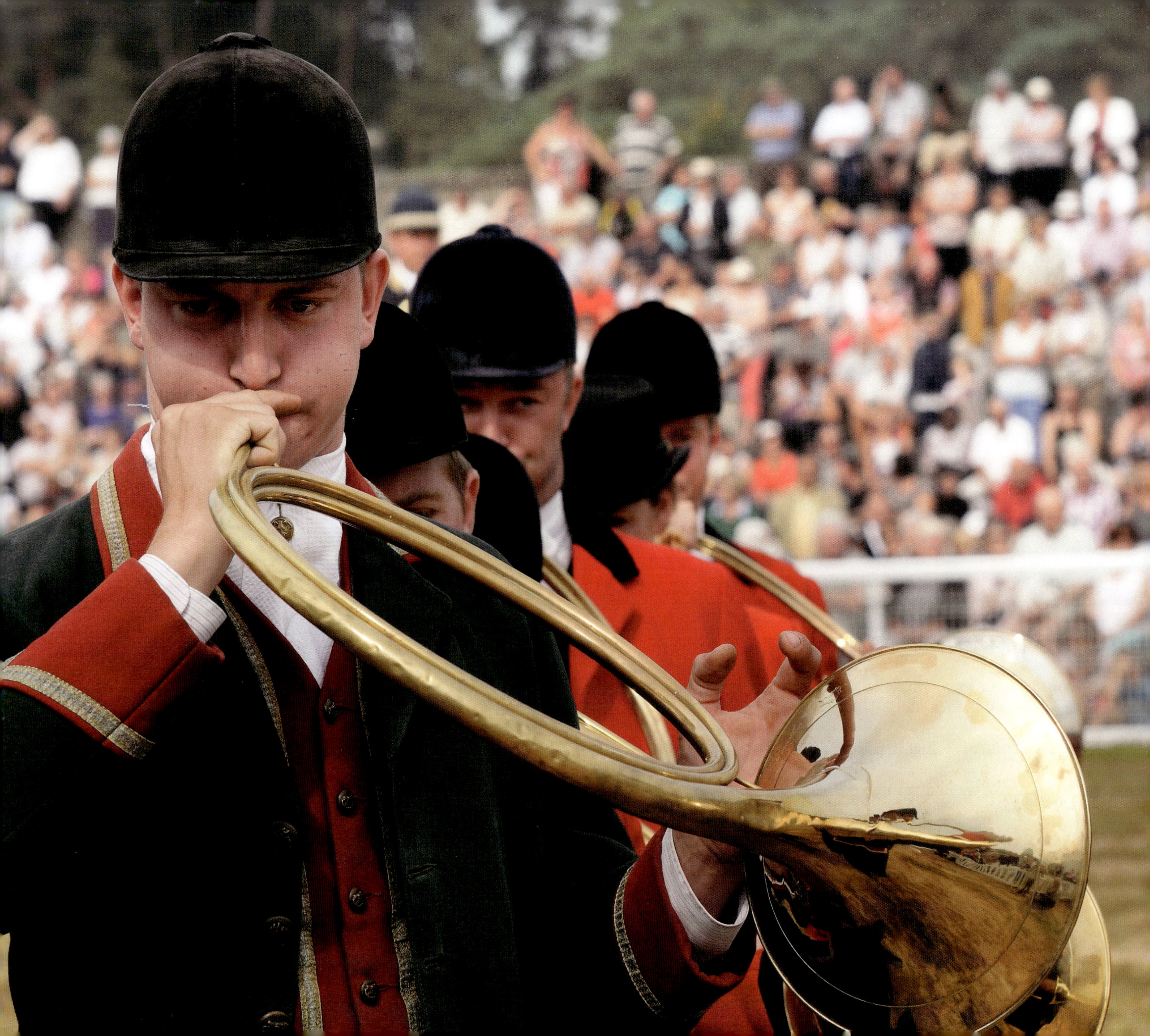

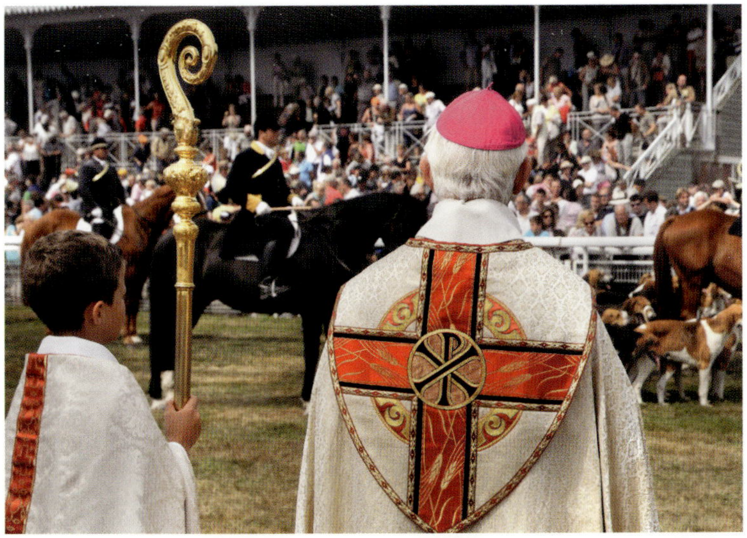

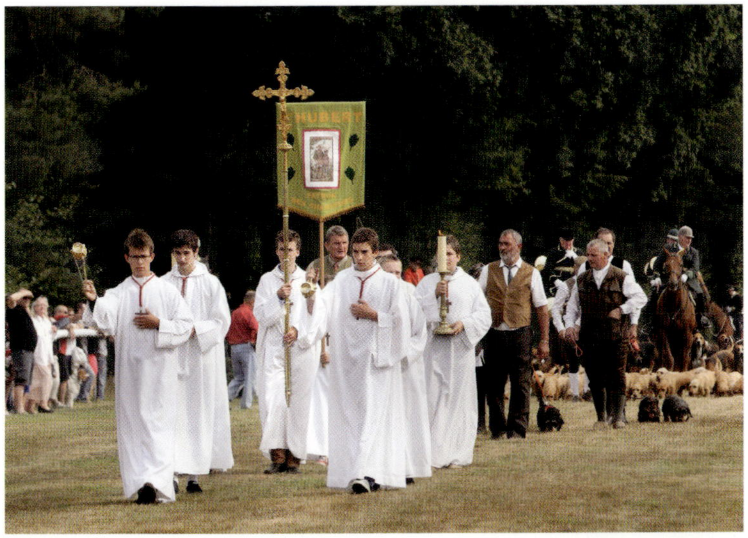

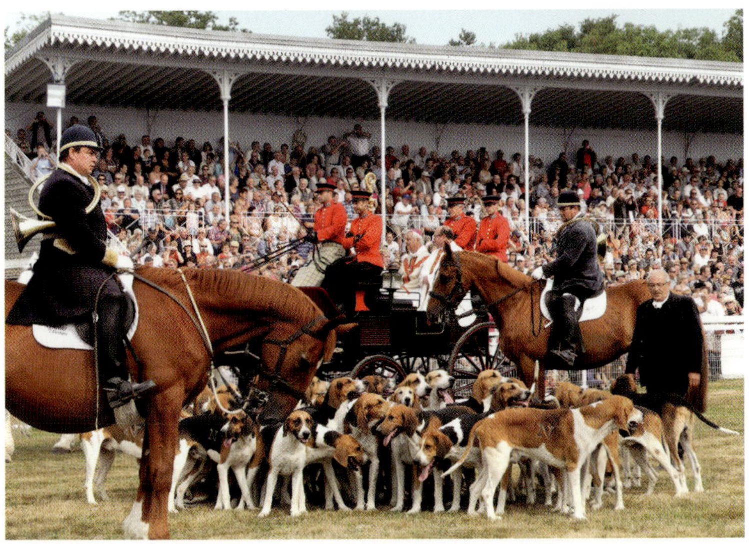

La fête de la chasse

C'est depuis 2015 que la fête de la chasse et de la pêche se déroule, sur 2 jours, à l'hippodrome de la Bergerie sur les terres du domaine du Haras du Pin. Ce rendez-vous annuel du début du mois d'août rassemble quelques dizaines de milliers de visiteurs venus de toute l'Europe. Après avoir assisté à la grand-messe de la Saint-Hubert, au son des trompes de chasse, petits et grands pourront découvrir, à travers plusieurs «villages» et dans une ambiance festive, les différents stands animés. Défilés d'équipages, démonstrations de chien d'arrêt, de tir à l'arc, mais aussi présentation des métiers du bois, des activités de la pêche, ce sont plus de 250 exposants à l'écoute d'un public connaisseur ou novice, qui animent ce week-end estival.

Since 2015 the Festival of Hunting and Fishing has taken place annually over two days on the Bergerie racecourse on the Haras du Pin estate. This annual event held at the beginning of August draws in tens of thousands of visitors from all over Europe. After attending High Mass in honour of St Hubert, and to the sound of hunting horns, old and young alike can explore the different stands found in various themed areas. The ambiance is always festive! More than 250 exhibitors bring this summer weekend to life with parades, Retriever demonstrations, archery and also demonstrations of wood working and fishing related activities.

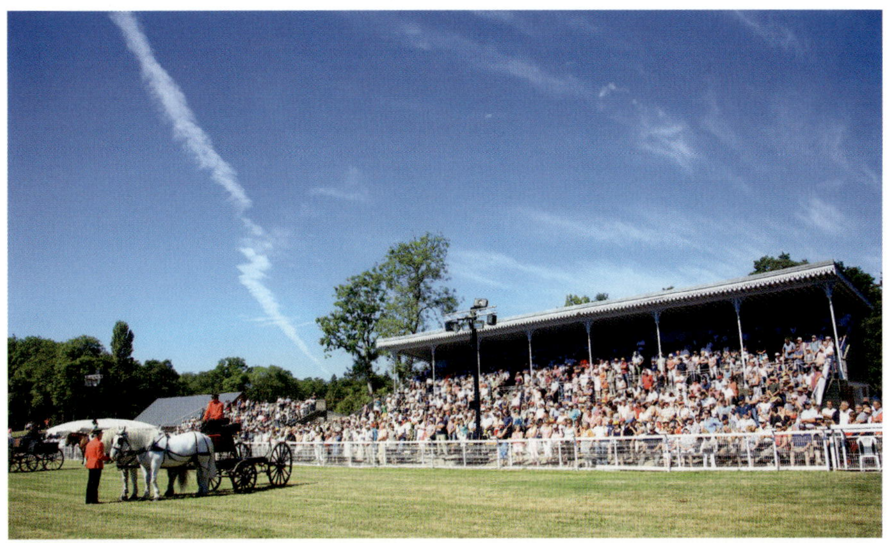

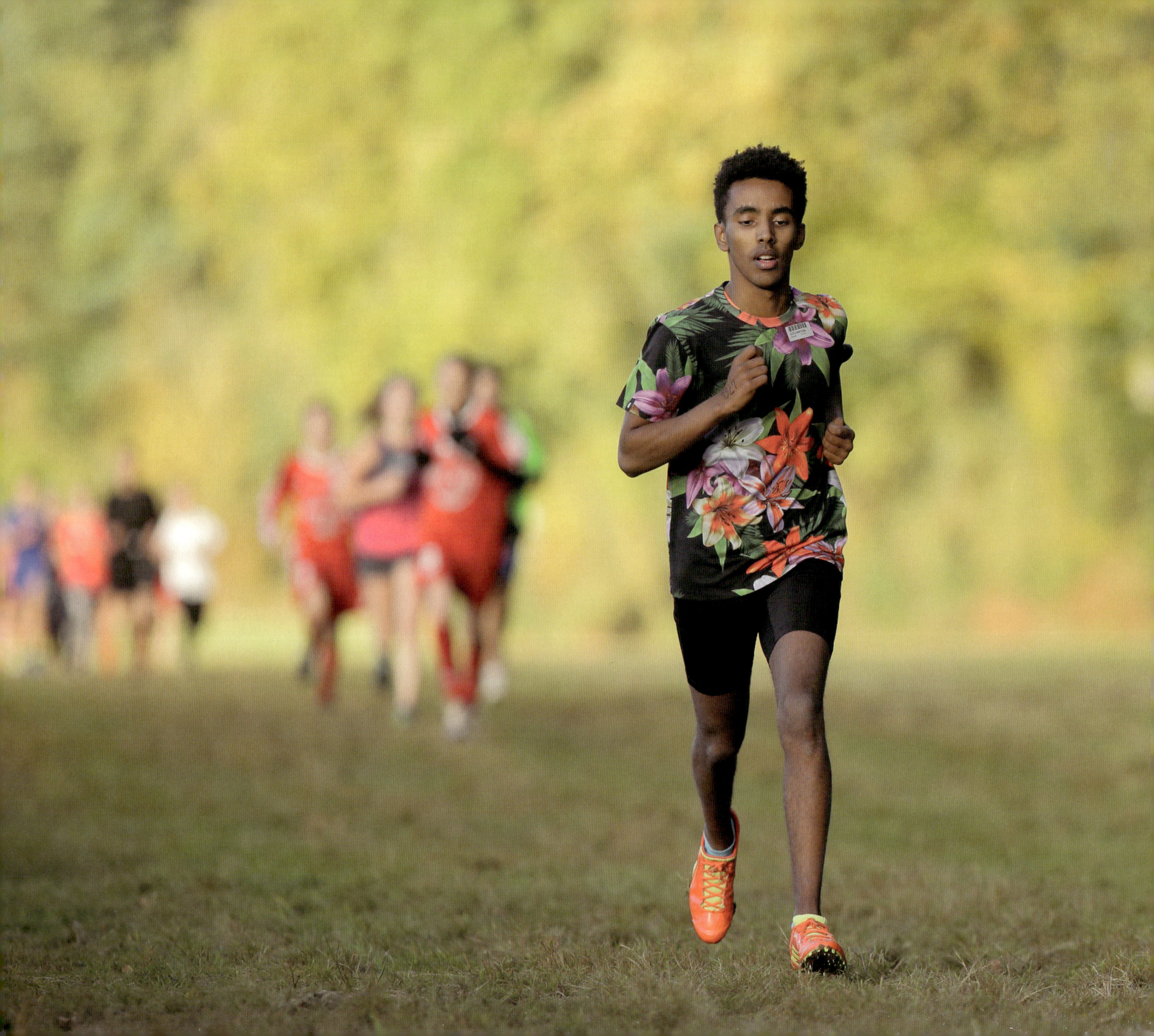

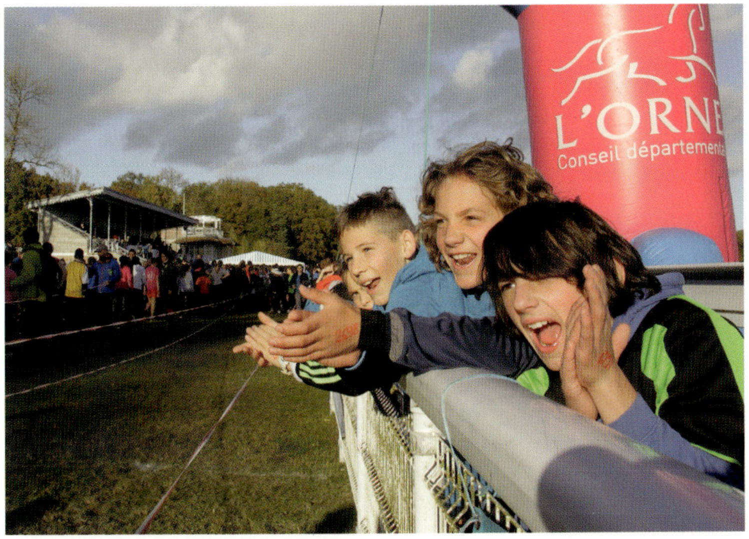

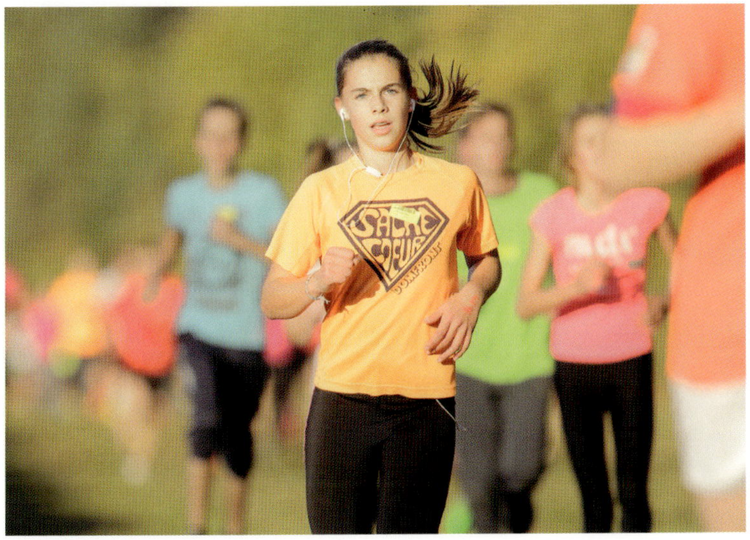

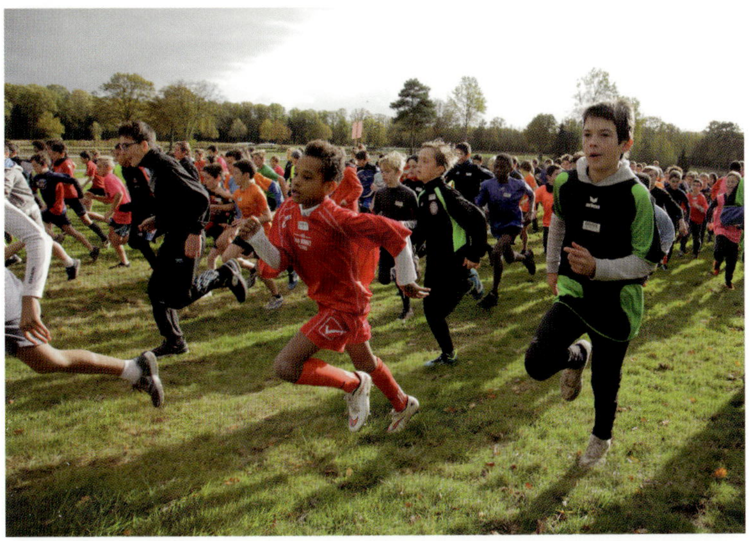

Le cross des collèges

Chaque année, ce sont plus de 1800 collégiens, issus des établissements scolaires de l'Orne, qui s'affrontent sur un circuit balisé à l'hippodrome de la Bergerie et à travers les bois aux alentours. Si certains sont là pour gagner, d'autres, moins athlétiques, prennent tout autant plaisir à participer à cet événement sportif convivial, chacun défendant les couleurs de son établissement, dans l'effort et la bonne humeur, donnant le meilleur de soi-même. Organisé par le Conseil Départemental, en partenariat avec l'Education Nationale, les associations sportives et le Haras du Pin, ce cross a pour moteur le plaisir sportif, ou juste le plaisir d'accomplir une épreuve avec ses camarades.

Every year more than 1800 secondary school children from schools across the Orne compete on a marked track on the Bergerie racecourse as well as through the surrounding woodland. Some are there to win, while others, who may be less sporty, take as much pleasure in taking part in this enjoyable sporting event. Each school child does their best while representing their school with physical effort and good humour. This cross-country race, organized by the Conseil Departemental (County Council) in partnership with the Ministry of Education, brings pleasure through sporting achievement or simply through completing an event with school friends.

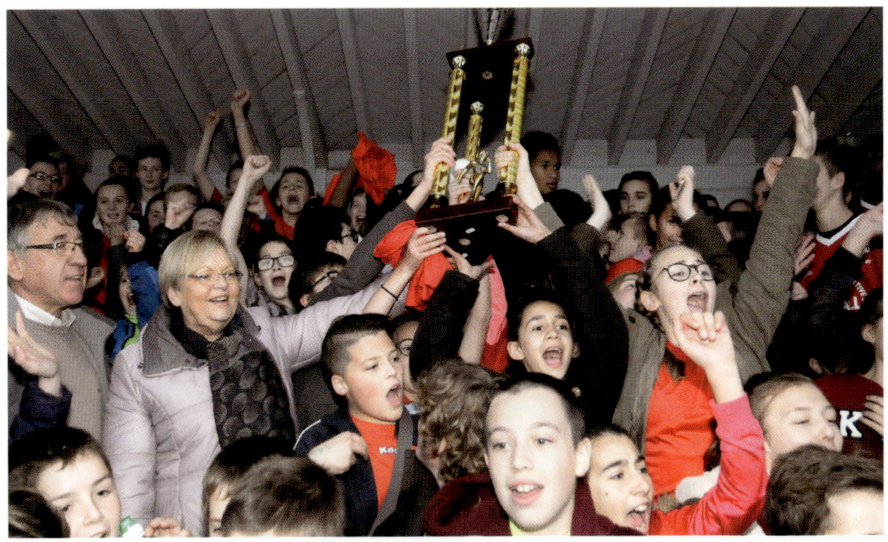

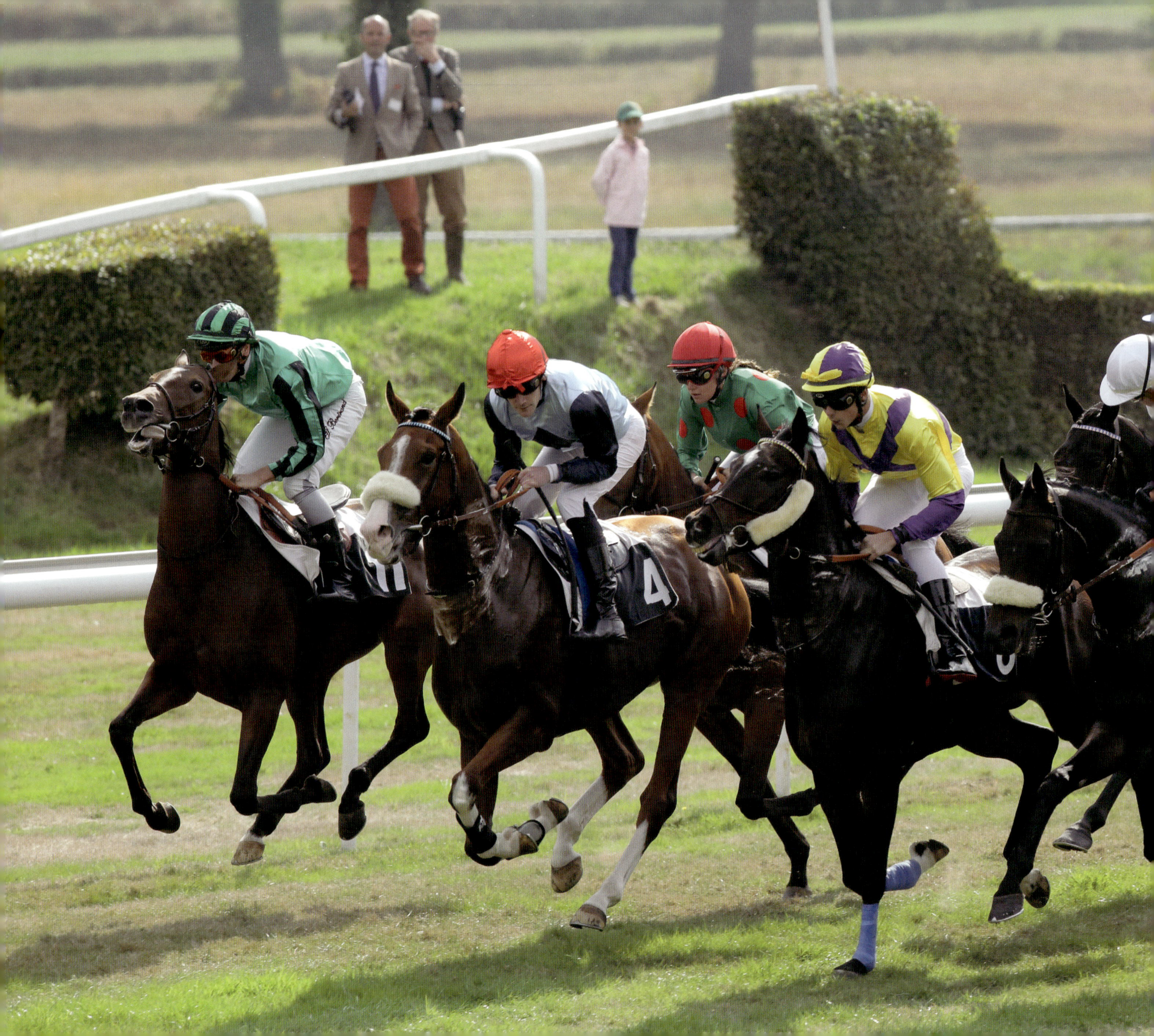
4

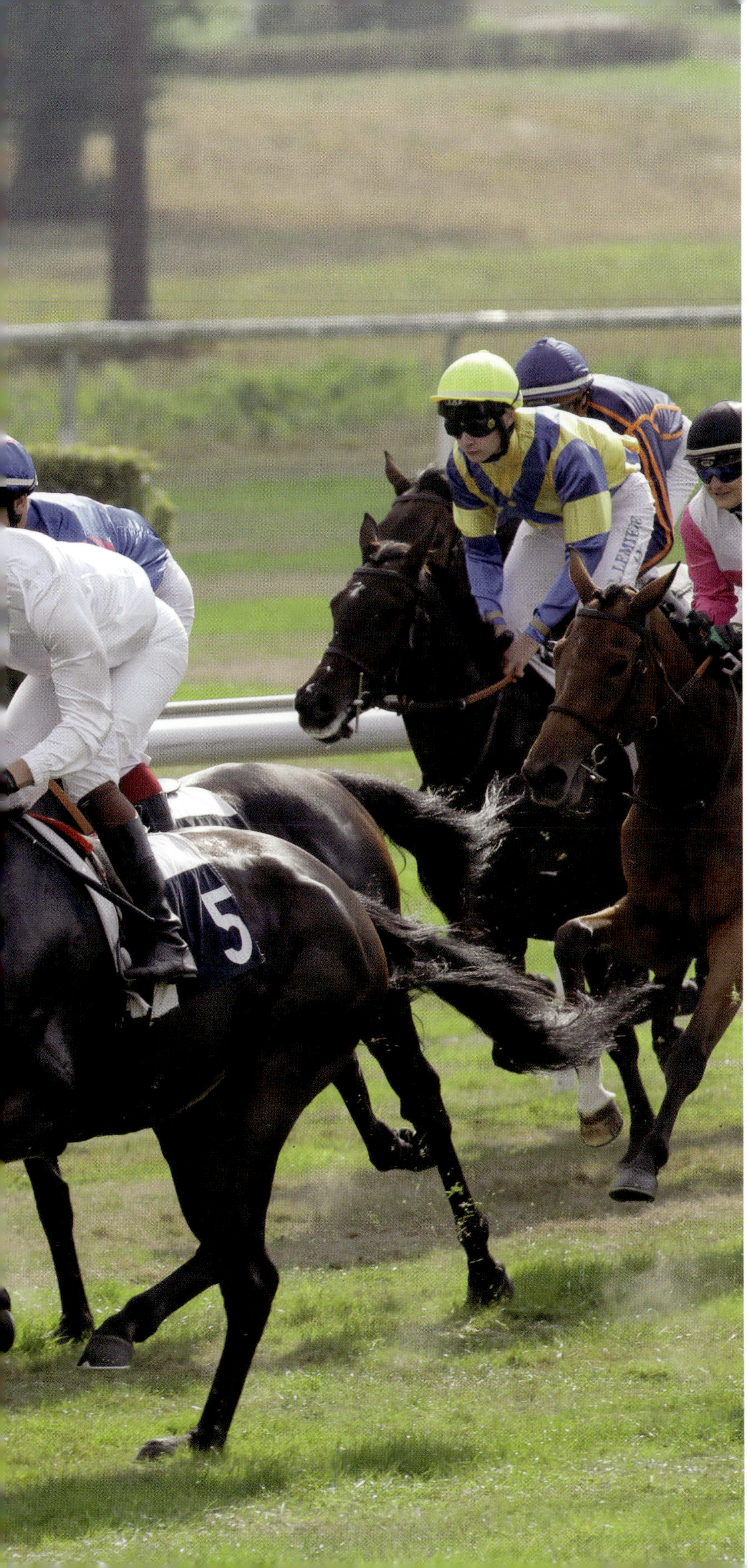

Les courses hippiques

Inauguré en 1823, l'hippodrome de la Bergerie, situé sur la commune de Ginai, accueille quatre fois par an (2 en mai et 2 en octobre), des courses hippiques de plat et d'obstacles. Grâce à ses installations exceptionnelles, inscrites aux monuments historiques, dans un environnement naturel d'origine, ce cadre unique attire tous les ans les plus grandes écuries, et de nombreux visiteurs. Amateurs ou professionnels, seul ou en famille, tous peuvent suivre les courses du haut des tribunes, datant de 1875, et pouvant accueillir jusqu'à 1350 personnes. Après une préparation minutieuse et toute en douceur des chevaux, les jockeys, concentrés, s'élancent sur les 1800 m de piste en herbe, devant un public conquis. L'alchimie du cheval et de son cavalier entre en action. Les paris sont lancés, chacun ayant son pronostic, selon ses sources d'informations ou son analyse détaillée, ou pour les novices, selon son intuition ou son numéro fétiche. Gagnants ou pas, tous ont participé à un moment convivial.

The Bergerie racetrack which is situated in the Ginai commune and was inaugurated in 1823, hosts horse track and jumping events four times a year (twice in May and twice in October). This unique setting attracts the largest stables and large numbers of visitors each year thanks to its exceptional facilities, which are listed monuments, in an original environment. Whether amateur or professional, alone or with the family, anyone can watch the races from the stands which date from 1875 and can seat up to 1350 spectators. After careful and gentle preparation of the horses, the focused jockeys start the dash over the 1800m grass course before the captivated audience. The alchemy between the house and his rider comes into play. Bets are made, each person with their own idea of result forecasts, based on his sources of information or his own detailed analysis, or for the novice betters, based on his own intuition or favourite number. Whether they win or not, everyone has a good time.

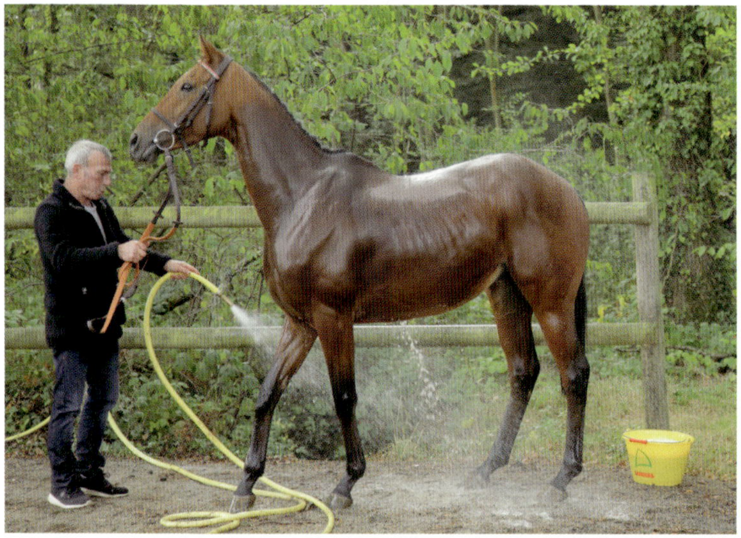

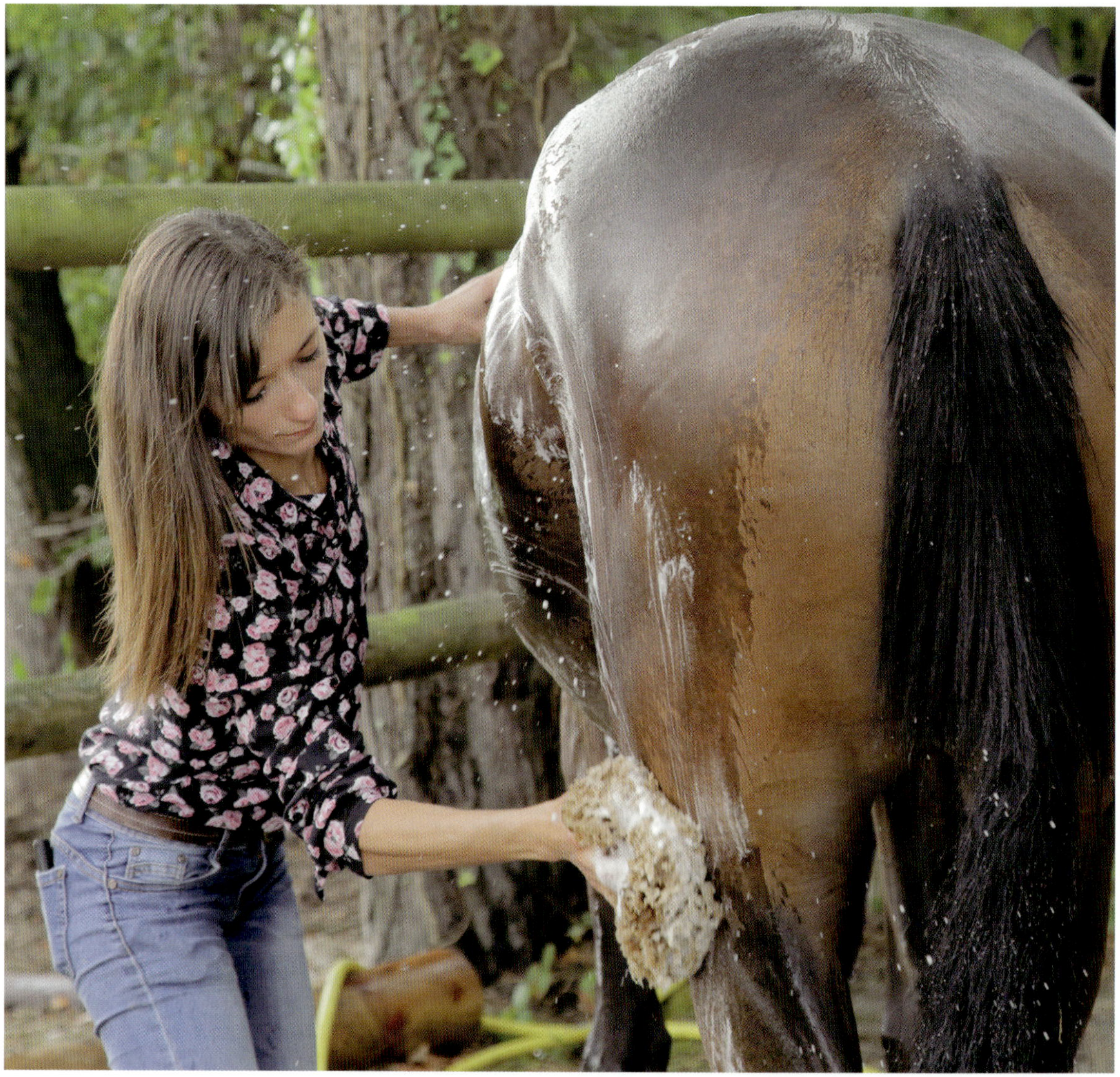

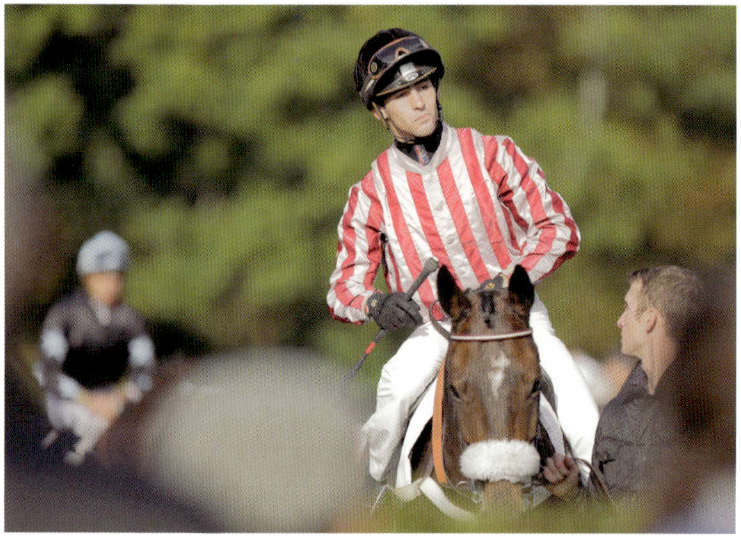

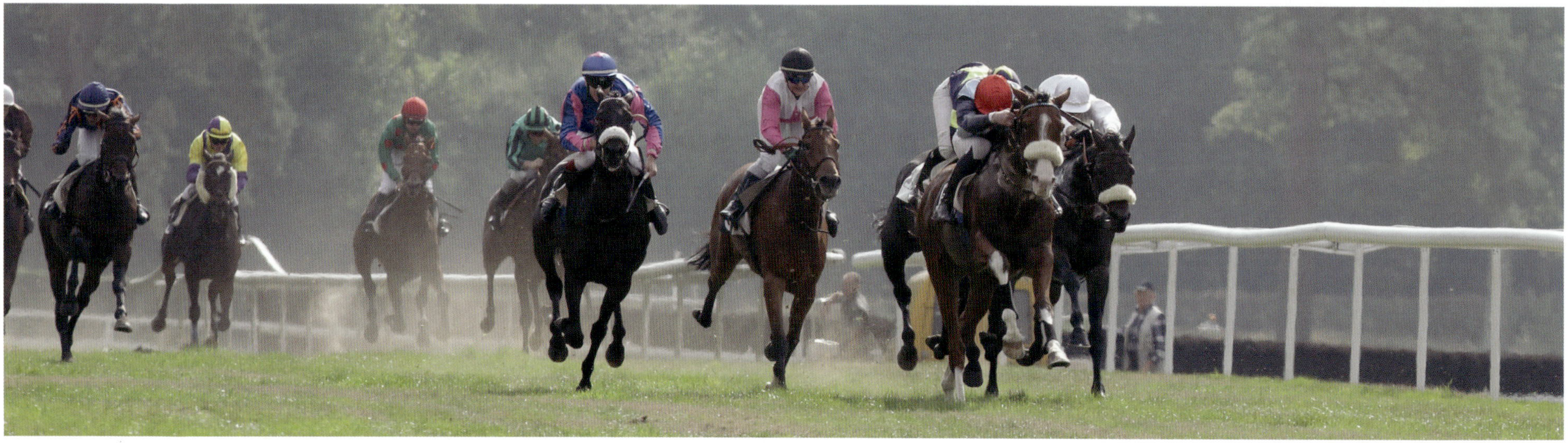

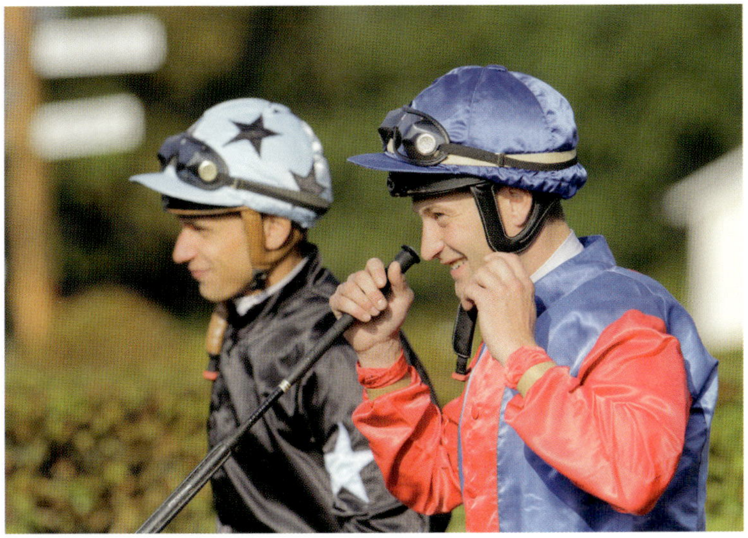

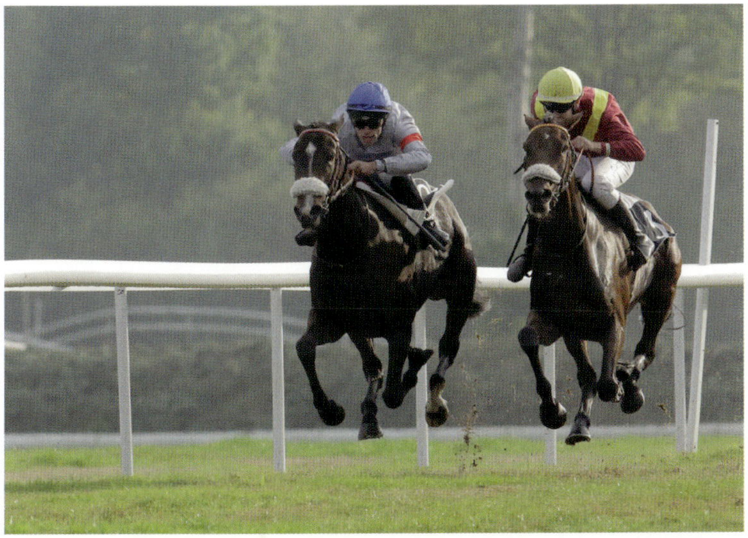

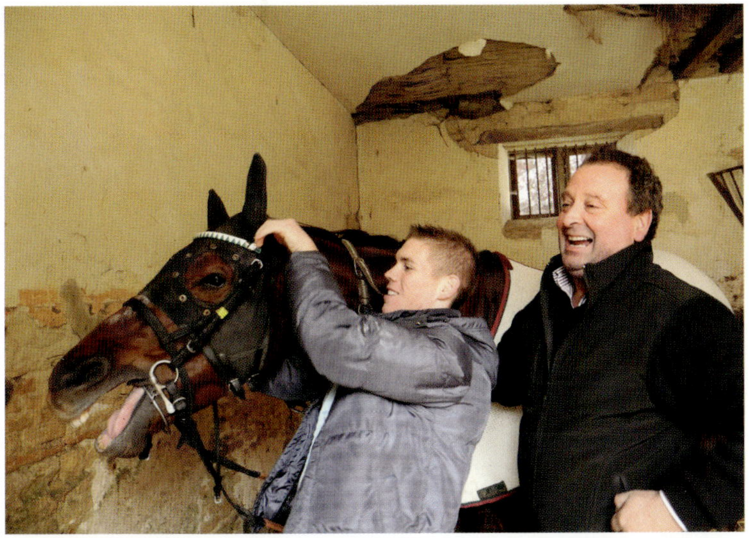

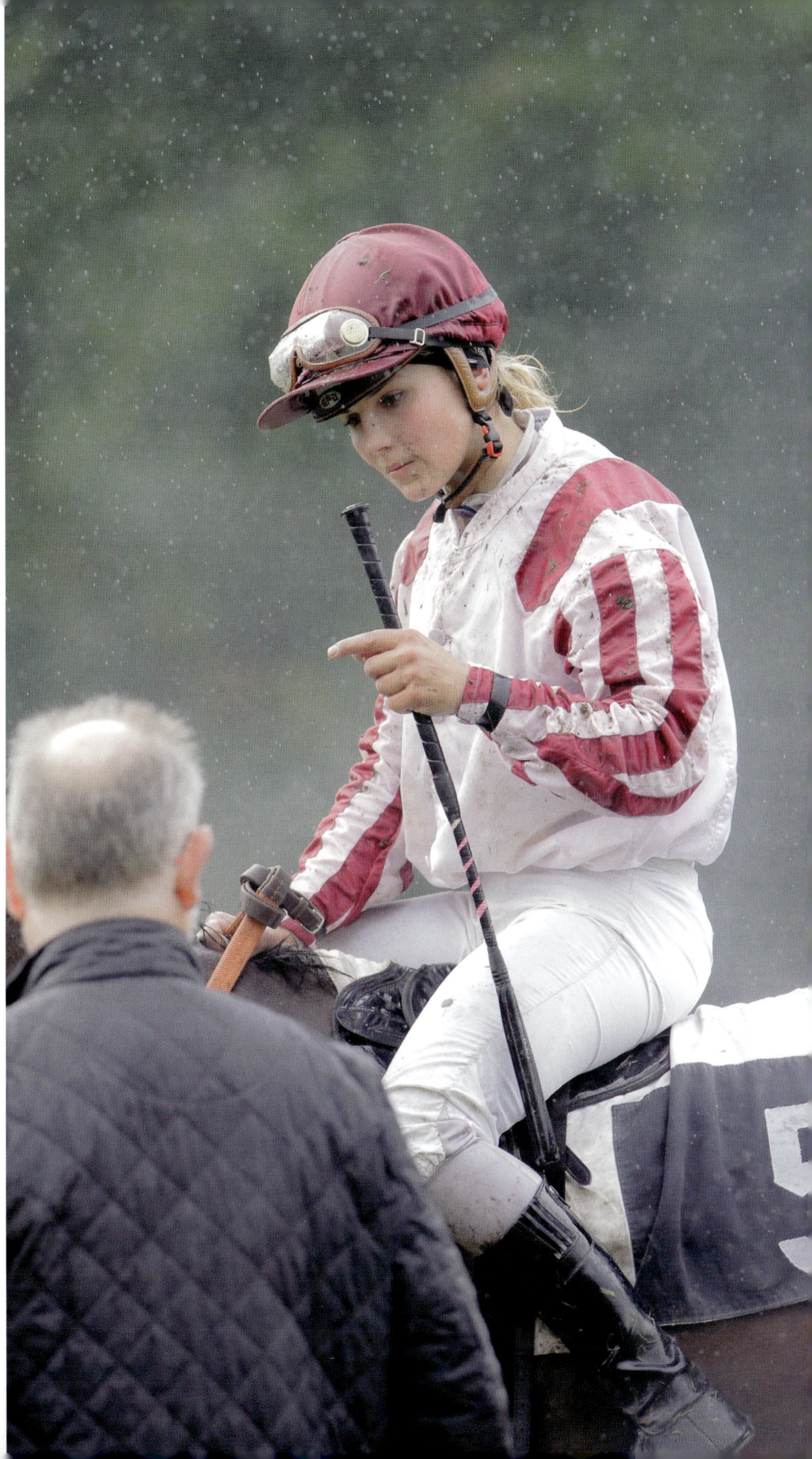

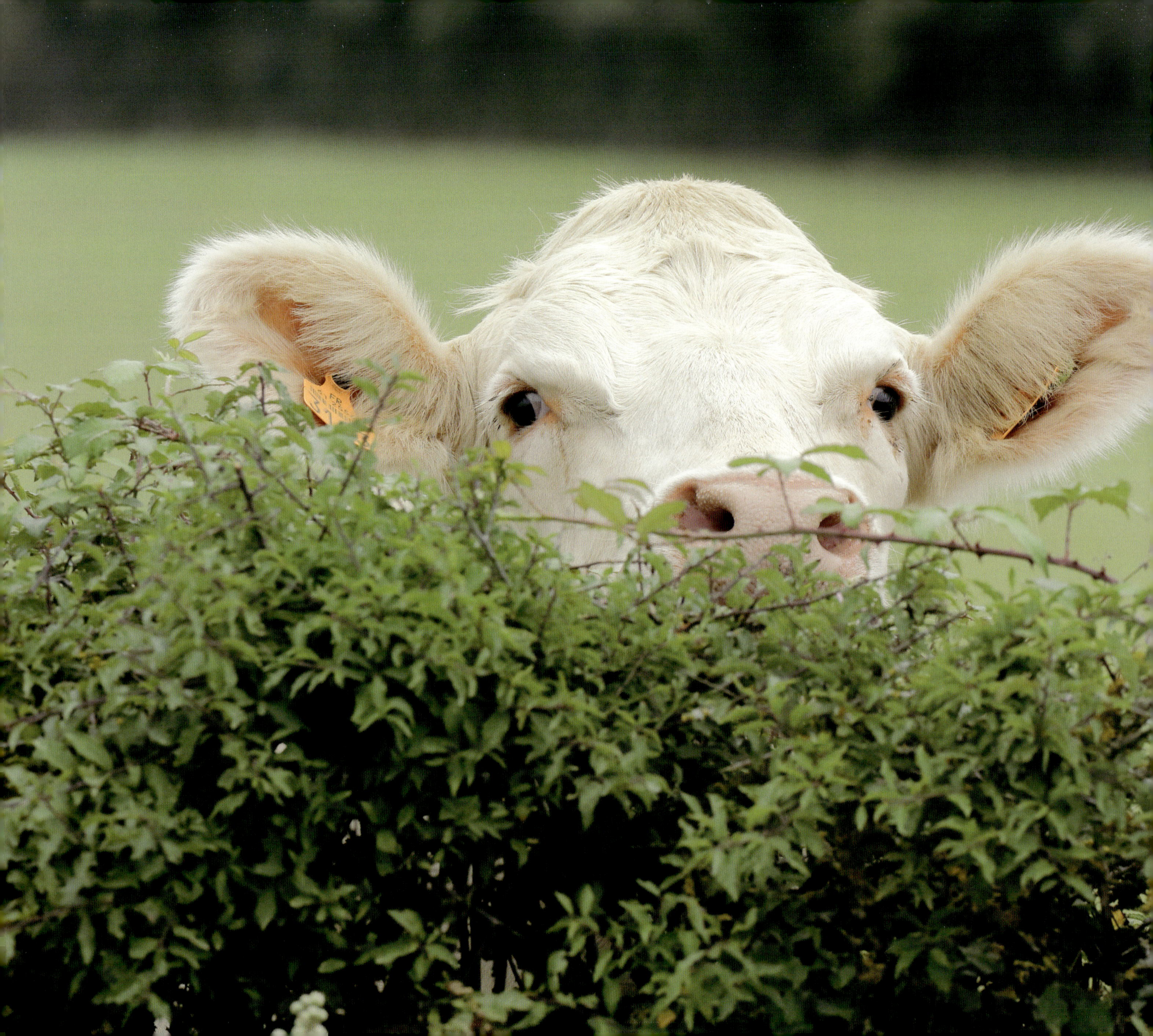

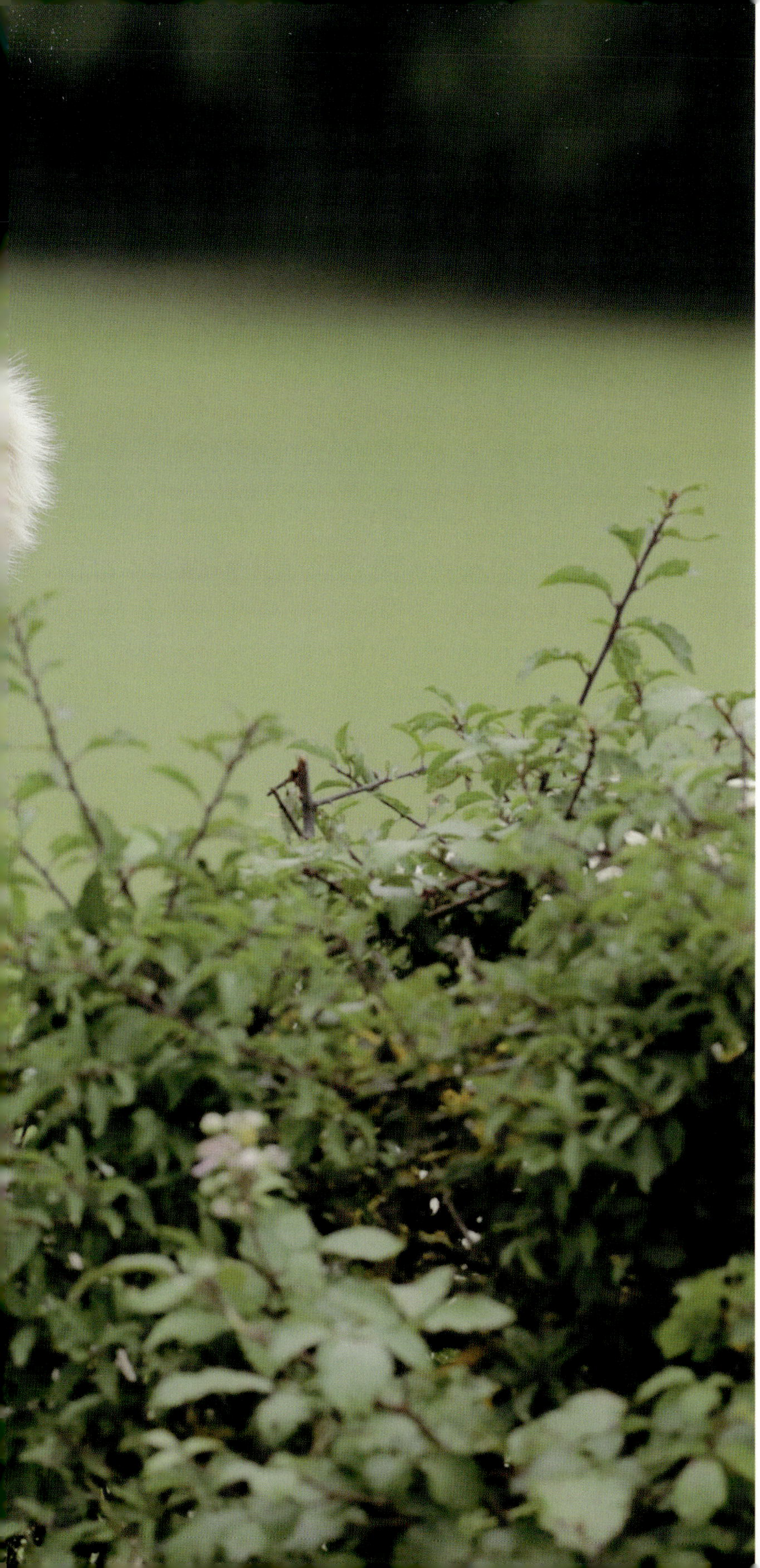

L'INRA (Institut National de la Recherche Agronomique)

C'est en 1838, afin d'améliorer la production de viande des races locales en important des reproducteurs d'Angleterre, que fut créée une Vacherie d'Etat au Haras du Pin. Royale, puis Impériale au milieu du XIXe siècle, la Vacherie du Haras du Pin a été à l'origine de la création de la vache normande. L'INRA s'installe au Pin à partir de 1958 et occupe environ 500 ha du domaine. De nos jours, c'est dans cette ferme expérimentale que nous pouvons observer 260 vaches laitières (Holstein et Normande) et 200 vaches charolaises. Les éleveurs de cette ferme high-tech sont ingénieurs. Ils étudient, en autres, la génétique des bovins et les systèmes herbagers afin de trouver la bonne adéquation entre la nourriture donnée aux vaches et la qualité de leur lait. L'INRA est résolument tourné vers l'avenir et permet aux agriculteurs et éleveurs de mieux maitriser les paramètres liés à leur métier.

In 1838 a state cow breeding centre was created at the Haras du Pin in order to improve beef production from local breeds by importing breeding animals from England. Royal before becoming Imperial in the middle of the 19th century, it was here that the Normandy cow breed was created. L'INRA moved to the Pin estate in 1958, occupying about 500 hectares of land on the site. Nowadays you can view the 260 dairy cows (Holstein and Normandy) and the 200 Charolais cows in this Research Farm. The farmers in this high-tech farm are engineers. They study, amongst other things, bovine genetics and grazing systems in order to find the best match between the food given to cows and their milk quality. L'INRA is focused on the future and enables farmers and breeders to better control the parameters linked with their occupation.

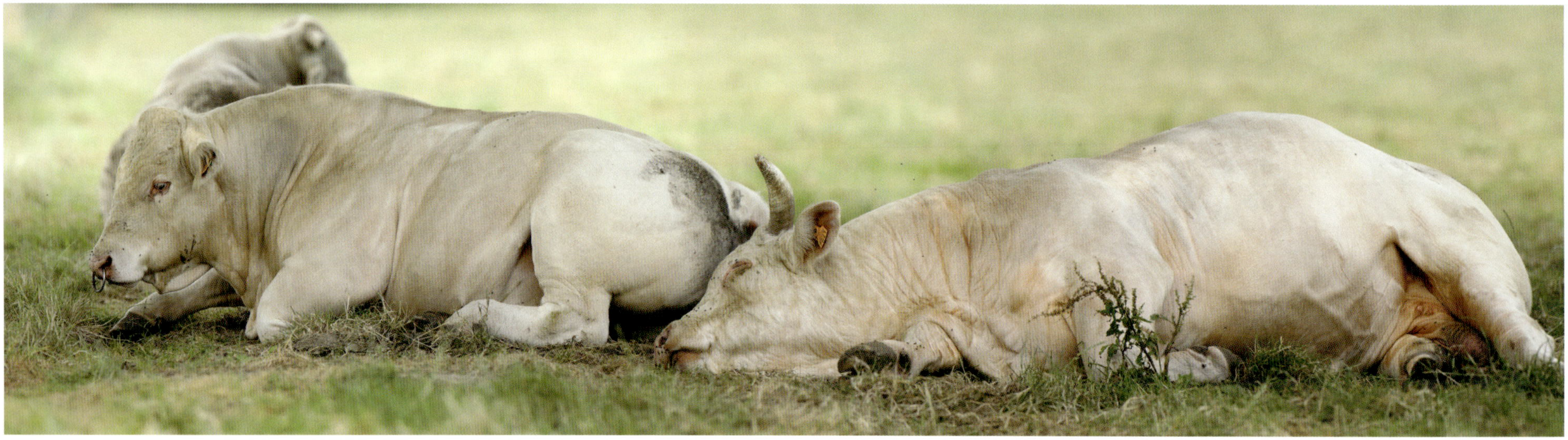

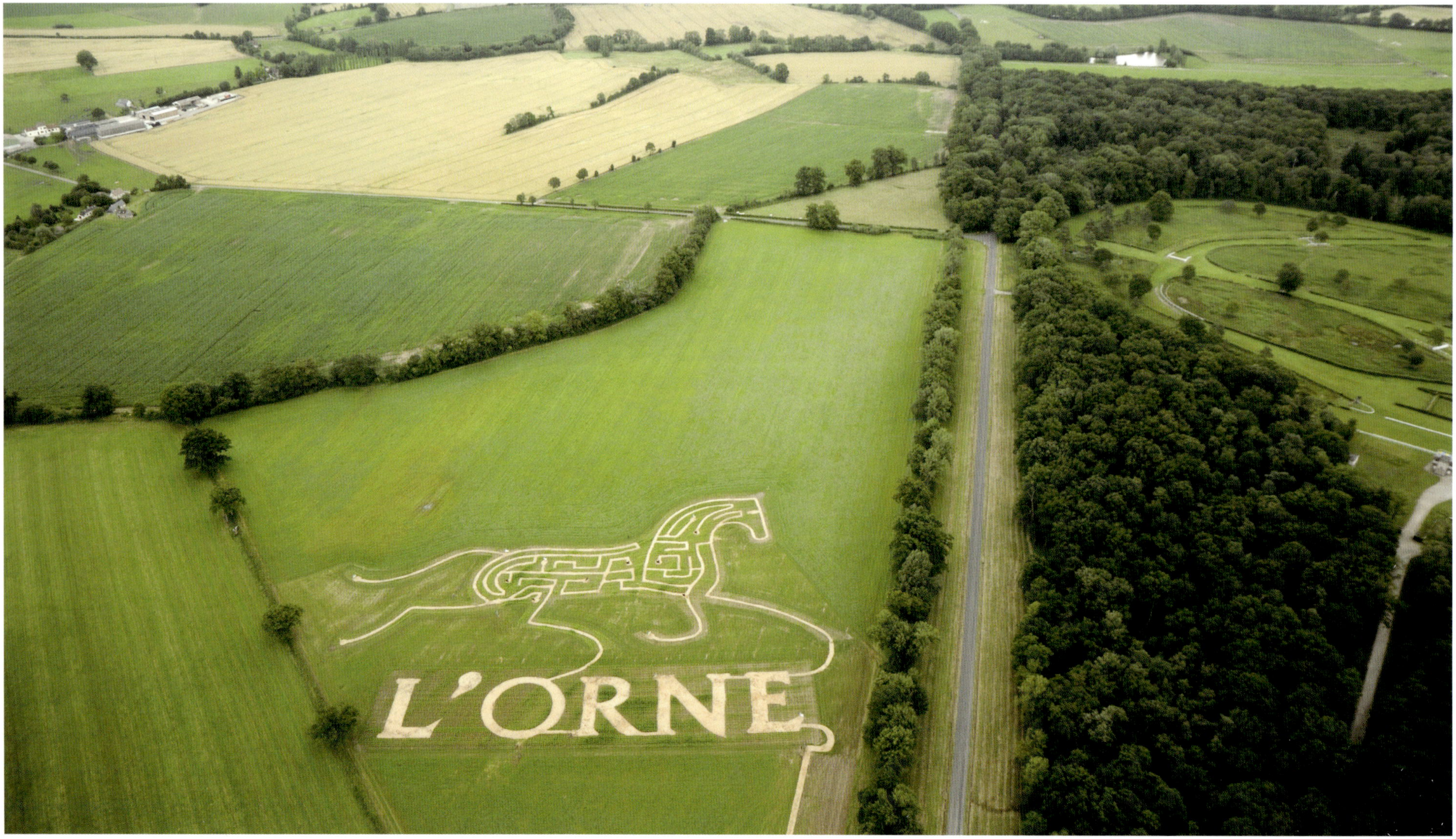
L'ORNE

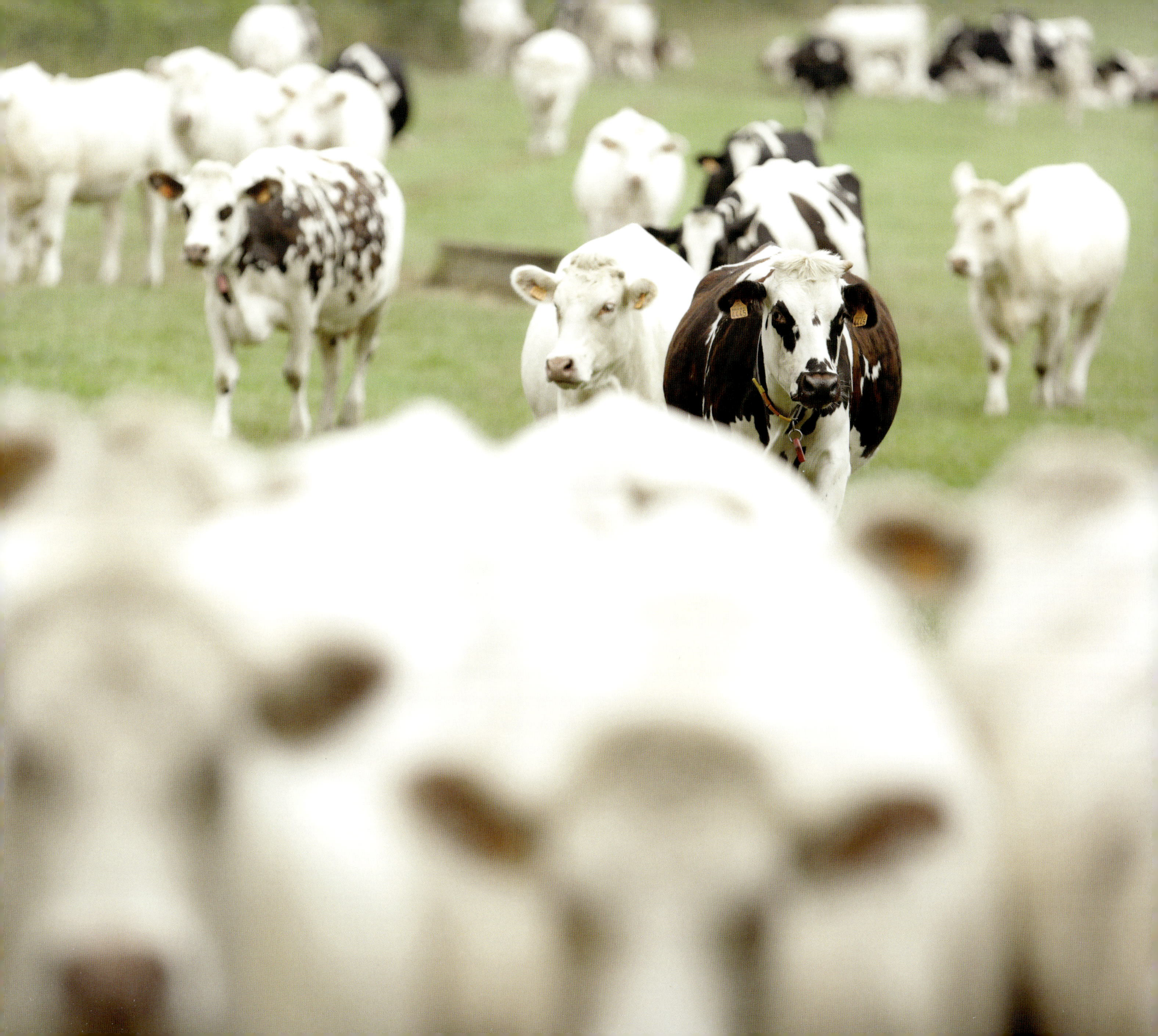

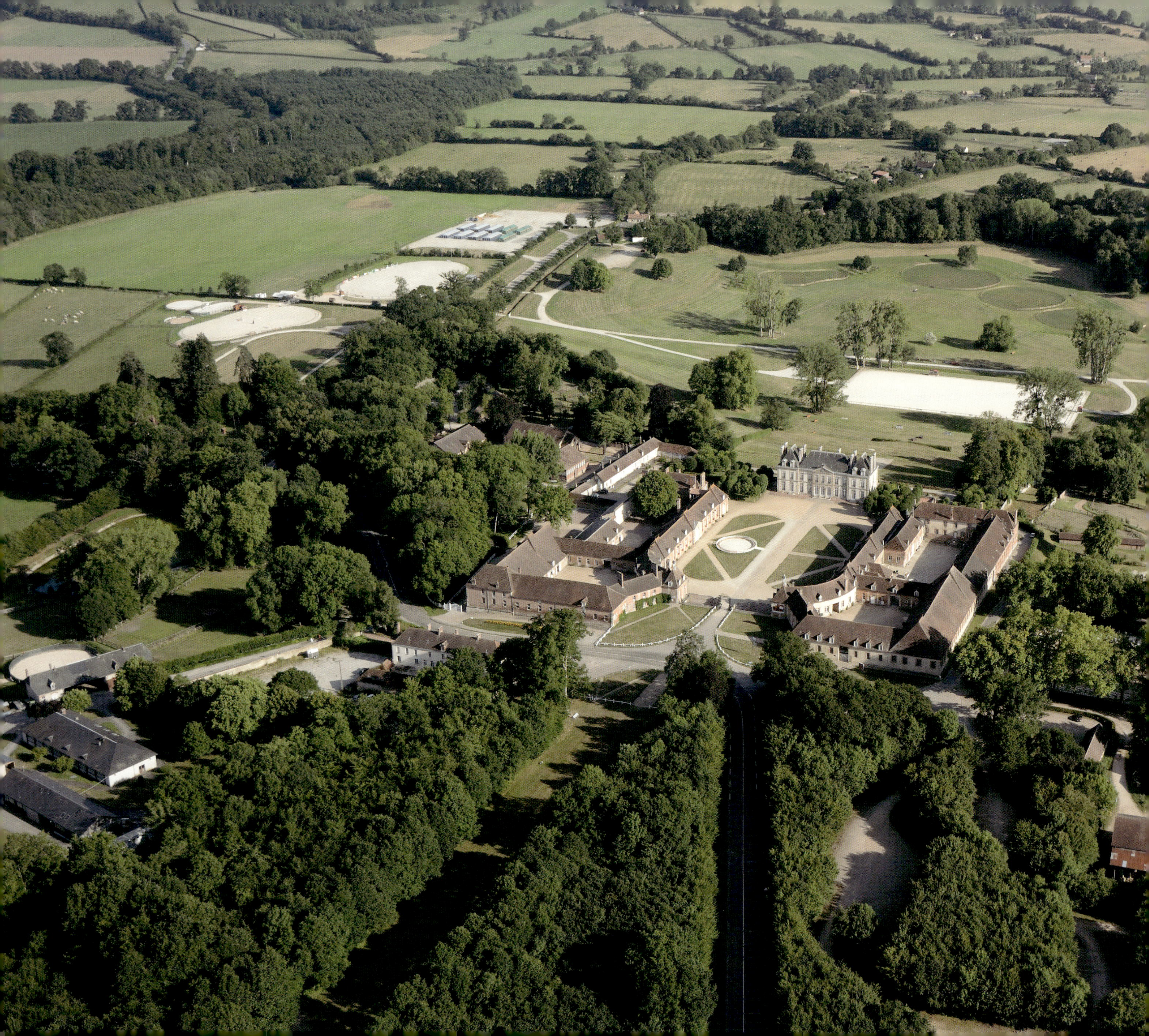

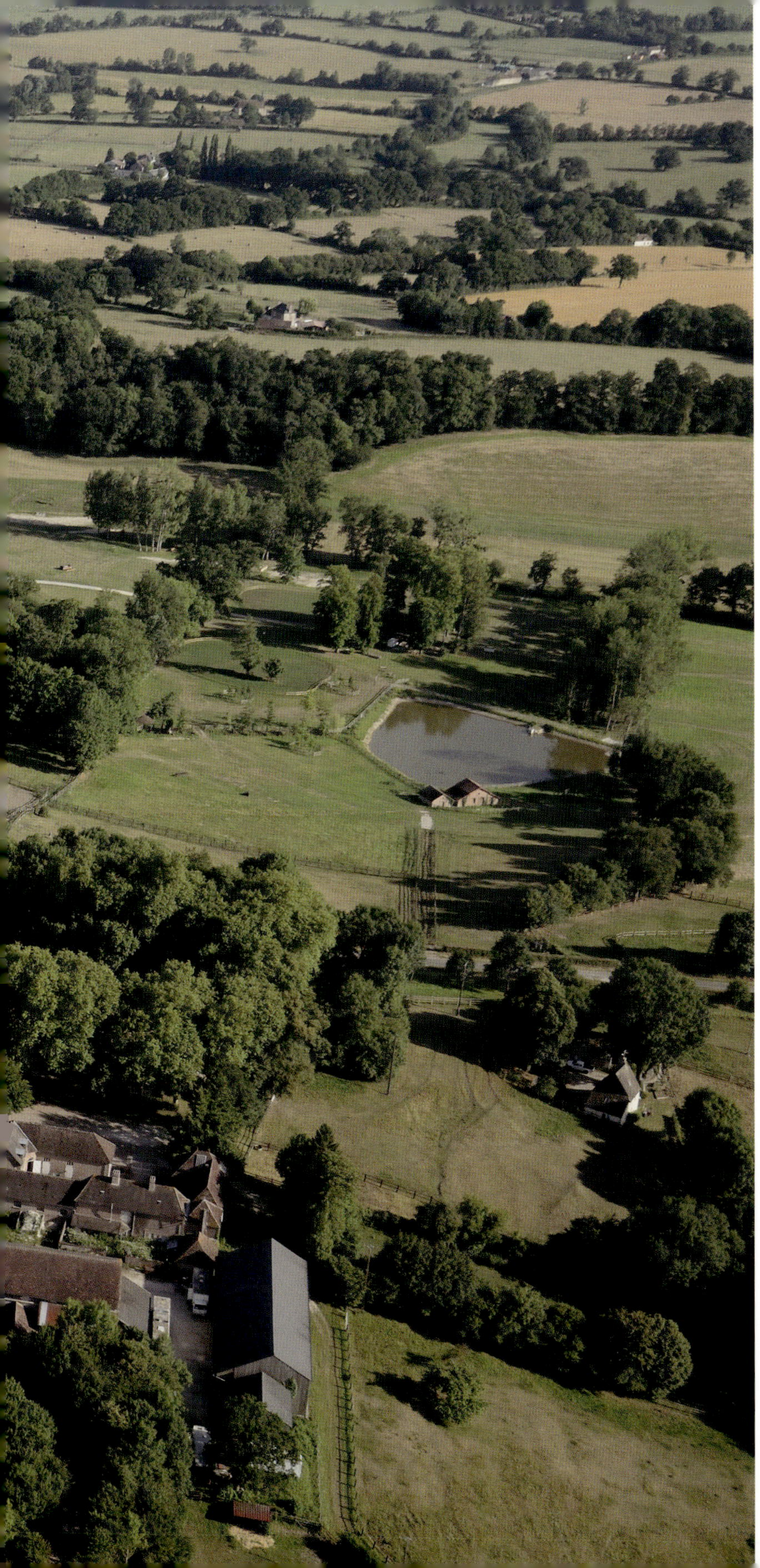

L'environnement

S'étendant sur environ 1100 hectares, le domaine du Haras du Pin est au cœur d'un bocage préservé où l'on distingue les parcelles typiques ceinturées de haies et de clôtures en bois. Des collines verdoyantes aux prairies humides, ponctuées de petits bosquets et de forêts, cet environnement exceptionnel est favorable à l'élevage du cheval par la qualité de ses pâturages. La préservation des paysages fait partie des priorités de gestion du domaine. De larges allées forestières bordées de vieux chênes pluricentenaires sont propices à la promenade pédestre ou équestre. « L'Avenue Louis XIV », classée aux monuments historiques, s'étend sur plus de 3 kilomètres en ligne droite, du nord au sud, de la limite du domaine jusqu'à la cour d'honneur du Haras. L'ONF, qui gère cette forêt domaniale du Pin, œuvre en faveur de la biodiversité en conservant les vieux arbres creux pour la faune sauvage, et en maintenant les diverses espèces de feuillus précieux.

Covering around 1100 hectares, the Haras du Pin estate is in the heart of well preserved farmland criss-crossed by hedges and trees. This exceptional environment is favourable for horse breeding through the quality of its pastures, with its green hills and wet meadows, interspersed with small copses and forests. Preserving this countryside is one of the priorities of the estate management. The wide woodland paths lined with centuries-old oaks are perfect for pedestrian or equestrian walks. L'Avenue Louis XIV is classed as a listed monument and covers more than 3km in a straight line from north to south, from the estate's furthest limits to the stud's main courtyard. The ONF (Forestry Commission), which is responsible for managing the Pin state forest, works to maintain biodiversity by retaining hollow trees for wildlife, as well as to preserve the diverse and precious hardwood species.

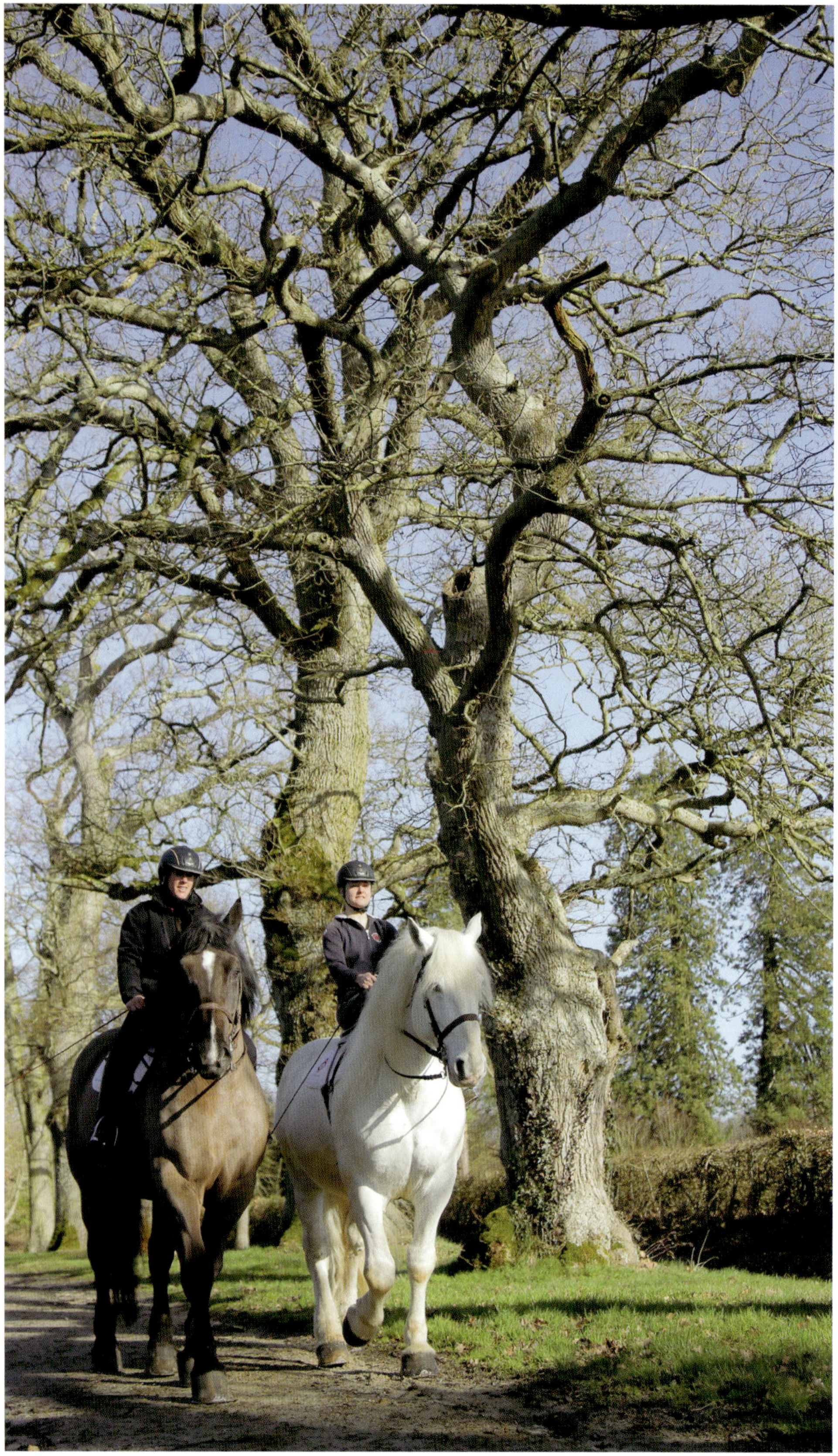

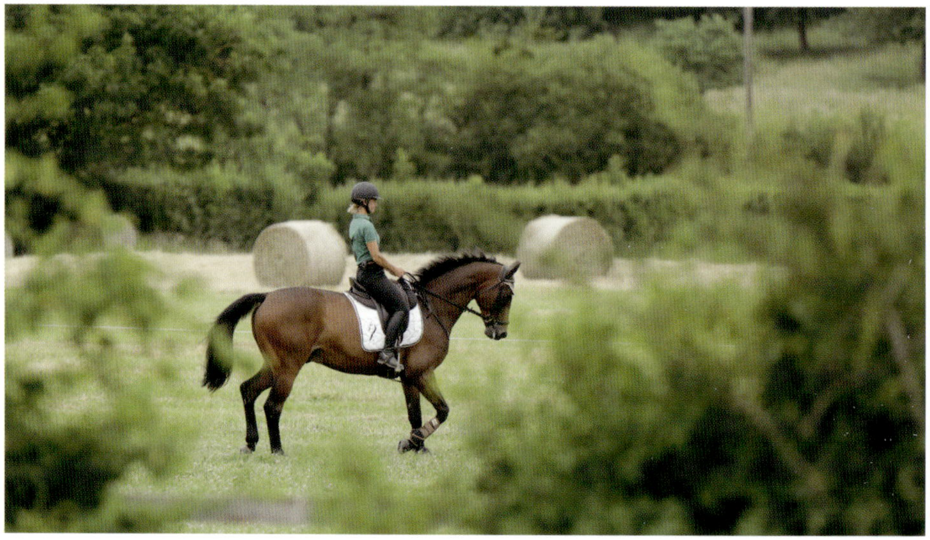

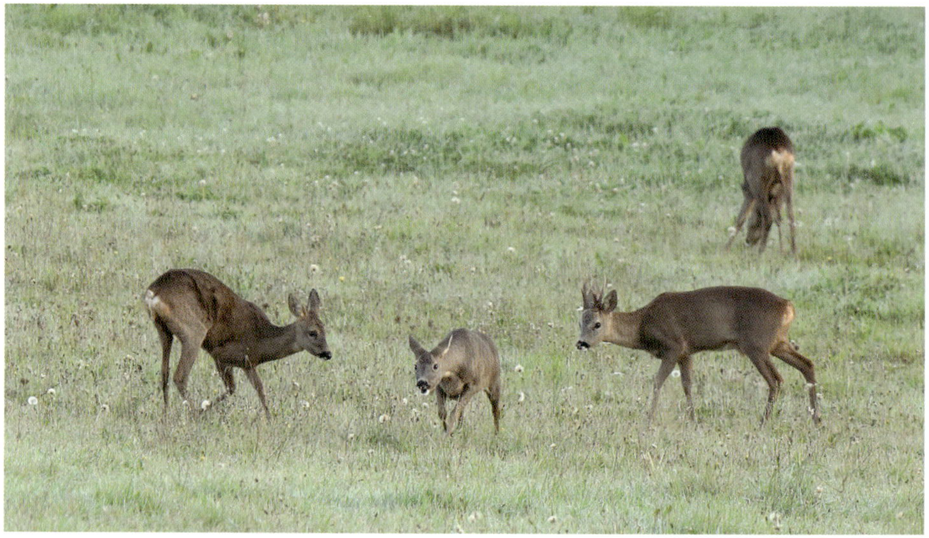

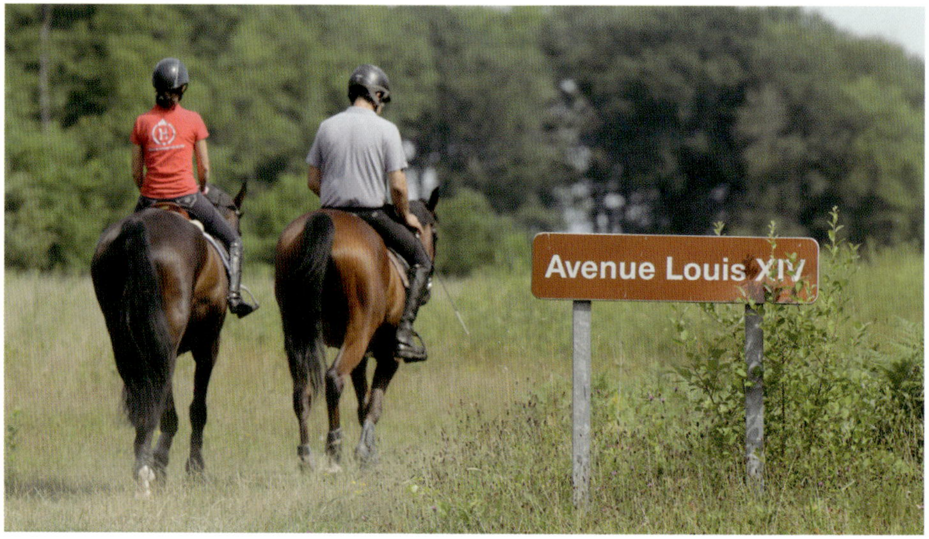
Avenue Louis XIV

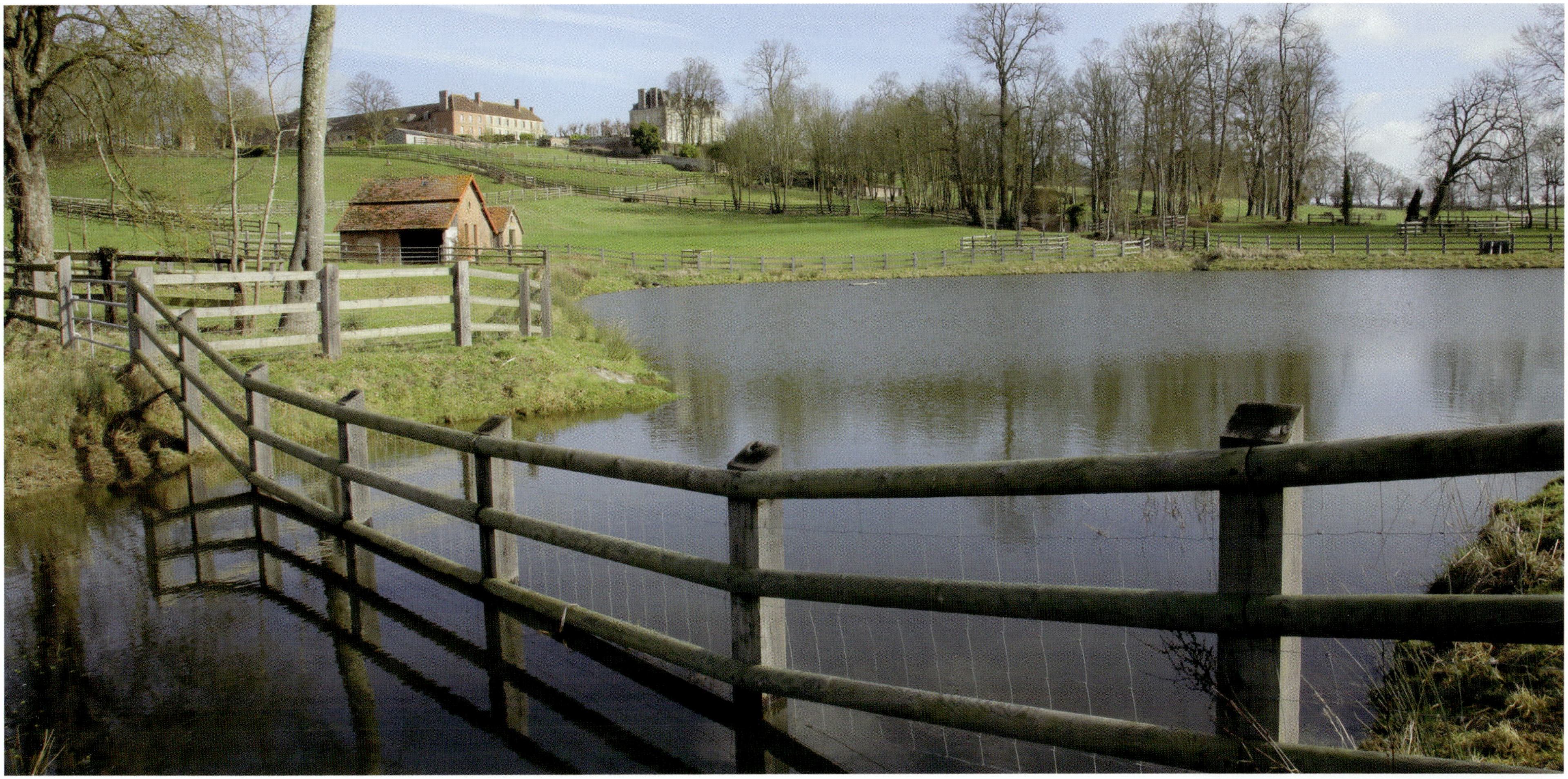

Cette forêt, essentiellement constituée de chênes et de hêtres, s'étend sur 263 hectares au sud du Pays d'Auge et à proximité de la plaine d'Argentan. De nos jours, au fond des bois, en limite de propriété du manoir de Courgeron, on peut encore découvrir cette borne tricentenaire témoignant des conflits de voisinage de l'époque. En effet, afin de délimiter la propriété du domaine, le Haras Royal fit planter des bornes en grès aux différents point sensibles des parcelles boisées. Ces bornes étaient frappées, côté « domaine royal », des armes du Roy de France aux trois fleurs de lis surmontées de la couronne royale qui sera burinée pendant la révolution.

This forest, mainly made up of oaks and beech, covers 263 hectares to the south of the Pays d'Auge and close to the Argentan plain. Even today, deep in the woods, on the edge of land belonging to the Courgeron Manor, this three hundred year old boundary stone can still be seen as evidence of neighbourhood disputes from the period. Indeed, as a way of marking the outer edge of the estate, the Haras du Pin erected sandstone boundary markers at various sensitive points in the woodland parcels. These boundary stones were carved on the side of the "royal estate" with the royal coat of arms, 3 fleurs de lys and the royal crown, which were defaced during the revolution.

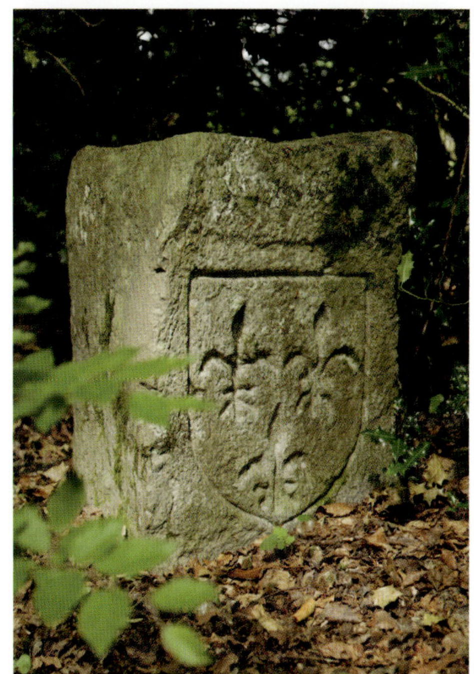

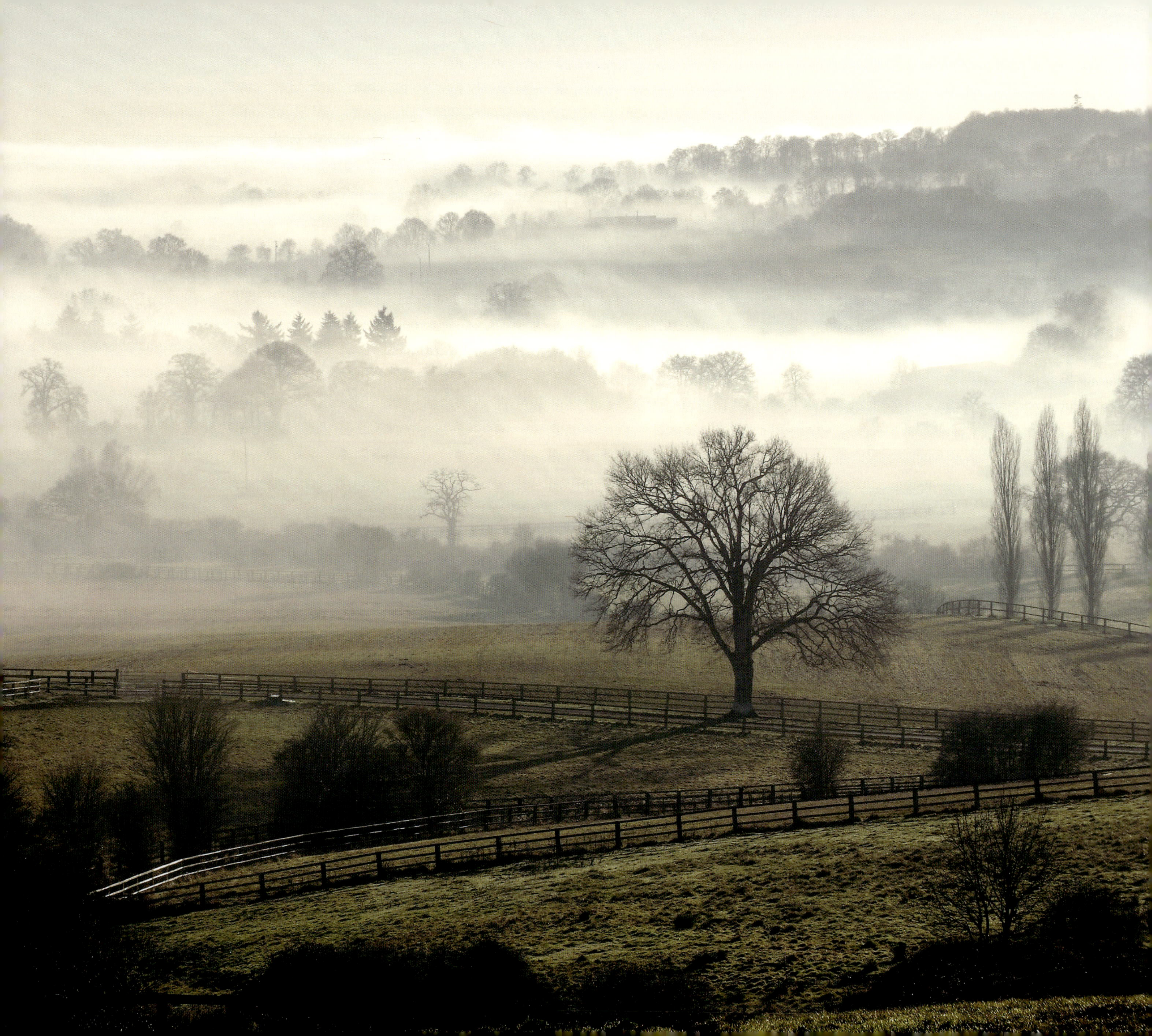

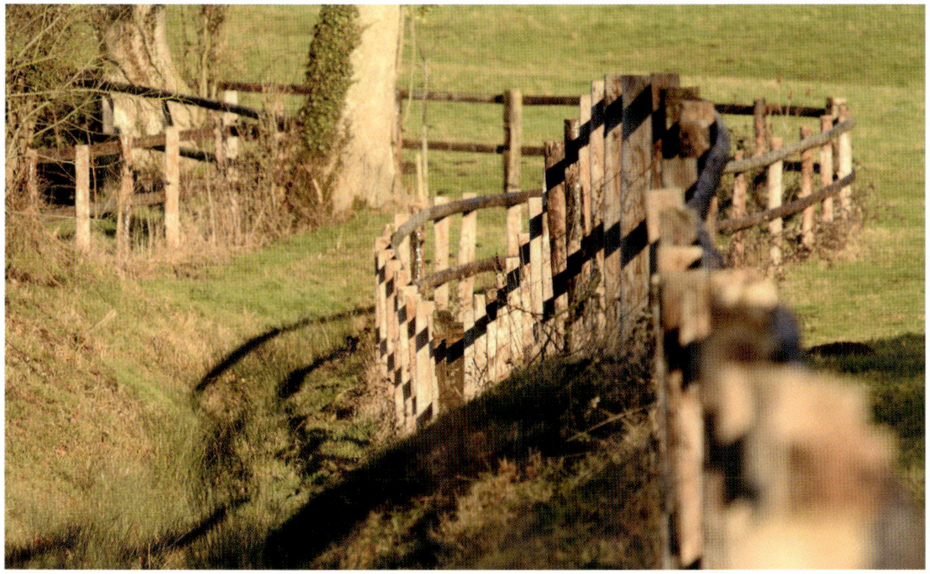
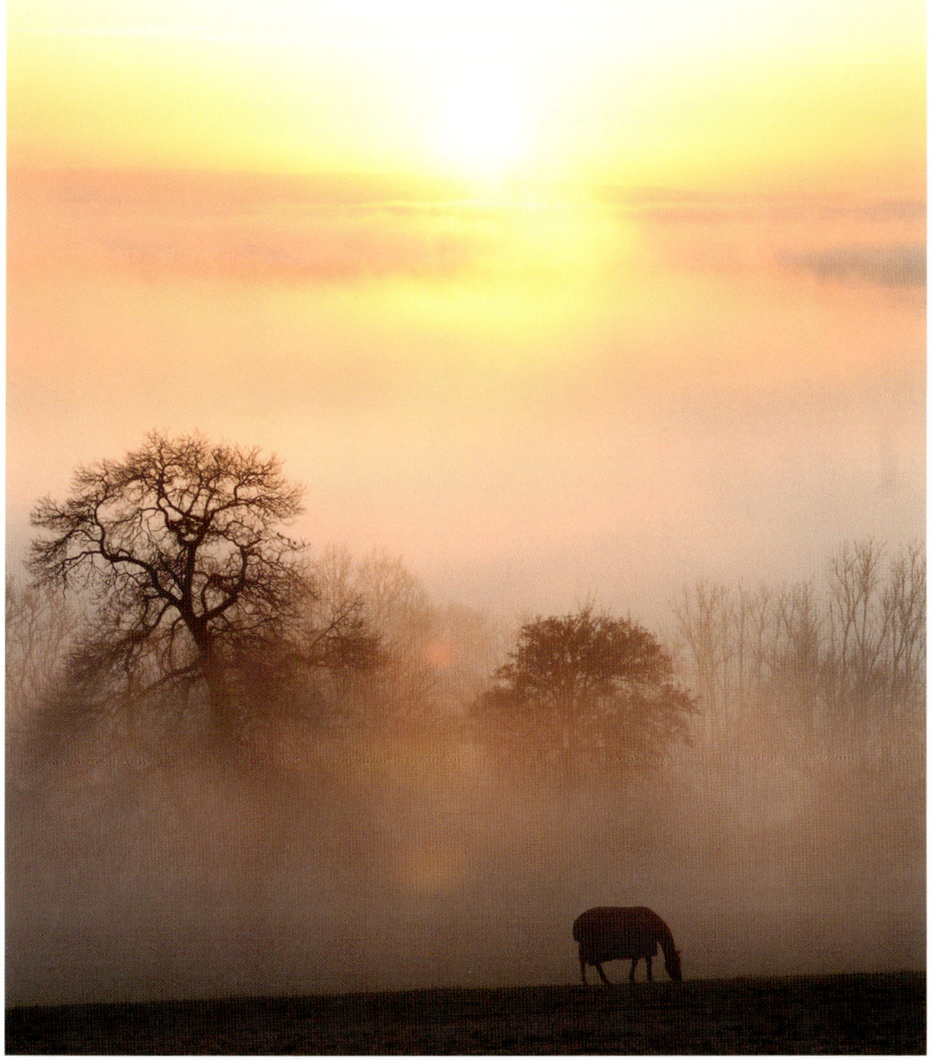
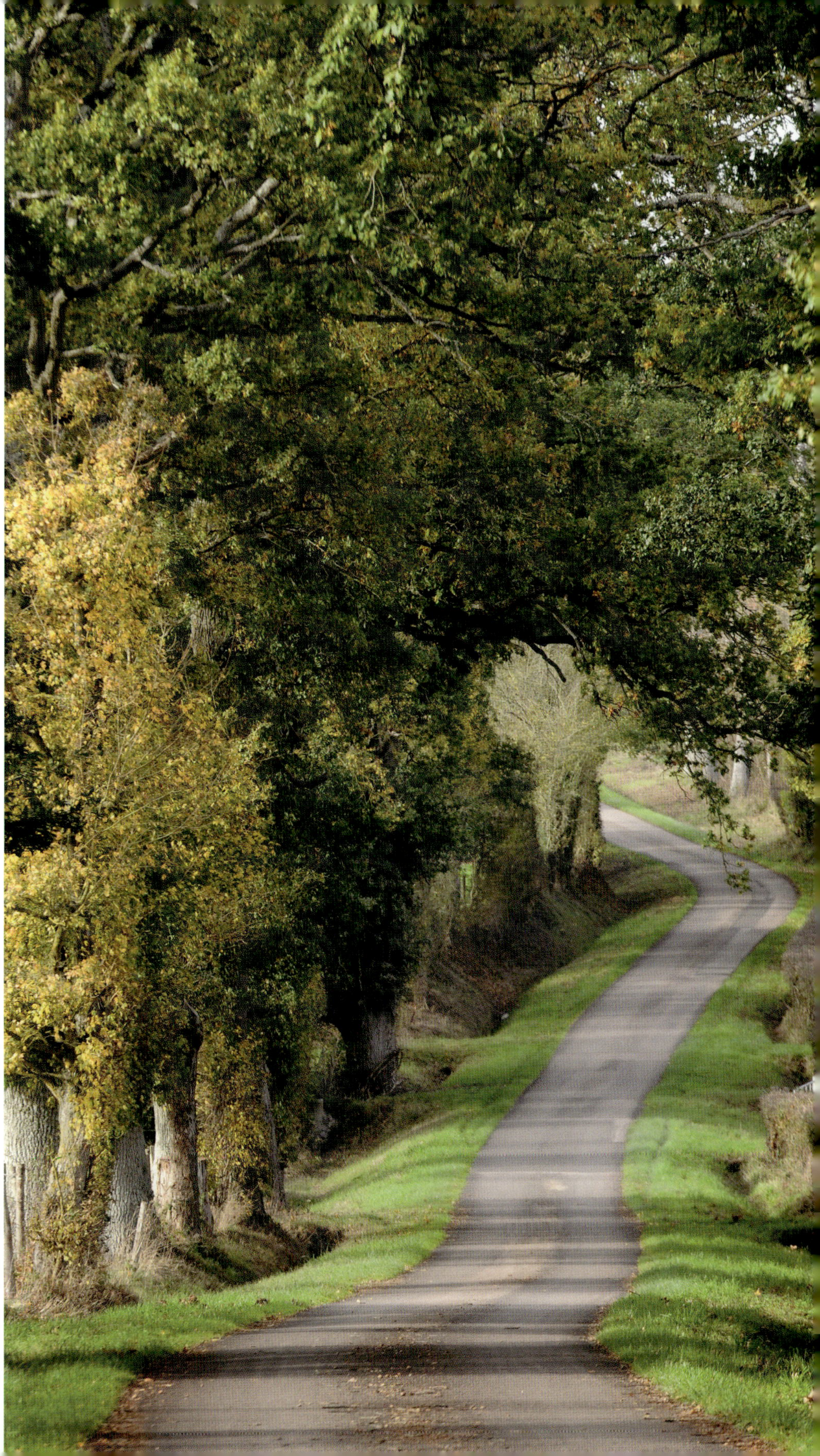

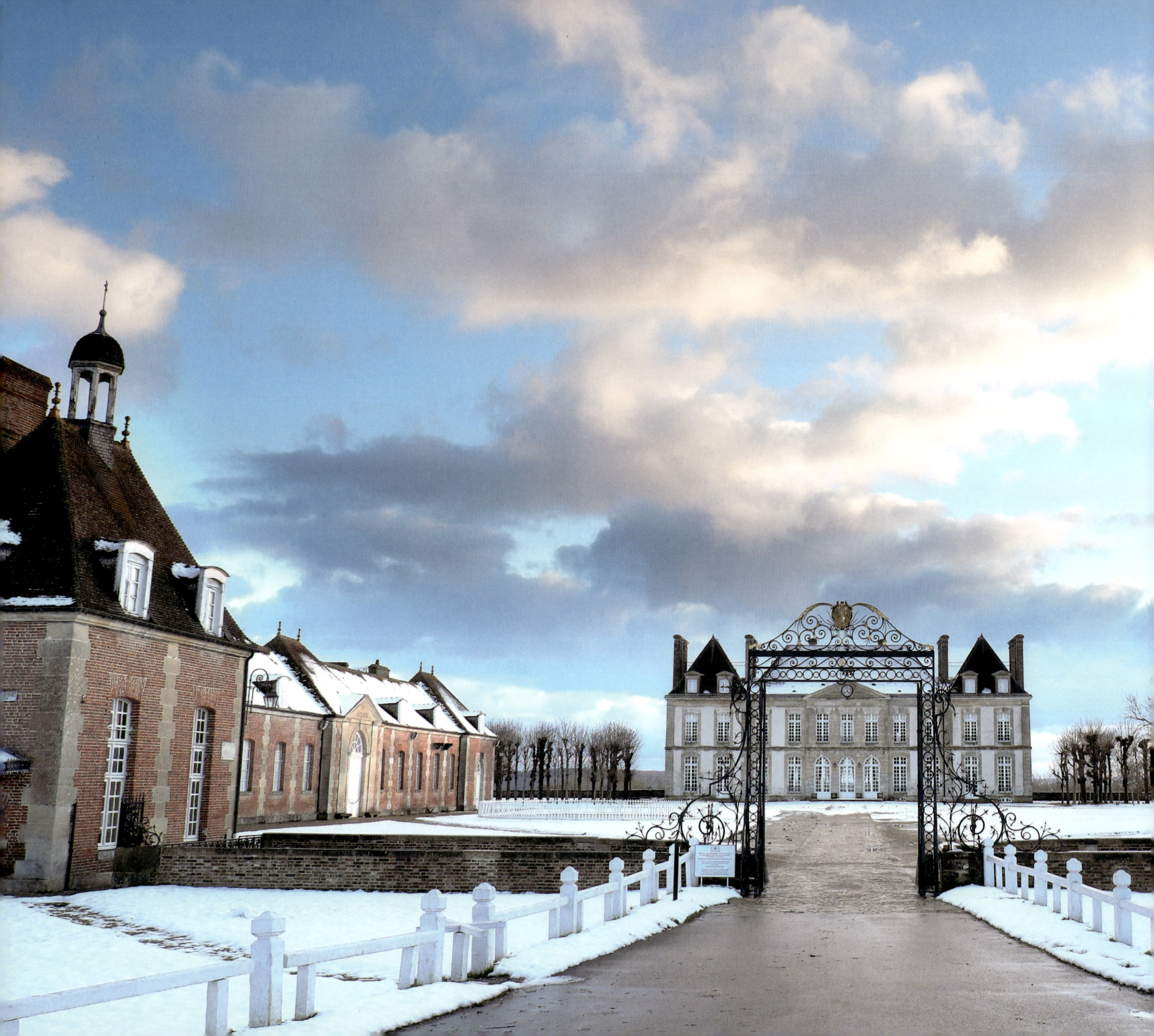

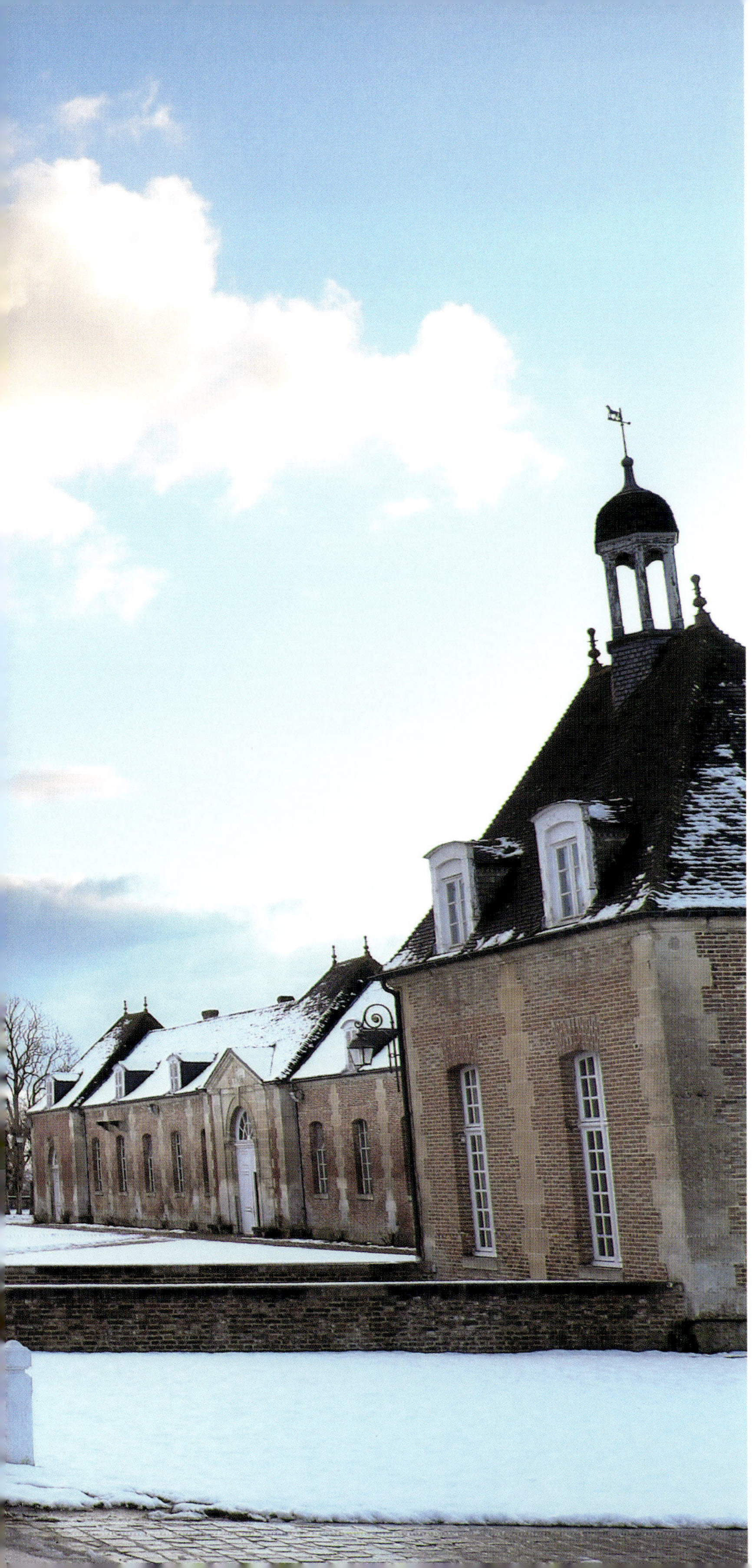

L'avenir du Haras

Outre une qualité artistique indéniable, cet ouvrage présente les éléments de ce site dans leur vie quotidienne et fait ressortir la cohérence de l'ensemble. Particulièrement originale, cette démarche est également très utile, car l' « essence royale » de la partie Haras occulte trop souvent les autres activités, pourtant essentielles à son équilibre et son avenir. Le monde du cheval a évolué en 300 ans, et son importance pour «l'agriculture et pour la guerre» a considérablement diminué. Les éléments qui représentent cette culture font désormais partie de notre patrimoine et deviennent le socle sur lequel peuvent s'appuyer des activités économiques complémentaires, gages de leur pérennité.

Sa richesse, sa diversité et sa notoriété sont les points forts du domaine « Haras national du Pin » , élément phare et non délocalisable du paysage ornais. Son avenir nous semble donc devoir s'inscrire dans une vision économique globale. Celle-ci devrait allier valorisation culturelle, et donc touristique, à des activités plus « modernes » incluant dans son élaboration les opérateurs économiques locaux ayant une démarche d'entreprise, et facilitant ainsi une adaptation à un monde qui n'a pas fini d'évoluer.

C'est le sens que les membres du Cercle des Entreprises Mécènes du Haras national du Pin entendent donner à leur action. Cet ouvrage, par l'éclairage particulier qu'il apporte à ce site, y concourre également.

François de Sars

Délégué général de la Société des Amis des Haras nationaux

The future of the Haras du Pin is linked to a global economic vision, allying its reputation with more modern tourist activities.

Contacts

David Commenchal
06 32 56 06 75
david.commenchal@wanadoo.fr
http://www.davidcommenchal.com

Christophe Aubert
06 15 41 33 44
photos.aubert@orange.fr
https://www.christopheaubert.fr

la Mésange Bleue
EDITIONS

10, rue de Longny
61400 Mortagne-au-Perche
editions-lamesangebleue@orange.fr

Haras national du Pin
Établissement public administratif

61310 Le Pin-au-Haras
Tél : 02 33 36 68 68
info@harasnationaldupin.fr
https://www.haras-national-du-pin.com

Remerciements

Merci à Tanneguy de Sainte Marie d'avoir préfacé ce livre et de nous avoir précieusement aidé et conseillé,
Merci à Séréna Poucet, directrice du Haras du Pin, de nous avoir donné un libre accès à l'ensemble du domaine et aux différentes manifestations,

Un GRAND merci à toutes les personnes qui nous ont accueilli durant ces séances photographiques, pour leur patience, leur générosité, leurs explications, leur investissement... et tout particulièrement à Alban, Alexandra, Antony, Arnaud, Bernard, Cerise, Cyndie, Flora, Fabrice, Frédéric, Gilles, James, Jean, Julie, Loïc, Nicolas, Nicolas, Olivier, Pieric, Raphaël, Renaud, Toma, Vincent, Yves.

Merci à Pierre Monnier,
Merci à toute l'équipe de l'imprimerie FOI pour son professionnalisme,

Merci à la Société des Amis des Haras nationaux pour son soutien,
Merci aux entreprises ornaises du Cercle des Entreprises Mécènes pour leur soutien.

Société des Amis
des Haras nationaux

CERCLE des
ENTREPRISES MÉCÈNES
Haras national du Pin

Certifié PEFC

Ce produit est issu de forêts gérées durablement et de sources contrôlées.

PEFC 10-31-1536

pefc-france.org

achevé d'imprimer sur les presses de l'imprimerie Société Nouvelle France Ouest Imprim, mars 2018
ZI - 14140 LIVAROT - Tél. 02 31 61 62 00 - www.foi-imprim.com

IMPRIM'VERT
Votre imprimeur agit pour l'environnement